广东海洋大学海洋经济与管理研究中心（广东省普通高校人文社科基地）、广东海洋大学经济管理学院、中央支持地方财政基金、广东省社科基金、海洋经济学（省级精品课程）、南海综合开发系列丛书（学科建设工程）等联合资助出版

ZHONGGUO HAIYANG AN'QUAN
TIXI YANJIU

中国海洋安全体系研究

朱坚真　主编

海洋出版社
2015年·北京

内 容 简 介

本书内容:21世纪我国海洋安全面临多元安全威胁,维护海洋安全涉及海洋经济、海洋政治、海洋社会、海洋军事、海洋生态、海洋科学技术等诸多方面,需要综合协调运用国家各种手段来维护国家海洋安全。国家的海洋安全是一项涉及政治、经济、军事、外交、法律和科技等多领域的系统工程,本书就制定长期的、综合的海洋安全战略进行了全面的解析,来统筹和指导我国海洋安全体系的建设和发展。

本书特点:本书共分九章。全方位地介绍了海洋经济、政治、社会、文化、生态安全等诸多方面。对象明确,结构清晰;内容丰富,论述全面;深入浅出,通俗易懂。

适用范围:可适用于各大海洋类院校,也可供相关领域研究者阅读。

图书在版编目(CIP)数据

中国海洋安全体系研究/朱坚真主编 . —北京:海洋出版社,2015.9
ISBN 978 - 7 - 5027 - 9227 - 5

Ⅰ. ①中… Ⅱ. ①朱… Ⅲ. ①海上 - 国家安全 - 研究 - 中国 Ⅳ. ①E815

中国版本图书馆 CIP 数据核字(2015)第 202237 号

总 策 划:邹华跃　　　　　　　　　发 行 部:(010)68038093(邮购)(010)62100077
责任编辑:黄新峰　　　　　　　　　网　　址:www.oceanpress.com.cn
责任印制:赵麟苏　　　　　　　　　承　　印:北京画中画印刷有限公司印刷
封面设计:申　彪　　　　　　　　　版　　次:2015 年 9 月第 1 版
出版发行:海洋出版社　出版发行　　　　　　 2016 年 11 月第 2 次印刷
地　　址:北京市海淀区大慧寺路 8 号(707 房间)　开　　本:787mm×1092mm　1/16
　　　　　100081　　　　　　　　　　印　　张:17
经　　销:新华书店　　　　　　　　字　　数:326 千字
技术支持:(010)62100057　　　　　定　　价:49.00 元

本书如有印、装质量问题可与本社发行部联系调换。

本社教材出版中心诚征教材选题及优秀作者,邮件发至 hyjccb@sina.com

《中国海洋安全体系研究》
编写委员会

主　编：朱坚真

副主编：孙　鹏　杨珍奇

编著者：朱坚真　孙　鹏　刘汉斌　杨珍奇

　　　　周映萍　刘　俊　刘雨慧　黄丹丽

　　　　杨　锐　朱大霖　岳　鑫　吕婷玉

　　　　乔瑞琪　马登值　尚图强　周珊珊

目　次

第一章 海洋安全体系概述

第一节 海洋安全体系的基本概念

"安全"概念,至今尚未形成一个普遍认可的定义。人们往往从感官描述和所对应的"危险"状态来进行间接定义。对"安全"一词的解释,通常强调两个方面,一是安全主体对状态和现实的认识与感知,即安全感;二是安全的客观状态与存在。从本质上说,安全是主体对象没有危险的客观状态。安全往往不是一种实体性的存在,而是某种主体的一种属性,它必然依附于一定的主体。

当安全所依附的主体不同,就会产生不同类型的"安全"。当安全依附于国家这一主体时,便产生了"国家安全"概念。从人类社会生活的生存环境来考虑,国家安全可以分为领地安全、领海安全、领空安全,组合起来就形成了国家安全。

从感官认知角度来看,安全相对应的概念是"破坏"或"威胁"。之所以出现安全问题,主要是指一个主体在周边环境中感知或遇到破坏和威胁的状况。这个主体可以是一个国家,也可以是个人或某种经济体等。这种破坏和威胁与安全形成矛盾的两个方面,形成此消彼长的"犬牙式"状态。一旦有破坏和威胁状况出现,安全问题也就随之产生。

何为安全体系?就是主体为了应对某一领域可能性或客观存在的破坏和威胁,而采取相对应的各种措施,构成依附于这一主体之上的安全体系。这种安全体系按照时效长短,可分为长期性的安全战略、短期性的防御措施或针对可预测性威胁所采取的临时性处置办法。

海洋安全体系概念,正是基于以上认知而进行综合界定的。首先,海洋安全是国家安全的重要组成部分。因为海洋占我们这个星球70.8%的面积。随着人类对海洋的开发以及在海洋上活动的越发频繁,海洋安全的重要性越来越凸显出来。其次,随着海洋在世界经济、政治、社会等领域中越来越突出,为应对海洋安全问题而构建的安全体系越来越复杂,分支越来越多,分支和分支之间的边界越来越模糊,交叉地带也越来越多。因此,海洋安全体系既形成一个体系,又存在交叉性。还有,对海洋安全体系的认知是不断发展和丰富的。在传统战略上,人们一直将海洋当做陆地安全的一道安全屏障,人们所认知的海洋安全一般较为狭窄,主要集中在海防安全方面。但随着人们对海洋安全认知的不断创新和发展,海洋安全体系已经扩展到各个领域,不仅包括传统意义上的海防概念,还包括海洋政治、海洋经济、海洋生物、海洋环境、海洋文化等众多领域,今后将不断丰富。这需要后继研究者和实践者不断探索总结,让海洋安全体系更加完备,分类和规划更为科学,所采取的措施更为有力。综上,我们定义海洋安全体系为:针对当下及可以预见未来的海洋威胁,在各个领域所进行探索和构建起来的防御性体系。

国际法中,对人类利用海洋和所拥有的权益进行分类指导,按照海洋的不同资源类型规定不同的权限。其中,《联合国海洋法公约》(以下简称《公约》)是一部认可度最为广泛,并具体约束各个国家行使海洋权责的国际法之一。1996 年 5 月我国被批准加入该《公约》,成为世界上第 93 个被批准加入该《公约》的国家。值得注意的是,我国被批准加入该《公约》是有附加条件的。该《公约》将世界海洋按不同法律地位和管辖制度分为内水(内海)、群岛水域、用于国际航行的海峡、领海、毗连区、专属经济区、大陆架、公海和国际海底等不同区域。《公约》对不同区域的权责进行了约定:内水和领海在法律上是沿海国领土的重要组成部分。沿海国对其专属经济区和大陆架拥有主权和管辖权。国家在公海上享有航行、飞越、捕鱼、铺设海底电缆和管道、建造国际法所容许的人工岛屿和其他设施、科学研究等方面的自由。对国际海底区域,人类有分享海底资源的权利等。

按照《联合国海洋法公约》,我国海洋安全体系建设,在确保海防安全的同时,确保上述海域利益的实现及海上活动安全等重要内容,确保我国在和平利用海洋、进行海洋开发活动时不受外界侵入或遭遇威胁。我国海洋资源十分丰富,自北向南的大陆岸线总长 18 000 多千米,岛屿岸线 14 000 多千米,面积在 500 平方米以上的沿海岛屿有 6 961 个。按照《联合国海洋法公约》和有关国际法的规定,我国可主张的管辖海域面积达 300 万平方千米,其中与领土享有同等法律地位的内水和领海面积约 40 万平方公里。我国目前主张管辖的海洋国土相当于陆地国土的三分之一,是世界上主要的濒海大国。内海和领海地处太平洋西岸,除了渤海是属于我国内海外,其他的黄海、东海、南海都是太平洋的边缘海。这些边缘海被所谓"第一岛链"所包围,处于半封闭的状态。我国在海上的"领国"有韩国、朝鲜、日本、菲律宾、文莱、马来西亚和印度尼西亚等。

长期以来,由于存在复杂的岛屿主权和海洋划界争端,造成我国海洋安全存在长期的不稳定因素。我国当前的海洋安全形势并不乐观,一方面因美国等世界海洋强国推出亚洲太平洋再平衡战略,将中国视为潜在的海洋竞争对手,通过联合我国海洋周边国家的方式对我国进行战略牵制,导致我国海洋安全压力较大。另一方面,我国同周边国家的岛屿主权和海洋权益争端较为复杂,存在许多不稳定因素,在一些非传统安全领域,如海洋经济开发、海洋环境等方面,安全威胁因素日益突出。

21 世纪我国海洋面临多元安全威胁,维护海洋安全涉及海洋经济、海洋政治、海洋社会、海洋军事、海洋生态、海洋科学技术等诸多方面,需要综合协调运用国家各种手段来维护国家海洋安全。国家海洋安全是一项涉及政治、经济、军事、外交、法律和科技等多领域的系统工程，需要制定长期的、综合的海洋安全战略，来统筹和指导我国海洋安全体系的建设和发展。

一、传统海洋安全体系

在明清时期，我国海防安全问题不断加剧。到明朝中后期，东南沿海倭寇猖獗，戚继光等名将与倭寇进行了长期战斗，建立了较为完善的古代海防体系。至明晚期，随着葡萄牙、西班牙、荷兰等传统海洋大国的崛起，我国海防问题尤其突出。至清晚期，西方列强用坚船利炮敲开了古老中国的大门，两次鸦片战争，列强都是从海洋入侵我国。至此，海上安全成为摆在当局者面前的一件大事。

按照传统的观点，安全一般等同于以国家为对象的军事方面的安全。通常把安全界定为：让国家免受外来攻击或威胁。其内容通常是，维护国家的领土和主权完整。传统安全问题的提出，往往是一个主体受到了存在性威胁，这个主体通常是指一个国家或政府，或者其领土和社会。这种安全问题的提出，通常是合法使用武力的关键所在。可见，传统国家安全观是以军事安全为核心的安全观。随着全球非传统安全因素不断增多，这种传统安全观逐渐被边缘化。

我国是一个陆海复合型国家，海洋利害关系十分重要。我国的国家安全威胁主要来自海上。当前，我国近海海洋权益面临"岛礁被侵占、海域被瓜分、资源被掠夺、信息被盗取、开发受阻挠"的严峻局面。日本觊觎我国钓鱼岛及其附属岛屿主权导致两国关系跌至冰点，南海周边国家屡屡侵犯我国海洋权益，海洋安全问题一度频发。20世纪80年代后期，我国针对《联合国海洋法公约》，提出"经略海洋"和"加强边、海防建设"的主张。后因为集中力量应对"台独"分裂，在海上采取了相对保守的政策，致使海洋安全问题越积越多，一些海上邻国对我海洋权益的侵蚀变本加厉。针对国家安全问题，党的十八大报告中明确提出："我国面临的生存安全问题和发展安全问题、传统安全威胁和非传统安全威胁相互交织"，"必须坚持以国家核心安全需求为导向"，"维护国家主权、安全、领土完整，保障国家和平发展"。那么，目前我国所面临的传统海洋安全问题主要包括哪些方面？

1. 军事安全压力有增无减。在太平洋地区，美国依然把我国视为潜在威胁，极力推行所谓的亚洲—太平洋再平衡战略，其主要目的就是制衡中国，加强对中国的战略防范。根据美国国防部2008年7月公布的《国防战略》报告，在可预见的将来，美国"需要防范中国不断推进的军事现代化及其战略选择会对国际安全造成的影响"。一方面，美国以最西边的领土关岛为核心，进行灵活、机动、高效率的战略部署，除了在亚太地区维持十万驻军外，还加强了亚太地区海空军的打击力量。同时，拉拢日、澳、印等国，加紧筹组"亚太北约"，以构筑所谓的亚太军事联盟。2009年7月，美国高调重返东南亚，同一些国家签署了《东南亚友好合作条约》,同日本、印度等国家联合企图主导这一地区的海洋安全事务,压缩我国海洋安全战略发展空间。除了美国,还有日本也在大力发展海上武装力量,积极加强对西南岛屿链的防御和部署,企图遏制中国。此外,印度加紧计划打造一支亚洲最庞大的海上舰队。岛礁主权和海洋权益争端越来越多。如日本、越南、菲律宾、马来西亚等国,纷纷通过加强海上军事力量建设,给我国海洋安全带来了极大的挑战。我国同这些国家在岛礁主权和海洋权益方面的争端十分复杂,所引发的海上冲突可能长期存在。

2. 军事测量对我海洋安全威胁加剧。从2004年开始,美国的综合军事测量船经常在我国东海、黄海海域活动,他们打着所谓在专属经济区活动属于"航行自由"的幌子,进行军事活动,直接危害了我国海洋安全。2009年3月,美军海洋监测船"无瑕"号在我国海南省以南约120千米的地方,对我国专属经济区海域进行水声探测。在活动过程中,与5艘中国籍船舶遭遇,引发海上对峙事件。事后,美国指责中国船只在国际海域对美船进行骚扰,随后还派出军舰前往南海,为"无瑕"号护航,致使中美海上关系一度紧张。

3. 海洋通道安全问题越来越突出。从国内情况看,我国80%以上的外贸货物运输和90%以上的石油、铁矿石运输严重依赖海上运输,确保海上通道安全在我国海洋安全中的地位日益重要。从国际情况看,大国围绕海洋战略通道争夺逐渐加剧,如美国在印度洋航道建有迪戈加西亚基地,同时取得了新加坡海空军基地部分使用权,不断在马六甲沿岸扩建军事设施;日本则以反海盗的名义,同马六甲海峡沿海国进行军事演习,加紧对这一地区的军事渗透,目的是想加紧对这一海上通道控制权的争夺;印度则加紧在马六甲海峡西北入口处建立军事基地。这些国家对海上通道安全的争夺,对我国海上通道安全产生了重要影响。

4. 在局部地区海盗威胁十分猖獗。以亚丁湾、索马里为代表的东非海域的海盗活动越来越严重,我国的船舶和船员多次受到海盗的袭击和威胁。据统计,2008年1月至11月,我国共有1 265艘次商船通过这一海域,约五分之一的船只受到海盗袭击。此外,南中国海也是发生海盗频率较大的地区,在2009年前8个月,共发生海盗和武装分子劫持船舶事件37起,约占全球同期发案总数的28%。面对严峻的形势,我国政府决定,从2008年12月开始派军舰赴亚丁湾、索马里海域实施护航。截至2014年8月,我国共派出18批护航舰队,有效地打击了海盗威胁,但仍不能从根本上解决来自这方面的安全问题。

5. 传统海洋安全威胁还包括海上恐怖主义、危及海上航行安全、危及大陆架固定平台安全等非法行为以及偷渡、贩毒和贩运武器、走私等行为。综合以上这些传统海洋安全威胁,可以看出,传统海洋安全体系主要包括军事安全、主权安全、航运安全、治安安全等几个组成部分。

二、现代海洋安全体系特征

冷战结束后,随着信息时代的来临,世界变成了一个地球村,人类经济活动越来越频繁,经济全球化趋势越来越明显,现代安全观也发生很大变化。对海洋安全的认识提升到了一个新的高度,一个新的现代海洋安全体系正在崭露头角。那么,现代海洋安全体系具备哪些特征呢?首要的特征是,海洋安全在国土安全中的重要性越来越凸显。在中华人民共和国成立后的较长时期,由于我国经济实力与世界强国相比存在较大差距,一些帝国主义国家对我国采取经济封锁政策,在海洋安全方面挑衅不断。加上我国长期推行"韬光养晦"的海洋国防政策,我国在海洋安全方面往往存在鞭长莫及的被动局面。随着我国经济实力的不断增长以及我国对外开放的不断深入,海洋安全摆到了前所未有的高度。

第二个特征是,中国海洋管理及海洋安全建设的需要。2013 年 3 月第十二届全国人民代表大会第一次会议,审议通过了包括组建新的国家海洋局在内的《国务院机构改革和职能转变方案》(如图 1-1)。国务院机构改革方案提出,将现国家海洋局及中国海监、公安部边防海警、农业部中国渔政渔监、海关总署海上缉私警察的队伍和职责整合,重新组建国家海洋局,由国土资源部管理。组建新的国家海洋局的另一明显意图,是想加强推进海上统一执法。改革方案中的另一亮点就是,国家海洋局同时以中国海警局名义开展海上维权执法,接受公安部业务指导。对海洋管理机构的改革说明,我国对海洋的重视程度提高到了一个新的高度。作为国家行政主管部门的国家海洋局不仅是行政管理机构,还是海洋安全的执法机构。这有利于整合海上执法力量,形成强有力的海洋执法合力,有利于更好地保障我国广袤的海洋国土安全。

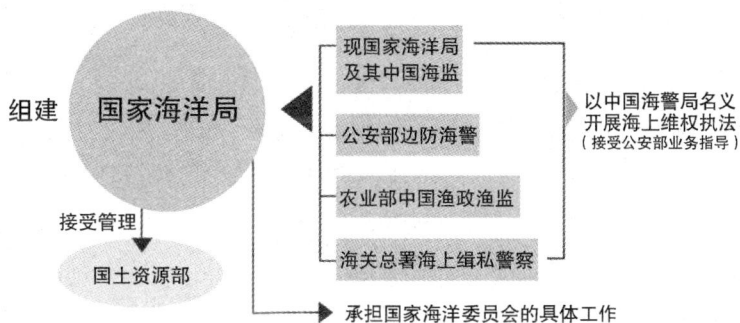

图 1-1 国家海洋局机构改革方案

第三个特征是,海洋安全与人类的经济活动越来越紧密。改革开放 30 多年来,我国经济发展是从沿海起步,逐步向内地辐射,形成东中西的阶梯形发展格局。沿海经济带崛起主要依靠外向型经济发展起来,我国经济与世界经济的依存度越来越高。据商务部数据显示,2013 年中国进出口总值 25.83 万亿元人民币(折合 4.16 万亿美元),扣除汇率因素同比增长7.6%,其中出口额 2.21 万亿美元,进口额 1.95 万亿美元,这是我国年度进出口总值首次突破 4 万亿美元的关口,超过美国成为世界第一大货物贸易国。目前,国际贸易总运量中的

2/3 以上,中国进出口货运总量约90%是利用海上运输。作为第一大货物贸易国的中国,确保海洋安全的重要性不言而喻。与此同时,确保海上运输和能源资源战略通道安全,关系到国民经济和社会发展命脉,特别是石油、铁矿石等重要进口战略物资对海路运输的依赖性很大,确保海上战略通道安全十分重要。经济贸易发展离不开海洋安全这道防线,确保经济成果同样离不开海防这道生命线。目前,沿海地区仍是我国经济重心所在地,且越来越向这一地区集中,沿海地区的安全直接关系到整个国家经济的安全。只有确保海洋安全这一道屏障万无一失,才能确保我国经济在安定的环境中持续发展。

第四个特征是,现代海洋安全观更加注重对"人的安全"的重视。随着冷战时期的结束,对于安全问题领域和范围的认识发生了根本的转变,和平与发展成为世界的主题,安全问题逐渐突破以国家为中心和军事政治领域,不断向社会其他领域推移。比如,哥本哈根学派对安全问题的研究,在安全主体和安全领域两个维度上进行了外延。在安全主体方面,将传统安全观的主体国家,发展到个人、次国家集团、地区及全球体系。在安全议题设置上,将军事政治安全扩及经济、社会、环境等非传统安全领域。从20世纪90年代以来的现代安全语境中,安全问题的观察视角开始聚焦到"人"的身上,开始考虑人的全方位的安全。1994 年,联合国开发计划署在《人类发展报告》中提出"人的安全"这一新的安全观,认为人的安全包括七大要素,分别是经济安全、粮食安全、健康安全、环境安全、人身安全、共同体安全和政治安全。此后,学界围绕"人的安全"概念及其内涵进行了长时间的争论,但并没有达成共识。主要是各国的政要和学者对"人的安全"要素的认识存在巨大分歧。尽管存在大量的分歧,但以"人的安全"为核心的安全理念,在联合国的大力倡导下,逐渐受到不同政治背景的政府、非政府组织和民间团体的积极回应,被接受的程度越来越高。

结合以上对现代安全观特征的论述,可以清晰地勾勒出现代海洋安全观及海洋安全体系的主要构成部分。目前,我国除了传统的海洋安全威胁外,新时代所涌现出来的新的海洋安全威胁还来自海洋经济、海洋政治、海洋社会、海洋文化、海洋生态、海洋环境、海洋科技、海洋国防等方面。为应对这些领域的威胁因素,需要构建起一个完备的现代海洋安全体系。本章从海洋经济、海洋政治、海洋社会、海洋文化、海洋生态、海洋环境、海洋科技、海洋国防八个方面对海洋安全体系的构成进行论述。

第二节　海洋安全体系的基本构成

一、海洋经济安全

我国海洋经济总量庞大且结构复杂。据国家海洋局发布的《2013 年中国海洋经济统计公报》(以下简称《公报》)透露,2013 年,我国海洋产业总体保持稳步增长,海洋生产总值达54 313 亿元,比上年增长 7.6%。其中海运、造船、海洋电力、海洋矿业、海洋油气业、海洋渔业 6 个产业大部分实现平稳发展,总计实现增加值 11 950 亿元,占海洋产业增加值的52.7%。《公报》还显示,2013 年海洋生产总值占国内生产总值的 9.5%。在主要海洋产业中,海运业增速放缓,造船业生产经营形势依然严峻,经济效益持续下滑,海洋渔业平稳较快增长。此外,海洋油气业、海洋电力业实现稳步或较快发展。我国区域海洋经济发展基本保持平稳。其中,环渤海地区海洋生产总值为 19 734 亿元,占比为 36.3%。长江三角洲地区海洋生产总值为 16 485 亿元,占比为 30.4%。珠江三角洲地区海洋生产总值为 11 284 亿元,占比为 20.8%。可见,海洋经济已成为我国国民经济发展中重要的经济增长点。由于我国海岸线资源丰富,海域面积宽广,近年来海洋渔业、建筑业、海洋运输业、滨海旅游业及新兴海洋战略产业蓬勃发展,使得我国海洋经济出现大幅波动的可能性大大降低。如何科学发展海洋经济,利用好海洋资源,全球主要海洋国家都在深入思考,形成了较为统一的认识。

从世界看,主要海洋国家制定和不断完善海洋经济发展战略和政策,认识到发展海洋科技、保护海洋环境,合理开发和保护海洋资源对于发展海洋经济的重要性。1992 年,《联合国海洋法公约》正式生效后,世界主要海洋国家陆续根据本国实际制定和调整了海洋战略。如美国 2004 年颁布了《海洋政策蓝图》,提出加强对海洋资源的利用和保护,开发海洋可再生资源。加拿大 2002 年颁布实施《加拿大海洋战略》,确定了可持续发展原则。中国政府于1996 年颁布《中国海洋 21 世纪议程》,提出海洋经济发展总体战略目标是建立良性循环的海洋生态系统,形成科学合理的海洋开发体系,促进海洋经济持续发展。在海洋经济发展战略原则上,提出坚持以发展海洋经济为中心、适度快速开发、海陆一体化开发、科教兴海和协调发展等原则。在发展目标中提出,重点发展海洋交通运业、海洋渔业、海洋油气业、滨海旅游业,缓解交通紧张状况,带动和促进沿海地区经济全面发展。2003 年 5 月,我国颁布实施的《全国海洋经济发展规划纲要》中,对我国海洋产业的发展方向和布局进行了部署,提出了促进我国海洋经济发展的主要措施。从法律保障上看,我国从 20 世纪 90 年代开始先后实施了《中华人民共和国海洋环境保护法》、《中华人民共和国海上交通安全法》、《中华人民共和国渔业法》、《中华人民共和国海域使用管理法》等一系列法律法规,为依法治海提供了有力保障。

尽管各国都在寻求一个科学的海洋经济发展模式,但不得不指出的是,对海洋经济安全构成威胁的因素仍有许多,集中表现为各海洋国家争夺经济利益的多样化,海洋经济安全呈现了各种新的类型和形式。一些海洋学者,对国家海洋经济安全进行了深入研究。一般认为,海洋经济安全是指在开放条件下,确保海洋经济发展不受内部和外部威胁侵害,保持稳定、均衡和可持续发展能力。海洋经济安全包括在现代海洋安全之中。

本书认为,从海洋国防经济学角度出发,海洋经济安全是海洋军事安全、海洋环境安全、海洋通道安全和海洋资源安全的复杂综合体。其基本内涵为,一国作为独立的经济体,其海洋经济的根本利益不应受到威胁,保证海洋经济在面临内外因素冲击下继续稳定运行和健康发展。

第一,部分海域存在的海洋权益争议影响我国海洋经济安全。从北至南看,在黄海,因韩国主张海域等距线划界,我国与韩国存在 18 万平方千米的争议海区;在东海,中国固有领土钓鱼岛被日本非法占领,同样存在 16 万平方千米的争议海区,我国在东海上作业的渔船、海洋科考船等经常遭到日本海上自卫队和海上保安厅舰机的跟踪和监视,存在严重的海上安全威胁;在南海,我国海洋权益受侵犯最为严重,大量海岛被侵占、海洋资源被掠夺。在这些海域,我国有着十分重大的经济利益存在。近年来这些海域的争端有升级趋势,我国在这些海域正常的捕捞、勘探、开采等经济活动受到冲击和威胁。

第二,日益严峻的海洋生态环境问题威胁我国海洋经济安全。一方面,生态环境恶化严重威胁渔业发展。一些海洋渔业污染事故发生,不仅造成直接经济损失和海洋天然渔业资源损失,还造成了海产品质量下降。如日本福岛核事故发生,造成对海产品的污染,进而影响人类身体健康。另一方面,沿海海洋生态问题如果长期得不到扭转,很可能影响滨海旅游业的发展。

第三,对海洋资源的过度开发使海洋资源退化问题突出。过度捕捞等因素,使我国近海渔业捕捞资源衰退。一是传统优质鱼类相继衰竭,处于食物链较高层次的优质鱼类越来越少,经济价值较低的鱼类、虾蟹类上升为主要渔获种类;二是由于传统经济鱼类的小型化、低龄化,加上进一步开发利用中、上层小型鱼类,致使经济种类种群补充不足,最大渔获量急剧下降。四大海区渔业资源相继衰退,传统经济鱼类数量锐减,有的已经处于衰竭状态。传统优质鱼类目前已不成渔汛,在渔获物中所占比例不足 20%。近海和江河入海处鱼、虾、蟹类洄游、栖息和产卵繁育幼体的天然场所遭到破坏。同时,在我国部分沿海地区,因大量采掘海砂资源,致使部分海岸侵蚀、岸线后退,带来一系列的海洋威胁。2007 年,商务部和海关总署共同发布公告,自 2007 年 3 月 1 日起,正式恢复禁止天然砂出口管理措施。

第四,部分海域的海洋通道安全受到威胁,对我国海洋运输业的影响显而易见。本章第一节已有部分叙述,不再赘述。在新形势下,我国海洋经济面临多元安全威胁,维护海洋经济安全涉及国际关系、国际法、军事战略、海军战略以及思想文化等诸多方面,不能只从单一的角度着眼,割裂各个领域间的联系,需要综合协调运用国家各种手段维护其安全。一方面要拓宽海洋安全战略的地缘视野,认识我国海洋经济安全面临的挑战,在国际层面上妥善处理我国与美国、英国、俄罗斯及周边国家的关系;另一方面,把我国海洋经济安全纳入国家大战略当中,在自身层面上调整海洋产业结构,合理利用海洋资源及保护海洋生态环境。在考察我国海洋经济安全的问题上,还需要从以下几个方面协调运用各种国家手段维护其安全。

第一,树立海洋经济安全观,制定海洋安全战略。实现海洋经济安全,首先应立足于历史视野,树立海洋经济安全观和增强决策者的经济安全意识。我国海洋既面临国外的封锁和牵制,又与周边国家存在复杂的岛礁与海洋权益争端等不稳定因素,需要制定长期的、综合的海洋安全战略,来统筹和指导我国海洋经济安全体系建设。2003年国务院批准实施《全国海洋经济发展规划纲要》,确定了我国海洋经济发展指导原则,从战略高度把海洋事业发展列入国家发展战略。海洋经济安全政策的制定需顾及沿海地区、领海、管辖海域乃至大洋航线等多层空间利益存在,善于从全球安全角度审视需要保护的海上经济安全利益,有机结合国内外政策,确定选择合适的策略并予以实施。通过统筹海陆资源,产业资源联动重组,调整海洋经济结构,实现海洋经济发展与国防建设统筹。值得指出的是,公海是国家管辖海域以外的广阔海域,属于全球人类共同享有。我国需加大公海的开发力度和技术资金储备,以期在全球海洋开发中获取更多的经济利益。

第二,加强对海洋经济发展的监测,建立健全经济安全的预警机制。加强海洋经济问题研究,密切跟踪海洋相关产品及服务市场供求变化及价格涨跌,充分把握、评价各种紧急事态对经济安全的影响,对可能威胁我国海洋经济安全的各种因素进行监测。建立健全海洋经济安全预警机制,对海洋环境、海洋灾害实时监测,严格控制主要入海污染物排放总量和排放标准。通过发展低碳经济、循环经济、绿色经济促进海洋产业系统的优化。积极培育海洋环保、海洋新能源等战略性新兴产业。培育涉海大中型国有企业参与国际竞争的能力,增加人力和教育投资,特别支撑支柱产业发展,推动产业升级及产业结构转型,拓宽海洋产业的生存和发展空间。

第三,积极开展海防建设,增强我国经济安全系数。建立强大的海军队伍,是维护海洋经济安全的坚固后盾。我国海军的军事战略原则由大陆海岸防卫为主转向海洋经济安全和战略利益的防御。海上军事力量是保障区域稳定的关键,而区域的稳定则是经济稳定的前提。为此,只有依靠强大的海上军事力量,加强海域防卫警戒和岛礁的控制与维护,才能维护沿海地区的安全与稳定,维护沿海地区重要港口、设施的安全;维护海上石油平台、海底电缆管道的安全;维护海上生产的正常秩序;保障海上生命安全等。同时,海上军事力量建设在打击海盗、制止海上犯罪、交流情报信息等方面发挥重要作用。

二、海洋政治安全

海洋政治安全是一个很少被人提及的概念。在整个海洋安全体系中,海洋政治安全有统领全局的灵魂性作用。如何理解海洋政治安全呢?我们可以先从政治安全这一概念本身入手,进而推及海洋政治安全这一全新领域上去。哥本哈根学派代表人物巴瑞·布赞曾说:

"政治领域是最大的一个领域","在某种意义上,所有的安全事务都属于政治的范畴"。由此可以看到政治安全的重要性,同时也足可以看出政治安全具有广泛性,它渗透社会的各个领域,因而很难将政治安全和社会安全、经济安全等明显区分开来。从政治的本身特点来看,政治安全具有明显的意识形态或价值判断色彩。

一般认为,在研究政治安全时会考虑四个方面的议题。首先是认识政治安全的主体是谁？其次是政治安全的领域是什么,即威胁来源是什么？再次是政治安全所涉及的范围是什么,由哪些核心要素构成？最后是政治安全的手段是什么,怎样才能达到安全目标？将这四个议题扩充到海洋领域,便可探寻到构建海洋政治安全体系所要抓住的核心内容。

确保海洋主权安全仍是实现政治安全的源头。当前世界格局中,军事安全威胁在国家安全中所占的比例下降,但不能排除传统军事威胁因素的存在。现代国家是由主权来定义的,主权就是以固有的被确认的领土和人口为基础的,是具有排他性权力的。一个国家之所以称之为一个国家,就在于其主权的存在,国家主权神圣不可侵犯。一旦国家主权遭受到威胁,也就是对国家存亡的威胁。因此,国家海洋主权安全是海洋政治安全的基础,没有这个基础就成了无源之水。在非传统安全观中,海洋政治安全的主体在海洋主权的基础上进行了延伸,涉及一切与国家海洋安全、人的安全及社会安全等相关领域。从严格意义上来说,海洋政治安全不完全属于传统安全范畴,是非传统安全领域的重要内容。有学者认为,当代海洋政治安全问题不能仅仅局限于国家海洋主权独立和领土完整,还应该考虑其他安全因素。

需明确的是,维护国家海洋主权完整,无疑是海洋政治安全的前提因素。当前维护海洋主权和领土完整的任务仍然艰巨,我国许多海洋国土实际管辖不到位,海洋政治安全面临巨大威胁。例如,我国周边一些海洋邻国纷纷通过国内立法及实际管辖行动,抢占我国岛礁,掠夺我国海洋资源,使我国依国际法享有的100多万平方千米海洋国土面临被瓜分的危险。提高海洋政治安全意识十分重要,近年来我国海洋主管部门加大海域例行巡查力度,今后应加强这方面的工作力度,将海洋例行巡视作为一项长期的工作,有效地维护我国海疆的安全。

维护海洋意识形态安全是灵魂和核心。从我国外部环境来看,意识形态的争夺和政治制度的差异性仍对我国海洋政治安全构成一定威胁。近年来,西方社会利用互联网等一些现代传播手段,进行意识形态的政治价值观的侵入,利用所谓人权问题做文章,使人们的价值观念呈现出多元特征。正是从这种现状出发,我们要充分认识到,国家不仅存在物质意义上的边防,还存在意识形态领域的边防。

民众对一个国家海洋领土的强烈认同意识,已成为国家海洋政治安全的基础。只有绝大多数国民对维护海洋领土主权表示认同,对维护祖国海疆具有无比的热情,才能够凝聚成强大的动力。可见,海洋意识形态的安全,作为政治安全的核心,具有灵魂性作用,无法替代,不可轻视。只有巩固了在海洋领域的意识形态安全,才能打好维护祖国海疆安全的人民战争。

实现海洋执政安全是政治安全的直接手段。在非传统海洋安全观的统领下,我们应该放弃过去那种以暴制暴的简单的治理手段,应该在实现海疆执政方面下功夫。近年来,我国在海南省设立三沙市,加强对南海海疆的执政行为,以传统的主权来明确治权的合法性,又以实实在在的治权来巩固我国所依法行使的主权。我国新版地图中对海疆的标识,对钓鱼岛及附属岛屿的命名,对东海识别区的设立,都有力地加强了我国在相关海域的执政地位。只有不断巩固我国在相关海域的执政行为,才能让我国海疆长治久安。

加强对海洋国土的执政行为,才是巩固海洋政治安全。我国是个传统的大陆国家,一直抱着"郡县治、天下安"的思想,长期在海洋执政方面存在缺失,导致我国众多海洋权益受到威胁和侵蚀。应充分认识到治理海疆的必要性、迫切性和长期性。

维护好海疆秩序是实现海洋政治安全的重要方面。在较长时间里,西方国家对我国采取封闭和封锁的政策,特别是对我国海疆进行封锁。随着我国经济和综合国力的提升,再想孤立中国已不太可能。但随着一些国家所谓的亚洲—太平洋再平衡政策的推动,我国周边一些海洋邻国,企图制造各种海上事端,通过浑水摸鱼的方式,试图搞乱我国同周边国家之间的海疆格局。在这种情况下,维护好我国同周边邻国海疆之间的国际秩序十分必要。

总之,从大陆思维向海洋思维的转变,从保护海疆到治理海疆的转变,在某种意义上是我国在维护海洋政治安全上的重要转变。只有让广大国民真正认识对海洋国土认同、对海洋边界确定、对海洋疆土治理的重要性,才能真正维护好海洋政治安全。

三、海洋社会安全

社会安全概念形成于我国《突发事件应对法》等一些法律法规中,是指维持常规生活和正常运行的外在环境状况以及主体在这种环境中的主观感受。根据这一定义,社会安全包含两个方面的标准:一是客观条件的实际状况;二是主体对外在条件的感受和评价。

海洋社会是一个复杂系统,包括人海关系、人海互动以及涉海的生产生活实践中所产生的各种人际关系和人际互动。是一个以这种关系和互动为基础所形成的,包括经济结构、政治结构和思想文化结构在内的有机整体。这个有机整体就是海洋社会。从长远来看,海洋社会安全关系到国家的长治久安。随着人类利用海洋开发海洋活动的日益频繁,这种海洋社会安全问题日显突出。

主要存在以下表现。海洋权益争端和海上恐怖主义的存在,对海洋社会安全构成严重威胁和冲突;社会转型和结构变迁导致一些渔业、渔民生活发展缓慢,海洋社会问题突出;近年来对海洋生态的持续破坏以及对海洋资源的过度开发,导致人海关系紧张;海洋自然灾害、海上突发性交通事故、海盗活动等,也是威胁海洋社会安全的重要内容。保障我国沿海地区的经济稳定和人民生命财产安全,加强人们对海洋社会安全意识,加强对海洋突发事件处置能力尤显重要。

近年来,全球海上突发事件频发,给我国海洋省份提高海洋社会安全意识敲响了警钟。其中影响较大的海洋社会安全事件有:2010年4月,在墨西哥湾发生的英国石油公司"深水地平线"平台爆炸而引起的石油泄漏事故;2010年7月16日,中国大连输油管道爆炸漏油事故;2011年3月,日本福岛地震引发第一核电站发生爆炸导致海洋核污染;2011年6月,中国渤海蓬莱19-3油田溢油事故等海洋突发事件。这些事件造成了十分惨重的直接损失,对海洋资源和环境的长远影响难以估量。

这些海洋社会安全突发事件一般具有哪些特征? 一般认为,海洋安全突发事件发生在海上,具有不同于陆地的一些特殊性。总体来看,具有突发性、紧迫性、高危险性、易扩散性以及不确定性等特点。

因海水具有流动性等特点,海洋的水文气象随时可能发生变化,这增加了对海洋突发事件处置的不确定性。比如风暴潮、海啸、台风等,这些恶劣的海洋自然灾害,所带来的风险是难以估量的,给处置能力带来极大挑战。另一种常见的海洋石油勘探开采所引发的溢油事故,常常因为石油的迅速扩散而造成污染的海域面积很大,给救援和治理带来难度。

影响海洋社会安全事件处置难的另一个因素是,海洋行政区分与陆地不尽相同,往往因为没有明确的界定和标识,导致海洋行政责任不明确。此外,突发性的海洋社会安全事件,往往因危害不到特定的人群而不能及时发现和处理,加剧了处置难度。加之,在处置海洋安全事件时所需要的工具、技术手段、处理环境与在陆地上不一样,无疑增大了处置难度。

目前我国在海洋社会安全方面还存在哪些漏洞呢? 首先是对涉海突发事件的处置应对机制还不够健全。因海洋突发事件多是复合型事件,一旦发生往往涉及多个政府部门来共同处置。目前我国海洋职能分工,往往是分部门应对单一灾情的模式,对复合型突发事件的反应效率较低。其次是我国在海洋应急处置方面的法律法规建设还不够完善。主要表现在海洋应急方面,还只有一些部门应急办法和预案,缺乏总体海洋紧急状态法。缺乏应急状态下责任追究、公民权益保障等内容的规定。第三是海洋应急管理中存在的信息不畅也是普遍存在的问题。缺乏应对突发事件的信息共享平台,信息发布不及时,渠道不畅通或方式单一,特别是缺乏应急机构与群众之间缺乏信息交流的机制和渠道。

鉴于以上有关海洋社会安全事件的特点和难点,以及目前所存在的一些安全隐患和漏洞,必须加大应对海洋社会安全方面的建设。

从政府管理层面来看,应成立一个具有跨地区、跨行业、跨部门,涉及多产业、多学科和多领域的应急处置系统。这一体系包括指挥调度、处置实施、物质及人力资源、信息管理及决策辅助等内容,同时创建一种反应迅速、互联互通、信息共享、协同应对的联动处理模式,采取一种十分有效的机制,具备在短时间内迅速地调动应急人力、物力和财力的能力,将海洋突发事件所带来的危害降到最低。

从全社会来看,对海洋突发事件的处置,不应单单是政府部门的事,而应是多元力量参与。应构建一个以政府为主导,社会力量参与,组建救援企业力量的模式。通过大众媒体对社会舆论进行引导,借助国际救援力量来相互合作的高度开放性的体系。这种多元化的参与体系,还应包括非政府组织,如民间组织、政社或政企之间的中介组织、志愿者团体、企业组织及公民个人。最终,可以形成一个权力分割、责任分摊、风险共担,并广泛介入整个危机周期的网络化治理系统。这种治理体系的实质,就是实现政府与社会不同主体之间的合作。通过协商对话、资源交换、优势互补,形成互利共赢的局面,使多元主体达成实现相同目标的集体行动。

我国在突发性海洋社会安全事件的处置方面起步较晚,在很多领域还处于探索阶段。应该加强同别的海洋国家之间的合作,引进国际援助力量的支持,多借鉴他人的先进经验为我所用。

四、海洋文化安全

界定海洋文化安全之前,必须明确海洋文化的含义。海洋文化,是指人类在认识开发利用海洋的社会实践过程中,所形成的精神成果和物质成果的总和。具体表现在人类对海洋的观念、思想和意识形态上,以及由此形成的一些包括日常生活习俗、经济结构、法律制度等在内的社会制度和生活方式。海洋文化安全,则是在现代海洋安全观视野中的一种新的形态,是系统分析海洋文化安全所面临的挑战和威胁,探索海洋文化安全所需要形成的应对策略。与传统海洋安全相比,提升全民海洋文化安全观具有十分重要的意义。从战略上来讲,海洋文化安全是体现一个国家综合国力的重要内容,从实际操作层面讲,我国有至少300万平方千米海洋国土,维护和拓展海洋权益任务十分艰巨,捍卫海洋文化安全已刻不容缓。

当前,我国在维护海洋文化安全方面存在哪些不足?从世界历史来看,海洋文化应是一种具有全局性、稳定性的特征。我国一直强调的是大陆文明和大陆文化,在海洋文化方面存在先天不足。虽然中华文明中不乏海上丝绸之路这样的文化基因,也出现过郑和下西洋这样的航海壮举。但在中国古代,国家对海洋的政策多变,特别是在明清后期,还出台了一些禁海和闭关政策,导致海洋文明在我国一直处在被支配的地位。包括海洋生活方式、风俗习惯在内的海洋文化始终处于边缘化的地位。世界历史则不同,从中世纪开始,海洋文明开始在西方世界占据主导地位,从荷兰、西班牙到英国、法国,再到近现代的美国、日本、苏联,这些世界强国都是依靠海洋争霸而取得世界地位的，这些国家的海洋文化占统治地位，驱使这些国家不断扩张海洋争霸道路。如英国，曾通过海洋争霸征服世界许多国家，成为"日不落帝国"。但随着美国的崛起，其地位逐渐被取代。

当今世界，依靠海洋力量争夺世界控制权的方式仍没有完全改变，海洋文化仍发挥极大作用。整体经济实力已占全球第二位的中国，要想真正屹立于世界强国之林，就必须拥抱海洋文化，培育自己的海洋制度文化，这还有相当长的路要走。那么，当前我国应树立怎样的海洋文化安全观呢？我们认为，要摈弃长期以来形成的海洋资源可无限争夺的传统思维，也要摈弃冷战以来在意识形态领域的对抗思维，应树立一种全新的海洋文化安全意识。这样的海洋文化安全观应包括两个层面。从国家安全层面看，海洋文化安全不是一个孤立的概念，它与政治安全、军事安全、经济安全、社会安全等一起共同构成一个完整的现代海洋安全概念，且彼此之间相互作用、相互联系。从海洋文化安全的内部机理看，它涵盖器物、制度、观念三个层面，且三者相辅相成、互为一体，其核心就是海洋价值观体系。

在近代，人类在协调和规范海洋过程中，对确保海洋安全已经形成了一定的共识。如人们制定和形成了《联合国海洋法公约》在内的诸多法律和规则。这些国际法在协调人类与海洋关系的过程中，就形成了相应的近代海洋文化安全观。进入 21 世纪，人类在解决海洋权益问题时，更多的是依靠对话，靠加强沟通，而不是一味地诉诸武力，这就构成了现代海洋安全观的重要表现形式。中国要走向海洋，维护本国的海洋文化安全，就必须自觉维护和坚持自己的海洋文化观。坚持科学发展，经略海洋文化。坚持以人为本，以可持续的科学发展观指引海洋文化，是保证海洋文化安全的最根本的指导思想。

首先，应倡导和谐海洋的核心价值观。从数千年的中西文化比较来看，中西文化的差异在于，西方是冲突文化，而中国是融合文化，这一点在海洋文化中也得到体现。我国在维护海洋文化安全过程中，一定要有制度自信和文化自信。坚持走和平发展、和谐交融、有序开发的道路，这是在维系人海关系，处理国与国之间的海洋权益过程中应坚持的文化价值选择。

其次，要培育国民海洋文化和海洋意识。从近代文明来看，只有真正实现了海洋文明，才能够体现出一个国家的软实力。对海洋文化和海洋意识的培养，主要来自两个方面，一方面要充分挖掘和肯定中国文化中的积极因素，从传统的海洋文化中吸取精华，同时应反省我们在海洋文化建设中所存在的不足。另一方面应了解世界海洋文化的发展脉络，应在批判过程中对国外优秀海洋文化因素进行吸收，借鉴西方海洋文化中的先进养分。

最后，要发扬传统文化，复兴中国海洋强国梦。中华民族具有悠久的海洋文化，海洋的博大胸怀曾陶冶了文人的气质，郑和下西洋的航海精神曾激励中国人对外探索的勇气，漂洋过海求学和经商的中国人又是通过海洋接触到现代文明，滔滔的海潮曾激励一代代革命志士为之奋斗。对我国来说,近代海洋文化已经有了很多积累,我们应在开发海洋、探索海洋、治理海洋过程中,继续培育民族海洋文化精神,既保持传统的继承性和延续性,又不失吸纳百川的开放性和现代性,使中华民族实现复兴海洋强国的梦想。

五、海洋生态安全

生态安全是在国家安全的诸多因素中相对独立的一个基本因素。海洋生态安全是生态安全链条中十分重要的一环,构成整个自然生态环境的基础性要素,是国家安全的重要组成部分,是国家经济安全的重要条件。确保海洋生态安全的目标,是使海洋生态系统不会遭受不可逆转的破坏。美国人莱斯特·布朗是最早将环境问题引入安全概念的学者。1977 年,他在其著作《建设一个持续发展的社会》中明确提出"重新定义国家安全",提出将环境问题纳入到国家安全之中。他提出,国家安全的关键是确保持续发展,如果全球经济系统的生物基础不能得到保护,经济的瓦解和崩溃在所难免。世界环境与发展委员会 1987 年报告《我们共同的未来》中,正式提出生态环境安全的概念,指出:"安全的定义必须扩展,超出对国家主权的政治和军事威胁,而要包括环境恶化和发展条件遭到的破坏。"认为环境问题已成为具有战略意义的问题之一。国际应用系统分析研究所首次提出"生态安全"一词,且指出,生态安全是确保人类生活、健康、安乐的基本权利,确保人类适应环境变化能力不受威胁的状态。

以全球的视野看,海洋环境污染是威胁海洋生态安全的主要问题,这种污染又是多种多样的。其中主要类型包括:原油泄露引起的石油污染;有害化学物质和放射性物质的污染;人类大量生产使用和排放的有机物对海洋环境的污染。由于海洋是地球海拔最低的区域,有一定的自我净化的能力,长期以来被当成是污染物的归宿地。随着人类社会发展和城市化进程的推进,大量生活垃圾被直接排到海洋,给海洋环境带来严重威胁。据统计,全世界每年向海洋的倾废量已达 200 亿吨,每年流入海洋的石油为 1 000 万吨。其中我国每年沿海的工厂和城市直接排向海洋的污水就有 100 亿吨,主要有害物质为 146 万吨。人类大量生活垃圾向海洋倾倒,给海洋生态环境所带来的影响,已很大程度上抵消了人类社会发展的现有成果。由于海水随着洋流在全球流动,一国对海水进行污染,就有可能通过海水流动转移到其他国家,影响他国的海洋环境。可以看出,海洋环境污染已是一个全球性公害,越来越影响人类社会发展。

海洋渔业资源和生物多样性锐减,是对生态安全造成威胁的又一重要因素。威胁海洋生物多样性的主要因素包括:对海洋生物资源的过度利用引起物种遗传上的变化;填海造陆等人为因素,导致海洋生物承受巨大压力;沿海水域中有机物的富集导致赤潮发生,造成大批量海洋生物的死亡;外来生物对本地生态环境系统的威胁。

全球变暖同样是威胁海洋生态安全的重要因素。地球温室效应的直接恶果是导致海平面的上升,这对那些依靠沿海地缘优势发展起来的城市和国家而言,是致命性的威胁。据美国华盛顿地球政策研究所 2001 年发布的一份报告指出,因温室效应导致的海平面上升,南太平洋岛国图瓦卢将成为全球第一个需全民迁移的国家。另据国家海洋局预测,未来 30 年中,温室效应将给上海地区的海平面带来 85～150 毫米的上升,我国沿海海平面总体将上升约 90 毫米。温室效应对沿海国家和城市来说,是迫在眉睫的威胁。

从我国的实际情况看,沿海海域生态系统多处于亚健康和不健康的状态,海洋生态环境安全形态十分严峻。其中主要表现为:近海岸线生物栖息地受损,过度捕捞导致海洋生物多样性减少;生态灾害多发,渔业资源减少,出现海洋荒漠化现象;沿海红树林、湿地等重要海洋资源受到破坏。2010 年,国家海洋局发布《中国海洋环境状况公报》,对全国海洋生态环境监控区调查发现,86% 的河口、海湾、滩涂湿地、红树林、珊瑚礁、海草床的海洋环境健康状况处于亚健康或不健康状态。其中污染严重的区域包括黄海北部、辽东湾、渤海湾、莱州湾、长江入海口、杭州湾和珠江入海口。目前我国海洋环境污染不断加剧,突出表现在河口、海湾和近岸海域污染严重,环境质量逐年退化。污染事件逐年增多,已形成环境灾害。其中,我国赤潮发生的频率越来越高,地区越来越广。据不完全统计,1980—1992 年,在我国海域共发现赤潮近 300 起,是 20 世纪 70 年代的 15 倍。2008 年我国海域共发生赤潮 68 次,累计发生面积 13 738 平方千米,对海洋生物资源和渔业生产造成严重损害。造成我国海洋环境问题加剧的主要原因,还是沿海各地在追求经济增长的时候忽视环境保护,将大量工业和生活污染物排向海洋。另一方面,石油开采泄露和围海造陆等原因导致的海洋污染日益严重。同时,我国在海洋生态安全方面存在较多缺陷。怎样才能构筑我国海洋生态安全体系呢?

(1)保护海洋生物多样性,应该建立一批国家级、地方级的海洋自然保护区,特别是针对珍稀和濒危灭绝的物种建立典型海洋自然生态系统。严禁使用炸鱼、毒鱼等直接威胁海洋生物多样性的捕捞方法,摒弃传统的以纯经济效益为目的的捕捞模式。提倡科学养殖、生态养殖,尽可能增加养殖种类。加大惩罚力度来规范在海洋开发活动中的污染行为,做到防止污染与生态保护并重。

(2)防治海洋外来物种入侵,尽可能地降低外来物种带来的入侵风险。健全防止海洋外来物种入侵的管理体系,确立外来物种引入风险评估制度,建立外来海洋生物有效管理机制。

(3)制定相应的海洋生态恢复政策和海洋生态环境质量评价体系。应通过综合治理,对海洋生态利用应控制在可承载的范围之内,制定专门的海洋生态恢复政策。海洋生态恢复的环境质量评价体系,主要包括海洋生态安全评价、海洋生态风险评价、海洋生态影响评价、海洋生态系统承载力评价等内容。

（4）明确海洋环境的责任界定,全面推进海洋生态补偿机制的建设。在国家、区域和产业三方面结合的基础上逐渐推进海洋生态补偿机制建立。按照"谁开发、谁保护,谁受益、谁补偿"的原则,对损害海洋生态者按照相应的规定征收海洋生态补偿费用,根据不同海域的实际情况制定海洋生态补偿费用的具体标准。

（5）加强同其他海洋国家在保护海洋生态安全上的合作。各国应明确本国在保护海洋生态环境方面的义务,相互借鉴学习他国经验,进而结合本国的实际情况,采取积极的措施保护目前脆弱的海洋生态系统以及珍稀、濒危灭绝的海洋物种的海洋生态环境。不断加强海洋生态国际行动的参与能力建设,积极参加全球前沿的海洋生态保护研究。

六、海洋科技安全

科技安全是一个全新的概念。一般而言,科技安全是指确保国家科技系统不会受到来自内部和外部的威胁,让国家科技利益不受侵害。在知识经济条件下,科学发明和技术创新及其产生的实力,有可能成为政治斗争的工具,成为国家获取政治、经济、军事利益的重要手段。因此,必须提高对科技安全重要性的认识,应该将科技安全视为维护国家安全的重要组成部分。

科技安全威胁不仅仅来自外部,即敌对实力的蓄意所为,还来自科技本身的负面影响。维护一个国家的科技安全最终还需要依靠科技手段和科技实力。海洋科技安全是国家科技安全的重要组成部分,是指让国家海洋科技事业不会受到威胁和侵害,确保海洋科技利益得到保护。一方面,我们通过不断地发展国家海洋科技水平,来提高我国开发海洋,保护海洋权益的综合国力。另一方面,我们也经常会面临来自海洋科技安全方面的挑战。对我国海洋科技安全构成威胁的主要来自以下几个方面。

西方先进的海洋科技优势所形成的威胁。虽然我国科技水平在近几十年得到很大提高和发展,但总体来说,与世界发达的科技强国相比,仍存在很大差距。特别是与美国、日本、德国等科技强国相比,这种差距仍是长期存在的,因此我国科技安全也将长期受到挑战。

科技先进国家对我国采取遏制手段,形成科技壁垒。我国加入WTO后,一些发达国家仍将我国作为假想敌,对我国实行技术遏制,禁止一些科技专利向我国出口,形成一种垄断市场和技术堡垒,以限制我国综合国力和国际竞争能力。同时,借助这种科技垄断地位,赚取产品身上的高附加值。

海洋科技对国家安全的支持有待提高。我国科学技术事业近年来虽得到快速发展,利用科技进步推动经济和社会发展所取得的成绩令人瞩目,但科技力量对国家安全方面的支持还不够。许多科技成果很难满足国防建设的需要,原创性科技能力不足,导致我国与发达国家的科技水平差距越来越大。

在海洋科技和信息的保密力度方面还不够。在激烈而复杂的国际环境下,科技情报的窃取与反窃取已经越来越激烈。一旦科技秘密泄露,给国家带来损失将不可估量,也无法挽回。

在信息安全方面,我国面临信息犯罪和信息恐怖主义的挑战。特别是我国信息系统大多采用国外制造的芯片,一旦针对我国发动信息战,威胁极大。

海洋科技人才安全也将面临挑战。近年来,西方国家在我国采取本土化人才争夺战略,越来越多跨国公司将企业研发中心建立在中国,并以高薪为诱饵网罗我国优秀的高技术人才,可能给我国带来新形式的人才危机。

为应对我国海洋科技安全问题,应该加快海洋科技安全体系建设,至少应包括四大方面内容:一是打造国家科技安全体系的神经中枢。二是构建一整套维护科技安全的计划系统,协调有关部门制定国家科技安全战略。三是进一步建立健全和不断完善有关国家科技安全的法律、法规和政策,加强这方面的队伍建设。四是建立能够满足国家安全需要的科研开发系统。

大力加强海洋科技安全关键技术攻关。按照"有所为、有所不为"的原则,遴选出一批我国必须自主开发的国家安全关键技术,加大这些方面的投入,以科技安全促进和保障海洋安全。同时高度重视海洋知识产权保护和技术标准的制定。强化知识产权管理,大力提高国人的知识产权保护意识。切实加强海洋科技保密工作,在新的科技保密体制下,建立健全国家科技保密政策法规体系,把每项国家科技保密任务,落实到科技保密责任法人和责任自然人身上。

目前,我国在应对海洋突发性事件方面仍显得力不从心。因此,要加强科技手段应对海洋突发事件的能力,加强灾害性、突发性事件的预警系统建设和处置机制建设。针对上述我国海洋科技方面所存在的一些薄弱环节,有针对性地进行补充。如高度重视信息技术在海洋安全事务中的作用,加强海洋生物技术安全方面的防范,进一步关心和爱惜科技人才,有效保护和使用海洋智力资源,促使我国在海洋科技安全方面不断进步,努力向海洋科技强国迈进。

七、海洋国防安全

海洋国防安全是海洋安全中最为关键和直接的一环,它既是传统安全范畴,同时也是现代海洋安全的重要核心组成部分,我国在维护海防安全方面的斗争任重道远。一个国家维护海洋国防安全的能力,体现了国力的强弱,标志着国家的兴衰以及维护沿海人民生产生活安全及维护海洋权益的能力水平。海洋国防安全是指国家为保卫主权、领土完整和安全,维护海洋权益、防御外敌入侵、保持社会稳定,在沿海地区和海疆实施的防卫与管理活动。

我国海岸线绵长,沿海岛屿众多,海洋疆域广袤,维护海洋国防安全十分重要,也存在许多艰巨的任务。从几千年的中华民族历史来看,我国整体上属于大陆型国家,有较长时期采取的是闭关锁国的海防政策,采取被动的防御性策略。进入清朝后期,西方列强通过坚船利炮将中国的海防线打开,清政府丧失独立掌控国家海防安全的能力。中华人民共和国成立后,我国不断增强维护海洋国防安全的实力,但也面临着各种各样的挑战。随着我国经济实力的不断增强,经济总量已经跃居世界第二,维护海洋国防安全显得尤为重要。必须着眼国际形势发展,切实加大海洋国防建设力度,确保我国海疆的长治久安。从近年来国际海洋安全形势来看,围绕海洋权益争夺的斗争仍然跌宕起伏,十分严峻。主要体现在各国在不断加大海上防御纵深体系建设,以保护诸多海洋经济、军事战略目标的安全,并把海洋作为一个国家重要的国防防御空间。此外,围绕海洋专属经济区的争夺已逐渐成为海上角力的焦点。

从中国海洋国防所面临的安全形势看,形势并不乐观,且呈现出复杂态势,不仅有来自世界海洋强国的威胁,也有来自周边邻国的压力。这些海洋国防安全隐患既有传统安全因素,也有非传统安全因素。特别是美俄两大军事集团对抗的冷战结束后,美国等西方国家开始以太平洋岛链为支撑来围堵中国,对我国海洋国防安全构成长期威胁。2010 年,美国总统奥巴马高调宣布美国"重返亚太",企图通过联合传统的日韩等军事盟国以及南中国海周边国家,对我国海疆进行围堵。近年来,美国在亚太地区频频举行一系列联合军演,通过重返亚太,插手这一地区事务,加大对这一地区的军事干预,已经对我国海洋国防安全构成严重影响。

在黄海海域,美韩联合军演呈常态化趋势,对我国经济政治核心地带构成威胁。在东海海域,美国高调介入钓鱼岛问题。在南海海域,明确表明南海争端的解决涉及美国利益,一改过去"不介入、不评价"的态度,拒绝承认中国对南海的主权要求。

此外,我国周边一些海洋邻国大多制定了海洋发展战略,各方争夺海洋权益的斗争日益严峻,海上通道安全和反恐怖压力不断增大,这些都是对我国海洋国防安全进行挑战的新因素、新问题。

在构筑现代国家海防安全体系过程中,一方面应该看到,自人民共和国成立以来,中国海防建设经历从无到有,从弱到强的发展历程。特别是改革开放后,在捍卫国家主权领土完整,促进沿海地区发展方面做了大量效果显著的工作。另一方面也应该看到,我国海防建设仍存在许多差距。

这些差距主要体现在:一是海洋国防能力与经济水平及大国地位还不相适应。我国沿海地区是发展经济的黄金地带和核心地区,但在这一地区,我国海空防卫能力与现实需要还存在不适应的情况,侵犯我国海洋权益的事件时有发生。二是海防基础设施建设、海防力量建设、防卫装备建设等与国家安全需要不相适应,在海防建设方面的欠账较多,同时军队与地方重复建设、交叉建设的现象十分突出。三是海洋管理体制需要进一步理顺,多头管理,条块分割等现象普遍存在,海防建设与管理还没有形成一整套健全科学体系。

为建设现代化国家海洋安全体系,必须着手破解这些制约海防发展难题,促进我国海防实力不断提高。首先,海防力量建设是重中之重。应不断调整海防部队体制编制,加大对海对空精确打击武器系统的编配比例,尽快形成与维护国家安全和经济发展需要相适应的海防管控和斗争能力。其次,理顺制约海防国防发展中存在的管理体制机制问题。整合执法力量,着手解决多头执法、多头管理的情况。最后,加大海洋国防理论建设和法律制度建设方面的投入,为构筑现代化的海防体系提供理论和智力支持。

第三节　海洋安全体系问题研究的背景与意义

安全是一个极为复杂而富有争议的概念,至今尚未形成一个普遍认可的定义。美国学者阿诺德·沃尔弗斯很早就提出,安全是一种价值,是国际政治研究的"起点"和"落点",但安全的概念比较模糊,很难搞清它的确切含义。从本质上说,安全是主体利益没有危险的客观状态。安全的含义涉及四个方面。首先,安全需要有特定的主体。安全作为一种客观状态"不是一种实体性存在,而是一种属性,因而它必然依附于一定的实体"。其次,安全同利益密切相关。安全本身就是一种利益,是主体生存和发展的前提,对于任何主体而言,安全都是其最根本的利益之一。再次,安全与危险是密不可分的。没有危险就不会有安全的问题,只有消除危险才能达到安全的状态。最后,安全是一种客观状态。安全作为一种客观状态,是不以人的意志为转移的。

国家安全指的是国家利益没有危险的客观状态。从主客体关系看,国家安全可以分为内部安全和外部安全,是内部安全和外部安全的统一。国家只有在"既无内忧又无外患"的情况下,才能称得上是安全的。从国家安全所涉及的具体领域来看,国家安全可以分为政治安全、国防安全、经济安全。国家安全同时还包括"社会安全"、"信息安全"以及"资源安全"等,这些安全领域是从政治安全、经济安全中派生出来的。其中,国防安全是国家安全的重要组成部分,是国家安全的保证和基础。任何一个国家,一旦缺少国防安全,就谈不上国家的安全。从国家安全的角度来看,国家安全可分为传统安全和非传统安全。在历史上,防止军事入侵的国防安全曾是国家安全的基本内容。随后,保障主权独立和领土完整的政治安全成为国家安全的主要内容,这些也被称之为传统安全。随着和平与发展成为时代的主题全球化从经济领域向政治、安全和社会领域扩展,经济、能源资源、金融、信息和运输通道等安全问题上升,自然灾害、环境恶化、国际恐怖主义、国际犯罪等跨国性问题危害越来越大,各国高度重视这些非传统安全因素。

人类社会活动是在一定的地理环境中进行的,地理环境是人类生存、发展的物质基础。陆地、海洋、天空共同构成了人类赖以生存和发展的空间,也是国家行使主权的地理空间。因此,从地理空间的角度看,国家安全可以分为陆上安全、海洋安全和天空安全,是陆上安全、海洋安全和天空安全的统一。

海洋安全亦称海上安全,是指国家的海洋权益不受侵害或遭遇风险的状态。海洋安全一般可分为传统海洋安全和非传统海洋安全。前者主要是指军事因素,特别是使用武力或武力威胁引起的安全威胁。后者一般是指由非军事因素引发的安全威胁,主要包括海上经济活动方面的安全威胁、海洋环境威胁以及海上恐怖主义和海上跨国犯罪问题。海洋安全体系研究,就是要试图构建能够保障国家海洋权益不受侵害的体系,确保海洋安全。

一、海洋安全体系问题研究的背景

(一)历史背景

在血与火的海洋发展史上,海洋与国家的安危、荣辱、兴衰系于一身。从迦太基、古罗马的兴衰,到殖民掠夺时期海洋强国的兴起。从世界大战的人类浩劫,到海洋文明开发的今天,海权的得失勾勒出一个国家的历史发展轨迹,形成了强与弱、兴与衰的历史。

几千年前,朦胧的海权意识伴随着商业航路的开辟,映现在遥远的地平线上。尽管当时生产力水平低下,海权斗争的方法和手段落后,但原始的争战在早期海权国家的形成和发展中起到了重要推动作用。古罗马在长达一个世纪的海上战争中打败了地中海沿岸所有的国家,建立起东起小亚细亚,西抵大西洋沿岸的海上霸权,成为强盛一时的海权国家。地理大发现时代,早期的海权国家利用强大的海洋霸权,疯狂地进行殖民掠夺,相互之间展开了血腥的争夺与屠杀。20世纪发生的两次世界大战中,海军力量的战略运用,在对战争进程与结局产生重大影响的同时,对确立当时的海权国家起到了重要的作用。

一般来说,一个国家或民族的海洋观念最集中体现于其海权思想,即对是否开发利用海洋、如何开发利用海洋的基本认识和态度。早在地中海沿岸的海上争夺中,就曾出现了海权思想的萌芽。16—19世纪殖民掠夺时代西方海洋强国之间的海洋争霸过程中,海权思想得到了进一步发展。到19世纪末,在帝国主义发动的几场重大海上战争的推动下,出现了以马汉"海权论"为代表的海权思想。马汉《海权对历史的影响》一书可以说是西方海权论最典型的代表。按照马汉的观点,海军是平时世界主要海域确保制海权必不可少的重要条件,为此必须具有能在海上同敌舰队进行决战并将其摧毁的能力。而要具有这种能力,就必须拥有一支强大的舰队,并在主力舰的数量上保持绝对优势。

中国的海权在一定意义上,是陆权居于海权的绝对统治地位的代表。中国海权的发展,从产生到形成以及呈现繁荣,经历了3000多年的历史。从战国时期沿海国的海上经营,到海上丝绸之路的开辟,也曾走过世界其他国家海权发展的艰难路程。到了元、明两代,国家在海权问题上的认识,无论在思想观念上,还是国家对海权的运用上,从内涵到形式都已形成国家规模。然而,这个发展和形成规模与中国封建社会发展规律一直是结伴而行的,其间渗透了浓厚的中华民族文化色彩,打下了封建社会的深刻烙印。长期以来,自给自足的农业经济基础和位居世界中心的思想观念,使中国的传统文明表现出典型的封闭和保守的特征,进而形成一种故步自封、作茧自缚的社会心态。由此导致闭关自守作为一种顽固的习惯势力,一直充斥社会生活的各个领域。海洋的开放性和全球循环的特征,决定了走向海洋就必须开放,并与闭关自守的封建统治思想背道而驰。正是在这种国家意识上,中国海权在历史的长河中经过了无数艰难曲折,在理想与现实的夹缝中得以生长,在无数志士仁人艰苦卓绝的奋斗中得到发展。

1. 古代中国海权及其思想的发展

华夏大地是理想的陆海天下,先民创造的灿烂海洋文明积淀,为中华民族的形成和持续发展、造就历史辉煌奠定了基础。同时,伴随中国社会的发展,海洋的社会属性逐步为人们所认识和利用。人们对海洋的意识首先表现在海洋能够"行舟楫之便"、"兴渔盐之利",并随着社会的发展,国家的出现,在原来的基础上,出现了朦胧的国家海洋意识。

(1)萌芽阶段。就地理位置而言,中国位于亚欧大陆板块东端和太平洋板块西部的交汇点。在自然界漫长的变迁过程和演化进程中,筑成了相对稳定的陆海兼容生态圈。从开始就逐渐培育了中华民族特有的民族性,逐步形成了自己的生活方式、生产方式和社会形态,形成了自己的思维方式、传统和观念,也奠定了中华民族对海洋实践和认识的基础。

在中国早期的典籍《尚书》中,就有对华夏陆地和海洋关系的认识。描述禹"披九山、通九泽、决九河、定九州",达到"四海会同"的功绩,认识到中国地理环境为"东渐于海,西被于流沙","环九州为四海","江汉朝宗于海"。这就说明华夏民族的祖先在很早就已认识海陆是一个统一的整体。早在远古的新石器时代,居住在东部滨海地区的先民就经过长期的海上活动创造并形成了具有海洋特征的文化。以北方的龙山文化和南方的百越文化最为显著。早期的海洋文化主要表现在:原始采集捕捞、海上航行、水稻种植等生活方式。从考古发现看,当时已有专门的渔猎工具筏、独木舟等,还有杆栏式建筑风格,鱼纹特征的原始艺术,形成了原始的海洋文化。夏朝已有能力组织沿海居民进行大规模海上捕鱼活动,航海工具脱离了独木舟和浮筏阶段,出现了木帆船。商朝,中国进入青铜器时代,征服海洋的手段得到了革命性的变革。有关的迁徙、贸易、征战等活动络绎不绝。卜辞中多有记载,航行活动习以为常。盘庚在动员迁都时说:"若乘舟,汝弗济,臭厥载。"此外,卜辞中还有将船只作为贡品的记载,海外航海贸易已现端倪。继商而起的西周,历来对航行和舟船十分重视。《诗经·大雅》记载:"淠彼泾舟,蒸徒揖之,文王于迈,六师及之"。周武王设立了专门管理舟船的官吏,称为舟牧,建立舟楫检查制度。西周统治者将舟船作为争霸天下与扩展疆域的重要战略手段。春秋战国时期,群雄割据,相互征伐兼并,谋求霸权。海洋成为沿海诸侯国延伸、补充的发展空间,涉及它们的政治、经济、军事利益。各诸侯国延续并发展海上捕捞、制盐业外,加快发展海上航运业。海上强国之间的争霸斗争,对沿海各区域以及通海水系起了重要的推动作用。同时,十分重视海上武装军事力量的建设和运用。

秦统一中国后,建立了中央集权的封建制国家。秦在强化陆疆统一的同时,开始加强对海洋的控制,把分散的海上力量、海洋事业统一起来,有力推动了中国海洋事业发展,奠定了中国统一海权的基础,形成了中国的海权观念。秦始皇基于政治、经济以及军事等原因,修筑"驰道",先后四次巡海,初步贯通了沿海南北航线,将大陆和海洋联结成一个统一整体。到汉代,尤其是汉武帝时期,国家实力强盛,建立中央政府水军,统一东瓯、闽越、南越,在南越置九郡,打通沿海航路。汉皇七次巡海,中央政府控制并发展海洋经济,开辟海上丝绸之路,进一步推动了海洋事业的发展。

中国的海洋文化久远深厚,在早期就闪耀着中华海洋文明的曙光,具有自身鲜明的特征。世界著名的学者李约瑟在《中国科学技术史》一书中指出:"中国人一直被称为非航海民族,这真是太不公平了。他们的独创性本身表现在航海方面正如在其他方面一样。"中国是世界上五大文明发祥地之一,中华海洋文化在世界范围而言,形成得早,比较先进,具有独创和积极向海外传播的特性。中华海洋文明是陆海兼容并存,这一事实有力地驳斥了一些外国学者的武断观点。德国哲学家黑格尔在《历史哲学》一书中曾说:"中国、印度、巴比伦……占有耕地的人民既然闭关自守,并没有分享海洋所赋予的文明。他们的航海——不管这种航海发展到什么程度——没有影响他们的文化。"[①]中华文化起源于多中心,从开端就包含了海洋文化,这已被越来越多的考古发掘和研究所证实。

(2)雏形阶段。汉朝末年,中央政权力量削弱,出现了割据势力长期混战的局面,直接影响了海洋事业的持续发展,致使从三国至隋朝时期都处于徘徊阶段。人口的南迁、民族的融合、增加了南方的劳动力,使得南方的海洋经济有了较大的发展。海洋经济运用上比汉朝水平提高,表现在对海洋交通、海洋贸易、海洋地理的认识上,增辟了多条对日航线。二是对海洋的军事作用认识提高,加强海上的军事运用与控制。这一时期,就整体发展水平而言是提高的,属于阶段性量的变化,没有出现阶段性质的变化。

中国封建社会经过近一千年发展,唐朝进入繁荣时期。海洋事业进入第二个历史发展高峰,表现为一种全方位的海洋文化现象。对海权的认识、海洋经济的利用有了"质"的发展;航海事业兴旺,船舶建造、航线开辟、港口扩建、航运管理等方面在当时达到比较完备的水平,实现了港、航、船的有机整体发展。中国的对外交往,主要由路上丝绸之路转为海上丝

---

① 黑格尔,《历史哲学》,三联书店1956年版,第146页。

绸之路,并与海外广大的亚非国家和地区建立了各种性质的航海交往。与朝鲜、日本、东南亚、南亚以及西亚和东非阿拉伯世界等国家建立了往来。唐朝政府设置了专门从事航海贸易的管理机构——市舶司,任命了政府专职管理市舶使等,大力推动了海洋贸易的发展。

宋朝时期,无论是国内航海还是国外航海方面,繁茂程度远胜于唐。宋朝造船业有很大发展,指南针被应用于航海,提高了航海技术。在临江地区有多处造船基地,遍布全国。宋朝增设六处市舶司,促进了对外贸易的繁荣,与南宋通商的国家和地区达 50 多个。南宋水军是国家武装力量的重要组成部分,对于南宋的长期偏安起到了十分重要的作用。南宋对海洋的军事运用,包括水军建设以及沿海军事设施的建设、沿海的巡逻、海战等。整体的国家海防观念较强。

(3)鼎盛阶段。在承接唐宋时期繁荣的基础上,自元代到明代初年海洋事业逐渐走向鼎盛。这是强化封建专制的结果,其中渗透了封建的"大一统"思想,并在"安内平天下"的统治规律中发生很大变化。

元朝是由北方的蒙古族建立起来的一个疆域空前横跨亚欧大陆的庞大帝国。自成吉思汗统一蒙古各部落之后,就开始了扩展疆域的战争。在海洋方面也如此,他们把海洋作为拓展疆域的方向,要把周边的海洋国家同样划入版图,把渤海、黄海、东海乃至南海作为大元帝国的内海。长江沿线的鄂州、黄州、江州等地均有水军镇守。忽必烈还在福建建立了沿海水军万户府,招募水兵,练习海战。至元十一年(1274 年)和至元十八年(1281 年),忽必烈两次发兵进攻日本。至元十九年(1282 年),从海上进攻占城(今越南南部)。至元二十四年(1287 年),又从海上进攻安南(今越南北部)。至元二十九年(1292 年),跨海南征爪哇。5 次海上用兵,动用了大量兵力,官兵少则 5 000 人,多则 14 万人;战船少则 500 艘,多则 3 400 艘,可见元海军实力强大。同时,元朝城市繁荣发展较好,许多外国的使节、商人、科学家、传教士不断来到这里,增进了中国与亚、非、欧各国的经济文化交流。世界著名旅行家意大利人马可波罗在元世祖时来到大都,在中国住了 17 年,游历了许多大城市,并在其游记中对中国的富强和大都等地工商业的发达程度作了生动而具体的描述。元代的海外贸易规模也大大超过前代,元政府先后设立泉州、上海等 7 处市舶司。当时进口货物不下 250 种,与中国发生贸易关系的国家和地区在 140 处以上。贸易货物品种之丰富,海外贸易规模之壮观,可见一斑。

明朝初期是中国海洋事业发展的鼎盛时期,郑和下西洋是其显著标志。明朝建立后,遵循先安内再平天下的封建道统,朱元璋针对国内动荡的局势,行"禁海"先稳定国内。在稳定的基础上,朱棣解"禁海"平天下,继续元朝已呈现向海外推行的强化"大一统"战略。明朝大批使者李达、侯显、童庆、杨春、尹庆等秉承旨意,"锐意通四夷","北穷沙漠南极溟海,东西抵日出没之处,凡舟车可至考,无所不届",出现了北亦失哈多次远征、南郑和庞大船队七下西洋的局面。法国历史学家、汉学家雅格·热尔内曾对此时的中国历史进行深刻的分析，认为"明代皇帝有着与蒙古皇帝很相似的扩张思想"。[①] 郑和下西洋船队，根据海上这一特殊环境和担负的重要使命，采用了军事组织形式，以明代军队建卫编制，人数众多，组织严密，建制完整。继承和发展了宋元以来的海上航线，使中国的远洋航行出现划时代的、全面的、实质性的突破，形成了多点交叉的综合性海上航路网络，航线之远，纵横交叉之多都超过前代，在当时世界上堪称一支实力雄厚、装备精良的海上劲旅。

中国海洋事业之所以在 15 世纪到达巅峰状态，一方面，是自宋代以来中国陆上经济的发展已出现向海洋方向转换的趋向。东南沿海的经济开发已在突破传统的水利农业社会的格局，甚至引起社会风气的变化。中国商业资本主义萌芽和开放性发展已有明显迹象，在西欧越出中世纪的地中海历史舞台转向大洋历史舞台前，中国已率先越出东亚大陆历史舞台。另一方面，长期以来，中华民族凝聚了较大的航海优势。中国这个非航海民族对航海工艺的贡献是出色的，在造船和航海技术的许多方面远远领先于欧洲。并且在南洋和印度洋方面的远洋探险活动比欧洲人早很多，积累了丰富的经验。就直接原因而言，明初社会经济的发展为郑和下西洋提供了物质基础。工商业发展，水运发达，海外贸易繁荣，促进了海洋事业发展。同时，明初实行了积极的对外开放政策，睦邻友好，发展朝贡贸易。这些因素共同推动了明初中国海洋事业走上巅峰。

（4）衰弱阶段。郑和下西洋的伟大壮举把中国海洋事业推向一个崭新的阶段，而这一上千年文明积累持续的创造，使传统的中华海权步入了鼎盛时期。任何事物不可能保持永久，新陈代谢是自然法则。顶峰过后，中国海洋事业发展日趋走向下坡。15 世纪的郑和航海只是航海史上昙花一现的奇葩，继之而起的西方大航海开辟了世界航海的新时代，西方海权大踏步跨入新时期，并以此引发了世界发展格局的巨大变化，西势东侵，压倒东风。此时西方正以新注入的经济活力快步形成新的经济体系，这个体系具有强烈的竞争性、扩张性，经济上的冲击力，军事上的冒险性结合一体。而传统的封建中国仍以传统保守的机制相守，古老的传统社会形态的中国最终被新的世界经济体系为基础的西方打败了。另一方面，明清时期中国封建社会走向日益专制的时期，机体已开始衰退，加强集权专制就成为必然。为避免新的经济因素给封建经济主体带来冲击，统治者加强了对海洋经济因素的压制，特别是对海洋贸易进行严格的限制和压抑。在明成祖朱棣有选择的开放政策之后，全面退回到朱元璋时的闭关自守政策，退出了印度洋和南洋，在政治上又再度转向自给安定的方向。明朝的海禁政策贯穿了明朝的始末，在沿海设立卫所，阻止沿海地区人民与海外势力联系，以稳定国内。此举直接导致了海患特别是倭寇的盛行，对沿海地区安全构成重大威胁。

继明而起的清朝，在封建社会下滑趋势下，承继了明中叶选择的海洋策略。1644 年清军

---

① 雅格·热尔内著；福斯特译《中国文明史》，剑桥大学 1983 年英文版，第 400 页。

入关后,各处掀起了广泛的反清运动。郑成功在东南沿海人民的有力支持下,曾三次北伐,攻打江浙沿海和长江下游,给清朝造成了重大威胁。清朝统治者为隔绝抗清力量与人民的结合,多次颁布海禁和迁海法令。清朝基本延续了明末的政策,一开国即厉行海禁政策,"寸板不许下海,界外不许阑行,出界以违旨立杀"。严酷的禁律几乎断绝同西方的沿海贸易。康熙收复台湾后,才解除海禁,设粤、闽、浙、江四关,定期同西方贸易。雍正时期,清政府以"中国有中国之教,西洋有西洋之教。西洋之教,不必行于中国,亦如中国之教,岂能行于西洋"为由,开始明令禁止西方在华传教。到乾隆时期,大清政府对西方持续扩张的贸易形势疑虑重重,进而开始推行"间年外域有人来,宁可求全关不开,人事天时诚极盛,盈虚默念惧增哉"的闭关国策。仅留广东一口岸为中西一切贸易交往的通道。康熙后期至乾隆前期,维护了一定的近海防御力量,海洋经济被限制在传统的政策范围内,海上力量日趋落后和衰弱,最终导致中国传统海权在与西方近代海权对抗中不断削弱。

2. 近代中国海权及其思想的发展

近代以来,中国的海权呼声主要来源于两种人物:一是晚清旧式贵族,出于雪耻,想通过重振海军来达到自强目的;另一种是旧民主主义革命的先行者们,在民族存亡的危急关头,为拯救中国而发出海权呼声。他们的海权思想,虽然背景不同,实现的途径不一,但其根本的目的是想通过海军这一有力手段,为国人赢得起码的尊严,获取一定的海权,谋求一定的海洋利益。这种思想,对引导国人重视海权,培养海权意识,赢得海权,起了一定的推动作用。

(1)晚清时期。面对突如其来的西方殖民者的海上霸权,林则徐、魏源等一些有识之士发出了催人振奋的海权呼声。林则徐对近代中国海权理论和实践做出了突出贡献:一是冲破了清朝政府对西方海上霸权采取的封闭、保守、排斥政策的禁忌,开创了近代"睁眼看世界"的先例,为日后学习西方先进思想和技术做出了范例。他大声疾呼:"必须时常探访夷情,知其虚实,始可以定控制之方。"因此,他到广东之后的第一件事就是组织力量,翻译西文书报,编纂和介绍世界自然和人文地理书籍,整理成《四洲志》,为研究和正确制定防范英军的海上入侵提供必要的决策依据。二是在掌握大量第一手材料的基础上,对中国水师和英国海军之间存在的优劣情况做出了客观的分析,提出了在当时较为合理而有利的应对之策。林则徐认为,英国海军船坚炮利,且擅长大洋作战,相比之下,中国水师则战船不坚,火炮不利,若"令师船整队而出,远赴外洋……洪涛巨浪,风信靡常……而师船既经远涉,不能顷刻收回,设有一二疏虞,转为不值"。但敌方的不利之处也十分明显,主要表现在远离本土,远途奔波,粮饷军火难以持久。因此,若我方依托本土,借天时地利人和,借以逸待劳之利,采取以守为战,本土作战的方式,必能置之于死地而取胜。基于此,林则徐提出了"以守为战"的思想。

魏源1842年成书《海国图志》。魏源之海防思想,继承了林则徐海防思想的若干内容,但远比林则徐的海防思想先进得多。一是提出了"以夷制夷"的战略思想。他在《海国图志》开篇便说:"是书为何而作?为以夷攻夷而作,为以夷款夷而作,为师夷长技以制夷而作。"所谓师夷,是学习西方先进的科学技术和文化知识,特别是先进的造船和枪炮技术。所谓制夷,就是以学到的先进舰炮技术,有效地抵御外敌的入侵,达到保卫国家海上安全的目的。二是继承了林则徐研究外国风情的做法,开始了熟悉西方的一系列活动。魏源认为:"欲制外夷者,必先悉夷情始,悉夷情者,必先立译馆,翻夷书始。"因此,他编纂的《海国图志》,首要的目的是向国人介绍外国的情况,让国人对四海以外的国家有所了解。只有了解了这些情况,方能就筹海问题提出一系列战略指导思想和指导原则,并做出相应的战略部署。三是提出了一整套"师夷"方式方法和具体措施。魏源认为,防止夷人图谋中国的最有效的办法,莫过于学习西方先进的技术。主要有三个方面:"一战舰;二火器;三养兵练兵之法。"

鸦片战争后,中国面临的安全威胁主要从陆上转往海上。尤其在日本侵台事件发生后,激起了中国海防事务的大讨论。由此清政府开始注重海防,开始加强海防的实践。清政府所做的第一件事就是筹措必要的资金,用于建立一支强大的海军,用于建立海军建设所必需的造船厂。注重培养一支造船技术队伍和一批训练有素的、掌握近代科技知识且能熟练操纵战舰的海军军官。直接从西方国家购买多艘战舰,北洋海军初步形成战力。此外,清政府还对新式海军进行全面训练,对海战场进行了新的部署和调整。不料,甲午一战,北洋水师主力尽失,宣告了三十年洋务运动的失败,也使得中国建立海权的努力付诸东流。而后《辛丑条约》签订,短短几年间,清政府两度受辱。由此开始了重振大清海军的最后努力。清政府出台了所谓的"新政",派遣五大臣出国考察。重设海军局,设立陆军部,内设海军处,负责沿海各省的海军事务。同时,在舰艇兵力上、舰队的编制上、军港建立以及海军的教育训练上,提出了一系列详细的计划和实施部署。然而此时的清政府,已走到了历史的尽头。旧民主革命的炮声,宣布了它的寿终正寝。历史的重任,落到了旧民主主义革命的先行者们的肩上。

(2)北洋政府及民国时期。在旧民主主义革命的先行者里,孙中山较早倡导中华民族发展海洋事业,拥有海权。多年的革命实践使他认识到,要实现中华民族复兴,就必须首先建立一支强大的海军,海军建设为国防之首要。因此在南京临时政府成立伊始,孙中山就倡议设立海军部,突出海军的重要性。他从海军建设、海军装备建设、教育训练和海军基地建设四个方面就海军力量的建设做出了具体规定。同时,孙中山强调中国必须确立适合本国情的海权,夺取太平洋海权。他认为,世界间充满竞争和争斗,而争斗的领域往往是围绕海洋来的。中国总体上处于下风,原因是中国多年来闭关自守的锁国政策,拉大了与世界大国的距离。此外,他还提出建设港口、发展造船业、经营江海航运以及与外国通商等一系列主张,为建立海权提供物质基础。

陈绍宽是当时与孙中山齐名的又一位海权理论家,他曾任国民党海军部部长和海军司令。他从三民主义的角度出发,认为海军是确保国家主权和民族独立的重要工具。海洋国土作为领土的一部分,是国家的边界,如果一个国家连海上门户都守不住,国家便无主权可言。他还从进化论的角度论证了确保制海权是民族立于不败之地的有效手段。他曾多次到西方国家考察,深受达尔文的进化论和马汉的海权论的影响,指出一个民族发展的历史,就是一部海上权力发达的历史。他在担任国民党海军政务次长前后,提出了加快培养海军人才、添加驱护舰和潜水艇等建议。此外,他还从亚太形势出发,认为海军是确保亚太海域和平与稳定的中坚力量。从海军战略角度出发,阐述了海军战略的基本原则和指导海军战略的方式方法。

在实践中,护法运动失败后,中国陷于军阀混战中。海军力量成了各军阀扩大地盘、增强势力和提高身价的一种工具。加上海军各派系的矛盾和纠缠,海军建设几乎处于停滞状态。国共第一次合作后,发动了北伐运动,北洋政府三支舰队之一的第一舰队归附国民革命军。而后逐渐形成了南北海军对峙的局面,一直持续到1931年日本帝国主义侵占东三省。蒋介石的南京政府成立后,海军组织仍承原制,以海军总司令为海军最高指挥机关,隶属国民革命军总司令部,后又隶属于军事委员会。直至1929年,蒋介石才同意在行政院下设立海军部。后蒋介石又将军政权统一于军政部,军令权统一于军事委员会,由此达到了控制各系海军、分而治之的目的。海军建设方面,在长江防务、海岸线防御以及相关人才培养方面取得了一些积极的进展。海军部制定了《训政时期海军部工作年表》,拟定了工作计划,建立了适应海防需要的小型舰队。此外,海军航空处开办了飞行训练班,培养飞行员,福州等地建立了航空队,积极发展和建设海军航空兵。

在关乎中华民族生死存亡的抗日战争中,日军凭借海上力量的巨大优势,从海上发动了对上海的进攻。封锁我全部海岸,多次限制外国船只在中国海岸登陆。对中国百姓,日军采取了极为野蛮的做法,严令禁止舰船进出港口,对中国渔民的正常捕鱼作业进行肆意的攻击和掠夺。据当时的渔民协会统计报告,在中日战争初期,日军开枪开炮打击我渔民1.27万人,焚烧渔船700多艘。面对日军咄咄逼人的攻势,中国海军展开了顽强的抵抗,从海上、内河以及内湖等水域阻击敌人,从初期的阻塞防御战到后来的岸上阻击和水雷封锁,加之不定期的游击战,采用不同的策略抗击日军。这一时期,中国共产党领导下的我军第一支海上武装力量——海防大队1942年成立。1944年,随着抗日战争胜利的临近,毛泽东和朱德认识到建立海军力量的重要性,指示要研究海防问题。中央军委在叶剑英的主持下成立了共产党领导的第一个海防研究小组。1945年之后,中国海权斗争进入了一个特殊的时期。在这一时期,中国海军及时收复了中国的西沙和南沙群岛。1946年11月29日,中国海军"太平"号、"永兴"号、"中建"号、"中业"号舰驶出海口港湾,开始了收复中国南海岛礁的壮举。中国的海洋国土在游离了祖国大陆若干年之后,再次回到了中国人民的怀抱。

中国的海权在明代郑和大规模下西洋的时期达到巅峰状态。然而,必须看到的是,伴随着封建社会的不断稳定,郑和的行动反而戛然而止,这与中国封建社会执行的闭关自守政策有极大关系。这一政策所带来的严重后果,从根本上削弱了人们的海洋意识,拥有海权的意义对封建王朝来说显得越来越遥远。由于其对海洋的漠视,封建王朝对中国海域以外的影响越来越小。美国的博克塞对当时世界的海权形势作出评价说:应当感谢中国皇帝孤立的海禁政策所造成刻意的缺席,使得葡萄牙人能在毫无东方海权的抗衡下,以惊人的速度成为印度洋上的主宰者。不幸的是,19世纪初,虽然世界部分地区还保持着浓郁的民族特色,但整个世界已逐渐融为同一个国际体系。海洋不再是国家安全的屏障,而成为了先进国家用以进攻其他落后国家的通途和捷径。在中国共产党领导下的中华人民共和国成立之前,中国历代统治者对海权的认识,无不打上封建阶级意识形态的印记。这是中国海权思想的传统印记,是区别于西方海权一个突出的标志。在中国,只有在中国共产党的正确指引下,中国人民才真正找到了发展民族海洋事业的正确途径,尤其在世界海洋贯通,民族融合的当今时代,海洋对于民族发展的重要意义从来没有像今天这样得到重视。在可以预见的将来,世界各国关于海洋的斗争会越来越激烈。

3. 现代中国海权及其思想的发展

1949年建国初,战火尚未熄灭,百业待兴。国内面临着追歼残敌,肃清国民党特务、土匪,推翻地主阶级,解放台湾、西藏,收复沿海岛屿,统一全部国土等任务。国际上还要同帝国主义进行斗争,尤其是抵御帝国主义的海上入侵。在这样的背景之下,中国共产党深刻认识到,立国需立本,所谓"本",就是按照国家和民族的根本利益,加强国防,加强海防,建立人民共和国的海权。1950年6月,毛泽东在《制止美帝国主义对亚洲的新侵略》一文中强调:"今天,我们有了建立海空军的条件,应当着手建立一支强大的海军和一支强大的空军。"8月,海军召开了一次具有历史意义的建军会议。会议根据我军面临的基本现实,确立了海军建军之初的第一个建设方针。这就是:从长远建设着眼,由当前情况出发,建设一支现代化的、富于攻防能力的、近海的、轻型的海上战斗力量。1950年4月,中国人民解放军正式建立海军领导机构,军委海军组建工作初步完成。海军领导机构组建之后,下辖华东军区海军和在广东军区江防司令部的基础上成立的中南军区海军。这两支海军部队同时接受海军和所在军区的双重领导。1950年下半年,又先后组建了海军青岛基地和旅顺基地,由海军直接领导。1955年,根据国防部命令,华东军区海军和中南军区海军分别更名为海军东海舰队和南海舰队,同时组建海军北海舰队,下辖青岛基地和旅顺基地,将军区海军变为海军舰队。在这一阶段,中国海军确立了正确的战略指导思想,灵活运用各种战术,为保卫祖国蓝色领土,发展海权奠定了重要基础。

1958年6月,在我国第一座实验原子能反应堆开始运转之时,聂荣臻元帅向党中央递交了关于研制导弹核潜艇的报告,得到毛泽东主席亲自批复,中国领导人以其敏锐的洞察力,牢牢抓住了这一契机。20世纪60年代经历苏联撤走专家、三年自然灾害的危机后,核潜艇研制工程于1965年重新上马。1970年12月,中国第一艘核攻击潜艇下水。随后,核潜艇系泊码头试验成功,核潜艇的水面航行试验性能良好。鱼雷攻击型核潜艇研制成功后,开始了导弹核潜艇的研制。在一无人才、二无资料以及国外封锁的状况下,1982年10月导弹水下发射成功。在中苏关系恶化,中国北方地区以及海上都面临较大安全威胁的情况下,这些关键技术的突破使得我海军具备了较强的威慑力,加之对战略战术的灵活运用,有效维护了我国的海权,保卫了国家安全。

进入20世纪80年代,世界局势更加动荡,美苏两个超级大国争夺世界霸权的斗争处于相持阶段。战争的危险依然存在,我国面对的主要威胁仍然是来自北方的霸权主义势力。在海上方向,苏联太平洋舰队除本身的基地之外,还利用越南金兰湾的军事基地,以图在南海方向发起进攻,迫使我南北分兵,两面三线作战。我国海上方向面临的形势十分严峻和复杂,海军的任务更加艰巨。早在20世纪70年代末的几年里,邓小平曾对中国海军的建设和作战指导等问题作过许多重要指示。在海上力量的运用方面,他表示,我们的战略始终是防御的。20年后也是战略防御,包括核潜艇,也是战略防御武器。他多次强调海军的活动范围在近海,提出中国海军的战略是近海作战。与此相应,在20世纪80年代初,中央军委对我军的战略方针作过一次较大的调整,其核心内容是中止了自革命战争年代一直沿用的诱敌深入的战略思想,突出强调了积极防御。从战略的角度,重新定义了"近海"的概念。以新的"近海"概念为基本要素的海军战略思想,已经具备海军战略的雏形,初步形成近海防御的战略思想。1985年底至1986年上半年,近海防御的战略思想渐趋成熟并正式提出。这是我国第一次用战略概念完整表述的海军战略思想。这一战略思想的形成,标志着中国海上力量走向成熟。

20世纪90年代以来,出现苏联解体和冷战终结等重大历史性事件,致使世界战略形势发生自第二次世界大战以来最深刻的变化。首先,多极化的世界战略格局将成为主导的发展趋势。学术界曾经流行的"一超多强"的观点,美、中、俄、日、欧"五强并存"的看法,都反映了未来世界战略格局发展的这一共同趋势。其次,美国依旧力图巩固和发展单极独霸的地位。美国依然以"世界领导者"自居,继续在世界战略格局中扮演重要角色。再次,亚太地区越来越成为大国利益交汇和碰撞的多发地区。美国、日本、俄罗斯等在亚太地区均有重要的利益,必然会有错综复杂的矛盾产生。这些都对中国的国家安全特别是海洋安全有重要的影响。此外,中国周边多个美国主导的双边军事同盟的存在,亚太地区一些热点问题诸如朝核问题、钓鱼岛问题、台湾问题以及南海岛屿争端等考验着中国国家安全战略。与此同时,中国海洋经济以两位数的年增长率快速发展。主要表现为:活动范围多方向扩展,经济总量迅速增加,增长速度快于全国国民经济增长以及一直处于领跑地位的沿海发达地区经济的增长,海洋产业发展速度快于行业整体产业的发展。这样的趋势和特点是带有普遍性的。同期,世界海洋经济发展步入了世界经济发展的快车道:在众多沿海国家和地区,海洋经济成为区域经济发展的新的增长点。在周边海域,我国同样有重要的利益关切,因此必须维护我国海洋安全。

进入 21 世纪,我们要不断强化海洋意识,确立现代海洋国防观、海洋经济发展观、海洋权益观。从适应国家发展战略、国家海洋战略和海洋经济发展的高度,确立科学的海洋发展战略。建立和完善协调一致的海洋战略指导机构,统帅国家海洋事业工作。加快海洋事业的立法工作,推动海洋事业走向繁荣。具体地讲,就是要加快海洋经济建设步伐,推动海洋科学技术的创新,铸造人民共和国的深蓝海军,充分发挥各方力量,维护海洋安全。

(二)现实背景

海洋是当今世界各国联系的纽带,是国家交往和国际安全合作的重要舞台,也是国家利益交织点。沿海国都面临不同性质的海洋安全问题。维护海洋安全是沿海国维护国家安全的重要任务。随着"海洋世纪"的来临和国家安全环境的变化,海洋安全在国家安全中的地位越来越重要。近年来,国际形势发生深刻复杂的变化,全球性挑战更加突出。安全威胁的综合性、复杂性、多变性日益明显。亚太地区海上安全形势总体稳定,但安全的复杂性、多变性趋于明显。中国仍处于重要战略机遇期,安全环境总体有利,面临的安全挑战更加复杂和多元。周边固有矛盾集中爆发,热点问题持续升温,不确定因素增多,周边海洋安全压力显著增大。

1. 影响中国海洋安全的主要因素

(1)地缘因素。地缘因素是影响一国海洋安全的最持久性因素。中国的自然地理条件以及地缘战略地位,对中国的海洋安全带来重大影响。从自然地理条件上看,中国是世界上主要的濒海大国,地处太平洋西岸,除了渤海是中国的内海外,黄海、东海和南海都是太平洋边缘海,这些边缘海又被第一岛链包围,实际处于半封闭状态。单面向海,岛屿众多,海上边界线漫长等自然地理条件对中国海洋安全带来长期影响。从地缘政治环境角度看,中国在世界地缘政治格局中具有重要的战略地位。中国既处于欧亚大陆又濒临太平洋,处于世界海洋地缘战略区和欧亚大陆地缘战略区的交界处,大国以及国家集团在这里博弈十分激烈,给中国海洋安全带来了较大的压力。

(2)强国因素。在全球化时代,一些实力强大的国家的影响力远远超出本国疆界。作为当今世界上唯一的超级大国,美国因素是影响中国海洋安全的关键性因素。美国非常重视对海洋的控制权,控制海洋对美国的经济、世界贸易和在全球自由民主保护中的领导角色非常关键。在海洋控制上,美国将中国视为美国正面临的挑战之一。随着美国国家安全中心向亚太地区倾斜,美国加强了在海洋方向对中国的战略封锁与围堵,不断挑战中国的海洋安全利益。美国加强与亚太传统盟友的军事同盟关系,积极拉拢东盟国家,强化在西太平洋的军事部署,频繁在中国周边海域进行军事演习,继续在中国专属经济区开展军事测量和情报收集活动,公然介入中国与周边海上邻国间的海洋争端,给中国的海洋发展和海洋安全带来了较大的压力。在台湾问题上,美国把台湾当做在亚洲和太平洋地区美国的"永不沉没的航空母舰",违反中美三个联合公报原则,继续向台湾出售武器,严重损害中美关系和两岸关系和平发展。

(3)周边因素周边环境。直接关系一个国家的主权和安全,是传统国家利益的临界线,周边因素是影响中国海洋安全的直接因素。在海上,中国隔黄海、东海、南海与朝鲜、韩国、日本、菲律宾、马来西亚、文莱、印度尼西亚、越南8个国家相邻或相向。在黄海,中国需要与朝鲜划分领海边界、专属经济区边界和大陆架边界;与韩国划分专属经济区边界和大陆架边界。在东海,中国与韩国、日本的纠纷既包括专属经济区和大陆架的划界问题,也包括历史遗留下来的中日钓鱼岛问题。在南海,中国与周边国家间的领土和海洋权益争端,牵涉六国七方,涉及岛礁主权、海域划界和历史性权利等诸多问题。与周边海上邻国在岛礁主权和海洋权益方面存在复杂争端,一直是影响我国周边海上安全形势的不稳定因素。

(4)非传统安全因素。海上非传统安全威胁危害大、影响广,是影响中国海洋安全的新因素。当前影响我国海洋安全的非传统安全因素主要集中在以下三方面。一是海上通道安全问题。海上通道安全在我国海洋安全中的地位日益重要。一方面,中国主要贸易伙伴均与我国隔海相望,海上贸易通道已成为中国经济发展的重要命脉,其安全与否直接关系着我国国家经济的发展与安全。二是海上跨国犯罪问题。海上偷渡、贩毒、走私等跨国犯罪活动依然活跃,不仅给国家造成巨大经济损失,而且威胁我国沿海地区安全与稳定。三是海洋生态环境安全问题。中国海洋生态环境总体形势不容乐观,赤潮、海岸腐蚀、海水入侵和溢油等生态环境灾害频发,海平面持续上升,各种海洋灾害的致灾程度加剧。中国已成为世界上海洋灾害最为严重的国家,海洋环境灾难对中国海洋安全乃至整个国家经济社会发展产生长期影响。

近两年中国周边各海区安全形势可归纳为,黄海总体形势基本平稳,存在发生海上突发事件的可能性和引发紧张局势的安全隐患。东海总体形势表面平稳,存有渔业摩擦和安全隐患。南海总体形势发生复杂深刻的变化,从权益之争已发展为海洋战略博弈。

2. 海上争端引发的安全问题

域内相关国家在岛屿主权以及油气资源争端等问题上的立场更趋强硬。这些问题造成了中国与周边国家关系的紧张,凸显了周边国家对中国快速崛起的担忧。

(1)岛礁主权争端。在东海方向,中日因钓鱼岛主权争端导致的摩擦不断。2010年钓鱼岛撞船事件之后,日本强化了对钓鱼岛及东海海域的监控,东海问题紧张局势升温。2012年3月3日,在日本公布了对39个无人岛命名的次日,国家海洋局、民政部公布了钓鱼岛及其部分附属岛屿共71个岛屿标准名称。9月10日,日本政府对钓鱼岛及其附属的南小岛和北小岛实施所谓的"国有化"的同日,中华人民共和国政府根据《中华人民共和国领海及毗连区法》,公布了钓鱼岛及其附属岛屿的领海基线。同时,针对中国海警船巡航钓鱼岛,日本执法船只进行多次的干扰、警告,甚至有发生冲撞的危险。此外,日本自卫队飞机针对中国海空军的侦查力度不断加大,日方军用舰机对中国正常军事行动进行长时间、近距离的跟踪监视,两国军队有误解、误判之虞。加之地区大国美国的插手,使得形势更加复杂。美国总统奥巴马在2014年4月的访日行程中,更是首次明确指出钓鱼岛问题适用于《美日安保条约》第五条,加剧了钓鱼岛争端的紧张局势。在南海,自2010年美国高调重返亚太以来,形势持续动荡,打破了自20世纪80年代以来相对稳定的局势。2011年开始,南海形势变化复杂深刻,南海局势紧张升温。菲律宾、越南等一些周边国家采取单方面行动,损害中国主权和海洋利益,发表与事实不符和不负责任的言论,试图使南海争议扩大化、复杂化,导致南海周边的消极因素,不确定因素增多。

(2)油气资源争端。在东海海域,日本海上保安厅飞机对中国春晓油气田上空和附近海域合法正常的作业活动长期进行抵近监视,对中国作业平台及其人员安全构成了威胁。在南海海域,越南、菲律宾等国违背《南海各方行为宣言》,在南海有争议地区采取多种手段巩固既得利益、掠夺油气资源。越南和菲律宾非法引入西方国家和印度等国的油气公司到南海有争议地区开展油气资源勘探活动。2011年5月26日,越南指责中国海监船干涉越南在南海的油气勘探活动,称中方此举侵犯了越方主权。中国表示,越南在中国管辖海域开展油气作业活动,损害了中国在南海的权益和辖权,中国完全是在管辖海域进行正常的海洋执法监察活动。同年5月,菲律宾单方面授权西方油气公司在礼乐滩进行油气勘探开发。菲政府还宣布对外招标南海争议海域15个能源开采合同。6月,菲律宾对中国针对其非法勘探活动开展的海上维权执法活动作出强烈反应,指责中国正当执法行动,制造"中国威胁论"。

(3)渔业纠纷。在南海海域,中国渔民正常捕捞活动不断遭遇菲律宾、越南非法干扰。据农业部南海区渔政局不完全统计,1989—2010年,周边国家在南沙海域袭击、抢劫、抓扣、枪杀我渔船渔民事件多达380多宗,涉及渔船750多艘,渔民11 300人。其中,25名渔民被打死或失踪,24名渔民被打伤,800多渔民被抓扣判刑。2011年6月9日,中国渔船在南沙万安滩海域正常作业时,遭到越南武装的非法驱赶。一艘中国渔船的渔网与在现场非法作业的越南油气勘探船的电缆缠绕在一起,越方船只拖曳中国渔船倒行,严重威胁中国渔民的生命财产安全。2014 年 5 月 6 日,菲律宾海警在南沙半月礁非法抓扣我 11 名渔民,并欲对之提起诉讼,严重威胁我渔民的生命财产安全。

3. 周边海上军事活动频繁

在黄、东海方向,天安舰和延坪岛炮击事件后,韩朝关系持续紧张,韩美进行了一系列军演。2010 年 7 月,韩美在韩国东部海域进行"不屈的意志"大规模联合海上军事演习。这是 1976 年以来,美韩进行的最大规模的海上、空中、水下立体军演。朝韩延坪岛炮击事件后,韩美决定在 11 月举行海上联合军事演习。美国借军演之机,不顾中国的强烈反对,把"乔治·华盛顿"号航空母舰开进黄海,使本已非常紧张的地区局势更加复杂化。2011 年 2 月,韩美"关键决断"联合军演开始。期间,韩美又开展"鹞鹰"联合军演。5 月,韩国海军陆战队在白羽岛和延坪岛等西北岛屿附近海域进行海上射击训练。6 月,韩美两次在坡州举行联合军演。8 月,韩美 2011 年度"乙支自由卫士"联合军演开始,旨在"预防、应对和克服韩国和周边地区的所有威胁"。

在南海,美国加强与相关国家的军事合作。美国与菲律宾举行年度例行联合军演"肩并肩",2011 年度双方野战训练演习规模达到最大。同时,菲律宾、美国、新加坡、马来西亚等东南亚多国近年来展开"东南亚合作与训练"联合军演,演习地点包括马六甲海峡、苏禄海和西里伯斯海,旨在保障对海上要道的控制,提高区域协同和信息共享能力等。此外,美国和泰国年度例行的"金色眼镜蛇"联合军演是东南亚地区规模最大的联合军事演习,自 1982 年以来每年举行一次,到 2014 年已进行 33 次。

4. 域外势力介入周边海洋事务

(1)美国。美国逐步推行以亚太为中心的战略转移,推出了"亚太再平衡"战略,维护其在亚太地区的战略利益。美国与中国周边国家建立或巩固军事同盟,组织联合军演,加强军事部署,加大侦查监视力度,增强在该地区的影响力,影响中国海上安全。

美国总统奥巴马 2011 年 11 月在亚太经合组织(APEC)峰会高调亮出"转向亚洲"战略。美政府开始从阿富汗和伊拉克两场战争撤出,同时寻求外交政策新亮点。奥巴马团队执政以来,美国政府在"巧实力"的概念下调整了战略选择,决定把战略重心转移到亚太。美国以航行自由和安全为借口,插手中国周边海洋事务。2011 年 6 月,美国国会参议院通过决议,称中国在南海地区示强,各方应采取多边、和平手段解决有关争议,并支持美武装力量为维护南海自由通行采取行动。美国以多种手段联合中国周边国家,制造紧张局势。2011 年 7 月 9 日,美国、日本和澳大利亚在濒临南海的文莱近海海域举行联合军演。这是三国首次在南海附近海域举行联合军演,以"共同牵制"中国为主要目的。在 2012 年 6 月 3 日闭幕的本年度香格里拉对话会上,美国防部长帕内塔提出美国"亚太再平衡战略",指出美国将在 2020 年前向亚太地区转移一批海军战舰,届时将 60% 的美国战舰部署在太平洋。2014 年 4

月 2 至 3 日，"美国—东盟防务论坛"在夏威夷召开，美国首度以东道主身份主办美国与东盟之间的部长级非正式会议。会后，美国国防部长哈格尔启程访问日本、中国、蒙古国。奥巴马 4 月下旬出访亚洲，实质是重申其战略重心不变。

（2）印度。印度加快"东进战略"步伐，要在有战略航线通过的东南亚地区扮演重要的角色。首先是军事介入。印度军事介入南海争端主要体现在以下两个方面：首先，印度通过加强与东南亚国家的联合军演和军事合作介入南海问题，同时还积极配合美日在南中国海的军事活动，加强与相关各国的合作，逐步涉足南中国海争端。从 1992 年起，印度海军与美国驻太平洋第七舰队在南中国海附近海域进行了一系列不定期联合海上演习。从 1993 年起，又与新加坡海军举行每年一次的"SIMBEX"联合反潜战术演习。此外，印度还与印尼、斯里兰卡、孟加拉国、泰国等多国海军每三年举行一次代号为"米兰"的联合军事演习。"9.11"事件后，印度开始旗帜鲜明地支持美国打击恐怖主义，并在情报方面与美展开全面合作，随后两国海军开始在马六甲海峡为过往商船进行联合护航，这是印度海军首次在联合国框架外同其他国家海军进行这样的合作，两国媒体也随之开始大肆鼓噪此种合作的"绝对必要性"。与此同时，日本和印度在联合制华方面保持某种默契。因此，两国在介入南海问题上进行密切的合作。

其次是与越南合作开发南海油气资源。近年来，印度借与越南关系的升温积极介入南海。尤其是最近更是大张旗鼓地表示要参与南海油气资源的开发。2011 年 9 月 15 日，印度石油天然气公司计划与越南合作在南中国海争议海域两块分别称为"127 号"和"128 号"的油气田进行资源开发。尽管中国外交部表示"未经中国政府允许，任何国家或者公司在中国管辖的海域从事油气勘探活动，都侵犯了中国的主权和权益，是非法和无效的"。而印度认为，中国的要求是"不合法的"。因为越南已根据 1982 年的《联合国海洋法公约》，对"127 号"和"128 号"油气田提出拥有主权。

（3）俄罗斯。苏联及其继承者俄罗斯是涉足南海的最早的区域外大国之一，其介入南海问题的方式主要有以下两种：①与越南合作开发南海油气资源。早在 20 世纪 80 年代，苏联就开始与越南合作联手开采南海海域的白虎油田。目前，白虎油田仍然是越南第一大油田。冷战后，俄罗斯不仅没有因国家实力下降停止与越南合作，反而与越南进一步加强在南海海域的考察和勘探，为油气资源的开发做准备。1995 年，俄罗斯向俄越石油联合公司提供了大约 1 000 名专业技术人员以及总额大约 7 500 万美元的贷款和援助。2001 年俄越石油联合公司生产的原油达到了 1 260 万公吨，占越南全年生产总原油的 90%。2008 年 5 月，俄越决定再度合作共同勘探和开发越南大陆架的四块天然气田。②向东盟相关国家出售武器装备。冷战结束后，随着两极格局对峙在东南亚的结束，俄罗斯突破了传统的武器市场，不仅继续向越南出售尖端武器装备，而且还把在东南亚地区的军火市场扩展到了马来西亚、印度尼西亚等国家。通过对这些国家出售武器装备,俄罗斯不仅获得了经济利益,而且扩大了自身在东南亚地区的影响力。越南是俄罗斯军火的老客户。

5. 非传统安全威胁上升

(1)海上通道安全问题。随着中国石油进口量的猛增,确保能源安全成为中国面临的重要问题。目前中国90%以上的进口石油需要通过海上油轮运输,从中东横跨印度洋途经马六甲海峡的海上航线,事实上已成为中国经济发展的主要动脉。海上通道安全在中国战略全局中具有突出的重要位置。近年来,海上恐怖主义和跨国犯罪活动,已对全球的海洋通道安全构成严重威胁。根据国际海事组织资料统计,2010年前8个月,全球共发生针对船只的海盗和武装劫持事件160起,其中南中国海水域70起,占43.7%。印度洋水域23起,占14.4%。从2010年前8个月的发展态势看,亚洲海域尤其是东南亚海域海盗和恐怖势力活动猖獗,是影响海洋通道安全的重要因素。2011年6月,国际海事局发布警告,靠近马来西亚、印度尼西亚和新加坡的南海水域发生的侵袭活动有可能增加,要求穿越该水域的船只注意。

(2)海洋生态安全问题。中国海洋生态环境面临严峻形势。近岸海洋环境污染对生态系统安全、食品安全、经济社会发展产生威胁。中国的石油进口不断增长,海上石油开采活动日益增多,增加了对海洋生态的威胁。海上溢油事故及其处理措施造成次生生态灾难,对海洋生态环境造成较大影响。中国对海上突发溢油等污染事故的应急处理能力比较薄弱,如何确保海洋生态安全,已经引起国家重视。渤海是半封闭海,由于周围重化工业高度集聚,加上围海填海过度,近岸海域水质退化,生态安全形势严峻。2011年6月4日以来,位于渤海中南部的"蓬莱19-3"油田连续发生溢油事故。11月11日,事故处置联合调查组公布事故原因调查结论:康菲石油中国有限公司在"蓬莱19-3"油田生产作业过程中违反总体开发方案,制度和管理存在缺失,在明显出现事故征兆后没有采取必要的措施,导致重大海洋溢油污染责任事故。该事故造成海洋污染面积达6 200平方千米,给渤海海洋生态和渔业生产造成严重影响。2012年4月27日,国家海洋局网站发布消息,"蓬莱19-3"油田溢油事故海洋生态损害索赔取得重大进展。康菲公司和中国海洋石油总公司总计支付16.83亿元人民币,其中康菲公司出资10.9亿元人民币,赔偿本次溢油事故对海洋生态造成的损失;中国海洋石油总公司和康菲公司分别出资4.8亿元人民币和1.13亿元人民币,承担保护渤海环境的社会责任。

2011年3月11日,日本福岛发生核泄漏事故。4月4日,在未及时向周边各国进行通报的情况下,日本东京电力公司将福岛第一核电站的1.15万吨低浓度核废液排放到太平洋。中国外交部表示,希望日方按照有关国际法行事,采取切实措施保护海洋环境。国家海洋局密切关注事故对海洋环境的影响,对中国管辖海域放射性物质实施持续监测。根据国家海洋局公布的监测结果,核泄漏已显著影响日本以东及东南方向西太平洋海域。此次事故使得"核安全"受到高度关注。

（三）当前我国维护海洋安全的政策和举措

1. 我国海洋安全政策

进入 21 世纪,面对我国国家海洋利益不断拓展的需求和我周边海洋安全环境的复杂化,站在国际形势和时代发展的高度,胡锦涛同志指出:"要提高维护海洋安全的战略能力,捍卫国家领海和海洋权益,保护国家日益发展的海洋产业、海上运输和能源资源战略通道的安全。"2009 年 9 月 23 日,胡锦涛出席第 64 届联合国大会一般性辩论,发表题为《同舟共济 共创未来》的讲话。他在讲话中提出,要用更广阔的视野审视安全,维护世界和平稳定。胡锦涛说,在人类历史上,各国安全从未像今天这样紧密相连。安全不是孤立的、零和的、绝对的,没有世界和地区的和平稳定,就没有一国安全稳定。"我们应该坚持互信、互利、平等、协作的新安全观,既维护本国的安全,又尊重别国安全关切,促进人类共同安全"。中国面对海上安全利益多元化趋势,承认、尊重并超越意识形态、价值观念、社会制度、发展水平的差异,树立以互信、互利、平等、协作为核心的新安全观。2010 年,中国继续高度重视维护国家海洋权益,并取得新的进展。10 月 18 日中国共产党第十七届中央委员会第五次全体会议通过的《中共中央关于制定国民经济和社会发展第十二个五年规划的建议》中明确提出要"保障海上通道安全,维护我国海洋权益"。

2011 年,中国发表了一系列白皮书以阐述中国现行的内政外交,其中一些涉及中国海洋安全。2011 年 3 月 31 日,国务院新闻办公室发布《2010 年中国的国防》,这是 1998 年以来中国政府第七次发表国防白皮书。2011 年 8 月 11 日,《中国外交》(2011 版)举行首发仪式。2011 年 9 月 6 日,国务院新闻办公室发表《中国的和平发展》。上述白皮书中涉及海洋安全的主要立场表述如下:首先,国际安全形势的复杂性更加突出。非传统安全问题与传统安全威胁相互交织,增加了安全威胁的多样性和复杂性,不稳定、不确定因素增多,维护海洋权益压力增大。其次,中国坚持防御性的国防政策。中国不会对任何国家构成军事威胁,致力于和平解决国际争端和热点问题。中国重视加强国际军事交流,推动国际和地区安全合作,反对一切形式的恐怖主义。再次,中国主张根据公认的国际法和现代海洋法,包括《联合国海洋法公约》所确定的基本原则和法律制度,通过双边谈判和平解决有关海洋争端。同时,中国坚持与和平发展适应的对外安全方针政策。主张地区各国相互尊重、增进互信、求同存异,通过谈判对话和友好协商解决包括领土和海洋权益争端在内的各种矛盾和问题,共同维护地区和平稳定。中国不谋求地区霸权和势力范围,不排挤任何国家,中国的繁荣发展和长治久安对周边邻国是机遇而不是威胁。此外,海军按照近海防御的战略要求,加强海上力量建设。注重提高综合作战力量现代化水平,增强战略威慑与反击能力,发展远海合作与应对非传统安全威胁能力。

2012 年,中共十八大报告指出,要大力推进生态文明建设。"提高海洋资源开发能力,发展海洋经济,保护海洋生态环境,坚决维护国家海洋权益,建设海洋强国"。同时,要加快推进国防和军队现代化,加强军事战略指导,高度关注海洋、太空、网络空间安全。这标志着未来我国将从海洋资源开发、海洋经济发展、海洋科技创新、海洋生态文明建设、海洋权益维护等方面推动海洋强国的建成。2013 年 11 月 12 日,经中国共产党第十八届中央委员会第三次全体会议决定,成立中央国家安全委员会(以下简称"国安委")。国安委的成立将统筹安排维护海洋安全在内的国家安全,提高了国家安全的协调层级,为国家外交决策提供了保证,有助于完善国家安全体制和国家安全战略。2014 年 4 月 15 日,习近平主席在主持召开中央国家安全委员会第一次会议时提出,坚持总体国家安全观,走出一条中国特色国家安全道路。首次提出总体国家安全观,并首次系统提出"11 种安全"。习近平指出,贯彻落实总体国家安全观,必须既重视外部安全,又重视内部安全,对内求发展、求变革、求稳定、建设平安中国,对外求和平、求合作、求共赢、建设和谐世界。既重视国土安全,又重视国民安全,坚持以民为本、以人为本,坚持国家安全一切为了人民、一切依靠人民,真正夯实国家安全的群众基础。既重视传统安全,又重视非传统安全,构建集政治安全、国土安全、军事安全、经济安全、文化安全、社会安全、科技安全、信息安全、生态安全、资源安全、核安全等于一体的国家安全体系。既重视发展问题,又重视安全问题,发展是安全的基础,安全是发展的条件,富国才能强兵,强兵才能卫国。既重视自身安全,又重视共同安全,打造命运共同体,推动各方朝着互利互惠、共同安全的目标相向而行。新的国家安全观是我国海洋安全政策的重要基础。

2. 维护我国海洋安全的主要举措

(1)海洋管理能力不断提高。近年来,全民海洋意识不断增强,海洋管理立法不断实现突破,海洋战略研究初见成效,发展规划成果显现;海洋产业不断壮大,海上维权执法全面推进;海洋低敏感领域合作进展顺利,极地科考、"区域"勘察工作取得一定进展和成效。2009年 3 月 31 日,中国外交部将条约法律司、亚洲司和欧亚司的原有部分业务进行了适当整合,增设边界与海洋事务司,拟定海洋边界相关外交政策,指导协调海洋对外工作,承担海洋划界、共同开发等相关外交谈判工作为其部分工作职责。2013 年 3 月 10 日,国务院机构改革和职能转变方案提出,现国家海洋局及其中国海监、公安部边防海警、农业部中国渔政、海关总署海上缉私警察的队伍和职责,将进行整合,重新组建国家海洋局,由国土资源部管理。同时方案还提出,设立高层次议事协调机构国家海洋委员会,负责研究制定国家海洋发展战略,统筹协调海洋重大事项。国家海洋委员会的具体工作由国家海洋局承担。国家海洋局的职责是拟订海洋发展规划,实施海上维权执法,监督管理海域使用、海洋环境保护等。国家海洋局以中国海警局名义开展海上维权执法,接受公安部业务指导。此举将推进海上统一执法,提高执法效能,终结我国海洋维权"九龙治海"局面。

（2）海洋法律制度日益完备。自20世纪80年代以来,中国公布了《领海及毗连区法》、《专属经济区和大陆架法》、《海岛保护法》、《海上交通安全法》、《海洋环境保护法》、《对外合作开采海洋石油资源条例》、《涉外海洋科学研究管理规定》和《铺设海底电缆管道管理规定》等一系列的法律、法规和规定,对不同法律地位的海域内中国享有的相应权益作了规范,涉及海岛保护、海上交通安全、海洋资源开发和保护、海洋生态环境保护和海上科学研究等多个领域,为中国行使主权、主权权利和管辖权,全面维护海洋权益提供了必要的法律依据。

（3）海上巡航执法活动持续加强。在维护海洋权益方面,中国海监作为一支重要的海上执法力量,担负着在中国管辖海域巡航执法任务。2006年,中国海监开始执行东海定期维权巡航执法任务。2007年,中国海监将定期巡航区扩展到黄海、南海北部海域。近年来,中国海监全面开展定期维权巡航执法,重点加强了对侵权事件多发海域的巡航监视,及时发现,依据有关法律法规对在我国管辖海域内从事侵犯我国海洋权益的活动进行了监视和制止,包括在我国管辖海域内的非法海洋科研调查、军事测量、勘探开发等活动。2008年12月8日,中国海监船进入钓鱼岛12海里实施了维权巡航行动。2005年,中国对原《专属经济区渔业巡航管理规定》进行了修订完善,中国渔政据此加强了在我国专属经济区的渔政巡航管理,维护专属经济区的正常渔业生产秩序。2010年,特别是继钓鱼岛附近海域渔船抓扣事件后,为维护海洋生产活动的正常秩序和海洋权益,中国海监执法船在相关海域加强了执法活动,有关部门派遣渔政执法船赶赴相关海域护渔,保持在相关海域的长期巡航执法。渔政执法从单一的海上执法走向海空结合的立体执法模式。

（4）海上安全对话与合作。中国积极参与国际海上安全对话与合作,努力寻求基于和平的多种途径和手段,维护海上安全。2000年我国同越南签订北部湾划界协定,这是我国与邻国划定的第一条海上界线。2002年中国同有关国家签署《南海各方行为宣言》,并在推动有关后续行动。在共同开发和海上合作方面,2005年12月24日,中朝签署《中朝政府间关于海上共同开发石油的协定》。中日和中韩分别于1997年11月11日和2000年8月3日签订了《中华人民共和国和日本国渔业协定》、《中华人民共和国政府和大韩民国政府渔业协定》。2008年6月18日,中日两国就东海共同开发达成原则共识。对于中日双方在东海问题上的分歧,中方一直主张通过磋商、谈判予以妥善解决,以维护中日的战略互惠关系和两国人民的根本利益。2011年7月26日,中日举行第九次防务安全磋商,双方同意推动早日建立两国防务部门海上联络机制,共同维护东海稳定。2011年9月1日,中国与菲律宾达成《中华人民共和国与菲律宾共和国联合声明》,表示不应让海上争议影响到两国友好合作大局,重申将通过和平对话处理争议。2011年10月11日,中国与越南签订《关于指导解决中华人民共和国和越南社会主义共和国海上问题基本原则协议》。中越双方就南海问题达成若干共识,一致同意通过友好协商解决争议,不采取使局势复杂化和扩大化的行动,反对外部力量介入中越争议,共同维护南海和平稳定。2011 年 6 月 19 日至 20 日,根据《中越海军北部湾联合巡逻协议》,中越两国海军舰艇编队在北部湾海域举行第 11 次联合巡逻。从 2009 年开始,中美两国举行年度例行的战略与经济对话,截至 2013 年,共举行 6 次。中美战略与经济对话是中美双方就事关两国关系发展的战略性、长期性、全局性问题而进行的战略对话。一直在试图着重回答以下五大问题:一是如何看中国,二是如何看美国,三是如何看世界,四是如何看合作,五是如何看分歧。中美战略与经济对话取得了一系列成果。此外,中美还有海上军事安全磋商机制,专门就海上军事安全问题进行磋商。迄今共举行 8 次年度会晤,13 次工作小组会议和 2 次专门会议,对促进海上活动安全、避免发生海上以外事件及建立其他相互信任措施发挥了积极作用。

此外,中国还参加东盟首脑会议、东亚峰会以及亚洲安全会议等多边会议,积极阐述中方立场,致力于推动和谐周边环境的建设。2011 年 6 月 5 日,第十届亚洲安全会议在新加坡举行。中国首次派国防部长参加会议,梁光烈在会上作题为"促进安全合作、共创美好未来"的发言。2011 年 7 月 20 日,落实《南海各方行为宣言》高官会在印度尼西亚举行。中国同东盟国家就落实《宣言》指针案文达成一致,并由 7 月 21 日举行的中国—东盟外长会议通过,这为推动落实《宣言》进程、推进南海务实合作铺平了道路。2011 年 11 月 19 日,第六届东亚峰会召开。针对有国家提到南海问题,温家宝总理回应并重申中国立场。特别强调,东亚和东南亚经济的发展,从侧面印证了南海的航行自由和安全没有因为南海争议受到任何影响。

(5)维护海上安全的能力建设。2011 年 8 月 10 日,中国第一艘航母平台首航试验。航母改造是中国海军装备建设新的发展成果,标志着中国没有航母的历史结束,牵引和带动了海军现代化建设。航母可以用来防御,主要还是用来维护世界和平,实施灾难救援等。中国研究航空母舰的发展问题,是为了增强维护国家安全与世界和平的能力。中国坚定奉行防御性的国防政策,这一立场不会改变。

在坚持不结盟、不对抗、不针对第三方的方针和战略互惠、平等参与、对等实施的原则下,中国与其他国家海上联合演练实现常态化。2003 年,中国与巴基斯坦举行首次中外海上搜救演练。结合中外海军舰艇互访等活动,迄今已与印度、法国、英国、澳大利亚、泰国、美国、俄罗斯、日本、新西兰、越南等国海军举行搜救、通信、编队、潜水、护航等课目的双边多边联合军事演习。2007 年,中国海军舰艇赴新加坡参加西太平洋海军论坛海上联合军事演习。2010 年,与泰国举行首次中外海军陆战队联合训练。2011 年 3 月 8 日,为期 5 天的代号"和平—11"的多国海上联合军演在巴基斯坦卡拉奇附近海域举行,着眼于提升多国海军协同应对海上非传统安全问题的能力,以维护海洋安全与促进海军合作为目的。此次演习由巴基斯坦海军倡导并主办,中国、美国、英国、法国、巴基斯坦等 12 个国家的海军派舰艇、飞机或特种部队参加。中国海军派出"温州"号和"马鞍山"号 2 艘导弹护卫舰、2 架舰载直升机和70 名特战队员参演。

根据联合国安理会决议,中国政府于 2008 年 12 月 26 日派遣海军舰艇编队赴亚丁湾、索马里海域实施护航。截至 2010 年 12 月,海军已派出 7 批 18 艘舰艇、16 架直升机、490 名特战队员执行护航任务。中国海军护航行动主要采取伴随护航、区域巡逻和随船护卫等方式,先后为 3 139 艘中外船舶提供安全保护,其中解救被海盗袭击船舶 29 艘、接护船舶 9 艘。中国对加强护航国际合作持积极、开放的态度。中国海军护航编队与有关国家安全和组织建立互通共享情报信息的常态化机制,与欧盟、多国海上力量、北约、俄罗斯、韩国、荷兰、日本等护航舰艇进行指挥官登舰互访 24 次,与俄罗斯开展联合护航行动,与韩国护航舰艇进行海上联合演练,与荷兰开展互派军官驻舰考察活动。中国积极参与联合国索马里海盗问题联络小组会议以及"信息共享与防止冲突"护航合作国际会议等国际机制。

在错综复杂的国际关系和愈演愈烈的海洋权益斗争形势下,中国周边海上安全形势正在发生深刻变化。美国加快战略调整与布局,高调重返东南亚,对我海洋安全环境产生深刻影响。中国与周边国家总体关系稳定,但岛礁主权、海域划界以及资源开发问题长期影响中国海洋安全形势。随着中国海洋利益不断拓展,地区热点问题对中国海洋安全的影响越来越突出。因而,开展海洋安全体系问题的研究有重要的现实意义。

二、海洋安全体系问题研究的意义

(一)现实意义:时代发展需要海洋安全体系的构建

中国是一个传统的陆权大国,地理、政治、经济、文化、安全等因素使得中国在历史上并未成为海洋大国。海洋对国家政治、经济、安全等方面的影响有限。传统上,国人也一直将海洋视作陆地安全的屏障,海洋安全更多地体现在海上维护国家陆地领土安全,即通常所说的海防安全。冷战结束以及《公约》的诞生,改变了过去海洋由几个大国控制的局面,为各国和平开发利用提供了契机。海洋作为国际交往的大通道和人类可持续发展的战略资源宝库,在当今世界经济、政治、社会等领域的地位与作用越来越突出。在此背景下,中国抓住有利时机,大力发展海洋经济,海洋事业取得快速发展,海洋在国家安全中的作用日渐突出,海洋安全在国家安全中的地位随之不断提升。

1. 为维护中国海洋权益,促进和平发展提供理论指导

海洋安全已成为和平发展的重要条件。其一,海洋安全是保障沿海地区安全的前提条件。经过 20 多年发展,东部沿海地区已成为中国经济发展的黄金地带和经济格局重心所

在。海洋是沿海地区安全的屏障。其二,海洋安全是中国海洋经济持续发展的必要条件。海洋经济已成为中国国民经济新的增长点,海洋经济的持续发展离不开安全的海洋环境。其三,海洋安全是维护海洋资源权利的重要条件。按照《公约》规定,沿海国对专属经济区和大陆架的自然资源享有主权权利,这需要可靠的海上安全能力予以维护。其四,海洋安全是保障海上航线安全的重要条件。改革开放以来,中国对外贸易持续发展,成为拉动经济增长的重要因素。外贸主要是通过海洋运输进行,保证海上航线的安全是海洋安全的应有之义。

海洋安全已成为中国国家安全的重心所在。中国在平等协商、公平合理的基础上,积极同周边国家解决陆上边界划界等历史遗留问题,成功地与绝大多数邻国解决了陆地边界领土争端,并签订了一系列维护边境地区和平安宁、加强军事领域信任的协定,极大地改善了中国陆上安全形势。随着海洋世纪的到来,各国纷纷提升海洋在国家发展和国家安全战略中的地位,海洋已成为各国激烈争夺与对抗的场所,中国海洋安全问题逐渐凸显出来,成为国家安全的主要战略方向。

2. 为中国海洋安全体系的构建提供理论依据

海洋安全体系问题的研究是为了了解和掌握海洋安全的基本规律,科学履行保卫国家海洋安全的职能,促进海洋经济与社会安全有序发展。长期以来,我国在海洋安全方面缺少系统的认识论和方法论的支撑,导致实践中的海洋安全有很大的盲目性和被动性。海洋安全体系问题的研究在增强海洋安全研究的系统性和前瞻性的同时,进一步提升了海洋安全理论对实践的指导能力,进一步推动国家海洋安全的实现。一方面,海洋安全工作迫切需要得到理论指导,从而不断推进海洋安全工作向广度和深度发展。另一方面,海洋安全体系问题研究从海洋安全实践中获得新的研究动力,也获得新的研究课题和研究素材,研究成果直接服务于海洋安全实践,充分体现了海洋安全体系问题研究的科学价值。

(二)学理意义:为建设海洋强国提供人力和智力支持

人类海洋事业的发展面临着诸多需要解决的难题与挑战,它们不仅涉及自然科学的诸多学科,还涉及政治、经济、法律、管理、历史和社会等多个领域,需要全面、综合的多学科交叉特别是文理交叉研究。长期以来,由于中国海洋事业的发展相对落后、海洋意识的薄弱、海洋人文社会科学体系的缺失等原因,从人文社会科学的视角对海洋发展的综合研究较为薄弱。目前,人文社会科学界的海洋研究存在的问题体现为投入不足、力量不强、缺乏统筹、不能形成合力,从而无法在有关国家利益或全球利益的重大海洋问题的研究方面产生国际一流的突破性成果,与我国建设海洋强国的需求严重脱节。党的十八大报告提出,要提高海洋资源开发能力,发展海洋经济,保护海洋生态环境,坚决维护国家海洋权益,建设海洋强国。这一切都呼唤人文社会科学工作者对我国海洋发展战略进行更深入的思考和更系统的研究,特别是海洋安全方面的课题研究。

（1）有助于拓展国家安全理论的研究领域。现阶段，国内学界对中国海洋安全问题的研究，正处于一个不断上升的趋势。该领域研究将不断丰富中国海洋理论，提高国民对海洋的重视程度。但目前对海洋安全问题的研究较浅，大都停留在叙述阶段。关于中国海洋安全战略并未形成具有影响力的著作。当前国内相关研究主要集中在中国整体的海洋安全形势以及解决我国海洋主权争议的原则和途径，非传统安全问题的应对，中国海洋安全战略的构建及其定位框架、目标与任务、战略实施和分期目标等。此外，学者们还对海洋战略通道安全、维护海洋权益等方面进行了阐述。基于上述认识，海洋安全体系研究有助于促进海洋人文社会科学体系的拓展和培育，从而拓展国家安全的研究领域，推动国家安全相关的学科建设。中国的国家安全学科尚处在创建阶段，关于国家海洋安全的研究更为薄弱。目前的海洋安全研究除对国家海洋战略问题有零散研究外，具有宏观性、整体性特征的研究几乎仍属空白，因此本课题研究有助于拓宽国家安全的研究领域。

（2）为国家海洋安全工作提供人才支撑。海洋安全体系问题研究直接关系着我国海洋安全的实现，影响着海洋强国战略的顺利实施。尤其是在进入海洋世纪的今天，海洋安全面临前所未有的挑战：海洋权益维护的迫切性、海洋资源开发不可持续性、海洋环境保护的严峻性、海洋公共危机的频发性等，使得我们面临的海洋安全形势更加复杂。所有这些都要求从事海洋相关专业研究的人员学习和研究海洋安全知识，了解和把握海洋安全的规律，提高自身的理论素质和专业化水平，推动海洋强国战略的实施和落实。

当前，海洋正在对世界政治、经济、社会产生越来越重要的影响。与之相适应，海洋安全的重要性日益凸显。海洋事业发展需要有海洋安全的保障。没有海洋安全保证，海洋事业发展将成为空谈。因此，构建海洋安全理论体系，不仅可以解决海洋安全实践中的实际问题，而且能够把握未来海洋安全的方向和趋势，为海洋事业发展保驾护航。

第二章 海洋安全体系设计的理论基础、原则及框架

第一节 海洋安全体系设计的理论基础

一、地缘政治理论

地缘政治学是政治地理学中的一种理论。它是通过对各种地理要素和政治格局的地域形式的分析,预测世界或地区范围的战略形势和有关国家的政治行为。它以全球战略的观点,分析地理现实与人类事务间的联系,探究能够表明世界历史中某些地理因素的规律,为国家战略制定服务。19世纪末期以后,全球政治、经济和军事新变化,出现了各种地缘政治理论。1917年契伦(1864—1922)在《论国家》一书中首先提出"地缘政治学"一词,称它是"把国家作为地理的有机体或一个空间现象来认识的科学"。

关于地缘政治学,学者们有不同的分类。有的分为三个层次:地缘政治学的微观层次,指一个国家与周边国家的地缘关系,这也是运用最广的一个界定;中等层次的区域主义或地区主义的地缘政治学,主要指比一个国家的周边范围更广泛的地区;世界范围内的地缘政治学,把世界当做一个不可分割的整体进行研究。运用这一层次的地缘政治学的多是大国尤其是那些具有世界战略意图的国家,地缘政治学在这一层次上多半涉及大国之间的关系。有的分为四种类型:领导人和外交官僚机构的应用地缘政治学,它研究的是通常的地理理解和外交政策决策中的观念;战略研究层次上的正式的地缘政治学,它通常是指"地缘政治思想"或"地缘政治传统";作为跨国大众文化载体的大众的地缘政治学,由受各种媒体影响的大众文化所创造,其核心是对边界以外地方、民众的理解及认识的社会构建和模式;结构性的地缘政治学是对那些制约所有国家外交政策实施的结构性进程和趋势的研究。

地缘政治学的分析一般被分为三个层次。首先是对基本空间客体自身特征的考察;其次是探视空间客体的相互作用以及由此而形成的空间模式,这包括对不同地理空间区域中相互作用模式的差异性的观察;最后是将地缘政治空间作为一个整体进行分析,确立对其全部特征的判断。

（一）阿尔弗莱德·马汉的"海权论"

"海权论"最先是由美国海军史学家马汉提出的。马汉进行的是基于地理因素的军事战略的研究,他实际上是地缘战略研究的先导。1884 年,当时在美国罗德岛新港刚刚创办不久的海战学院任院长的卢斯将军邀请 44 岁的马汉少校担任讲师,负责讲授海军战略、战术及历史。这里为他进行理论研究提供了良好的条件,他着重研究了 17 世纪和 18 世纪的海战史,并在此基础上首先提出了"海权"理论。海战学院的职责迫使他将其"海权"历史思想具体化,当然这也是他实现远大抱负的极好机会。1890 年,反映其"海权"思想的著作《海权对历史的影响:1660—1783》问世了,紧接着他又出版的著作有:1892 年的《海权对法国革命和帝国的影响:1793—1812》、1897 年的《美国的海权利益,现在和未来》、1900 年的《亚洲问题及其对国际政治的作用》和 1905 年的《海权与 1812 年战争的关系》等。

马汉在分析英国称霸世界的原因时,这个老牌殖民主义国家为提供本国工业发展所需资源与市场而大肆推行殖民政策、攫取海外殖民地并长期称雄于海上的历史给他留下了极为深刻的印象。为此,他认为:争霸世界的关键在于夺取制海权。所谓制海权,马汉的定义是:一个国家控制航海活动的能力。他将这种能力与一个国家的繁荣和历史进程有效地联系在一起。英帝国正是拥有了海上霸权,控制了除巴拿马运河以外的、几乎世界上所有重要的通道和海峡,才能成为一个世界强国,拥有了扩张的基础。

马汉认为,组成海权的部分是多方面的。他在《海上力量的诸因素》中全面分析了海上力量的自然背景以及美国过去和现在海上力量与商业扩张的关系,并列举了 6 项影响各国海上力量的基本条件:第一,地理位置。一个国家要想发展海权,首先它必须在地理上便于进入世界的海洋,它不必凭借陆地来保卫自身的利益,也不必通过陆地扩张来扩充自己的利益范围。这类国家大都以海洋为目标,拥有比内陆国家更优越的条件。这类国家主要有两类:海洋沿岸国家和岛国。美国和英国等国就具有比西班牙和法国更有利的条件,而英国这个岛国在发展海权方面最幸运,它不必维持强大的陆军力量。从历史上来看,差不多所有沿海国家和岛国都渴求或被迫发展海权体系,但只有少数几个能充分做到这一点,因为构成海权的条件是多方面的。第二,自然结构。发展海权的动力来源于一个国家内陆的生产力水平,如果一个沿海国或岛国内陆的生产力落后,或者它从根本上而言就是一个完全改变不了自给自足的农业国,那么它要么对海外商业竞争不感兴趣,要么被其他海权国家所殖民。只要一个国家具有无数得到保护的优良港湾和深入腹地富庶地区的大河,这个国家发展海权的动力在一定时期就会爆发。马汉特别强调,美国享有这些自然结构,它所需要的只是在它的人民中间重新激发起美国早期的对海洋的这种爱和信赖。第三,领土范围。一个国家领土范围的大小对发展海权至关重要,因为领土范围在一定程度上影响人口的分布,如果拥有同海岸线长度成正比的人口分布,那么这个国家的海权发展的主要内部阻碍就不存在了。

一方面,人口分布影响边界驻防;另一方面,海岸线长的国家为了充分保护和利用优良港湾,必须在沿海地区均匀分布人口,以优秀水手充实海军。第四,人口数量。要想建设一支持久有效的海上力量,一个国家必须拥有充足的人口,"必须要有大批人充当水手,或至少随时准备受雇于舰船,以及从事制造海军设备"①。第五,民族素质。人口众多只是其中的一个方面,更重要的还在于人口的活力和素质。建立一支海上强大力量不单靠一些人的意愿,关键在于全体公民对海上商业利益的渴望和需求,他们必须"爱财",追求海外有利可图的商业贸易。马汉非常遗憾地指出,美国人是具有这种品质的,然而,他们的政府却制定"法律障碍",不乐意资助海洋经济。这极大地妨碍了人民素质的充分发挥,也就必然阻碍了海上力量的建设。同时,一个国家通过海上力量夺取了海外殖民地后,本国的人民应乐意到那里去定居并开发其资源。如果没有这样的人民,殖民体系必然瓦解,海权的发挥也会受到限制,葡萄牙和西班牙殖民帝国的崩溃充分说明了这一点。第六,政府性质。当一个国家具备了上述各项条件后,还必须具有这样一个保障,即政府有发展海上力量的决心。在这方面,专制君主(如法国)政府,同其他(如英国)政府相比,往往显得摇摆不定、变化无常。从历史上来看,海上大国通常有一种提供参政机会的政治结构,海权的建立,取决于人民的精神和充分认识到了人民真正意图的政府的明智指导。美国同英国一样,其政治制度可以极大程度地反映人民的意志并使之在组成政府方面发挥巨大作用。只要具备了上述条件,一个真正的海权国家就诞生了。

然而,马汉又指出,仅仅获取了海权并不意味着国家海外利益的完全获得。在不同的时间、环境以及相应的政策条件下,海权会不断增长或受到损害,海权是一种严密地反映国计民生的国家体系。马汉在分析了英国称霸世界的原因之后,将其视为一个典型的例子:整个18世纪,英国的海权不断增长,它不仅在和平时期运用海上力量夺取了世界上主要的财富,而且在战争时期借助海上力量维持了其对世界海洋的统治地位。根据马汉的分析来看,海权的增长或损害受制于下列几方面的因素:第一,国内生产力的水平。一国必须有不断扩大生产可供对外贸易的产品。实质上,人类对海洋的兴趣和某些国家对海洋的兴趣,主要是因为海上贸易在历史上给他们带来了财富。随着科技进步,人类战胜海洋自然威胁的能力不断增强,这样海洋便不可避免地会成为那些具有一定的海上实力而又渴望获得世界财富的国家间进行竞争和冲突的主要领域。如果一个国家在这种不断升级的海洋商业竞争中缺少了国内的动力,其海权不是得到增长而是受到损害。第二,必须要拥有进行海外贸易的大规模的运输船只。从根本上来讲,商船(货船)是国家海上力量的主要构成部分,其他部分只不过是其附属因素而已。因此,国家海权增长的一个极其重要的方面就是以扩大运输能力为核心,发展其他辅助设施。只要把这几方面有机地联系起来,国家海上运动能力的主动权就

---

① [美]罗伯特·西格:《马汉》,刘学成等编译,197页,北京,中国人民解放军出版社,1989。

会不断增长,国家的财富和影响就会相当稳定,最终控制海洋便有望了。第三,殖民地和基地应能保障扩大和保护船只的运输。海上运动是一种暴露的体系,它受到来自各方面的威胁,包括自然的和人为的。当一个国家派遣商船驶往外国时,它的船只需要停泊、补给、交易或避风,这样,控制基地就成了国家谋求商业利益的不可缺少的方面;它不仅仅只要控制某几个基地,而是要伸到全球各个角落或者说其商业利益延伸到的所有部分的基地。第四,必须要有一支海上武装力量——海军来保护海外基地和殖民地与本国基地间的交通线。商业本身的竞争性必然导致国家及民族的野心,进而导致武装冲突,因而,海权的经常运用并不等于海洋的和平。相反,国家海权的增长客观上并不可能在完全平静的海洋中形成,它需要在竞争中发展。这样,为适应和平运输的需要,海军应运而生了。马汉指出,我们之所以把海上武力加到海权中去,是从整个海权体系而言的,武力是其中极为重要的一环。海上武力与一国的海权之间的关系可谓一目了然,其主要表现出这样几方面的作用:其一,海上武力因竞争而生。反过来,它又导致更加激烈的竞争。其二,海军的存在就是为了参加海上战斗,保卫国家海权体系的完整和正常运转,它具有某些战略上的意义,即从战略上控制海上的各种运动,夺取绝对优势。其三,海军创立后便脱离了其最初的基本任务,它不仅将国家的海权推广到地球上的各个角落,而且逐步演变成国家推行外交政策的有力工具,它凭借海权将国家利益扩展到海外并将之转化为一种极强的政治影响。

马汉的思想对20世纪初日本、英国、德国和美国的外交政策产生了广泛的影响。现代世界各国海军第一主义的兴起差不多都是因其《海权对历史的影响:1660—1783》一书的出版而开始的;他创建的完整的思想新学派——海权学派导致了全球"新海军"的崛起。尽管德国人是过了好长时间才接受马汉原则的政治含义,但在海军建设中运用马汉关于制海权的设想方面步伐很快,和其他西方列强的海军建设一样,德国毫不例外以当时海上强国英国为主要竞争对手。德皇在1894年5月指出:"我现在不是在阅读,而是在吞噬马汉的书,在努力把它牢记心中。这是第一流的著作,所有的观点都是经典性的。我们所有的舰船上都要有这本书,我们的舰长们和军官们经常引用它。"①之后,德帝国海军命令,把马汉的《海权对历史的影响:1660—1783》一书的德译本提供给国内所有公共图书馆、学校和政府机构。同时,1897年,马汉的这本书也被译成了日文,分发到天皇、皇太子手中以及政府领导人、三军军官团和学校之中。马汉学说最直接的影响在美国。西奥多·罗斯福总统称马汉是美国生活中最伟大、最有影响的人物之一。《马汉》一书的作者罗伯特·西格指出:"在19世纪的美国,没有一个美国人所写的书对国家的进程和方向产生过如此大的直接影响。"他"使美国海军从内战后的毁灭中振兴,为其提供专业基础和理论方向,从而有助于引导它在1898年、

---

① [美]罗伯特·西格:《马汉》,刘学成等编译,第205页,第1、209页。

1918 年和 1945 年走向胜利,这一切同马汉紧密联系在一起"[1]。美国史学界也称他为带领美国海军进入 20 世纪的有先见之明的天才。第二次世界大战后,马汉的概念无疑已经过时,但他所研究的海上竞争及舰只行为在两个或更多的势力争夺海上控制权时仍然适用。同时,他所创立的原则在军事分析中仍有价值,至少,海上霸权将永远是任何一个强国全球战略中不可缺少的一部分。

(二)哈尔福德·麦金德的"陆权论"

19 世纪末,马汉在海上力量对历史的影响方面的论述,是海权学派最经典的思想。然而就在他生命的最后 20 年中,英国之外的权力实体工业迅速发展和陆地机械运输革命,使海权逐步让位于陆权。最早阐述这一观点的是英国地理学家哈尔福德·麦金德爵士。麦金德最先感兴趣的是陆权—海权两者的关系。他成为这种思想的主要倡导者,最先表现在 1887 年其在皇家地理学会所宣读的地理学论文中:"现代的征服者包括两类:'陆狼'(Land Wolf)和'海狼'(Sea Wolf)"。他以后的主要地缘政治观点都是由此而生的。

麦金德主要是基于对"海权论"的某些批判(但不是否定)阐述了他的"陆权论"。其主要观点是:第一,如果没有领土根基,海上力量的机动性和扩张将不复存在。第二,历史上,海上力量由于基地被陆上力量所控制而不断被征服。第三,欧洲依靠海上力量为主要手段向外扩张的"哥伦布时代"已经终结。第四,世界边界的封闭导致了新的地理视野。第五,由于陆地通信革命的发生,旧世界之"世界岛"第一次被统一为一个战略单位。第六,世界岛的核心是由主要大河流域所形成的广阔的低地,这些大河向北流入北冰洋,向南注入内陆咸海。这一地区被称之为"枢纽地区"或"心脏地带",这里通过海洋是"不可到达的"。第七,第一次世界大战中海上力量的胜利只是偶然的事件,正是在第一次全面战争中,占优势的力量并未被大西洋一侧的海上力量的联合压力和大陆河流陆权的联合压力所击溃(两线作战)。第八,第一次世界大战的真正教训恰恰相反:敲响了陆权拥有反对海权的不断增长的战略机遇的警钟。第九,必须确立关于"心脏地带"的一个最终地理观点。麦金德一生从事教育和研究事业的最重要的目标之一,就是通过对国际和各国局势变化的历史观察和思考,寻找一种"至少能表明世界历史中某些地理因素的公式","这个公式应当具有透视国际政治中的一些对抗势力的实用价值"[2]。

通过对欧亚大陆争霸史的分析,麦金德在《历史的地理枢纽》一文中是基于俄国的自然地理来寻找他的公式的。他在论文中谈到一块北部为冰雪覆盖、其他三面为水域包围的连续陆地最适合骑马和骑骆驼的民族的机动性,而这块地带就是"心脏地带",它的东面、南面和西面是呈巨大新月形的边缘地区,由海路可以到达。但是,横穿大陆的铁路则完全改变了

---

① [美]罗伯特·西格:《马汉》,刘学成等编译,第 205 页,第 1、209 页。
② [英]麦金德:《历史的地理枢纽》,林尔蔚等译,45 页,北京,商务印书馆,1985。

陆上强国的状况,而且"铁路在任何地方都没有像在闭塞的欧亚心脏地带,像在没有木材或不能得到石块修筑公路的广大地区内所发挥的这种效果"。枢纽地区以外是巨大的内新月形地区,包括德国、奥地利、土耳其、印度和中国。再向外是外新月形地区,包括英国、南非、澳大利亚、美国、加拿大和日本。可见,麦金德是基于俄国东西走向的两大森林带和草原带以及南北流向的河流这一地理特征而找到他所要确立的公式的关键的。他在1904年所确立的公式可表述为:谁控制了"枢纽地区",谁将成为世界帝国。基于上述公式,麦金德进行了两个"假设"或"推断":一是"如果德国与俄国结盟",那么这个世界帝国就有望了。二是"假如中国被日本组织起来,推翻俄罗斯帝国并征服其领土,那时他们就会在广大的大陆资源之外又占据了控制海洋的地位——这种双重优势是俄国人还没有得到过的,那么他们必将成为威胁世界自由的黄祸"。

第一次世界大战后,麦金德根据欧洲局势所发生的巨大变化。特别是俄国所出现的深刻社会变革,重新审查了他在1904年论文中所提出的理论,并将之扩充为《民主的理想与现实》一书,正式提出了"心脏地带"理论。首先,海洋是一个整体,这是地理的第一个现实。其次,大陆的地理现实是,在"世界岛"上存在两个"心脏地带"——"北心脏地带"和"南心脏地带"。麦金德将"世界岛"分为6个自然区域:欧洲沿海地区、撒哈拉、阿拉伯、沿海季风地区、北心脏地带、南心脏地带。最后,欧洲的争霸史说明,欧洲实际上分成东欧和西欧,它们是对立的。麦金德经由德国所划分的"心脏地带"和沿海地区的那条线,亦即东欧和西欧之间的历史疆界线。因此,麦金德用这样一个公式表述了他对"心脏地带"理论的第二次论证:谁统治了东欧,谁就能主宰心脏地带;谁统治了心脏地带,谁就能主宰世界岛;谁统治了世界岛,谁就能主宰全世界。

1943年,麦金德为《外交季刊》撰写了一篇题为《全世界与赢得和平》的文章,对其"心脏地带"理论进行了某些重要修正,从而完成了第三次论证。第二次世界大战爆发后欧洲局势和后果出现了两种前景:要么德国法西斯征服包括苏联在内的整个欧洲;要么苏联及其盟国成为反法西斯的胜利者。然而,这两者对于麦金德的公式来说并没有截然相反的意义。麦金德始终认为,他所找到的公式在很大程度上是从地理的因素,而不是人文的因素来进行预测推断的,因而更趋于稳定不变。它"既可用于过去的历史,又可用于当前的政策","任何可能的社会变革,似乎都不会改变它和它的生存的巨大地理界限之间的基本关系"[①]。他认为不可避免的结论是:"如果苏联在这次战争中以德国的战胜者出现,它必然会被列为地球上最大的陆上强国。而且它还将是处于战略上最强防御地位的强国。心脏地带是地球上最大的自然堡垒,在历史上它是第一次布置足够数量和质量的驻军。"[②]多数学者认为,这是他

[①] [英]麦金德:《历史的地理枢纽》,林尔蔚等译,62~63页。

[②] Foreign Affairs,Vol21,No4,1943,p600~601。

1943 年论文中最重要的结论,也是对"心脏地带"理论所作的最重要的修正。

麦金德的"心脏地带"理论,尽管他用了过于简单化的论点,试图帮助人们去说明复杂的历史事态的进程。他所发明的公式选择了少数地理位置的事实和一些历史大事作为依据而忽略了细节,但以此为前提得出的推论仍然极为重要。他的论点在第二次世界大战前并没有在英语国家引起很大注意,却在德国得到了认真的研究,在那里它成了地缘政治学者们的基本指导思想。第二次世界大战后,英、美等国对麦金德的理论产生了极大兴趣,他们提出的全球战略的理论在很大程度上是受了麦金德理论的启迪。

(三)吉里奥·杜黑的"空权论"

吉里奥·杜黑被认为是"空军的马汉",他对地缘政治学理论的重要贡献就在于他提出了"制空权"理论。尽管他从未使用过"空权"一词。从 1908 年起,杜黑将军开始致力于战略研究,特别是航空学发展的军事运用研究。1909 年,当时还仅仅是意大利陆军下级军官的杜黑就指出:"天空即将成为战场。现在所有的人都认识到了制海权的重要性,但不久的将来,制空权的获得将是更为重要的,飞机在未来的战争中将起主宰作用。"[1]杜黑将军创立的制空权理论主要反映在他的几本著作中:《制空权》(1921)、《未来战争的可能面貌》(1928)、《扼要的重述》(1929)等。其中,《制空权》一书最具代表性,至今仍为各种人所引用。

杜黑在《制空权》一书中全面阐述了他的基本理论观点,此后他又在另外三本书中从不同方面进行了论证和发挥。归结起来,其主要论点包括:第一,"航空为人类开辟了一个新的活动领域——空中领域,结果就必然形成一个新的战场"[2]。在空中领域,飞机成为人类战争的新的独特手段。空中力量具有比海上和陆基力量更为有利的机动性,"飞机在行动和方向上享有充分的自由。它可以用最短时间(沿直线)沿任何方向的路线向任何地点往返飞行。人们在地球表面上不能做任何事情来干扰在三度空间中的自由飞行"[3]。空中力量的发展使陆权和海权受到了严重削弱。第二,制空权的获得是取胜的关键。从战略态势上讲,"掌握制空权表示一种态势,能阻止敌人飞行,同时能保持自己飞行"[4]。第三,空战中进攻作战是最重要的。飞机不受地面障碍约束的巨大机动性使它成为一种最适于进攻的武器,它的这种巨大攻击力要求夺取制空权时采取积极行动,即攻击行动,而不是防守行动。未来空中进攻的巨大规模的必然结局是:进攻是唯一可行的防御。第四,要攻击敌方的交通要道、供给和生产中心以及居民中心。杜黑认为,彻底摧毁这些目标具有精神上和物质上的双重效果。第五,鉴于空军具有战略上的重要性,所有资源应分配给进攻性的空军,分配给陆

---

[1] 陈力:《战略地理论》,45 页。
[2] [意]杜黑:《制空权》,曹毅、华人杰译,1 页,北京,解放军出版社,1986。
[3] 同上书,6 页。
[4] 同上书,19 页。

军和海军的资源只要能进行适当的防御就够了。第六,空中航行无疑是一种文明进步的手段,它为民用航空事业的发展开辟了广阔的前景。

杜黑创立他的理论时,不仅没有估计到未来技术变革的速度,且极大地受到当时航空工程技术的限制。加之他本人对于航空知识的一知半解,使他的许多论述缺乏说服力,进而又影响了他的整个理论框架。他虽然机智地预见到了应建立一个军事机构来协调陆、海、空三军的国家资源的适当分配比例,然而,其推断过分夸大了空军的作用,在他看来空中力量的机动性将取代陆地力量和水面力量的机动性。

当杜黑将军系统地阐述"空权"理论时,还有两位与他同时代的著名空军将领对空军战略的发展起了巨大的影响作用,他们是英国皇家空军无可争辩的创建人休·特伦查德爵士和美国空军领袖威廉·米切尔准将。如果说杜黑所起的作用是有创见的思想家的作用,那么特伦查德和米切尔则是实践家的作用。杜黑的思想、观点大多为他们所赞同和支持,特别是关于现代战争中空中优势的获得是必不可少的观点,在早期空军理论者那里是一致的。所不同的是,杜黑的纯理论分析在两位实践家那里显得有些极端化,这是难免的,理论与实践之间有时相距甚远。早期空中力量的倡导者们不仅在各自的祖国找到了实践的肥沃土壤,而且还在密切的相互交往中汲取了营养。特伦查德对米切尔的思想影响极大,米切尔和特伦查德之间建立了亲密关系,相互认识到共同利益,建立了尊敬和爱慕之情。年长的特伦查德让米切尔赞同自己的观点,而这位年轻的美国少校欣然吸收这些知识。但关于战略空军的作用,米切尔的观点更接近杜黑的论述。他们都认为,地(水)面部队在力量对比上次于战略空军,而特伦查德则反对把海军和地面部队降到微不足道的地位上去。在他们之后,各国政府的决策者们不再争论国家是否需要建立空军的问题,而是集中于辩论需要建立什么样的空军,需要建立多大规模的空军,如何组织空军以及空军与海、陆军应该建立怎么样的关系等问题。由于各国的战略发展目标及地缘地位各异,因而所得出的结论不尽相同。

(四)德国地缘政治学

德国地缘政治学的兴起,是有其深刻的地理背景、历史背景以及哲学基础的。德国意欲控制欧洲(世界)及其扩张的计划深深扎根于德意志中心欧洲的土壤之中。鼓吹"种族和领土"的扩张习性,源于其中心的地理位置和东西缺乏边疆障碍的处境。尽管德意志几个世纪里坚持不懈地采取扩张政策,但其不同于其他大国的地理条件使它的边境地区动摇不定。在欧洲这样一个国家拥挤的地区,所有国家都在为了生存和占据有利地位而向外扩充势力范围。经过长时期的争夺后,随着人口的增长和各种政治力量的消长趋于平衡,欧洲大部分地区的领土扩张浪潮暂时平静下来,唯独德意志人仍然缺乏平衡,他们无法满足。这一方面在于其领土范围内各单位之间还未形成与其民族性相统一的政治集团。另一方面取决于其东部边界向外延伸的可能性依然存在,包括多瑙河流域和波罗的海的平原地带。德意志所处的这种地理位置使它成为欧洲动荡的最活跃因子。

就其历史背景而言,首先是普鲁士军队传统的形成——主要是从9世纪开始对东部地区扩张,虽中途受到游牧民族阻挡,但在17世纪后普鲁士军队成了早期德国的骄傲。其次,军国主义传统的形成——拿破仑战争横扫欧洲,在欧洲开始实行全面征兵制,同时普鲁士的军事化更加快于其他国家。在拿破仑战争结束后,欧洲国家着力于医治战争创伤,废除了全面征兵制,但是普鲁士保留了这一制度,开始筹备侵略活动。最后,德意志帝国开始形成——从18世纪开始,普鲁士与其他德意志地区的经济联盟开始形成。1834年的时候,出现了自由贸易体,终于在1871年形成了德意志帝国。依靠武力,普鲁士军队不断将经济联盟变成政治联盟。从中世纪直至当代,德国都在尝试武力政治,最终它与欧洲国家的不和导致了几次不同范围和不同程度的侵略战争。然而,1914—1918年战争的结果使他们大失所望,所有海外殖民地的丧失把他们的帝国梦击得粉碎,其海军力量被消灭,商船被胜利者瓜分,向海外的扩张前功尽弃。尤其是在第一次世界大战后,德国人尝到了失败的滋味,但这并没有改变这个民族的习性,恰恰相反的是,经历过失败之后的德国更加不安于现状。

就其哲学基础而言,德国地缘政治学说的发端最重要的支流就是德国的政治哲学。康德、黑格尔和尼采等哲学家的地缘政治哲学深刻影响着德国。康德提出,"必然的趋向在于,所有存在物都要生长,获得有利地位和自我保护。因此,要继续生存就得战斗,或简言之,要生存就得征服"。黑格尔同样盼望着德国的政治统一。他指出,这一事件从来都不是协商的结果,而通常是武力的结果。一个新的国家必须是一个以军队为后盾的政治统一体。尼采认为,琐碎政治的时代已经过去,下个世纪将进入为夺取世界霸权而斗争的时代。作为源于最为复杂种族的人种,或许甚至带有亚利安人的优势。作为在任何意义上而言都属于"中心人种"的德意志人相比其他人种而言,更捉摸不定,更富足、更具反抗精神,更鲜为人知,更不可预料,更不可思议,甚至更具威胁。同时,地理学家们的著作对国家与土地的关系进行了正式阐述。拉采尔在《政治地理学》中强调"空间"和"位置"是建立国家的基本要素。这些概念因其提出了下列观点而倍受重视:国家是一个有机体,它受制于生长与死亡法则。几年后,向外扩张的欲火很快再次被一些思想所点燃,它们集中于两个概念:"种族"和"区域",这些概念成为德国发动战争的宣传武器中的重要组成部分。

1. 拉采尔的地缘政治观

早在契伦之前,被称为"地缘政治学说鼻祖"的拉采尔就发表了三部著作:两卷本的《人类地理学》、《政治地理学》和三卷本的《人类史》。这三部著作都是人文地理学方面极重要的论著。拉采尔写作时,正是达尔文的划时代学说——进化论把陈旧的观念和概念一扫而空的令人兴奋的时期。他的光辉立论之一,就是把达尔文的生物概念应用到人类社会中去。与其他地理学者不同,他不是集中探索人类本身,而是描述自然的地球对人类事务的影响。

他指出："人类的分布与其在地表的活动,更要具备着可动的生物个体的所有特征","在生物地理学的立场看来,国家这个东西,也不过是地表上生物分布的一种形式,是和一切生物立于同一的影响下的。地球人类的分布的特殊的诸法则,同样的,也规定了人类国家分布"。①

拉采尔认为,从根本上而言,人类的一切活动、发展及愿望都是受环境制约的。他把环境对人类的制约性分为四大类:一是直接给予生理上的影响;二是心理的影响;三是物产的丰歉或一般物质的盈缺,决定了一个民族的经济和社会的发展或停滞、进步或退化;四是决定人类移动和分布的动因。在拉采尔那里,人类的存在是融于自然之中、统一于自然之中的。正是基于这一立场,他确立了地理环境决定论的学说。他运用"地理法则"系统分析空间和位置对国家的影响时,提出了有机体的国家理论,其《政治地理学》一书中关于国家有机增长的理论在一定程度上就是基于 19 世纪末期的生物进化论和环境宿命论。

拉采尔从九个部分全面阐述了其国家理论和体系:土地和国家的相互依存;国家的迁移和成长;固着于土地上的有机体国家;国家的空间增大;国家分类上的地理位置概念;区域(空间)概念界限;国家空间发展中的海陆间的过渡;水在国家空间发展中的作用;山地和平原在国家空间发展中的作用。概括起来,拉采尔的"有机国家论"包括下列内容:①一个特定社会的人群集团或民族在特定的土地上所形成的组织——国家是一种单纯细胞的国家有机体。"所以拉采尔的国家观,实在就是他的世界观,即有机体的世界观。"②拉采尔的国家观和一般的政治学者、法律学者的法制的国家观又是不同的。后者把国家当做人类在法制上的共同体,土地只不过被视为对于国土支配权的媒介;而拉采尔的国家概念是置于土地的基础上的,他认为:国家是由特定的人群通过一定的语言结合在同一政府组织之下所居住的地球表面的一部分,国家是属于土地的有机体,国家就是一群人和一群土地的有机体。③拉采尔的有机体的国家观也和其他有机体的国家观不同。他从生物学的立场去观察和分析,既然人类和土地是一个统一体,那么在一定范围内的土地上由人群所组成的一定类型的国家,必然是受制于土地的有机体的统一体。同时,由于国家是人类不完善的结合产生的精神和道德的有机体,是一个因共同生活、共同劳动和抵御外敌的需求而产生的对土地的精神寄托,因而,国家又属于一个空间性的有机体,它是生命的物体,是不断增长的。国家生活力的向上发展,就是土地与人民结合关系的增长。④有机体是生长的,国家同样也是不断生长的,"一个国家必然和一些简单的有机体一样地生长或老死,而不可能停止不前,当一个国家向别国侵占领土时,就是他内部生长力的反映,强大的国家为了生存必须要有生长的空

---

①② 盛叙功:《西洋地理学史》,332,340 页,重庆,西南师范大学出版社,1993

间"①。同时,空间有机体的国家存在自然的增长趋势。如果没有强大的邻国给予有效的反对,它就会超越这些界限。为此,他指出:"地理的扩张,更加如此的是政治扩张,是运动中物体的所有特性,交替地前进扩张和倒退收缩。这种运动的目的是为了建立国家而征服空间……"②有人把拉采尔的国家有机体的运动论归结为"生存空间"、"国家有机体"和"边疆动态论"的统一体。⑤国家的发展或生长表现在土地形态上有三种:第一种为"国家的境界",国家的现存疆界及其变化是人类历史运动的表现,亦即国家政治势力竞争的表现。随着国家的发展,现代的国家境界就是多方在相互竞争中所逐步形成的一种线状,甚至于成为几何学上的经纬线式的境界线。第二种为"国家领土的定着",根据土地的定着性的强弱来观察历史的运动,低文化阶段的国家,土地的定着性弱,反之亦然。第三种为"地域扩大原则"③。

从拉采尔的有机体的国家论中,我们不难看出,他的"法则"中最重要的是"空间"和"位置"。在拉采尔的字典里,"位置"包含多重意义:其一是指固着于土地上的由特定气候、植物等条件所构成的一定大小和形态的地域;其二是指所谓"四邻关系"。拉采尔在分析人类历史的运动规律时所言的"位置"概念主要是基于第二种意义,尤其是指交通和运动的可能性的意义。由于世界各地在生产条件、经济条件和交通条件等方面存在差异,因此,人类在相互接触过程中便产生了持久的补充和扩张规律。补充和扩张受地理因素的影响交互产生作用,不同的地域间所产生的运动形态是不一样的。如山岳地带与平原地带间、内陆地区与沿海地区间、大陆与海洋间等。补充或扩张在形态及程度上的差异导致了历史运动的多种形态和不同程度。拉采尔又认为,人类历史运动中有两种位置存在明显差异:一是完全孤立的位置,如大海中的小岛、深山中的谷地、低洼的沼泽地、沙漠中的绿洲等,处于这类位置的人类长期处于原始状态,发展缓慢。二是四通八达的位置,如广袤平原的中心、大陆边缘的较大的岛屿等,由于交通便利,处于这类位置的国家或民族必然相对于四邻而居于支配地位。拉采尔指出,"空间"变化受制于地球本身的极限性及人口的变化程度,加上各个民族或国家所占据的地域大小不一,国家或民族之间便出现了不同的关系格局。在有限的地球上,空间变化产生了两种运动倾向:一种是向外扩张谋求新的生活空间。另一种是导致内部的分化。在历史上所出现的差异是,地域狭小的国家或民族内部斗争激烈,向上的发展力强,对外扩张欲望强,而且极力抵抗外界渗透。相反,地域广大的国家或民族个性弱,极易受外部势力侵扰。

---

① Preston E Janies and Geoffrey J Martin, All Possible world, A History of Geographical Ideas, second edition, John Wiley and Son, New York, 1981, p170

② [英]罗·迪金森:《近代地理学创建人》,葛以德等译,82 页,北京,商务印书馆,1980

③ 盛叙功:《西洋地理学史》,341~342 页,重庆,西南师范大学出版社,1993

拉采尔所开创的理论研究模式有别于两种与之相关的学者的理论:一是他之前的环境论者的环境决定论。二是政治学者、法律学者的国家论。拉采尔至死都未曾听说过"地缘政治学"一词,他本意上不是要创立这一学说,普遍把他当做地缘政治学的鼻祖,是后来的学者在研究中加在他头上的。虽然他的研究是利用生物学的理论来分析人类社会及国家关系,但我们绝不能把他的研究与第三帝国的命运联系起来。他从未赞成过划分优等民族与劣等民族的思想,"生存空间"概念也并不是直接从拉采尔那里抄来的。

2. 鲁道夫·契伦的地缘政治观

当拉采尔分析国家增长的几种"法则"时,他并没有新创"地缘政治学"一词,也没有将这种思想归于政治地理学,这一词的出现还得归功于瑞典政治科学家鲁道夫·契伦。契伦思想的形成受到多方面的影响,其中包括19世纪80年代的欧洲现实主义文学,也包括19世纪90年代瑞典的浪漫诗歌。"地缘政治学"这一词最先出现在《科学的政治学》(1901)中,当时契伦并没对它进行解释和讨论。1916年,他在《作为有机体的国家》一书中正式把地缘政治学作为一门学科提出来,讨论了它的基本理论问题。总地来看,他在提出这一学科时是利用拉采尔关于有机体的国家论发展了地缘政治科学。在他看来,国家的行为类似于一个生物体,应更多地被看成是一种竞争力量。所以,必然的结果就是少数强大的部分吞并弱小的部分,这是竞争中的永恒规律。因此,边界的扩张就成了一个国家的合法目标,力量因素就成了国家决定的因素。国家的力量比法律更重要,国家的权力决定一切。只有大国强国才能影响大陆及全球的政治。第一次世界大战期间,契伦专心研究了俄国扩张和欧洲列强衰落的危险性。他预言,传统的自由、平等、博爱将被义务、秩序和公正所代替。战后,他转而更加系统地从事写作,发展其政治学的有机体原则,其主要著作包括:《作为有机体的国家》(1916)、《政治学体系与基本问题》(1920)。

契伦关于政治有机体(国家)的研究,包括下列几方面:①地缘政治学。这一术语出现在契伦的著作中,完全是得到了拉采尔《政治地理学》一书的启迪。契伦基于这一概念描述了国家源于其地理特征的条件和问题。国家是超人的生活体,受生物的根本法则支配。国家的构成要素包括领土、生活、国民、统治与权力5项,地缘政治学研究国家构成的主要因素之一的领土。②生态政治学。分析了影响国家地位和权力的经济因素。③人口政治学。探讨了国家的种族、结构以及由此而导致的问题。④社会政治学。分析了国家的社会集团和阶级以及他们对统一体发挥作用的方式。⑤权力政治学。描述和分析了国家的宪法和法律生活,讨论了诸如政党和压力集团等机构和组织。契伦在德国的影响远胜于他在瑞典的地位,"地缘政治学"以后成了德国的意识形态口号。契伦本人在提出这一术语后,继而利用它为德国的侵略扩张摇旗呐喊。他在《现代的诸列强》(1914)中明确指出德国向外侵略是"人类的使命的责任",认为德国海陆兼备,具有争夺世界强国地位最有利的条件。[①]

地缘政治学之所以在契伦这里产生这种变化,其背景在于:第一,他所做出的结论使他对中欧不断增强的世界地位忧心忡忡,尤其是俄国向外扩张的趋势对他的祖国瑞典所产生的威胁令他十分震惊。在他看来,瑞典所在的斯堪的纳维亚集团根本无力挽救这种局势。作为德国的崇拜者,他的解决方法是祈求德意志帝国能够成为未来德国—北欧集团的中心,从而维护欧洲中心的稳定。第二,契伦发现,一个大国所必备的广博、内聚力和易于对外联盟的特点,德国一无所具。为此,他强调指出,如果德国想要作为一个大国而生存就必须向外征服。他认为,必须建立一个以敦刻尔克、里加、汉堡和巴格达为基石的广泛的中欧帝国,这一帝国将包括奥匈帝国和奥斯曼帝国,甚至于中东的大部分地区。这一帝国将置于德国的领导之下,柏林—巴格达铁路是其中枢。第三,契伦认识到,英国绝不可能容忍这样一个基于中欧与斯堪的纳维亚结盟的帝国的出现,因此,他认为与英国的冲突是不可避免的。契伦在1914年写道:英国是迄今最后也是最大的古老观念的化身,它认为世界的海洋只有一个而不是几个主宰。他号召德国人反对这种观念,创造全球秩序的新的权力中心。他的这种思想与以后德国的侵略扩张意图不谋而合。与拉采尔截然不同的是,契伦在提出地缘政治学的概念后,便与一个国家的具体政策直接结合起来,也许正是从此时开始,地缘政治学的历史境遇便注定了。

3. 豪斯霍弗尔与德国的地缘政治学派

豪斯霍弗尔及其创立的德国地缘政治学派,与两个人的名字密不可分。一个是鲁道夫·契伦,他是"地缘政治学"一词的首创者,又是将之系统化的主要研究者。另一个是哈尔福德·麦金德,他提出的"心脏地带"理论在两次世界大战期间没有引起英语国家足够的注意,但他著作中关于"枢纽地区"、权力、范围及20世纪初迅速变化的军事和政治世界的影响的思想,却影响了豪斯霍弗尔及"德国的地缘政治学派"。豪斯霍弗尔对地缘政治学的发展和"德国地缘政治学派"的创立以及地缘政治学的发展史产生了划时代的影响。他继承了契伦的思想,热衷于地缘政治学的概念及其运用,试图在拉采尔、契伦和麦金德理论的基础上寻求一种解释国家实力增长的理论。为了使地缘政治学在德国成为一门科学,他不得不寻找能解释为一个国家的固有增长进行辩护的"法则"。他及其追随者们甚至还创造一些词汇来为其科学服务,例如:一个有机体(即国家)需要生存空间、维护权力、划分军事边界、划分种族上同源的人口以及经济自给。在豪斯霍弗尔看来,地缘政治学的目的是为军国主义的帝国提供系统的地理研究。他充分考证了日本是如何利用边界扩张来变成一个强国的,认为一个国家的空间扩张确实是必须的,也是合理的。他还注意到英帝国的成功并不是在欧

---

① 参见张文奎等编著:《政治地理学》,66 页,南京,江苏教育出版社,1991

亚中心,而是在边缘地区。他对德国在第一次世界大战中的失败大失所望,并将这种失败归咎于国家领导人和军界领袖缺乏战略及军事计划。在他看来,德国只要控制了欧亚大陆的心脏并同俄国结盟,就会成为一个强国。这实际是受到了麦金德理论的启示。为了服务德国的扩张主义政策,豪斯霍弗尔不仅采用了"地缘政治学"一词,而且还在德国的理论研究领域争得了合法的席位。

概括起来,以豪斯霍弗尔为代表的"德国地缘政治学派"的主要话语体系是:①国家经济自给自足。这一点在希特勒对德国及未来世界秩序的设想中也有明确证实。尽管他从未使用过这一词。②生存空间。指足以供养一国人口的土地面积和自然资源。生存空间在德国的解释是:"一个国家为贸易和移民而必须进行的领土、尤其是额外领土的扩张。"①希特勒用以鼓动德国人民追随他去征服生存空间的主要论据是:德国的人口过剩,必须依靠他国,如果满足于现状,那么人口过剩必将导致经济危机和饥荒。他在《我的奋斗》一书中这样写道:"只有在这个地球上有足够大的空间,才能保证一个民族的生存自由……必须努力消灭我国人口与面积之间的不平衡状态……为德国人民取得他们有权享有的土地……"②③泛地区。指替代狭隘的国家疆界的广阔地理区域,这实际上是对霸权主义的公开颂扬,德国应该强大到接管泛美和泛亚地区。④海权和陆权。他们提出了如下设想:欧亚大陆人口最多,拥有强大的陆地与海上力量,具有统治世界的潜力。豪斯霍弗尔认为,相对于俄国而言,德国同样享有控制世界权力"枢纽"地区的有利条件,而且比俄国更易接近海洋。因此,德国应追求双重的世界权力,既控制"心脏地带",又夺取海上霸权。前者需要的是与俄国的合作,因为德国要夺取的生存空间——额外的土地只能在欧洲而不可能在海外(自给自足的经济体制必需的),那么,俄国的土地自然就装在希特勒的脑子中③。而后者则是豪斯霍弗尔倡导的逐步扩充德国势力范围的第二步,由"心脏地带"的控制向外延伸,便是统治"内新月地区",尔后进一步夺取"外新月地区",即全球霸权。

普遍的观点倾向于把豪斯霍弗尔的思想,与希特勒的扩张主义政策紧紧联系在一起,认为他对希特勒的征服战略做出了重要贡献,甚至臆断希特勒在写《我的奋斗》一书时,豪斯霍弗尔参加了所谓的"智囊团"。加上法西斯德国正是利用"生存空间"概念和其他地缘政治学思想为其扩张政策服务。所以在很长一段时间里,美国及其他国家的不少人都曾得出这样的结论:"地理学与政治学的任何结合都必将导致战争和征服。"④因此,他们耻于使用"地缘政治学"一词。但迄今为止,人们对于豪斯霍弗尔对希特勒和纳粹的战略究竟有多少直接

---

① Hans Staudinger, The Inner Nazi, Louisiana State University Press, Footnote, 1981, P31

② 参见[美]威廉·夏伊勒:《第三帝国的兴亡》,董乐山等译,121 页,北京,世界知识出版社,1979

③ Hans Staudinger, The Inner Nazi, Louisiana State University Press, Footnote, 1981, P37

④ International Encyclopedia of Social Sciences(56), The Macmillan Company, New York, 1986, p121

影响仍存在不少争议,也没有证据能证实豪斯霍弗尔的思想与《我的奋斗》一书存在直接联系。不过,有一点还是肯定的,即他的思想——关于宣传地图的运用以及新闻工作者和学者的训练无疑对第二次世界大战期间德国的政治和军事战略做出了重大贡献。不少学者认为他对将一门伪科学合理运用于纳粹的扩张政策负有主要责任。第二次世界大战中德国的失败,标志着"德国地缘政治学流派"所倡导的理论和战略的失败。地缘政治学思想和战略原则在德国的运用,在地缘政治学的发展史上留下了极不光彩的一页。

4. 德国地缘政治学的理论核心

第二次世界大战前的德国的地缘政治学说,虽受契伦、拉采尔、麦金德等人论述的影响,却表现了德国自身的特色内容。对自己国家脆弱性的自卑认识和要求向外扩张的两面心理,构成了德国地缘政治学的相应内涵。

(1)国家是一个有机体。地缘政治学说的基本假定,就是认为国家是一个由一定土地和人口构成的有机体。这一概念在19世纪由生物学领域进入地理学领域还得归功于拉采尔。他在《政治地理学》一书的第一章,就是"固定于土地的作为有机体的国家"。他写道:"人类国家是一种极不完善的有机体……它是一种能动的和具有精神的有机体,思想上的观念联系在各个体之间架起了一座桥梁。这一过程确实是在生物学上无法比拟的,和以在精神上操纵和引导一个国家有机体与其有机体世界是截然不同的。"[①]拉采尔的观点为契伦所沿用,尽管他并不理解这一自然科学的公式,但还是运用在他的理论观点中了。他指出,国家是一种生命形式,一种所有生命形式中最伟大的生命形式,因此它们将成为生物政治学研究的主题,此种研究旨在揭示其发展的法则。"生长的意志、生活的意志、获取权力的意志,决定着国家的生命。"[②]显而易见,契伦的观点为德国人所广泛吸收,即国家是一种不以人的意志为转移的必然遵循某些法则的有机体。

(2)有机体必须进行扩张。将国家视为一个有机体,必然的推理就是它需要生长,这为领土扩张者们提供了最合适的借口。在他们看来,"大国"不是一个数学概念,而是一个动力学概念。不是一个文化概念,而是一个生理学概念。它拥有向外扩张的意志,没有一个大国真正处于"饱和"状态,大国即是"扩张的国家"。一些人的扩张要以另一些人的丧失为代价,只有强权国家有权扩张,小国注定是要被消灭的,因为它的狭小的面积和脆弱性正是其衰落的标志。大国是所有国家中自然形成的"贵族",它们通过自身的权力而日益壮大,拥有"不言而喻的特权"。所有有生命力的大国都居于有限的主权区域内,它们受制于无上的命令。通过殖民、同盟乃至征服来扩大自身的区域,历史上的英国是这样,接着就轮到德国和日本了。

---

① 姜季辛编:《现代德国政治外交史》,90~91页,上海,中华书局,1935
② 姜季辛编:《现代德国政治外交史》,91页,上海,中华书局,1935

（3）战争是允许的扩张，就要有战争或至少是战争威胁。对于大国而言，战争是必需的手段。契伦断定争夺空间的战争是历史的主题。这一点绝对影响包括德国地缘政治学者在内的大多数地缘政治学者，他们念念不忘"为空间而战"。军国主义思想在德国全体国民中得到了灌输，尤其是在年轻人中。他们把战争的概念放在对青年人教育和训练的中心位置，在全体国民中唤醒和推崇以英雄意识为首要任务的价值观念。在德国人的字典里，世界时钟所摆动的不是享受生活的音律，而是为生活而战斗的节奏，没有一种哲学或社会主义思想可以改变自然界残酷无情的事实。

（4）以极权主义为后盾。要想成功地进行战争，除了武装的先决条件外，经济上的自给自足是必不可少的因素。每个国家都必须能依靠自身的资源生存下去，自给自足不是别的什么含义，只不过是"国家的独立存在性"。也就是说，为生存而进行的战斗要求经济的边界线不可超越防御的边界线。自给自足截然不同于基于全球贸易的世界组织，因为贸易容易导致单一经营。如果一个地区的要求，特别是其生存的大部分依靠于外部世界，那么它将在战争中明显处于不利地位。德国的自给自足，至少是想要兼并俄国以西的所有欧洲大陆地区。简言之，极权主义和较小空间里的自给自足，成为与现存的最强大和资源最丰富的国家进行争斗的最有力的手段之一。

（5）以轴心国同盟为手段。从一定意义上讲，轴心国同盟只不过是延续了种族区域的范围而已。有人认为，日耳曼种族遍及北欧，在大不列颠、西班牙、北非和诺曼底海岸地区建立边缘王国，日耳曼居民的协约核心贯穿欧洲中心。还有些作者把欧洲看成是沿东西轴心而建立的"大厦"。在德国的理论中，轴心包括两层含义：一是在欧亚两洲之间沿东西向形成的一条文化、经济和人口轴心。二是南北轴心，它把中北欧与南部欧洲之间的人口密集区联系起来，即我们所熟知的罗马柏林轴心。在这种交叉轴心体系中，如果沿赫尔辛基奥德塞线建立一条长久的分界线，那么东西轴心将失去其重要性。而欧洲的南北轴心因此将日益明显化。在当代世界，只有大国有能力改变轴心的方向。

综上所述，德国的地缘政治学说的核心内容，是在特定历史条件下所提炼出来的某些特定的东西。关于任何一个政治单元的生存与特性，都必然取决于位置与区域的论述，并不能完全解释德国的失败这一事实。地缘政治学者们从生物学中援引出的某些原则，与在自然环境中国家行为的事实也大相径庭。实质上，他们只不过是删除了生物政治学法则中某些与德国扩张愿望不相容的部分。他们虽宣称领土扩张是不可避免的，但并没有解释一个国家何以能无限期地扩张下去。他们认识到了自给自足对一个处于战争状态中的国家来说事关全局，但忽略了一个起码的事实：全球没有一个国家或地区能够拥有全部所需资源。他们鼓吹陆权反对海权，但同时又与一个正与陆权国家中国交战，并在俄国这个陆权国家挑起战争的海权国家日本结盟。实质上，他们只相信邻国间相互仇视的法则。

（五）美国地缘政治学

历史上,美国地缘战略思维的形成和发展,大致经历了4个重要的时期:第一时期是从独立战争到19世纪末期的"门罗主义"的阶段。在这一时期,美国的地缘战略思维以"门罗主义"为代表,以美洲大陆为棋盘,不但力求避免卷入欧洲列强的争斗,同时也利用美国特殊的地理位置优势,积聚国力,集中全力在美洲大陆扩展势力,力争使"美洲成为美国人的美洲"。第二时期是从1898年美西战争爆发到第二次世界大战前的"门户开放"阶段。在这一阶段,美国以"海权论"为指导,以美洲为依托,试图将整个美洲大陆和亚洲、太平洋地区纳入其势力活动范围。第三时期是从雅尔塔体系形成到华约解体的冷战时期。冷战时期的美国地缘战略思维从全球视角出发,将美苏争霸视为核心内容,并在理论上极力推崇斯皮克曼的"边缘地带"学说。第四时期是从冷战结束以后至今。处在这一阶段的美国以一超多强的世界格局为背景,继续巩固其全球霸主地位,地缘战略重心也由此从欧洲转向亚太地区。"9.11"事件发生后,美国的地缘战略开始阶段性转型,逐步转向以反恐战略为核心的"大战略"。

美国是一个后起的资本主义国家,在战略研究方面是西方国家中起步较晚的。由于其东西濒临两洋,南北相接弱国。因此,从其独立到19世纪末,美国在安全方面从未遇到严重威胁,也未遇到迫切需要到海外作战的情况。在美国建国之后相当长的历史时期,美国外交所奉行的是由"国父"华盛顿所确立的孤立主义原则:①将美国建成自由进步的伟大国家,最为重要的是应该排除对某些个别国家抱有的永久且根深蒂固的反感,同时对另一些国家则又有感情上的依附。②为了保卫美国的安全,自由的美国人民必须对外国势力的阴谋诡计和影响有清醒的认识。因为历史和经验证明,外国势力是共和政府最致命的敌人之一。③美国应该与外国发展商务关系,但是要避免与它们发生政治联系,不能与任何外国建立永久的联盟,除非在非常紧急的情况下才可以建立短暂的联盟。对已经订立的政治性条约,虽然应该忠实履行,但仅以此为限,以后不再增加。④由于欧洲有一些与美国无关或者关系非常微小的根本利益,因此美国不能通过人为的纽带牵连进欧洲的政局变换中去,或者卷进与欧洲为友或为敌的那些通常的结合和冲突中去。⑤美国独处一方,远离他国,这种地理位置允许并促使美国能够推行一条独特的外交路线,使好战国家既不能从美国获得好处,也不敢轻易冒险向美国挑衅。

19世纪与20世纪之交,美国资本主义发展到帝国主义阶段,受到商业利益的驱使,美国开始将注意力转向外部世界,决定到更大的国际舞台上去扩大自己的影响。形势发展推动着美国"有特定目标的干涉主义"的形成,使其从大陆扩张转为海外扩张。马汉分析了海洋的历史,得出这样一个结论:美国必须控制海洋,特别是在战略上比较重要的海上航道,这样做对保持大国地位具有决定性意义。他认为,谁能控制海洋,谁就能成为世界强国。而控制海洋的关键,在于对世界重要海峡和航道的控制。马汉的"海权论"代表美国地缘政治理论的初步形成。

1. 斯皮克曼的"边缘地带"理论

美国现实主义理论家尼古拉斯·斯皮克曼,是美国20世纪40年代初的著名地缘政治学家。在其著作《和平地理学》一书中,斯皮克曼指出,英国地理学家麦金德提出的"心脏地带"理论过高估计了亚欧"心脏地带"的作用。麦金德的"心脏地带"理论在当时的地缘政治研究中十分流行且影响很大,斯皮克曼提出的与"心脏地带"理论相反的理论,即边缘地区学说,瞬间引起了学术界和人们的兴趣与注意。斯皮克曼认为,一个国家为了实现扩张的需要,总要寻求进入海洋的通道,支配接近交通要道的战略要点,控制大陆的"边缘地带"。相比而言,大陆"边缘地带"向外扩张时所遇到的阻力是最小的。为防止一个国家的扩张,别国同样必须首先控制"边缘地带"。因此,他认为对海权国家造成威胁的并非是位于欧亚大陆的"心脏地带",而是位于"心脏地带"和西方势力控制的沿海地带之间的缓冲地带。这一地区在未来的政治格局中的地位将不断上升,并成为统治沿海地带的关键地区。因此,斯皮克曼认为,欧亚大陆的"边缘地带"是各强国进行占领和控制的核心地区。他抛弃了麦金德的口号,并提出:谁控制了边缘地区,谁就能控制欧亚大陆。谁支配着欧亚大陆,谁就能决定世界的命运。斯皮克曼的"边缘地带"理论对美国外交政策的制定产生了深远影响。

2. 乔治·凯南的遏制理论

第二次世界大战以后,美国的对外政策面临着理论和现实的双重问题。理论问题:传统的美国外交政策都已不太适宜,如孤立主义、门罗主义等。现实问题:美国与欧洲的关系发生了有史以来最为根本的变化,欧洲大陆既存的均势遭到彻底的破坏。一方面,昔日欧洲的主要力量全部萎缩,在欧洲体系中的平衡作用已经失去。另一方面,地处欧亚大陆心脏地带的苏联成为了战争的最大胜利者之一,成为世界上主要的陆权国家,且苏联完全有能力凭借自己的资源攫取海权。这时,心脏地带开始同东欧地区结盟,麦金德的预言即将出现,美国认为只有他才能扮演平衡者的角色,以阻止苏联。

"二战"结束后,1946年凯南被任命为驻苏代办。同年2月,凯南借机给国务院回电,把自己长期以来形成的对苏的认识和盘托出,这就是著名的"8000字电报"。1947年7月,凯南借机在《外交》季刊7月号发表了《苏联行为的根源》的文章,因为署名"X",故称为"X文章",对遏制思想进行了全面系统的论述。

乔治·凯南提出,美国在冷战时期的核心地缘战略——遏制战略,就是要立足于麦金德所说的"外月牙形地带",即北美、英伦三岛、南非、澳洲、日本等,守护"内月牙形地带"或称为"外围地带",即欧亚内陆外缘,阻止苏联对这些区域的控制。遏制战略又可分成两种:"周线防御"和"要点防御"。前者将内月牙形地带的所有部分视为是同等重要的,因而要求当其中任何部分遭到苏联势力的进攻或侵蚀时,都一概用保全该部分必需的力量制止之,而不考虑可用资源和当地条件的限度。后者则区分了不同地区的不同重要性和不同条件,强调要集中有限的资源,使之用来守护那些特别重要也有较大成功希望的地区。

3. 科恩的地缘政治战略区模式理论

1973年,美国地理学家科恩进一步发展了地缘政治理论,提出了著名的地缘政治战略区模式。他将世界分为海洋贸易区和欧亚大陆区两个地缘战略区:海洋贸易区包括5个地缘政治区,它们分别是北美—加勒比地区、西欧—马格里布、东亚诸岛—大洋洲、南美洲、撒哈拉沙漠以南的非洲;欧亚大陆区包括"心脏地带"和东欧、东亚两个地缘政治区,两区之间夹有南亚、中东和东南亚3个区,其中南亚是潜在的地缘战略区,而中东和东南亚处于超级大国的势力范围之间。由于这两个地区的各国之间相互对立,缺乏政治一致性,因此,这两个区域也被称为破碎带。1982年,科恩修改了这一模型,指出原属战略政治区的西欧、日本、中国已发展为世界大国,并与美国、苏联一起构成了多核世界;印度、巴西、尼日利亚的作用和地位上升;撒哈拉以南到南非的地区转变成了第三个破碎带。

4. 格雷厄姆:"高边疆"理论

丹尼尔·奥·格雷厄姆是美国的安全问题专家,他的《高边疆——新的国家战略》一书是探讨美国"星球大战"计划和空间战争战略的重要著作。格雷厄姆曾任美国国家安全委员会特种计划室主任、里根政府的国家安全顾问。1976年,他从国防情报局局长上退休,担任迈阿密大学国际研究所的教授、研究员等职。20世纪80年代初,格雷厄姆同美国30多位著名科学家、经济学家、空间工程师和军事战略家精心研究并撰写了《高边疆——新的国家战略》一书,为美国总统里根提出的"星球大战"计划在理论上和技术上提供论证性依据。书中所提到的"高边疆"系指太空领域,"高边疆"战略实则指美国要通过开拓和利用空间领域来发展经济和军事实力,从而在美苏的全面竞争中占据战略优势。该书于1982年由美国高边疆学会出版,一经问世便受到美国政府、军方和公众的关注,对美国当时的经济、政治、军事和高技术发展以及世界局势均产生了重大影响。格雷厄姆系统地论证了分阶段、分步骤研制、部署以天基为主,陆基、海基、天基相结合的多层弹道导弹防御系统的必要性,在多数章节后的附录和附件中,分别从财政、政治、法律和技术角度出发,论证其所述观点的可行性。他认为,美国奉行的"相互确保摧毁"的战略并不能为美国提供有效的核保护,这一战略束缚了美国进行军备控制的能力,导致美国及其盟国在核攻击和核讹诈面前无所作为。为了消除苏联军事力量对美国及其盟国现有的和日益增长的威胁,美国要彻底摈弃"相互确保摧毁"的战略,实行新的"高边疆"战略。美国还要充分利用空间技术优势,把防御系统有效地部署在空间范围内,摆脱不稳定的"恐怖平衡",走向"确保生存"的世界环境,有效地促进美国经济发展。另外,要使美国和盟国的战略思想体系从"相互确保摧毁"转向"确保生存",唯一的出路就是部署全球弹道导弹防御系统。"高边疆"战略强调加强美国的进攻性战略力量,认为战略防御并不排斥替换过时的战略轰炸机、导弹和导弹发射潜艇等相关要求。"高边疆"战略的主要军事影响,是其能以最快的速度、最经济的方式满足美国所要求的"安全"感,恢复美军传统的军事伦理道德。它使苏联面临其最害怕的武器竞赛,加重苏联的技术、工业和资源负担,动摇苏联在过去20年里花费巨资建造起来的战略结构的根基。

5. 布热津斯基的"大棋局"观

在经历了历史上"大陆心脏学说"与"边缘地带"理论的竞争后,以陆权思想为主导的独具特色的美国地缘战略观最终形成。由美国前国家安全顾问、美国当代著名战略理论家、地缘政治学家兹比格纽·布热津斯基所著的《大棋局》一书正是体现这一思想的集大成之作。

布热津斯基曾任卡特政府国家安全事务助理,其地缘外交思想主要表现在他的两本代表性著作《运筹帷幄》(1986)和《大棋局》(1997)之中,大致可归纳为以下三个方面:①维护美国霸权地位的霸权主义思想。布热津斯基的这两本著作虽然著于不同的年代,但它们的根本出发点是完全一致的,即不择手段地维护美国的霸权地位。按照布热津斯基的看法,美国在冷战结束后实际上已经取得了全球霸主的地位,"美国在不到一个世纪的时间内获得了这一霸权,其主要的地缘政治表现是美国在欧亚大陆所发挥的前所未有的作用"。但是,问题在于如何把美国的这种霸主地位至少保持一代人之久或者更长远一些,同时还要建立一种地缘政治框架,以便顺应将来美国霸权衰落之后的世界情势。②重视欧亚大陆的地缘战略思想。从维护美国霸权地位的目标出发,布热津斯基非常重视欧亚大陆的地缘政治轴心作用。早在《运筹帷幄》中,他就写道:"美苏争夺虽然是全球性的,但有一个中心重点,这就是欧亚大陆。这一大陆块在双方争夺中是地缘战略的焦点,是地缘政治的争夺目标。争夺欧亚大陆的斗争是一场全面的斗争,是在三条主要战略战线上展开的:远西战线、远东战线和西南战线。"[①]第一条战线——远西战线,在地缘政治上至关紧要,是工业最先进的地区,并控制着大西洋的重要出海口。远东是第二条战线,其地缘政治的意义在于它控制着通往太平洋的主要出海口。第三条是西南战线,即西南亚,这里是重要的产油区。在这三条战线上,都分布有几个要害国家,如欧洲的波兰和联邦德国,远东的韩国和菲律宾,西南亚的伊朗、阿富汗和巴基斯坦等。对美国来说,阻止苏联控制欧亚大陆,特别是周边要害国家是这场争夺取得可以接受的结果的前提。冷战结束以后,国际形势发生了根本的变化,美国的对手——苏联已不复存在,美国实际上成了欧亚大陆的操控者。但是,布热津斯基认为,欧亚大陆的地缘政治地位仍不容忽视。对美国霸权地位提出挑战的国家将主要是欧亚大陆国家。根据欧亚大陆主要国家的实力及其与美国的关系,布热津斯基把它们划分为地缘战略

---

① [美]兹比格纽·布热津斯基:《运筹帷幄》,刘瑞祥、潘嘉玢译,31页

棋手国家和地缘政治枢纽国家。地缘战略棋手国家是指"有能力、有民族意志,在其国境之外运用力量或影响去改变现存地缘政治状况以至影响美国利益的国家",它们是法国、德国、俄罗斯、中国和印度。地缘政治枢纽国家,是指处于敏感地理位置、其潜在的脆弱状态会对地缘战略棋手造成影响的国家,包括乌克兰、阿塞拜疆、韩国、土耳其和伊朗。根据对欧亚大陆地缘政治形势的分析,布热津斯基认为,美国必须制定一项全面的、完整的和长期的欧亚大陆地缘战略,旨在促进欧亚大陆地缘政治的多元化,阻止一个占主导地位的敌对的欧亚大国或任何威胁到美国霸权地位的反美联盟的出现。③分而治之的外交谋略思想。为了维护美国的霸权地位和推行美国的欧亚大陆地缘政治战略,布热津斯基主张实行分而治之的外交谋略。他认为,欧亚大陆的力量加在一起远远超过美国。幸运的是,欧亚大陆太大,无法在政治上成为一个整体。在今后一段时间内,或者说在一代人以上的时间内,不可能有任何单个国家向美国的世界首要大国地位提出挑战。因此,美国应当加强和永久保持欧亚大陆地缘政治的普遍多元化,促使人们重视纵横捭阖,防止出现一个最终可能向美国的首要地位提出挑战,并谋求将美国赶出欧亚大陆的敌对联盟。

布热津斯基地缘外交思想的局限性是很明显的。在《大棋局》中,布热津斯基公开赤裸裸地鼓吹霸权主义,并为维护美国的霸权地位出谋划策。他以世界仲裁者自居,规定中国、俄罗斯、德国、法国只能做地区性大国而不能做全球性大国。他还以霸权主义的口吻称英国为"已退休的地缘战略棋手",称日本为美国的"保护国"。另外,布热津斯基虽然对美国的粗俗文化时有苛评,但他仍然声称:美国的政治经验似乎正在成为学习的榜样;"中国国内的自由化不完全是中国的内政问题";等等。布热津斯基对俄罗斯的看法仍然带有冷战思维的特点。最后,布热津斯基地缘政治分析中的一个重要缺陷,是他实际上漏掉了对伊斯兰原教旨主义的分析,"不定型的伊斯兰新月",一般说来隐藏着对美国的重大威胁。

纵观美国的地缘战略,还可以发现两种思维的存在。第一种是马汉的海权思维。一方面,由于这种思维的存在,美国的霸权与俄、德霸权相比有所不同,美国对市场与世界经济政治秩序的追求胜于对土地的谋求,其通过秩序推动资本进行扩张的方式使其战胜了旧式的殖民主义霸权,从而在第二次世界大战后甚至当今都具有绝对的优势和旺盛的生命力。另一方面,美国的地缘利益诉求以及由此产生的地缘战略超出了本土,转向了海外甚至整个地球。第二种是麦金德的陆权思维。英国地理学家麦金德的"大陆心脏说"认为,人类历史是海权国家与陆权国家的反复争夺史。对于作为英国衣钵传人的美国而言,类似岛国的地理环境使它承袭了这种麦金德式的战略思维,从斯皮克曼的控制欧亚大陆的边缘、进一步压缩陆权空间的"边缘地带"学说,到乔治·凯南的对苏遏制战略,再到基辛格、布热津斯基的地缘战略思想,美国的地缘战略一直是沿着这条思想发展脉络演进的。

6. 亨廷顿的文明冲突论

塞缪尔·亨廷顿是美国哈佛大学阿尔伯特·魏斯赫德三世学院教授,奥林战略研究所主任,哈佛国际和地区问题研究所所长,美国政治学会会长。他曾担任卡特时代的国家安全委员会主任,为当时国家安全事务顾问布热津斯基的助手,经常在美国国务院、国防部、中央情报局等部门担任职务。他在学术上建树颇多,他的10多种学术著作大多探讨了当代重大国际政治、国际关系等领域的理论问题。20世纪90年代以来,亨廷顿陆续发表了《文明的冲突》、《不是文明又是什么——后冷战世界的范式》、《西方文化是特有的,但不是普遍适用的》、《美国国家利益受到忽视》以及《穆斯林战争的时代》等几部论著,阐述了其"文明冲突论"理论体系。

亨廷顿对文化的定义是:一种文明就是一个文化实体,是人类最高的文化集团和最广泛的文化实体,包括了价值、规则、制度、习俗和思维模式。亨廷顿认为,冷战后的世界是由七个或八个主要文明板块构成的,它们是西方文明、中华文明、印度文明、日本文明、伊斯兰文明、东正教文明、拉丁美洲文明和可能存在的非洲文明。在冷战后的世界中,国家日益根据文明来确定自己的利益,它们和与自己有共同根源或文化的国家合作或结盟,常常同有不同文化的国家发生冲突。冷战后冲突的主要根源不再是意识形态或经济因素,而是文化差异,文明之间的冲突将取代超级大国的对抗而主导全球政治。

归结起来,亨廷顿的"文明冲突论"主要包含以下内容:①历史上的全球政治第一次成为多文明的政治。文明之间经常会发生冲突,这由来已久。但是和过去不同的是,以往的冲突多半是西方文明内部的冲突,而未来将主要是西方文明和非西方文明之间的冲突。亨廷顿认为,国际政治的行为主体不再是一般意义上的民族国家,而是文明的核心国家。在他看来,人类的历史是文明的历史,文明是人的最高文化归属,是人必不可少的文化认同的最大层面,是人区别于其他物种的根本所在。②文明之间的形势正在发生某种变化。在亨廷顿看来,西方文明正在衰落,它在世界政治、经济、军事力量中所占的比重相对于其他文明来说正日益缩小。亚洲文明正在扩张其经济、军事和政治实力。伊斯兰世界则出现了人口爆炸,并打破了穆斯林国家与其邻国的平衡关系。非西方文明正在肯定它们自身的文化价值。③以文明为基础的世界秩序正在出现。亨廷顿强调,受现代化的驱使,全球政治正在沿着文明界线进行自我重组。具有相似文化的人民和国家正在聚合,而具有不同文化的人民和国家正在走向分离;各国围绕着它们所属的文明的核心国家来划分自己的归属,文明集团正在取代冷战集团。④文明之间包含冲突。这是亨廷顿"文明冲突论"的核心思想。首先,他认为,在世界事务中,民族国家仍将举足轻重,但全球政治的主要冲突将发生在不同文化的族群之间。文明间的冲突一般有两种形式,在地区或微观层面上的是不同文明的邻国或一国内不同文明的集团间的断层线冲突,在全球或宏观层次上的是不同文明的主要国家之间的核心冲突。其次,文明之间的断层线战争通常发生在信仰不同宗教、不同神的人民之间,在很大程度上是穆斯林同非穆斯林的战争。断层线战争发生的重要原因是历史上的冲突遗产、恐惧不安和彼此的仇恨的历史记忆。终止断层线战争,阻止它们升级为全球战争,主要依靠世界主要文明核心国家的努力。断层线战争自下而上,断层线和平却只能自上而下。

⑤文明的未来。亨廷顿不相信在不久的将来会出现一个统一的文明。在他看来,西方的生存有赖于美国人重新肯定他们的西方认同以及西方人把他们的文明看做是独特的而非普世的文明,团结一致地对付来自非西方社会的挑战。全球文明间战争的避免有赖于世界领袖接受并认同维持全球政治的多文明性质的必要性。他强调,文明的冲突是对世界和平的最大威胁,而建立在多文明基础之上的国际秩序是防止世界战争的最可靠的保障。

20世纪80年代以后,地缘政治学主要集中在以下问题的探讨上:第一,关于权力的含义。核时代如何定义权力? 传统的衡量范围、军事力量和资源的方法仍然适用吗? 多极世界中的权力如何界定? 无疑,权力是20世纪90年代以来地缘政治学分析的一个最基本概念,但的确又给政治学家和政治地理学家们提出了新的难题,特别是关于权力的地理范围、衡量标准需进一步探讨。第二,关于收缩的地缘政治世界和全球相互依赖。传统的独立的地理位置还有多少重要性? 传统概念诸如"心脏地带"、"边缘地带"、"核心"、"外围"、"遏制"、"多米诺骨牌效应"等在通信直接、联系紧密的世界中还有何种意义? 在新的地缘政治格局中,我们能证明距离作为一种障碍已崩溃了吗? 科技进步及其获得是否就是一种新的障碍? 第三,意识形态因素与地缘政治学。一般而言,大多数学者的研究避开了政治哲学和意识形态。所以,一项始终有价值的工作就是,分析意识形态因素色彩极浓的国家关系中是如何运用地缘政治的,尤其是那些意识形态迥异的国家间。第四,战争和防御战略。不言而喻,地缘政治学和军事地理学是不能等同的。前者分析权力、资源、信息和政治战略,而后者则致力于战争、战斗的后勤学。然而,对战争、战略研究的地理因素进行分析自始至终都是必不可少的。第五,地缘政治学与现实外交政策。美国及其他西方国家的许多人曾武断地下结论认为:地理学与政治学的任何结合都将导致战争和征服。以至于这一研究包含一些极敏感的议题:地缘政治学运用于解释国家的外交政策可达到何种程度? 岁月果真冲淡了地缘政治学那可恶的政策含义吗? 新兴工业国家的崛起有何重要意义? 地区大国的出现和传统大国的衰落说明了什么? 高新技术武器的获得在多大程度上影响外交决策? 各国决策者必须看到世界所显现的新特征,及时调整对外政策,从格局态势分析来看,海权与陆权一分为二的传统分水岭遭到破坏了吗? 集团化和区域化必然导致多极化吗? 第六,国家的未来地位。在现实的国际舞台上,国家的定义已发生了很大的变化,令地缘政治学者们困惑的是,民族国家是否正为国家体系所替代? 或是被跨国合作、区域主义和区域同盟所取代? 当今是谁和谁进行谈判? 在敌对民族和国际势力的意志背道而驰的世界中,国家充当什么角色? 经历一场有限或全球核战争后,将会出现何种局面? 未来国家如何操纵?

二、国家安全理论

(一)国家安全概述

在国家安全体系中,国家安全的主体是国家,客体是安全所体现的领域和维护的对象,如政治、经济、军事、社会、文化、科技、生态环境等。国家作为主体对客体的需要反映了国家利益,而客体满足主体的需要反映了国家利益的价值。安全是指某一行为主体处于没有危险,不受威胁的状态。安全的行为主体可以是个人和国家,也可以是国际社会和全球。相应不同的主体安全可分为个人安全、国家安全、国际安全和全球安全,其中国家安全是一切安全的基础。因为个人安全需要国家安全作保证,而国际安全和全球安全是国家安全的延伸。

根据安全的一般概念,国家安全是国家存在的没有危险、不受威胁的一种状态。在这里我们所说的国家是由4个基本要素构成的,即拥有一定的居民、一定的领土、一定形式的政府和不可动摇的主权。这4个要素对于一个国家来说是缺一不可的。一个国家只有有了一定数量的居民和人口才能进行生产和经济活动,建立相应的国家政治和经济机构。领土是国家赖以生存的空间和物质前提。一个国家的领土要被他国占领和瓜分,这个国家将不复存在。政府是国家在组织上的体现,履行对其人民和领土的管辖权主权是一个国家独立自主地处理内外事务的最高权力,是国家不可分割的属性。国家安全主要表现在这四个方面,其中任何一个方面不安全都会影响国家的总体安全。

国家安全与国家面临的危险和威胁密切相关。危险就是国家所要维护的客体有遭受损失和伤害的可能性。危险可能被主体意识到,但不一定发生,也可能没有意识到但却发生了,其发生的概率由是否具备一系列破坏性的主观和客观因素决定的。危险按其来源可分为3类:一是由自然环境对人的有害作用引起的自然生态危险,如自然灾害和生态环境破坏;二是由生产技术活动引起的工艺生产危险,如生产核能的核事故;三是由人的各种利益冲突引起的社会危险,如社会冲突和战争,这类危险对国家安全的影响最大。

威胁是由敌对势力有意制造的,危害个人、社会和国家利益的因素和条件的总和,是一种更具体而直接的危险形态。威胁按其产生的或然程度可分为现实威胁和潜在威胁,按其来源可分为国家政策和决策失误造成的威胁,来自敌对国家的外部威胁,来自非国家组织的恐怖主义威胁,来自国内敌对政治势力的内部威胁。国家安全是国家处于没有危险、不受威胁的状态,事实上任何一个国家都没有真正达到这一状态,而处于一种不确定和不安全的进退两难的"安全困境"中。

维护国家安全是任何一个主权国家的重要职责,其动因就是国家利益。国家利益是对国家生存和发展需要的满足。一个国家有多少种需要,就有多少种国家利益。究其根本是国家的生存、国家的制度、国家的发展和通过历史文化传统、核心价值体现出来的国家特性。

各个国家由于地缘政治、经济发展水平、历史文化方面的差异,其国家利益之间的关系是复杂的。有些国家在安全、制度和文化方面有共同的需要,因而有相似的国家利益。如北约和欧盟的一些国家。每个国家的国家利益因为具有各自的特殊性,完全相同和相似不多见,而相互补充和并行不悖极为普遍,中国和世界上绝大多数国家的国家利益都属于这一类型。这一类型的国家利益有利于各国在平等的基础上维护国家安全。在国家关系中,除相似、互补和平行的利益外,还存在冲突利益,冲突利益能引起国家间对抗,甚至战争。

国家安全面临的危险和威胁来自国家利益的冲突和矛盾,充分体现了国家安全的客观性。国家安全除了客观的一面,还有其主观的一面,即对危险和威胁的感知与判断,以及制定应对的措施和战略。国家安全的主观方面充分体现了主体认识和改变国家安全态势的能动性,比其客观方面更重要。历史上有不少因对国家安全态势判断失误和制定的战略不当而危害国家安全的事例。

(二)国家政治安全

1. 政治安全的内涵

政治"乃众人之事",是阶级、政党或社会集团为管理公共事务,维护其根本利益,建立其阶级统治,组织和巩固其国家政权,并运用国家政权治理国家而进行的全部活动。政治安全是指在一定的环境和条件下,国家主权、领土疆界、民族尊严、意识形态、国家制度和权力体制等方面的国家利益和国家安全的自主和免受各种干扰、侵袭、威胁和危害的能力和状态。

对政治安全可以作以下几个方面的理解:政治安全的前提,是政治上的独立和自主。政治安全的短期目标,是民族、国家的生存,政治制度和意识形态的稳定。长期目标则是政治的创新和可持续发展。政治安全是一种政治主体对政治环境的良好感觉和对安全性的主观判断,是对前途和未来的一种政治方面的自信预期。政治安全是一种客观存在,是应对一切现实或潜在威胁的实实在在的保障。自人类社会进入阶级社会以后,政治安全就与人们相伴随。"人是天生的政治动物"(亚里士多德语),说明人们对政治安全的追求是个不断发展的过程。

政治安全是一种国家政治动态的均衡与和谐。尽管人类政治生活不断发展,不断地从不文明走向文明,从低级走向高级,但人们至今存在许许多多尚未解决的政治问题。人们运用智慧解决政治问题不可能一劳永逸,而要付出一定的成本和代价,要在抗各种干扰性和突发性威胁中保证政治系统的平稳运行。

2. 政治安全的要素

(1)主权独立。国家主权的独立是政治安全的第一要素,是政治安全的核心。一个没有获得独立的民族国家是没有安全可言的,只能依附和从属于他国,命运握在别人手中,任人宰割和欺辱,至于社会的稳定、科技的文明、经济的发展、人民的安康、国家的形象和尊严等根本得不到保障。

（2）领土安全。领土是国家和民族的生存资料和生存空间，是一个民族的生活出发点。对外，国家的领土、领海、领空统一和完整，免受和能抵御外敌的入侵。对内，人们的生存条件和生活空间在得到开发利用的同时，能够保护和发展它的养殖力，同时防止种种分裂势力的图谋得逞。

（3）政治制度牢固。一个国家的社会政治制度凝结着人民群众的最大价值追求，证明了该国人民的历史选择和价值判断，展示着该国社会发展的深刻历史必然性，因此会给一国的统治阶级和全体人民带来巨大的利益。

（4）政权稳定和政府安全。政权稳定对一国的安全来讲具有现实意义。没有它，经济得不到发展，军事堡垒容易从内部攻破。

（5）民族尊严得到尊重和捍卫。民族的尊严、国家的威信和国际社会的承认密切相关。一国的国际地位高，国际声誉好，国际形象好，就容易得到国际社会的承认和尊重，从国际社会得到的利益和机会就越多，政治安全也就越有保障。

（6）意识形态安全。意识形态是关于社会制度和生活方式的一种系统化的思想观念体系，是指向某种目标和理想的把一种特定的社会立场合理化或正当化的思想观念体系。安全的持久的意识形态，一般都拥有深厚的历史底蕴，坚实的现实生活基础，广泛的大众认同以及政策制定者的高明技巧。

3. 政治安全在国家安全中的地位和作用

在国家安全体系中，政治安全居于最高层次，是国家安全的根本和主要标志之一。同时，政治安全必须以军事安全为保障，以经济安全为基础，以科技安全、生态安全、社会安全、文化安全为支撑。

国家安全首先靠国家的经济实力和军事实力等支撑，但国家的政治利益对安全的影响也不可小视。一国的社会制度和传统文化在某种程度上决定该国的外交政策，而价值观念和意识形态又是该国软国力的重要组成。当一国经济实力和军事实力十分强大时，奉行什么样的外交政策就成为决定本国和周边安全的决定因素。和平的外交政策可以使国泰民安，而好战的外交政策则会祸国殃民。一国经济实力和军事实力即使处于相对劣势的情况下，只要政治和外交手段运用得当，可同样达到维护国家安全的目的。精神因素在国力中占有举足轻重的地位。如一国拥有相当的物质力量，但缺乏明确的战略，或者没有贯彻国家既定战略的坚定的决心和意志，那么国力则缺乏竞争力。不仅如此，军事能力和经济能力并不能自动地转化为效能，它都是靠人去掌握的。民族文化的认同，民族凝聚力的加强，国人意志的统一和人心所向，在某种意义上说可能是决定性的。在一盘散沙的环境中，国家不仅无法发展经济与科技，还会大大损害其在国际舞台中的形象，削弱国家的总体安全。

政治作为上层建筑,既由经济基础所决定,又反作用于经济基础,往往成为左右经济发展、停滞或者倒退的决定性力量。在国际交往中,各个国家都将政治安全作为深藏在经济利益背后的目标加以追求。如果政治利益得不到实现,该国的经济利益将会因此而受到损害。

在国际政治中,战争是为一定的政治目的而进行的武装斗争,是政治通过另一种手段的继续,是流血的政治。在当今国际舞台上进行的现代战争,无一不包含极为明显的政治意图。从广义上讲,军事因素本身就是一种政治因素,国际军事关系实质上是一种国际政治关系。因为它反映了国际政治关系的基本内容,成为国际政治关系的表现形式。从狭义上看,军事因素是国际政治体系的组成部分。

(三)国家军事安全

1. 军事安全的内涵

安全是一个综合的概念,它应包括态势、能力、环境这三大要素。从根本上说,安全是与危险、威胁相对应的。军事安全从直观上看,是指没有军事危险,不受军事威胁,不遭军事入侵。由于军事行动一般都是一种集体或集团行为,遭受这种军事危险、威胁和入侵的主体不是某个个体或组织,而是主权国家。所以,确切地说,军事安全,主要是指主权国家如何对付来自外部的战争威胁和军事入侵,确保国家领土、领空、领海等主权不受外敌侵犯。

自古以来,领土、领空、领海等国家主权,始终是军事安全必须维护的核心。防止、应对来自外部的战争威胁和军事入侵,是军事安全必须履行的根本任务。军事安全的主要表现形式是国际军事斗争。国家军事安全的主要保障力量是国家军事力量。

2. 影响军事安全的要素

军事安全既取决于一个国家所处的客观军事安全环境和形势,也取决于其对这种环境和形势的主观判断,以及对此进行相关军事反应的能力。因此,既能准确把握客观军事安全环境和形势,又能对这些环境和形势做出正确的判断,还能对此做出必要的军事反应。要达到这一点,首先必须弄清究竟是哪些因素直接或间接地影响一个主权国家的军事安全。影响军事安全的因素是多方面的。一般来说,其主要因素有如下11种:

(1)国家的对内对外政策。这是影响军事安全的一个十分重要的因素。国家的对内对外政策正确或恰当与否,直接关系到国内人心的向背,力量的强弱,国际环境的优劣,敌友的多少,等等。这些都会对一个国家的军事安全环境产生重大影响。

(2)国家采取的社会政治和意识形态措施。国家所采取社会政治和意识形态措施,不仅关系着社会的安定,而且从根本上决定了一个国家的军事战略指导和战争指导,直接影响着国家的军事安全政策。

(3)国家为巩固国防所采取的经济措施。经济是军事的基础,也是军事安全的重要支柱。国家为巩固国家安全所采取的经济措施得当与否,人力、物力、财力投入的多少,关系到整个国防和军队建设。

(4)国家军事地理条件和人口。国家的军事地理条件和人口,是决定一个国家的军事潜力(保卫军事安全能力)的主要因素之一。

(5)国家的军事战略态势和战场准备。这是影响国家军事安全的一个最直接的因素,它直接体现一个国家捍卫国家主权、维护军事利益的能力。

(6)科学技术的发展水平。一个国家的科学技术发展水平的高低,不仅直接影响国家经济发展速度,且决定其军事能力的强弱,进而影响其维护国家军事安全能力的大小。

(7)军事训练和动员训练。军事训练是提高军队战斗力的重要途径。一个国家军事训练水平高低,直接决定其军队战斗力的强弱和维护国家军事安全的军事能力的大小。此外,国家军事动员训练的好坏,也直接影响到国家的军事能力。

(8)民众国防工作。民众的国防工作是维护国家主权,保证国家军事安全的重要基础。

(9)制定武装力量使用的战略计划。国家的武装力量是捍卫国家军事安全的核心力量。因此,国家必须制定正确的战略计划,有效地使用这些力量,使之在维护国家军事安全中发挥最大作用。

(10)武装力量的建设和发展保卫祖国必要的武器装备。武装力量建设是国家军事安全建设的中心任务。为此,不仅要训练和造就一大批满足国家军事安全需要的军事人才,而且要大力发展保卫祖国必需的新型武器装备。

(11)军事指挥艺术。军事指挥艺术是决定战争胜败的关键因素之一。在维护国家军事安全的国际军事斗争中,努力提高军事指挥艺术是十分重要的。

以上影响国家军事安全的各个因素,虽然大体上可以分为军事安全态势因素、军事安全能力因素和军事安全环境因素等几个方面,但它们之间是相互关联、互相依存的整体。

3. 军事安全在国家安全体系中的地位和作用

军事安全与政治安全、经济安全、科技安全、文化安全、生态安全、社会安全等一样,都是国家安全体系中不可或缺的因素。军事安全不仅是国家安全的重要基石,而且是政治安全、经济安全、科技安全、文化安全、生态安全、社会安全等国家安全体系中的其他安全因素发挥作用的基础。与此同时,军事安全只有和国家安全体系中的其他安全因素紧密地结合在一起,才能在维护国家安全中真正发挥作用和效力。

(四)国家经济安全

1. 国家经济安全的内涵

经济是社会生活的基础,经济安全是国家安全的重要组成部分。但在传统安全理论中,经济安全并没有得到应有的重视。只有在当代非传统安全理论形成之后,经济安全的重要性才得以彰显。国家经济安全是指一个国家在参与国际经济过程中,合理获取经济利益并有效地得到保护而不受侵害或威胁,国民经济可持续发展的基础、战略和环境具有保障而不受破坏和潜在危害,国际竞争能力不断增强并能够实现维护和巩固。当代国家经济安全的含义,主要体现在开放条件下,一国政府能有效地抵御外国资本和国际市场的竞争压力与冲击,能够有效地保持在国内外市场的竞争优势,能有效地维护本国经济制度和法律规范,能有效地保障与提高人民生活水平和社会福利,能有效地保护国家财富、资源和生态环境。

2. 经济安全的要素

国家经济安全的主要内容包括如下五个方面。

(1)资源安全。就国家经济安全角度而言,资源主要是指天然形成并可以为人类所利用的物质和能量性的自然资源,包括土地、生物、矿藏、水和气候等。这些资源具有稀缺性、自然系统性、可开发利用性和分布不平衡性等特征,是人类生存和发展的自然物质基础。伴随人类社会不断向前发展,资源安全已成为各国共同关心的问题。在人口压力巨大的中国,资源问题更加突出,由此产生的资源安全就更加重要。

(2)国家财政安全。财政是指国家为保证和实现其职能,凭借着特有的法律和行政管理权力对一部分社会财富进行分配和再分配形成的国家经济活动和分配关系。国家财政的特征和职能主要是:用税收形成国民收入的再分配所需的国家财政收入;通过国家预算合理安排国家财政支出;政府发行国债和对外债券,弥补财政收支缺口,调整财政收支平衡关系;通过对收支的控制,国家实现对国民经济的有效调节、监督和管理。

(3)金融安全。金融即货币资金的流通、信用所形成的融通行为以及与之相关的金融机构和金融市场的全部活动。金融是现代经济的核心,是国民经济的命脉。金融的重要作用使得金融直接关系到国家整体经济安全,是国家经济安全的重中之重。所谓金融安全是指国家金融政策、金融机构和市场、金融活动等能有效地抵御和消除来自国内外的各种风险冲击和危害,确保国家正常稳定的金融功能和金融秩序。

(4)农业经济安全。农业是国民经济的基础,是唯一粮食生产部门,因此农业是整个国民经济及其他部门赖以生存和发展的基础和前提条件。农业经济的安全,主要是粮食安全,主要指在任何时候都应当确保全体国民能够获得为生存和健康所需要的基本口粮和充足食品。因此,农业安全是国家经济安全的最后底线。

(5)商业秘密的保护。在商业竞争中,商业秘密是企业的制胜法宝。所谓商业秘密是指不为公众所知悉,能为权利人带来经济利益,具有实用性并经权利人采取保密措施的技术信息和经营信息。包括配方、工艺流程、技术秘诀、设计图纸、数据图表、企业管理方法、营销策略、客户名单、财务情况、货源资料等。市场的竞争,实际是科学技术和经营信息的竞争,商业秘密一旦透漏,企业的竞争优势就会丧失,从而给企业造成重大的经济损失。此外,保护市场安全、打击防止经济犯罪等也属保障经济安全的范畴。

3. 经济安全在国家安全体系中的地位和作用

马克思指出,"经济利益是一切社会活动的最终目的,政治权力不过是用来实现经济利益的手段"。在现代国际关系中,国家利益至高无上,国家经济利益无论在过去、现在和将来对整个国家安全都具有极其重要的意义。

(1)经济利益和安全是各国进行战略决策的根本依据,是国家一切政治和军事行为的起始动因。由此,国家的一切国际性政治、军事和外交活动是以经济利益为最终目的的,体现了资本扩张的需求。

(2)国际经济利益和安全决定了一国的国际地位和作用。各国要在国际社会取得有利地位和主动权,就必须努力发展经济以增强自己的实力。相应地,在国际竞争和对抗中,也只有通过经济压制才能有效地战胜对手。

(3)经济发展水平制约着政治和军事实力。只有强大的经济实力才能支撑起军事强力和政治外交能力。经济决定了一国的军费开支、军队规模和军事素质,决定其在国际社会的竞争态势和进取能力。

经济利益和安全是整个国家安全体系的依托和基础。国家经济安全产生于经济领域,却又不是纯粹的经济问题。作为国家安全的主要组成部分,经济安全与传统的国家安全有很大区别。传统的国家安全问题是基于政治和军事的彼此敌视和对抗,国家间的利益一般处于相互排斥和防范之中。经济安全既有国家安全的一般属性,又有其特殊个性,即经济安全是在国家间经济更广泛联系和合作竞争基础上,如何协调国家矛盾的问题。因此对于国家经济安全的理解,则是指国家在对外开放中如何规避风险,取得更高的开放利益,是经济上具有安全和发展双重意义的问题。

(五)国家科技安全

在全球化进程中,世界各国都把发展科学技术作为捍卫国家利益、提高综合国力、参与全球化竞争的重要手段。科技安全是国家安全的重要组成部分,也是国家安全的技术基础。全球化的发展进一步凸显了科技安全的重要性,使得科技安全成为国家安全总体态势的决定性标志之一,也使得科技安全问题更加尖锐突出和复杂多变。

1. 科技安全的内涵

科技安全的含义,有狭义和广义之分。狭义的科技安全立足于科学技术系统的安全性。当国家的科学技术发展面临威胁或受到破坏时,就产生了所谓科技安全问题。狭义的科技安全概念可以表述为:科技安全表示国家科学技术发展的一种安全态势,这种态势体现了在国际大环境下,国家通过政治、军事、外交、经济、科技等手段,使国家科学技术系统既通过与国际环境的开放式作用和系统内部的协调运行达到功能优化,又保证该系统不招致来自内部和外部的威胁,以此维护国家利益。这个定义是将科学技术作为一个特定的系统,以该系统自身的安全状态来确定科技安全内涵的。还可以用另一种定义来表述狭义的科技安全概念:科技安全是以国家价值准则为依据的,对国家科技系统安全性的一种动态描述。从国家利益分析的角度定义科技安全,至少应考虑四个方面:一是考察国家是否能够抵御敌对势力以科技手段损害国家利益的行为或企图。二是考察国家是否重视并克服由科学技术发展所产生的固有的负面影响。三是考察科学技术是否发挥对国家安全的保障作用。四是考察国家科学技术体系是否不受重大破坏或危害并且具有强大的创新能力。

广义的科技安全概念可以表述为:科技安全是在一定的社会环境条件下,特别是在国际大环境中,以国家价值准则为依据的、对科技系统与相关系统相互作用所决定的、国家安全态势的一种动态描述。可以用科技安全性表示这一国家安全态势的强弱,其测度值称之为科技安全度。一个国家的科技安全态势体现了该国国家能力的四个方面:一是国家利益免受国外科技优势威胁和敌对势力、破坏势力以技术手段相威胁的能力。二是国家利益免受科技发展自身的负面影响的能力。三是国家以科技手段维护国家安全的能力。四是国家在所面临的国际国内环境中保障科学技术健康发展以及依靠科学技术提高综合国力的能力。不难看出,狭义的科技安全是包含于广义的科技安全的。对科技安全的涵义,可做如下理解:

(1)科技安全是国家安全的主要标志之一,科技安全状态不佳,国家安全的整体状态必受严重影响。从某种意义上讲,一个国家的科技安全状态可以决定该国的国家安全情势。

(2)科技安全的根本体现,是在错综复杂的国际竞争和斗争中,国家利益不受危害。强调科技安全,归根到底是以维护国家利益为最高宗旨。维护国家利益是国家安全的最高目标。加强科技安全就是从科学技术的角度以及与之相关的角度保卫国家利益。

(3)科技安全是一种动态的、比较的状态。体现了在国际竞争格局中各国、特别是大国之间,在科技领域或通过科学技术的控制与反控制、渗透与反渗透的较量。

(4)威胁科技安全的力量,主要来自敌对势力的蓄意所为,科学技术的"双刃剑"特性决定了科学技术在为人类造福的同时,也会产生一定的甚至是严重的负面影响。

(5)国家科技发展所处的外部环境对科技安全的态势有重要的影响。科技发展的外部环境,既包括国际上的,也包括国内的。

(6)国家科技实力是科技安全的技术基础。科技安全强调以科技手段保卫国家安全,提高国家综合国力,说到底要依赖国家整体科技水平。

(7)科技优势是科技安全的重要保障,但不是绝对保障。科技相对处于劣势的国家,也可以通过特殊的技术手段抵御科技优势大国的威胁。

(8)信息安全、生物安全都是科技安全的显著表现。在其他方面,如国际科技合作、技术引进、高技术手段犯罪的防范、知识产权保护、科技保密、提高国家安全工作中的科技含量,等等,都是科技安全的具体表现。

(9)不同的国家对其科技安全侧重点和关注程度也不同。相对而言,发展中国家更应重视科技安全问题,尤其是作为最大的发展中国家的中国。

(10)在不同的历史时期,科技安全有着不同的表现程度。农业社会恐怕还谈不上科技安全问题。工业社会由于科学技术的力量日益显现,尽管科技安全并没有被普遍认识,但科技安全问题已成为客观存在。科技安全的表现随着历史的变迁而演变的现象,正是反映了科技安全的动态性特征。

(11)我们谈科技安全,其安全主体并不是科学技术。就广义的科技安全概念而言,安全的主体是国家。就狭义的科技安全概念而言,安全的主体是国家科技系统。

2. 科技安全的要素

(1)科技基础安全。科技基础是国家科学技术发展的基本依靠,体现为由国家的科技实力、科技潜力和科技发展方向构成的科技情势。如国家的总体科研水平和技术创新能力以及科研基础设施状况等。

(2)科技体制安全。科技体制安全,是国家科技安全的制度保障。当国家科技体制不能适应科技事业发展,不能为维护国家利益、保卫国家安全发挥应有的作用时,就必须进行科技体制改革,以新的、安全性好的科技体制替代旧的、安全性差的科技体制。

(3)科技活动安全。国内科技工作的开展和国际间科技合作与交流等科技活动中,都可能出现安全问题。如科技保密问题,专利保护问题,国际科技合作的泄密,外国通过科技合作的手段对我进行资源掠夺、经济侵略,甚至政治颠覆等阴谋活动等。

(4)科技环境安全。国家科学技术发展所处的国内、国际环境影响,有时会对科技工作产生制约性作用。

(5)科技领域安全。是涉及具体的科技领域或科技项目在国家安全层面上的问题,当前比较突出的有信息安全、生物安全以及某些科技突破对国家安全的负面影响等问题。

(6)智力资源安全。人才是科技安全的最重要的保障。人才是智力的载体,科技人才流失、科技人员积极性的发挥、知识分子政策等内容,是智力资源安全问题的具体体现。

3. 科技安全在国家安全中的地位和作用

在国家安全系统中,科技安全子系统具有特殊的性质,其作用的发挥也有特殊的机理。这种特殊性是源于科学技术的特有性质。正是由于科学技术自身的特殊性及其影响其他各种社会因素的方式,使得科技安全在国家安全系统的运行中以不同于其他安全要素的模式发挥作用,表现出其独立性和强渗透性等特殊的基本性质。其一,科技安全的独立性源于科学技术的飞速发展及其对国家安全作用的不断提高,使科学技术不仅仅是通过影响国家安全各要素来发挥作用。随着科学技术对国家安全影响的日益增强,科学技术自身越来越成为国家安全系统中的一个独立的要素,科学技术系统本身的安全与否已经成为国家安全的重要体现。其二,科学技术的强渗透性导致科技安全的横断特征,即科技安全自身不仅是构成国家安全的独立的子系统,还对其他的政治、军事、经济、文化、社会、生态等国家安全子系统产生越来越大的影响。各子系统都离不开科学技术的支撑,科技安全系统的状态也在很大程度上影响其他国家安全子系统的状态。其三,科学技术对人类社会和国家安全的影响日益增强,使科学技术成为现今和未来国家综合实力和国际竞争力的主要因素。国家安全在经历冷战前和冷战后以政治安全、军事安全和经济安全为主的演化后,随着科学技术地位的上升,渐渐显露出以科技安全为重点、科技安全与其他安全要素相互渗透的综合化趋势。

科技安全在国家安全中的特殊地位决定了科技安全与国家其他诸方面的关系:

(1)科技安全与政治安全。信息技术的迅速发展,信息设备数量和功能增加以及国际互联网日益扩大,使得各国政府对信息扩散的控制能力明显减弱,一些国家不仅在军事和外交行动上日益受到国际社会的监督和约束,甚至国家政要和首脑们的隐私也往往被传媒公之于众,信息使国家政治边界形同虚设。

(2)科技安全与军事安全。现代高技术的发明和应用引起了军事革命,过去以能量为基础的机器战向以微电子技术和电子计算机技术为基础的信息战转化。在信息战中,制胜武器是信息和在瞬息之间根据这些信息编制成的程序。

(3)科技安全与经济安全。技术是经济发展的发动机,科学是经济发展发动机的燃料。随着经济的全球化和一体化,国际市场竞争日趋激烈,依靠技术进步提高产品的竞争力已成为各国在全球经济舞台制胜的关键。

(4)科技安全与文化安全。当前,西方发达国家为实现其全球战略目标不惜用政治、军事、经济、外交等手段,把西方所谓的自由、民主、人权价值观强加于别国。现代科学技术为西方发达国家通过大众信息传播进行文化侵略提供强有力的先进手段。这种文化侵略正是西方发达国家"和平演变"的实施,受到文化侵略的发展中国家在科学技术上的落后导致了在反文化侵略上的不力。实际上,科技发达的国家往往也是世界主流文化的代表。

(5)科技安全与生态安全。生态安全问题在很大程度上是一个科学技术问题。首先,现代生态危机是人们为满足其物质欲,单纯追求经济增长而滥用现代科学技术的结果。其次,现代科学技术尚不完善,资源得不到高效利用。解决生态危机的根本出路就是用更完善、更安全的技术。

(6)科技安全与社会安全。现代科学技术发展为国家维护社会安全提供了新的手段,同时那些试图破坏社会安全的势力,尤其是恐怖主义集团或恐怖主义分子,也在利用科技手段进行违法犯罪、滥杀无辜的反人类活动。这就增加了国家维护社会安全的难度,从而对加强社会安全的科技手段提出了更高的要求。

（六）国家文化安全

1. 文化安全的内涵

国家安全所维护的最根本的就是国家主权,维护国家主权是实现安全的最高价值所在。国家文化安全就是在经济全球化背景下一种新的国家安全观。国家文化安全是国家安全在文化领域的延伸。文化主权是指"现代民族国家将本民族文化的习惯、信仰和价值观念上升为国家意志,意味着对本民族文化所拥有的最高和独立的权利和权威"。文化主权应该包含国家主权的独立、一个国家所拥有的对外平等对话与交流的权利、一个国家对自己民族文化吸收什么与舍弃什么的自主权利三个方面的内容。所谓文化安全,是指一国针对异质文化对本国文化的渗透、入侵和控制,通过反渗透、反侵入、反控制来保护本国人民的价值观、行为方式和社会制度的完整性、独立性和延续性。文化安全的核心是保障文化主权。国家文化安全有广义和狭义之分。广义的国家文化安全,是指"国家内的文化安全",即主权国家的主流文化价值体系以及建立于其上的意识形态、社会基本生活制度、语言符号系统、知识传统、宗教信仰等主要文化要素,免于内部或外部敌对力量的侵蚀、破坏和颠覆,从而确保主权国家享有充分完整的文化主权,在人民中间保持一种高度的民族文化认同。狭义的国家文化安全,是指"国家的文化安全",特指作为一种政治实体的主权国家和意识形态、价值观念、基本政治制度、人民群众的政治认同以及国家形象等主要文化要素,免于内部或外部敌对力量的侵蚀、破坏和扭曲,从而确保作为政治实体的国家在其主权范围内,也包括在国际上享有比较高度和一致的合法性认同。国家文化安全,是指一国的文化生存系统运行和持续发展状态及文化利益处于不受威胁的状态。

2. 文化安全的要素

关于国家文化安全的内容,学术界有不同的认识。有学者认为,文化安全最主要的内容是语言文字安全、风俗习惯安全、价值观念安全和生活方式安全四个方面。也有学者认为,保障文化安全,实际上主要涉及三个层面:一是制度层面,即国家独立自主地选择适合自己国情的文化制度,独立自主地支配利用自己的文化资源,制定和实施对内对外文化政策以及国家文化发展战略等。二是产业层面,即本国文化市场的安全和通过物质载体表现出来的各种文化产品的安全及知识产权等。三是精神心理层面。即各种无形的观念文化,包括以理论形态出现的学术思想、知识成果和以民族心理、民族性格表现出来的各种精神特质等。还有一些学者认为,文化安全的内容既包括文化创造、文化管理、文化传播和文化交流等独立自主权,又包括文化价值、文化传统、文化制度和文化行为等继承权和选择权。

3. 文化安全在国家安全体系中的作用

（1）文化安全有助于一个国家民族形成强大的民族凝聚力和文化认同感,并由此提高国家的整体安全度。文化是维系一个国家、一个民族团结稳定的精神纽带,是一个国家综合国力的重要组成部分。文化安全可使全体社会成员在安全观念、目标、行为准则等方面保持一致,形成心理认同的整体力量,表现出强大的民族凝聚力和向心力。可见,文化对增强民族凝聚力和综合国力、提高国家安全度具有重要作用。

(2)维护国家文化安全有助于保存人类文化多样性。人类社会经过几千年的发展,形成了多种多样、千姿百态、各具特色、各有所长的文化,这就形成了文化的多样性。但在历史演进过程中,有的文化曾遭受过种种不公正的待遇,有的甚至已从人类文化中消失了。因此,要使不同文化多元共存,就必须保护人类文化的多样性。国家的文化主权是保护文化多样性的重要屏障。维护国家文化安全,保障国家文化主权的充分行使,是有效防止各种各样文化渗透和侵略的有效途径。

(3)文化安全有利于保障社会秩序的形成和有效运转。文化不但能激励人的思想和行动,而且能通过它的微妙渗透与暗示,使社会成员形成安全价值共识和安全目标认同,能实现自我控制,形成有形、无形、强制、非强制的规范作用。这种约束力是对人的行为的一种软约束,其只要不因内外因素冲击,就会和风细雨地使个体的内在素养大大提高,有利于协调人与人、人与社会之间的关系,从而使公共秩序得到维护,提高整个社会的文明程度,保证社会秩序的形成和有效运转。

(4)文化安全是先进文化繁荣发展的重要保障。文化的繁荣发展与文化的安全互为条件,相互促进。一方面,文化的繁荣发展,为文化的安全提供抵御风险的内在基础和战胜威胁的强大力量。另一方面,文化的安全为文化的发展繁荣提供良好的条件。

(5)文化安全可使文化通过正常的国际交流,为民族国家争取良好的国际安全环境。随着全球化和信息化浪潮的席卷,文化在国际政治经济竞争中的作用越来越受到人们的高度重视。它不仅是冷战后民族主义国家捍卫国家主权斗争的重要武器,而且是冷战后构建国际合作关系的重要桥梁。作为一种历史沉淀的同源文化,对作为文化载体的民族和国家有着强大的凝聚力和向心力,并以其共同文化特质的历史认同功能、血缘亲和功能成为加强国际合作的纽带。

(七)国家生态安全

1. 生态安全的内涵

生态安全概念有广义和狭义之分。广义的生态安全,以国际应用系统分析研究所(IA-SA,1989)提出的定义为代表:生态安全是指在人的生活、健康、安乐、基本权利、生活保障来源、必要资源、社会次序和人类适应环境变化的能力等方面不受威胁的状态,包括自然生态安全、经济生态安全和社会生态安全,组成一个复合人工生态安全系统。广义的生态安全,一是环境、生态保护上的含义。即防止由于生态环境的退化对经济发展的环境基础构成威胁,主要指环境质量状况低劣和自然资源的减少和退化,削弱了经济可持续发展的环境支撑能力。二是外交、军事上的范畴。即防止由于环境破坏和自然资源短缺引起的经济衰退,影响人们的生活条件,特别是环境难民的大量产生,从而导致国家的动荡。

狭义的生态安全,是指生态系统完整性和健康的整体水平,尤其是指生存与发展的不良风险最小以及不受威胁的状态。健康的生态系统是稳定的和可持续的,在时间上能够维持它的组织结构和自治以及保持对胁迫的恢复力。反之,不健康的生态系统,是功能不完全或不正常的生态系统,其安全状况则处于受威胁之中。

2. 生态安全在国家安全体系中的地位和意义

(1)生态安全与政治安全的关系是非常密切的。①生态安全是政治问题。良好的生态是人类正常生产和生活的自然基础,环境破坏危害人体健康和社会稳定,从而提出"环境权"概念。所谓环境权,是人类居住在舒适、愉快、健康的环境中的权利。这已经作为基本人权载入法典。环境污染和生态破坏是对这种正当权益的侵犯。它引发公众不满,成为一个政治问题。环境污染和生态破坏以生态危机的形式表现出来。它不仅损害地球生态基本过程和生命维持系统,而且侵害广大人民和社会的利益,引起社会不稳定,甚至各种政治矛盾、冲突和斗争,因而成为一个政治问题。环境保护运动,各种各样的绿色组织、绿色理论和绿党等,就是在这样的背景下产生的,并成为一种重要的政治力量,起着越来越大的作用。②生态安全问题的解决需要政府参与。环境问题的大部分是由于政策和决策失误造成的,它的解决涉及许多方面,需要巨大的投资,需要政府参与才能解决。政府参与主要通过三个方面发挥国家对环境保护的领导作用:其一,改变过去制定政策和决策完全不考虑环境的做法,通过制定和实施有利于环境保护的社会经济发展的方针政策,使环境保护的因素成为政策决定的重要方面。有人认为生态安全在政策和决策制定中应有否决权。其二,把环境保护目标列入国家社会经济发展战略、规划和计划,包括环境保护和生态建设的规划和计划,协调经济发展与环境保护的关系,拨出专款用于环境保护和治理公害,环境保护在国家计划和规划中应有优先权。其三,发展有利于保护环境的科学技术,开展环境保护的宣传教育,制定和执行环境保护的法律和法令等。③生态安全问题的解决促进政治进步。反公害的环境保护运动极大地冲击政治。一方面,它冲击旧的生产关系,在解决环境污染和生态破坏导致的不平等、不公正现象的过程中,促进社会关系、政治结构和权力结构的调整和完善,推动社会政治进步。另一方面,它冲击旧的政治制度和国家机构,有利于政治改革,其中设置环境保护的国家机构,进行环境保护的立法和执法。这是完善国家职能的重要方面,政府在实施这一职能中检验其质量和活力,取得公众的信任、拥护和支持。任何一个负责任的政府,必须把保护环境放在重要地位,致力于这一工作,并在取得成效和进展中不断进步。

(2)人类在自然价值的基础上创造文化价值,自然价值是文化价值的基础,生态潜力是经济潜力的基础。良好的自然条件、丰富的自然资源支持和参与经济发展,是经济安全的必要条件。环境污染和生态破坏损害经济利益,制约经济发展,成为经济安全的一个重要问题。因此,生态安全与经济安全密切相关。生态安全问题对经济安全的损害,是对国家安全的严重挑战。在海洋安全方面,海洋水产资源过度开发,导致的生物资源衰退、生物多样性减少以及近海海水污染等问题,已直接影响海洋水产捕捞和水产养殖、海洋交通运输和造船业、海洋旅游业、海洋石油天然气产业、海盐产业等海洋经济的开发。在森林安全方面,一方面是森林"赤字危机",消耗量远大于生长量。另一方面是林业经济危机,林业企业连年亏损。森林所能提供的包括防风固沙、保持水土、涵养水源、保护耕地、调节气候等在内的生态服务遭到严重破坏。其实质是破坏国家生态潜力,破坏经济可持续发展的生态基础。在耕地安全方面,我国耕地人均少,耕地状况恶化的趋势没能得到有效控制。耕地土质恶化成为农业经济的安全问题,直接影响国家粮食安全。在大气环境方面,大气污染严重威胁人的身体健康,会对生产力造成损害。近年来我国北部、东部地区频发的雾霾天气已经严重威胁公众安全,造成直接经济损失。此外,水环境安全、资源能源安全等生态安全问题都直接影响国家经济安全。

(3)生态安全与军事安全。战争和生态环境有着密切的关系。一方面,生态资源支持战争。另一方面,战争也会破坏生态环境。历史上大多数战争都是由资源争端引起的。"二战"后军事竞赛的升级、军工产业的发展以及一系列的战争都对生态环境造成严重破坏。就我国而言,生态安全能够保障足够的资源和良好的自然条件支持军事建设,保障合格的军事后备力量,发展强大的国防事业,是实现军事安全的重要基础。

(4)生态安全与社会安全。良好的生态环境,有利于提高公众生活质量,有利于维护社会和谐。相反,生态环境恶化常常导致社会不稳定,加剧其他社会问题,导致新的社会不安全因素的产生。

(5)生态安全与科技安全。科学技术的发展与生态安全问题有着极其密切的关系。人们往往把环境污染的根源归结为科学技术进步,应当指出,这并不是科学技术本身决定的。作为第一生产力的科学技术是发展经济、推动社会进步的重要力量。科学技术的发展并不必然引起环境污染,并且包括环境污染在内的许多问题的解决都要依靠科学技术发展。科学技术发展,是生态安全的重要保障。生态环境问题的根源是人的问题。问题解决的途径是科学技术价值观的转变,必须将科学技术发展的人类利益目标与保护环境的目标统一起来。

(八)国家社会安全

1. 社会安全的内涵

在使用"安全"时,传统上多用的是"公共安全"。公共安全是一种初级形态的社会公众安全,是社会上不特定多数人的生命、健康和公私财物没有受损的危险。公共安全的主要内容,是防止危害社会公众的生命财产安全的犯罪,其核心是维护社会秩序。然而,随着社会的不断发展,公共安全所涉及的范围已经明显较窄,其保障的内容已远远不能满足社会发展的需要。保障公共安全的手段和措施明显滞后,很多方面缺少公民的积极参与和政府的有效合作。公共安全已不能适应社会不断扩大的安全方面的需求。在此背景下提出"社会安全"的概念,意在超越传统的公共安全观,并将其意义和内涵扩展。"社会安全"就是社会以其有序性来保障人们的安全。其一是社会自身有序与否,其二是人的安全是否有保障。社会的"有序性",体现在社会结构的安排格局和社会自身运动的有序,使社会呈现出一种秩序状态,使社会公众由此增强安全的自信心。社会安全不仅来自政府,更来自社会大众对社会事务广泛积极的参与。

此外,社会安全还是一种包括识别危险,消解危险及危险带来的社会恐惧等。社会安全作为国家安全的重要组成部分,有着国家安全所有的基本属性,又有其特殊性。第一,社会安全是基于国家主权前提下的安全。良好的社会安全必须在保证国家主权不受侵犯的基础上实现,社会安全的实现同时也是为国家安全服务,增进人民福利。第二,社会安全强调秩序性。社会秩序一旦受到威胁,相应的社会张力就会增大,就会导致各种犯罪的发生,危害社会安全。良好的社会秩序是实现社会安全的重要基础。第三,社会安全涵盖面广,具有系统性的特点。社会安全不仅涉及的方面较多,而且所涉及的各方面内容形成了复杂多样,具有较强的动态性的关系,呈现出很强的系统性。第四,社会安全强调避免灾害,更强调以人为本基础上的福祉维护。第五,社会安全是给予社会成分共谋之上的合作安全。要实现社会安全,就必须使包括政府、公众、各种民间组织等在内各种社会成分共同参与。建立在多方协调基础之上的社会政策,才有可能实现社会安全。

2. 社会安全在国家安全中的地位和意义

21 世纪全球各地区社会公共安全事件接踵而至,韩国大邱地铁纵火事件、美国"9.11"恐怖袭击事件、2004 年 8 月欧美一些国家先后发生大规模停电事故、西班牙人质事件、印度洋海啸大灾难、卡特里娜飓风横扫美国以及爆发于墨西哥、美国等地并影响全世界的甲型 H1N1 流感等各种公共安全事件频频发生,给人类带来沉痛的灾难,全世界因此造成巨大经济损失。我国也不例外,2003 年"非典"的爆发和流行,全国各地煤矿安全事件的屡屡发生,"苏丹红"搅乱食品市场安全,2008 年南方地区雪凝灾害,5 月的四川汶川 8.0 级特大地震灾害等,一系列有关社会安全、自然灾害、事故灾难、公共卫生事件的发生,引起了许多研究社会安全的学者关注。关注社会安全,防范和化解社会风险,已经成为国家安全的重要议题。为此,世界上几乎所有的发达国家建立了比较完备的公共安全管理体系。日、美、俄、法等发达国家建立了比较完备的公共安全管理体系。日本的公共安全侧重于对自然灾害的防治和预防,美国侧重于维护其世界大国的地位,俄罗斯倾向于事故救援和技术性灾害的研究,法国则侧重于对城市功能的调整和公共政策的制定。健全法律制度、应急机构,加强地方政府的管理能力,注重事前预防和事后总结。这些经验对我国社会和公共管理安全有重要借鉴作用。

我国正处于人均国内生产总值在 1 000 美元到 3 000 美元之间,这是社会必将经历的转型时期,也是一个事故灾难频发的时期。中国的国内生产总值连续多年平均保持8%的高位增长,却鲜有人知道每年因公共安全问题造成的国内生产总值损失高达6%,计 6 500 亿元,这些问题每年夺去 20 万人的宝贵生命。其构成一是安全生产事故引发的损失共计 2 500 亿元。二是社会治安事件造成的损失为 1 500 亿元,三是自然灾害造成的损失为 2 000 亿元,四是生物侵害导致的损失为 500 亿元。实际上,这还仅仅是直观的、表面的现象,公共安全所造成的负面效应,靠这两个量化指标是无法完全表达的。2003 年发生的非典疫情,死亡人数仅 300 多人,但对于人们心理的影响、社会动荡程度、旅游及经济活动的限制是有目共睹的。因此,加强国家社会安全研究,建立科学、高效的公共安全管理体制不仅具有重大的理论意义,而且具有重大的实践意义。

第二节　海洋安全体系设计的主要原则

一、系统性原则

英文中系统(system)一词来源于古代希腊文(systεmα),意为部分组成的整体。系统的定义,应该包含一切系统所共有的特性。一般系统论创始人贝塔朗菲认为:"系统是相互联系相互作用的诸元素的综合体。"这个定义强调元素间的相互作用以及系统对元素的整合作用。中国学者钱学森认为:系统是由相互作用相互依赖的若干组成部分结合而成的,具有特定功能的有机整体,而且这个有机整体又是它从属的更大系统的组成部分。这就指出了系统的三个特性:一是多元性,系统是多样性的统一,差异性的统一。二是相关性,系统不存在孤立元素组分,所有元素或组分间相互依存、相互作用、相互制约。三是整体性,系统是所有元素构成的复合统一整体。

一般我们采用如下定义:系统是由一些相互联系、相互制约的若干要素结合而成的、具有特定功能的一个有机整体。可以从以下几个方面来理解这个定义:首先,系统是由若干要素组成的。这些要素可能是一些个体、元件、零件,也可能其本身就是一个系统。其次,系统都有一定的结构。一个系统是其构成要素的集合,这些要素必然是相互联系、相互制约的。系统内部各要素之间相对稳定的联系方式、组织秩序及失控关系的内在表现形式,就是系统的结构。最后,系统有一定的功能,或者说系统要有一定的目的性。系统的功能就是系统与外部环境相互联系和相互作用中表现出来的性质、能力和功能。组成系统的要素种类、数量不同,系统的功能也不同;要素之间的时序性不同、空间结构不同,其功能也会不同。因而,系统具有整体性、关联性、结构性、层次性、独立性、开放性、发展性等特征。

海洋安全体系是涵盖海洋政治安全、海洋国防安全、海洋经济安全、海洋文化安全、海洋社会安全、海洋生态安全、海洋环境安全以及海洋科技安全等一系列内容的体系,是一个由多要素组成的系统。在这个系统中,每一个要素又是一个子系统,它们都有相对独立的作用空间,具有相对独立性。同时,它们又是开放的。每一个子系统都与其他子系统进行信息和能量的交换,产生它们之间的相互影响和相互作用,形成了一个相对稳定的结构。海洋国防安全是海洋安全的后盾,海洋政治安全是其他海洋安全的保障。海洋经济安全是海洋安全的核心,所有的海洋活动的最终目的都是获取经济利益。其他诸如海洋文化安全、海洋社会安全、海洋生态安全等要素相互影响,共同作用,共同推动海洋安全的实现。因此,海洋安全体系设计就必须要遵循系统性的原则,从全局的角度出发,从战略的高度出发,综合考量海洋政治、国防、经济、文化、社会、生态、科技等诸多要素的影响,合理确定彼此作用的范围和界限,科学地构建他们之间的结构。从而使海洋安全的各个方面能够协调、有效地运转,实现功能最大化,推动海洋安全的实现。

二、战略性原则

战略(strategy)一词,最早是军事方面的概念。战略的特征,是发现智谋的纲领。在西方,"strategy"一词源于希腊语"strategos",意为军事将领、地方行政长官。后来演变成军事术语,指军事将领指挥军队作战的谋略。在中国,战略一词历史久远,"战"指战争,"略"谋略。春秋时期孙武的《孙子兵法》被认为是中国最早对战略进行全局筹划的著作。

在军事领域,战略是由战略目的、战略方针、战略力量以及战略措施等要素构成的。战略目的是战略行动所要达成的预期结果,是制定和实施战略的出发点和归宿。战略目的是根据战略形势和国家利益的需要确定的。战略方针是指导战争全局的方针,是指导军事行动的纲领和制定战略计划的基本依据。它是在分析国际战略形势和敌对双方诸因素基础上制定的,具有很强的针对性。每个时期除了总的战略方针外,还需制定具体的战略方针,以确定战略任务、战略重点、主要的战略方向、力量的部署与使用等问题。战略力量是战略的物质基础和支柱。它以国家综合国力为后盾,军事力量为核心,在发展经济和科学技术的基础上,根据战略目的和战略方针的要求,确定其建设的规模、发展方向和重点,并与国家的总体力量协调发展。战略具有全局性、方向性、对抗性、预见性以及谋略性等特点。在此基础上,产生了研究战略的学科:战略学。进而衍生出了战略管理的概念。战略管理是包括战略计划、战略实施、战略评价在内的一系列过程。战略运用到企业管理中,产生了"企业战略"的概念。

进入 21 世纪,海洋安全在国家安全体系中发挥着不可替代的作用。因而海洋安全体系的构建更加迫不及待。海洋安全体系构建的战略性原则必须把其放在国家安全战略高度,立足当下,放眼未来。首先,海洋安全体系的构建应当服从国家安全战略,同国家安全战略保持一致。海洋所承载的政治、军事、国防、经济、安全价值是巨大的,并且随着海洋事业的不断发展,海洋所蕴含的价值会进一步得到开发。海洋对国家安全的重要性会越来越突出。因此,必须把海洋安全同国家安全的其他组成部分有机地结合起来,共同成为国家安全战略,为国家安全服务。其次,海洋安全体系的构建要服从国家对外战略。近年来面对东海、南海与周边国家的岛屿之争,域外大国势力的介入等,国家安全难免会受到外部因素的影响。这些外部影响若不能得到适当的处理,就会影响海洋经济的发展、渔民的安全以及海洋军事、政治安全等。因此,海洋安全体系的构建要综合考虑国内、国际因素,要服从整个国家的对外战略。只有这样,才能在国际争端中更好地维护我们的海洋权益。最后,海洋安全体系的构建要放眼未来,要有长远的规划。国家海洋事业在不断发展,国内国际形势也都在变化,尤其近年来世界范围内国际形势发生了诸多深刻变化,这些都对我国海洋安全构成重要影响。因此,必须立足当下,深刻把握其背后的规律以及未来海洋安全的趋势,适应不断变化的国际安全形势。

三、生态性原则

海洋安全体系构建的生态性原则体现在两个方面:一方面,海洋安全体系,不仅是有特定功能的生态系统,而且各要素的交互作用形成特定的生态系统。这些生态系统中的各要素既相互独立又相互作用,可以起到"1 + 1 > 2"的功效,可以产生"1 + 1 < 2"的效果。海洋自身是一个流动的、不稳定的、边界模糊的生态体系,海洋安全体系的构建正是基于这样的生态系统。在这样的背景下,"基于生态系统的海洋安全体系研究"就显得尤为重要。另一方面,把握海洋安全体系的生态性还应该立足于中国特色的政治、社会生态环境进行建构。中国的传统文化、政治体制、市场发育程度、公民社会发育程度以及政府能力等因素对海洋安全体系的构建有着重要的影响。要立足我国海洋安全的客观生态环境,探索构建符合我国发展阶段和发展特色的海洋安全体系。

第三节　海洋安全体系设计的主要框架

海洋安全体系问题研究涉及内容广泛,既包括国家安全理论所通常涉及的一般性研究内容,也包括海洋安全体系所涉及的特殊的研究领域。如果取舍不当,可能导致海洋安全体系研究或因强调了国家安全理论的共性而忽略了个性,或因过于强调海洋安全体系的个性而忽略了国家安全理论的学科特征。如何实现共性与个性的统一,是本书在构建体系过程中首先要解决的问题。按照强化特色、突出重点、体现共性、取舍有度的思路,本书依照从一般到个别、从基础内容到特色领域的逻辑联系建构海洋安全的理论体系。该体系实际涵盖两大板块内容。

一、海洋安全体系研究的基础内容

海洋安全体系研究,作为综合运用多种学科理论和方法,来研究海洋安全相关活动及其规律的知识体系,从属于国家安全体系。对海洋安全体系研究内容的安排,应遵循国家安全理论的一般要求。基于这样的认识,本部分的研究思路通过以下内容来实现。

首先,明确"是什么","从哪里来"等问题,即回答海洋安全体系问题研究的内涵和外延,弄清楚产生海洋安全体系研究的前提和基础,海洋安全体系研究的对象等基本问题。

其次,回答海洋安全体系由谁来构建、应该如何构建的问题。通过对海洋安全体系职能、海洋行政组织的系统阐述,揭示海洋安全体系的特点和运行规律。

最后,解决怎样构建海洋安全体系的问题。通过对海洋政治、经济、文化、军事、科技、国防、社会以及文化等一系列安全等具体内容的解释,明确构建海洋安全体系的方式、手段和工具等基本问题。

二、海洋安全体系研究的特色领域

海洋安全体系作为新兴的研究领域,除了从理论和实践中获得养分外,一个非常重要的特点,还在于通过解决海洋安全相关活动中的特殊问题和难点问题,来夯实自己的基础和拓展自己的空间。正是这些特色的研究领域,显示出海洋安全体系构建的独特性和必要性。由于带有海洋特色的研究领域过于宽泛,难以用一一列举的方式陈列,且易出现主次不分,"眉毛胡子一把抓"的现象,所以本书在选择海洋安全体系的特殊研究领域时,是以带有综合性质的海洋安全为主要内容,重点阐述了海洋政治、经济、社会、文化、科技安全等内容。

三、海洋安全体系研究的战略层次

就其研究目标而言,海洋安全体系研究包括国际和国内两个战略层次。海洋安全体系的构建是国家综合运用经济、政治、军事、文化等资源实现海洋安全的必然途径,是未来国家安全战略乃至国家战略的最重要组成部分。从国家战略的角度来看,海洋安全体系研究的对象应涵盖国内和国际两个战略层面:从国际方面来看,海洋安全体系的构建应以维护和捍卫中国海洋权益,创造有利于中国和平发展的国际环境为目标。当前中国的国家战略首先要满足中国经济与社会全面发展的战略需求,满足此需求既需要经济与社会的全面发展保持强劲活力,更需要国际和国内较长时期相对稳定的发展环境。其次,要保障领土边界的不受侵犯,最终全面实现国家统一以及与周边国家领土和权益争端的妥善解决。再次,中国作为一个发展中的大国,应成为亚太地区乃至全球范围内有相当影响力、发挥建设性作用的国家,塑造负责任的地区和国际大国的形象。从长远讲,三种需求的满足是互利的,但又有一定的矛盾,甚至在同一需求的自身内部也存在一定的矛盾。海洋安全体系的构建就是要服务于国家安全战略的多重需求。从国内方面来看,海洋安全体系的构建服务于海洋经济乃至整个国民经济发展。海洋安全体系的构建应致力于全面提升全民族海洋战略意识,贯彻科学发展观,科学合理地开发、利用和保护海洋,实现海洋的可持续发展和协调发展,使海洋事业的发展服务于经济与社会的协调发展和全面进步,服务于和谐社会的构建。

四、海洋安全体系研究的内在逻辑

就其研究内容而言,海洋安全体系是一个多元的、系统的战略。包括海洋经济、海洋政治、海洋社会、海洋生态、海洋文化、海洋环境、海洋科技和海洋国防等子战略,并彼此相互联系的系统战略体系。海洋经济安全在于保障海洋资源的开发和利用,为海洋经济繁荣和社会的可持续发展创造良好条件。海洋政治安全在于处理国际关系领域的海洋矛盾、维护国家海洋权益,并服务于国家的总体外交战略和军事战略,服务于国际和国内海洋秩序的建立与完善。海洋科技安全在于保障海洋发展的科学技术支撑,并促进人类与海洋之间关系的和谐发展。海洋国防安全在于应对海洋领域的传统军事安全,以及形形色色的非传统安全威胁。海洋社会安全在于继承和借鉴人类历史上海洋社会活动的经验与教训,构建人类与海洋互动关系的良性模式,服务于和谐社会的构建。在这其中,海洋经济安全处于最核心的位置,海洋经济发展可以为其他海洋战略提供足够的资源保障,必须把海洋经济安全放在首要的位置。海洋政治安全是整个海洋安全体系的基础,海洋政治安全的实现能够为其他海洋安全提供良好的国际和国内政治环境。海洋国防安全是整个海洋安全体系的后盾,军事力量是海洋安全得以保障的必要的武力存在,海洋安全的实现最终要落实到国防安全上来。海洋生态安全是整个海洋安全体系的自然基础,丰富的海洋自然资源、良好的海洋自然环境是展开海洋经济活动,维护海洋权益的重要基础。海洋社会、文化安全是海洋安全体系研究的新领域,是巩固海洋经济、政治安全的重要保障,是未来海洋安全研究的重点领域。海洋科技安全是保障海洋国防、海洋经济安全的重要力量,"科技是第一生产力",科技安全的保障能够促进海洋科技的不断发展,从而推动海洋国防、海洋经济的发展,促进整个海洋安全体系的升级。海洋安全体系的各子系统之间应该是相互融通、渗透与互补的关系,服务于海洋发展大战略目标的实现。

第三章　中国海洋经济安全

第一节　海洋经济安全概述

一、海洋经济安全的内涵与外延

杨金森(2006)在《中国海洋战略文集》一书中首次提及海洋经济安全,将海洋经济安全归属为现代海洋安全的一部分,但并没有对其概念进行界定,提出海洋安全的威胁主要来源于海上通道、海洋自然灾害与海洋生态方面[①]。

刘明(2009)较早研究海洋经济安全问题,他在成果中指出中国海洋经济安全的有利形势为:国家的高度重视为海洋经济发展创造了良好的宏观环境和社会条件,丰富的海洋资源是海洋经济可持续发展的物质基础。不利形势为:部分海洋资源衰退及生态环境恶化的威胁,部分海域存在海洋权益争议,海洋管理体制不顺,海上执法队伍分散。最后他从分析国家经济安全的内涵入手,认为"海洋经济安全是指在开放条件下,海洋经济发展不受内部或外部威胁和侵害而保持稳定、均衡和可持续发展的状态"[②]。

殷克东、涂永强(2012)认为海洋经济安全问题是包括资源、环境、生态、科技等安全问题的综合体,受到海洋资源安全、海洋生态环境安全、海洋交通安全、海洋科技安全等不确定因素的影响。他们将海洋经济安全的内涵界定为:"海洋经济发展处于不受或是少受来自内部或外部不确定因素的干扰、破坏、侵害、威胁等影响,保持有序的、稳定的、均衡的、可持续的发展状况,实现海洋经济与国民经济发展水平和社会发展水平协调发展的状态。"[③]

周沫(2012)以非传统经济安全理论为依据,从海洋经济安全的内涵与外延两个方面界定其概念:在内涵上,指出非传统经济安全理论从经济安全危机的国内与国际两大来源来界定其内涵,以此为依据,认为"海洋经济安全就是保障海洋产业链条完整、海洋产业结构协调,海洋资源配置合理,从而确保国家海洋经济能够稳定、健康、持续增长的一种状态",并受

---

①　杨金森.中国海洋战略研究文集[M].北京:海洋出版社,2006:40-48.
②　刘明.我国海洋经济安全形势解析[J].云南财经大学学报,2009(1):108-112.
③　殷克东,涂永强.海洋经济安全研究文献综述[J].中国渔业经济,2012(2):167-169.

到国内乃至国际发展趋势的影响。在外延上，认为海洋经济安全受到各种自然因素及社会因素的制约和束缚，并将海洋经济安全领域划分为海洋产业安全、海洋资源安全以及外部经济坏境安全三部分。需要提出的是，这里的海洋资源指一切被人类利用的物质、能量和空间，并将资源的稳定供应以及安全运输包含在安全的含义内。总的来说，她从促进海洋经济健康发展的角度，认为"海洋经济安全，即是指在协调海洋资源、海洋环境、社会人文与经济发展的基础上，海洋经济能够通过自身经济体系的自我调节以及政府的宏观调控，抵御外部不利因素影响并保持稳定、均衡、可持续发展的状态"[①]。

马一鸣（2012）认为，"海洋经济安全是指综合运用市场经济、行政干预等多方面力量，围绕可持续发展为中心，保证资源充分供给，维持系统平衡稳定，充分体现海洋经济特性，做大做强海洋经济"。此概念具体包括五层含义：一是在资源合适承载力范围内合理开发海洋，即支撑海洋经济发展的合理资源规模。二是可靠、稳定、经济发展海洋运输。三是合理处置海洋经济事务。四是高水平的技术支持海洋经济安全。五是，有效抵御海洋灾害[②]。

朱坚真（2013）指出，当前中国海洋经济安全具有"海洋经济总量庞大，经济结构复杂，具有很强的抗干扰性；海洋经济安全存在多种形式的威胁因素，集中表现为各国和地区获取海洋经济利益形式的多样化；政府掌握强大的海洋经济资源及强有力的宏观调控，对海洋经济风险具有很强的抵御能力"三大方面的表现特征。在此基础上将海洋经济安全界定为"一国作为独立的经济体，其海洋经济的根本利益不应受到威胁，保证海洋经济在面临内外因素冲击下继续能稳定运行和健康发展"。提出该定义的理解有几点问题需注意：其一，不宜将其对象泛化，海洋经济安全指的是海洋战略资源利益、产业生产与发展利益、海洋科学技术安全、海洋航道运输安全这四大领域的根本利益没有受到破坏和威胁，而不是一般经济利益，不能把所有要素都作为研究对象。其二，海洋经济安全不能等同于国家海洋经济发展，海洋经济发展是目标，海洋经济安全是其基础保障，所以海洋经济发展了不等同于海洋经济就安全了。其三，要衡量潜在威胁，海洋经济安全不仅要考虑和平常规情况，也需还原不稳定、危机甚至战争的潜在因素[③]。

李佳营（2013）认为，海洋经济之根本利益问题是海洋经济主权、经济危机与尖端海洋科技问题，其中海洋经济主权主要涉及海洋权益、海洋事务处理能力等，强调海洋经济主权可以将海洋经济安全与海洋经济发展区分开来；并将海洋经济安全界定为"海洋经济根本利益处于风险可控的状态，即表现为海洋经济主权不受到严重侵害，能够抵御外部经济危机的冲

① 周沫.我国海洋经济安全监测预警研究[D].中国海洋大学,2012:16-30.
② 马一鸣.中国海洋经济安全评价体系初探[D].中国海洋大学,2012:21-35.
③ 朱坚真,刘汉斌.我国海洋经济安全监测指标体系研究[J].太平洋学报,2013(1):87-90.

击,且掌握尖端海洋科技",同时指出如果中国不能掌握高端海洋科技,未来海洋经济发展会受制于人,所以掌握尖端海洋科技将是中国海洋经济前进的首要目标[①]。

综上,刘明、殷克东与周沫的界定是海洋经济安全定义的状态说,均强调海洋经济安全是不受内外部因素威胁和侵害的状态,还需要指出的是,周沫从海洋经济安全的内涵与外延两个方面界定,比较全面,但其科学性有待进一步研究。朱坚真、李佳营的界定是海洋经济安全定义的利益说,重点是海洋经济的根本利益不受到威胁和破坏,这种从经济利益出发的逻辑思维把复杂问题简单化了,让人容易理解。最后,马一鸣的界定带有明显的经济管理学色彩,强调市场经济、行政干预等多方面的维护,这种思路值得借鉴学习。总的来说,海洋经济安全概念的界定研究才刚刚开始,需要进一步研究。

二、海洋经济安全的特征

海洋经济安全一般具有以下4个突出特点:一是具有多元性,即海洋经济安全问题涉及众多领域,且内部之间关系复杂,因此我们要建立的指标体系是一个多层次、复合型的综合体系。二是具有博弈性,即海洋经济安全利益具有排他性,各海洋国家都在以海洋为战略对抗场地,并且正在走向多次博弈后寻找均衡点,争取双赢或多赢的态势。三是手段的复合化,即政府维护海洋经济安全除了运用经济手段外,还运用政治、文化、军事、科技等方法,海洋高科技手段的促进与防范作用更是明显。四是具有外部性,一方面指海洋生产、经营与管理活动有可能产生正外部与负外部效益。另一方面,指在维护海洋经济安全时,政府的宏观行为也可能对其他因素造成的积极与消极影响,所以这是本书特别关注的问题。

三、海洋经济安全与国家安全、经济安全、海洋安全的关系

经济安全与海洋安全都作为当前国家安全的构成部分,经济安全居于国家安全的核心和基础位置。同时海洋安全是国家安全的屏障,一国的海洋安全直接关系着其陆地安全。中国沿海经济带最暴露、最脆弱,是国家安全的软肋,所以中国要特别注重海陆经济统筹发展,只有获得制海权和海洋经济安全,国家安全才有保障。总的来说,它们的相互关系如图3-1所示。

[①] 李佳营.海洋权益事件对我国海洋经济安全的影响:传导路径及传导效应研究[D].中国海洋大学,2013:22-34.

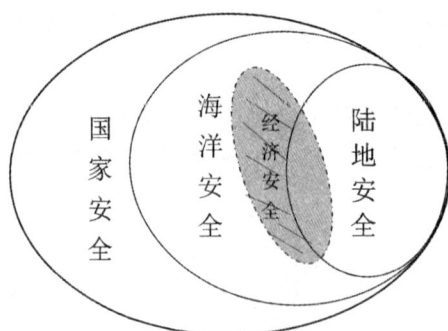

图 3 – 1　海洋经济安全与国家安全、陆地安全、海洋安全的相互关系

注:图 3 – 1 中 ▨ 部分即表示海洋经济安全的范畴。

第二节　中国海洋经济安全现状及发展态势

一、中国海洋经济发展现状

蓝色海洋为人类的生存与发展提供了丰富的自然资源,海洋经济正成为 21 世纪全球经济发展的新阶段和动力源,逐步成为了一个独立的经济系统。

中国海洋经济发展大概经历了 3 个阶段,从直接利用海洋资源的初级生产阶段到沿海地区经济快速崛起,再到当前海陆统筹发展阶段。作为海洋大国,中国政府一直非常重视海洋经济的发展,"十一五"规划明确提出了要"实施海洋综合管理,促进海洋经济发展"。目前,中国海洋经济发展被赋予新的内涵和新的使命:新的内涵,指海洋经济发展是国家经济发展和区域协调战略的重要组成部分,其安全的发展状态有利于保障国家经济安全;新的使命,就是要在"十二五"规划首次提出"发展海洋经济"的背景下,切实把振兴海洋经济提升到国家发展战略的高度。2011 年 11 月,首届中国海洋经济投资洽谈会在海洋经济发展战略、海洋经济立法、海洋权益维护、海洋生态环境改善和海洋文化建设等方面全面展示了中国海洋经济的实力。可见,中国海洋经济发展已有所成就并初具规模(2001—2013 年海洋经济发展情况见图 3 – 2),2013 年海洋生产总值高达约 5.4 万亿元。据预计,2015 年海洋生产总值将占国内生产总值的 10%。

中国海洋经济发展面临一系列问题,如海洋经济区域发展不协调、产业结构急需转换升级、海洋环境恶化加剧、海洋资源利用存在浪费、海洋权益受到损害等。作为国内第一本客观反映和专业评述中国海洋经济发展的现状、存在问题以及发展趋势的综合性报告,《中国海洋经济发展报告(2013)》指出,未来 10 年至 20 年海洋资源和环境问题将是制约海洋经济

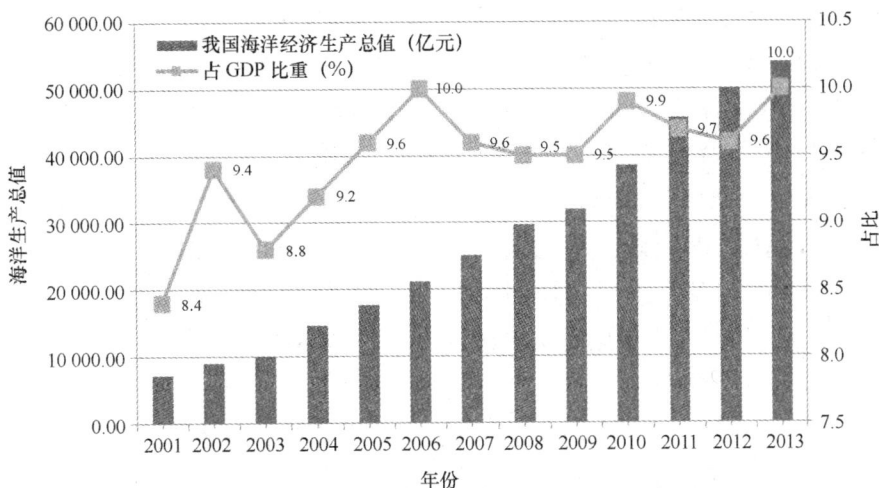

图 3－2　2001—2013 年中国海洋经济生产总值及占国内生产总值的比重

注：图 3－2 数据均来源于各年年鉴或年报。

发展的重要因素。

二、中国海洋经济安全态势

中国已把发展海洋经济作为国家战略加以实施，开发与利用能力不断增强，同时面临许多来自海洋方向的安全与利益风险。一方面，政府维护国家海洋经济安全的能力不断提高，一是海洋意识有效提升，提出了"科技兴海"、"海洋强国"和"数字海洋"等战略。二是海洋综合管理加强，特别是《中华人民共和国海域使用管理法》等法律法规的实施，使得中国走上了科学用海、规范管理和可持续性用海的轨道。如 2012 年三沙市的成立使广阔的南海海域得到统一的管理，极大地拓宽了海域管理的范围。三是大力推行海洋循环经济，提高了海洋资源的利用效率，生态环境恶化得到遏制。四是随着 2013 年中国海警局的成立，海上执法形成合力，综合执法将逐步实现。五是国家维护海洋安全的军事力量不断增强，伴随着海军一系列卓有成效的护航行动。2012 年，我国首艘航母"辽宁舰"正式服役，标志着国家的海军力量由纯粹的近海防御型向远海防卫型过渡。另一方面，中国海洋经济安全的形势十分严峻，具体表现如下：

近年来，中国海洋经济安全的周边局面复杂多变。随着"蓝色圈地"运动的铺开，各国争夺海洋资源愈演愈烈。由于美国、印度等大国的介入，中国黄海、东海与南海海域存在极大的海域争端。在黄海，主要是与韩国的大陆架之争及苏岩礁问题。在东海，主要集中在大陆架的划界和钓鱼岛的归属问题上。在南海，中国被侵占的岛屿数量惊人，共有 45 个。此外，南海现有非法油井 1 000 余口。据国际先驱导报统计，越南在南海开采的油气产值至少占其 GNP 的19% 以上，其 2012 年上半年仅原油出口一项即达 38.3 亿美元。中国政府直到 2012 年才在距离香港东南 320 千米处,启动首个深海钻探项目。

国家对海洋国土管理的能力不足,海上执法力量有限。据统计,全国"2013 碧海"行动成果丰硕,共立案 152 件,罚款 1 123.8 万元,查处海洋倾废类案件 98 件。[①] 目前中国只在局部海域建立专项海上执法合作或定期巡航制度,全国海域进行常态化的、大范围的巡航执法任重道远。面对南海 200 余万平方千米的海域,直到 2010 年 5 月才首次开展对西沙、中沙、南沙海域的编队巡航。2012 年成立"三沙市政府"和公布钓鱼岛领海基线。总体来说,中国在西南中沙的海事管理能力还是很弱的[②]。2013 年海洋局发布三定方案,中国海警局正式挂牌,在一定程度上强化了海上维权执法,但海上执法力量的整合及完善仍面临许多困难,需要几年甚至更长时间的磨合。

海洋生态环境问题日益严重,主要是海洋资源日益匮乏及海洋环境污染的恶化。海洋倾废、溢油事故、陆源污染、过度捕捞、不当开发等人类活动正在严重威胁海洋健康。根据《2012 年中国海洋环境状况公报》,未符合一类海水水质标准的海域面积为 17 万平方千米,比前 5 年的平均水平高出 2.0 万平方千米;劣四类水质的近岸海域面积约有 6.8 万平方千米,较上年增加了 2.4 万平方千米;沿海一些典型的生态系统约 81% 处于亚健康和不健康状态。蓬莱 19 - 3 油田溢油(2011)和大连新港"7 · 16"油污染(2010)事件都对其邻近海域生态环境造成了严重影响,直到今天还难以消除。2013 年 12 月山东青岛发生的原油泄漏事件,造成严重的海滩污染,居民养殖的海产品大量死亡,海岸及海面上残存的原油在短时间内难以净化。

海洋科技水平滞后,海洋经济安全缺乏软实力的支撑。中国海洋产业主要集中在海洋渔业、海洋盐业、海洋船舶业、海洋油气业等传统行业,海洋生物医药、海水综合利用、海洋工程装备制造等新兴产业占比不大。目前,中国海洋科技仍落后发达国家 10 ~ 15 年以上,其对海洋经济的贡献率约为 30%,要在"十二五"时期达到 60%(西方多数国家已达到)仍然充满挑战,特别是在自主创新能力方面。[③] 同时,高层次海洋科技人才薄弱,制约着海洋经济与产业的升级转型。据专家预计,2015 年海洋人才资源总需求量约 260 万人以上,2020 年将超过 300 万人[④],海洋人才供需矛盾突出。

第三节　海洋经济安全监测指标体系构建

海洋经济安全监测指标体系的设计,是以国家安全理论、经济安全理论、海洋经济理论

---

① "2013 碧海"行动内容详见法制日报,2014 - 01 - 27。
② 海南海事局的副局长张捷话语,详见《海南日报》,2012 - 07 - 07。
③ 数据来源于《国家中长期科学和技术发展规划纲要》中的海洋科技工作部分。
④ 数据来源于《人民日报》海外版,2013 - 08 - 08。

以及海洋安全理论等为基础,通过海洋经济安全的传导机制和区域海洋经济安全管理两个视角对海洋经济安全影响因素与运行机制的分析,最后总结出系统、全面、科学、客观地反映海洋经济安全内在本质的指标体系。

一、海洋经济安全监测指标体系的设计思想

(一)科学发展观的重要思想

中国海洋经济安全监测指标体系的设计必须以科学发展观为指导。在经济全球化迅猛发展的形势下,海洋经济安全呈现出越来越复杂的态势。坚持以人为本,指标体系的构建充分体现科技与人才安全对国家海洋经济安全的重要性。树立全面、协调、可持续的发展观,指标体系构建的具体目标为:首先有两种角度,即海洋经济安全的市场传导机制与政府传导机制的安全;其次,有两个层次,即沿海行政区域与沿海经济圈海洋经济的安全。

(二)集中集约用海的发展方式

海洋经济活动实质上是海洋资源配置,海洋经济安全很大程度体现在海洋资源的安全问题上。指标体系的构建充分体现集约用海发展方式对国家海洋经济安全的重要性。在海洋经济安全的市场传导机制与政府传导机制下,企业应该发展海洋循环经济,最大限度地减少对环境的污染及资源浪费。政府应该建立资源节约型、环境友好型社会,鼓励海洋经济的可持续发展。

(三)区域海洋经济的和谐发展

中国区域海洋经济发展的不平衡现象突出,指标体系的构建充分强调促进区域海洋经济的和谐发展。区域海洋经济和谐发展有助于促进海洋经济安全。这里说的和谐发展,不是各沿海行政区域要达到一样的发展程度,而是要避免同质化竞争,在提供发展机会、发展空间与政策扶持力度与区域自身匹配的前提下,统筹规划、合理布局,促进区域海洋经济的协调发展。

二、海洋经济安全监测指标体系的设计原则

海洋经济安全监测指标系统通过分析一系列相关指标的变动情况,把握中国海洋经济安全所面临的状态,反映市场与政府的应对能力程度。所以,这些原则既包括选择指标的一般原则,如稳定性、代表性、易采集性、可靠性、易于对比性、科学性、全面性、可操作性、及时性等原则。同时也应包括本文研究内容对指标选取的特殊要求。在海洋经济安全的常规监测中,这些特殊原则包括:

(一)立足海洋经济安全的本质内涵

如前所述,海洋经济安全的本质内涵可以从海洋经济安全的市场传导机制与政府传导

机制界定。同时也可从区域海洋经济安全管理的角度界定,这两种界定方法相辅相成,全面反映了其本质内涵。因此,中国海洋经济安全监测指标体系,应是对这两个方面的综合衡量与考察。在充分考虑海洋经济安全本质内涵的前提下,立足于对关键领域、重要问题和重点区域的监测,设计与海洋经济安全相关的指标,以便将中国海洋经济安全监测的指标体系与其他相关的指标体系区别开来。

（二）基于海洋经济安全的现实状况

首先,从海洋经济安全的现实状况出发。如第一章节所述,一方面,政府维护国家海洋经济安全的能力不断提高。另一方面,中国海洋经济安全的总体形势还十分严峻。鉴于此,应重点分析中国现实的海洋经济安全传导机制,剖析各种影响因素之间的相互关系,揭示海洋经济安全的基础和条件。其次,中国作为一个海洋大国,海洋经济安全的状况最终是以其自身安全状态及国家的维护能力为导向的。因此,企业自身的科技创新能力、信息安全以及政府的海洋事务管理、海洋应急管理能力,都应该是指标体系考察的重要方面。

（三）结合海洋经济安全的政策需求

海洋经济安全监测指标体系的设计遵循导向性原则,需结合海洋经济安全的政策需求。第一,指标体系要充分反映中国海洋经济安全监测的目标,发挥政府传导机制的导向、引领作用,促进区域海洋经济安全管理,激励各地区提高经济安全防范能力,进一步增强科学发展意识和发展能力。第二,指标体系旨在为沿海行政区域和沿海经济圈的海洋经济安全状况提供综合比较工具,能够在进行全面的对比分析基础上,为海洋经济安全提供更加科学、系统的政策建议。

三、海洋经济安全监测指标体系的基本功能

监测国家的海洋经济安全状况,最重要的是建立监测指标体系作为衡量标准,不仅要进行定性的语言描述,而且还要对其进行定量的描述及分析。

进而回答人们普遍关心的问题:国家海洋经济安全的水平与态势如何,国家海洋经济安全的脆弱之处在哪,增强或提升国家海洋经济安全水平的途径是什么。海洋经济安全监测指标体系的功能,就是回答这些问题。

（一）描述功能

反映海洋经济安全的总体状况。海洋经济安全监测指标体系是以比较简单明了的方式,相对全面地向人们提供海洋经济安全在一个时点上或时期内的总体态势以及区域海洋经济安全水平的具体状况。可以使决策者(这里主要指企业和政府)注意那些与海洋经济安全相关的关键领域,特别是那些需要优先考虑的问题,从而熟知其状态和进展情况。同时,这些信息的反馈能使决策者及时地评估政策的正确性和有效性,进而改进或调整政策方向。

（二）解释功能

辨识海洋经济安全的威胁因素。海洋经济安全监测指标体系的制定，可以在认识其现实状况的基础上，进而确定海洋经济安全需要解决的关键问题。同时，常态化的监测更能及时地、准确地对海洋经济安全的失调原因和变化原因做出科学合理的解释。通过监测结果的比较分析，可以找出其威胁因素并加以分析研究，从而为下一步的决策提供方向指引。

（三）导向功能

为维护海洋经济安全提供导向。海洋经济安全监测指标体系可以简化和改进政府对海洋经济安全的了解，使其针对关键领域采取积极措施，集中力量抵御不安全因素。并且可为如何提高海洋经济安全的保护能力，提供切实可行的决策方案。另外，通过跟踪指标体系的时间序列，可控制各领域的发展态势，有针对性地进行政策调整以便能够及时有效地对危机做出反应。

四、海洋经济安全监测指标体系的框架

（一）构建步骤

第一步，明确监测目的

从海洋经济安全的传导机制及区域海洋经济安全管理两个视角出发，尽可能构建简明扼要但又具有代表性的指标体系，使监测的结果与海洋经济安全的实际状态最匹配。

第二步，确定监测主体

本处主要以中国的海洋经济安全为监测主体。

第三步，界定监测对象

主要是确定指标的内容。本处主要从海洋经济安全的传导机制及区域海洋经济安全管理两个方面展开。需要注意的是，指标内容的界定不是一次就能完成的，这是一个持久积累与多次探索的过程。首先，通过阅读相关文献，分析已有成果的指标内容，从中得到启示，并确定部分初选指标。其次，通过剖析海洋经济安全的传导机制与区域海洋经济安全管理问题，从发散性思维中提炼出完整的初选指标。最后，在确定权重时，专家可能会提出相关建议，这就需要本处根据自身的学术观点对此进行调整，最后得出筛选后的指标。

第四步，确定指标权重

在确定最终指标内容之后，通过主客观结合的方法确定各指标的权重。

（二）构建方法

指标体系的构建一般有以下几种方法：

（1）归类法。这是最简单的构建方法,就是对筛选出来的指标进行归类,再从中抽取若干构建指标体系。

（2）目标法又叫分层法。首先确定研究对象的目标,即目标层;其次在其下建立多个具体的分目标,即准则层。最后将其细化为更具体的指标,经过层层分解,最终构建出指标体系。

（3）系统法。就是按照系统原理,将研究对象作为一个复合系统,然后将其分为若干子系统,最后通过分析各子系统的要素组成以确定指标体系。

（4）目标法与系统法相结合。这种方法在实际操作中比较少用,本章就是选择这种方法构建海洋经济安全的监测指标体系。在前章分析基础上,首先运用目标法,我们认为中国海洋经济安全的总目标可以分解为沿海行政区域的安全或沿海经济圈的安全两个平行的分目标,并且前者还可以细分为沿海地区、沿海城市行政区、沿海地带行政区三个区域的安全,后者则可以细分为环渤海经济圈、长江三角洲经济圈、珠江三角洲经济圈、海峡西岸经济圈、环北部湾经济圈以及海南经济圈6个板块的安全。其次运用系统法,我们认为中国海洋经济安全复合系统分为市场传导系统与政府传导系统,接着通过分析这两个子系统的要素组成以确定一级指标,再如此类推设计二级、三级指标,按照这种逻辑思路一步步建立系统的指标体系。最后,结合目标法与系统法,将两种方法建立的指标体系融合起来,使海洋经济安全的监测指标体系最终实现完整的构建。

（三）基本框架

基于以上分析,我们建立基于多因素的海洋经济安全的监测指标体系。具体如表3-1所示,其基本框架依次为:

（1）总目标,即目标层指标;

（2）次目标,即准则层指标;

（3）分目标,即项目层指标;

（4）决策单元,即监测主体目标,共有314个目标主体可供选择;

（5）总系统,即系统层指标;

（6）子系统,即状态层指标;

（7）一级指标;

（8）指标内容;

（9）具体指标。

表3－1　中国海洋经济安全监测指标体系

总目标	次目标	分目标			主系统	子系统	一级指标	指标内容	具体指标（二级指标体系）
中国海洋经济安全1个	沿海行政区域海洋经济安全1个	沿海地区11个	沿海城市行政区51个	沿海地带行政区243个	市场传导机制	海洋经济安全的传导机制	A1 海洋资源安全	资源储量	B1 海洋资源人均可开发资源存量
		天津 河北 辽宁 上海 江苏 浙江 福建 山东 广东 广西 海南	以广西为例：北海市 防城港市 钦州市	以广西为例：海城区 银海区 铁山港区 合浦县 港口区 防城区 东兴市 钦南区				资源利用	B2 海洋综合资源利用率
							A2 海洋资金安全	注册资本	B3 海洋企业注册资金总额
								运作资本	B4 海洋企业投融资总额
							A3 海洋科技安全	科技水平	B5 海洋科技成果转化率
									B6 关键海洋技术自给率
								人才结构	B7 海洋就业人数占该地区就业人数比重
							A4 海洋信息安全	信息安全建设	B8 海洋信息安全建设资金投入总额
								信息泄露损失	B9 海洋信息泄露损失占海洋GDP的比重
							A5 海洋环境安全	负外部效益	B10 海洋产业废水直接入海量/海岸线长度
									B11 海洋产业固体废物倾倒量/海岸线长度
							A6 海洋运输通道安全	港口运力	B12 船舶总吨量
									B13 港口吞吐量
								航道安全度	B14 成功开辟临时航道能力
									B15 海上运输事故损失占海洋GDP比重
					政府传导机制		A7 海洋资源政策	资源立法	B16 海洋资源立法完善程度
								资源保护	B17 海洋资源保护投入经费占财政预算比重
							A8 海洋财政金融政策	财政支出	B18 海洋经济总投入占财政预算比重
								税收政策	B19 税收优惠对海洋GDP增长的贡献率
								金融支撑水平	B20 具有政策性功能试点银行放贷总额
							A9 海洋人力资源政策	人才数量结构	B21 海洋事业单位科研人员数量占海洋就业人数比重
									B22 海洋院校培养人才数量占海洋就业比重
							A10 科技奖励政策	奖励数量	B23 科技成果奖项数量
								奖励金额	B24 海洋科技奖励投入占海洋财政总预算比重
	沿海经济圈海洋经济安全1个	环渤海经济圈1个 长三角经济圈1个 海峡西岸经济圈1个 北部湾经济圈1个 珠三角经济圈1个 海南经济圈1个					A11 海洋信息平台搭建	信息平台建设与完善程度	B25 海洋信息安全建设资金投入占财政预算比重
									B26 信息平台使用满意度
							A12 校正海洋负外部性	环境执法	B27 日常环境污染执法力度
								环境治理	B28 一般环境污染治理项目投资总额
							A13 港口航道建设	港口建设	B29 港口基础设施建设投入资金总额
								航道保护	B30 海上执法力度
							A14 海洋事务管理	日常行政管理	B31 处理海洋事务的行政效率
									B32 各级海洋部门协调度
								国际事务处理	B33 重大海洋国际事务参与度
							A15 海洋应急管理	海洋防灾救灾	B34 海洋灾害损失占海洋GDP的比重
								海洋权益保护	B35 海洋权益事件处理能力
								海洋污染处理	B36 突发海洋污染损失占海洋GDP的比重

（四）指标含义

市场传导机制安全，即海洋经济"投入—生产—流通"安全方面：

（1）海洋资源安全。海洋资源人均可开发资源存量，指中国现已探明的、可利用的海洋资源的人均占有量，存量越高，则海洋经济资源安全度越高。海洋综合资源利用率，指中国正在使用的所有海洋资源的综合利用率，利用率越大表明资源利用效果越好，集约化生产程度越高。以上两者可在一定程度上反映海洋资源安全的状态。

（2）海洋资金安全。海洋企业注册资金总额，指从事海洋产业和海洋相关产业的所有企业的注册资本总额，可体现企业规模和公司信誉。海洋企业投融资总额，指从事海洋产业和海洋相关产业的所有企业所获得的投融资总额，可体现企业的运作能力。以上两者可在一定程度上反映海洋资金安全的状态。

（3）海洋科技安全。海洋科技成果转化率，指海洋科学技术在生产中的应用率，其数值越高，则证明海洋科技的商业化程度越高。关键海洋技术自给率，指企业所需要的一些核心海洋技术自给自足的数量与国外引进的数量的比值。海洋产业就业人数占该地区就业人数比重，指决策单元范围内的海洋产业就业人数与该地区就业人数的比值。以上三者可在一定程度上反映海洋科技安全的状态。

（4）海洋信息安全。海洋信息安全建设资金投入总额，指从事海洋产业和海洋相关产业的所有企业对信息安全建设的资金投入总额，数值越高，证明企业越重视海洋信息安全。海洋信息泄露损失占海洋国内生产总值的比重，指由于信息安全问题造成的经济损失与海洋国内生产总值的比值，越低越好。以上两者可在一定程度上反映海洋信息安全的状态。

（5）海洋环境安全。海洋产业废水直接入海量/海岸线长度和海洋产业固体废物倾倒量/海岸线长度可在一定程度上反映海洋环境安全的状态。并且引入海岸线长度，方便各决策单元之间进行比较，明确环境污染的严峻程度。

（6）海洋运输通道安全。船舶总吨量和港口吞吐量在一定程度上可反映港口的运力大小。成功开辟临时航道能力（定性指标）和海上运输事故损失占海洋国内生产总值比重则可反映航道保护的能力的大小。以上4个指标可在一定程度上反映海洋资源安全的状态。政府传导机制安全，即海洋经济安全政策保障方面。

（7）海洋资源政策。海洋资源立法完善程度（定性指标）与海洋资源保护投入经费占财政预算比重可在一定程度上反映海洋资源政策的保障力度。

（8）海洋财政金融政策。在财政支出方面，选取海洋经济总投入占财政预算比重这一指标，以反映政府对海洋经济投入的高低。在税收政策方面，用税收优惠对海洋国内生产总值增长的贡献率的指标表明政策的作用效果。以上两者可在一定程度上反映财政政策的保障力度。具有政策性功能试点银行既包括一般的试点银行，也包括代理行使相关职能的某些银行,或拥有海洋相关业务的村镇银行、贷款公司、农村资金互助社等新型金融组织。具有政策性功能试点银行放贷总额可在一定程度上反映金融政策的保障力度。

(9)海洋人力资源政策。主要选择海洋事业单位科研人员数量占海洋就业人数比重、海洋院校培养人才数量占海洋就业人数比重两个指标反映海洋人力资源的结构及其政策的保障力度。

(10)海洋科技奖励政策。科技成果奖项数量与海洋科技奖励投入占海洋财政总预算比重在奖励的数量与金额上反映海洋科技奖励政策的保障力度。

(11)海洋信息平台搭建。海洋信息安全建设资金投入占财政预算比重与信息平台使用满意度(定性指标)可在一定程度上体现海洋信息平台搭建政策的保障力度,可反映政府对海洋信息安全的重视程度。

(12)校正海洋负外部性。我们此处所讲的负外部性指一般环境问题,必须与第16个指标"海洋应急管理"中突发环境污染问题相区别。在此主要用日常环境污染执法力度,是定性指标和一般环境污染治理项目投资总额两个指标反映校正海洋负外部性的保障力度。

(13)港口航道建设。港口基础设施建设投入资金总额指标体现政府在港口建设方面提供公共产品的完备程度。海上执法力度(定性指标),则反映政府维护航道安全而进行相关执法的情况。以上两者可在一定程度上反映港口航道建设的保障力度。

(14)海洋事务管理。处理海洋事务的行政效率与各级海洋部门协调度(定性指标)体现政府管理日常海洋事务的行政能力,重大海洋国际事务参与度(定性指标)则体现政府管理国际海洋事务的能力。以上三者可在一定程度上反映海洋事务综合管理的保障力度。

(15)海洋应急管理。海洋应急管理主要集中在海洋防灾救灾、海洋权益保护与海洋污染处理三个方面。海洋灾害损失占海洋国内生产总值的比重与突发海洋污染损失占海洋国内生产总值的比重两个指标反映政府的海洋应急管理越强,海洋经济在海洋突发事件中的损失就降低。其中,海洋权益事件处理能力是定性指标。以上三者可在一定程度上反映海洋应急管理的保障力度。

第四节　维护中国海洋经济安全的政策建议

综上所述,海洋经济安全问题对中国的影响不可低估,并且存在市场与政府两个层面的安全传导机制。因此,中国政府在维护海洋经济安全上是完全可以有所作为的。应该将海洋经济安全上升到国家战略的层面来考虑,及早采取防范和应对措施,以规避可能由此引发的不安全风险。前面将海洋经济安全的传导机制总结为两个方面,即市场传导机制与政府传导机制,简而言之就是"看不见的手"与"看得见的手"。从经济管理学角度,我们主要从政府层面对如何维护海洋经济安全提出相关政策建议。

一、增强海洋财政政策扶持力度

继续加大政府在海洋经济安全方面的财政投入力度,除了财政直接投入,更加重视税收优惠等间接投入方式。建议继续推行合理的海洋环保产业税收优惠政策,并对环保设施与设备实行低税率,海洋生态修复项目给予税收支持。财政政策的制定应注重对海洋科技的投入,要求政府补充海洋研究开发经费。应发挥财政政策的引导作用,积极支持第三产业海洋旅游业的发展,加快海洋产业结构升级。应实行重点扶持政策,支持关键海洋企业发展。

二、构筑多元化海洋投融资机制

构筑多元化海洋投融资机制,在资金上保障海洋经济的安全。制定积极的投融资政策,吸收企事业单位、银行、社会团体和个人,形成具有多层次、多渠道的海洋经济投融资机制。在海洋经济安全的范围内引入一定量的外资,增加海洋经济的活力。特别是在海洋产业风险投资上,政府应实行积极的资金信贷政策,国家政策性银行应对海洋环保产业与海洋高新技术产业等给予信贷支持。鼓励各类保险公司开发海洋相关险种,建立政策性海洋经济保险制度。探索为海洋高技术中小型企业提供担保服务的可行性措施并加以实施。可以市场化投融资模式,鼓励并监督以商业贷款、发行债券股票等商业化融资手段;向民营中小金融机构开放海洋投融资市场。

三、完善海洋人力资源支撑体系

完善海洋人力资源支撑体系,保障海洋经济的安全。一方面,对从事海洋传统行业的人员,政府要利用各种形式对其进修培训,使其掌握先进技术,提高生产率。另一方面,对从事海洋第三产业如滨海旅游业的人员要促进各地区的交流,提升其服务意识与服务质量。此外,应重点培养海洋高素质人才,一要培养海洋学科带头人,特别是具有国际影响的优秀人才。二要扩大海洋教育规模,增加海洋类大学与职业技术院校的数量,引导涉海高校整合教育资源。三要增设海洋类专业,重点增加实用性强的学科,培养海洋技工。

四、搭建海洋经济信息沟通平台

搭建海洋经济信息沟通平台,保障海洋经济的安全。积极发挥国家海洋信息中心[①]管理国家海洋信息资源,引导、统筹全国海洋信息化业务工作的职能,为海洋经济和海洋安全提供及时准确的信息,并建立与健全各级海洋信息中心,为其提供业务保障、技术支撑与服务。

---

① 该中心同时加挂"国家海洋局海洋科技情报研究所"、"中国海洋档案馆"、"国家海洋资料中心"的牌子。

在网站建设上,逐步扩大中国海洋信息网和海洋经济统计信息网[①],鼓励涉海部门及企事业单位参与进来,通过网站逐步搭建起长效的、互信的沟通与协作平台机制,不断拓展海洋经济数据的查询和作用,从而提高海洋经济信息的质量和时效。在机构建设上,设立监测海洋经济安全的专门机构,利用海洋经济安全监测指标体系关注、监测、评估海洋经济的安全状况,对危机进行及时的预警,应加快完成省级海洋经济运行监测与评估系统建设,完善海洋经济运行监测与评估体系及信息发布平台,为海洋经济安全监测工作奠定坚实基础;同时有利于提高省级海洋经济的统筹、协调和服务水平,提高保障区域海洋经济安全管理水平。

五、校正海洋活动的负外部性

校正海洋活动的负外部性,保障海洋经济的安全。在预防措施上,建议政府引导企业进行深度开发资源,对资源坚持科技投入、集约经营的方式,鼓励高新技术与环保产业的发展,严格监督海洋经济按照海洋区划与规划进行,严守生态保护区的功能不变,建立海洋经济示范区,探索海洋循环经济的发展。在修正措施上,建议加大力度实施海洋排污权交易制度、生态环境补偿金制度,必要时政府可以用行政手段或与司法机关联合起来制止严重的负外部性活动。在监督制度上,引入环境专家、咨询机构及个人等社会监督力量,以便及时发现并反馈环境污染问题,为政府制定校正措施争取时间。

六、完善港口建设与航道保护

加强港口建设与航道保护,保障海洋经济的安全。在港口建设方面,政府应增加基础设施建设,对老旧港口结构进行加固改造,推进各级港口实现现代化;建立物流信息共享制度,特别是发挥省级交通厅港航管理局的职能,及时调度本地方的主要港口企业,协调物流企业加强货物的运输组织和疏导,加快货物在港口的集散速度。在航道保护方面,必须建设一支现代化海军队伍,并且联合其他海上执法力量共同保障海上运输安全,更重要的是强化对中国主要运输航道进行常态化的维权巡航执法,保卫太平洋和印度洋的海域战略通道。

七、强化海洋经济日常事务管理

强化海洋经济日常事务管理,保障海洋经济的安全。各级海洋部门首先要强化对新时期海洋日常事务管理工作规律的认识,用科学管理方法统筹日常工作,积极破解影响和危及海洋经济安全的现实问题。创新海洋经济日常事务管理,最重要的是尽快改革现行海洋行政管理体制,加强协调机制建设。一方面,要完善部门间、跨部门、跨区域的组织协作制度,提高日常事务的处理速度;另一方面,在涉及海洋经济安全的对外事务上,也要积极参与国

---

① 网址分别为:中国海洋信息网 http://www.coi.gov.cn/;中国海洋经济信息网 http://www.cme.gov.cn/。

际海洋事务以提高磋商能力,特别要积极发展与中国海洋经济地缘关系密切的国际事务。

八、建立海洋经济应急管理体系

通过建立海洋经济应急管理体系,保障海洋经济的安全。在强化海洋经济日常事务综合管理的同时,还要加强应急管理,对海洋经济中的各种突发问题及时作出回应。针对海洋自然灾害,建立防灾减灾体系,按照《风暴潮、海啸、海冰灾害应急预案》、《赤潮灾害应急预案》等文件长期开展灾害监视监测,及时作出预警与行动。针对海洋事故灾难,应根据《全国海洋石油勘探开发重大海上溢油应急预案》、《国家海上搜救应急预案》立即采取行动,尽量将损失降到最低。针对海洋权益类突发事件,还需要建立相关应急预案,举行各种演习以探索解决争端的新思路。

第四章　中国海洋政治安全

第一节　海洋政治安全概述

中国大陆海岸线长达 18000 多千米,近海海域辽阔,濒临渤海、黄海、东海、南海四个海区。按照《联合国海洋法公约》规定,我国目前主张 300 万平方千米的海洋国土及管辖海域。但由于种种原因,有将近40%的海域还存在争议。除了渤海为我国内海尚无明显争议外,其他 3 个海域都存在不同程度的争议,且在某些方面呈现出愈演愈烈的态势,主要表现在海岛争端、海域划界、海洋资源开发等方面。①

斯皮克曼认为世界上存在三大实力中心,即北美太平洋沿岸、欧洲沿海地区和欧亚大陆的远东沿海地带。② 中国处在亚欧大陆东部,是一个典型的海陆复合国家。在亚欧板块、太平洋板块以及印度洋板块的俯冲和碰撞形成了一些海沟和海盆,在海沟和海盆上面是一些破碎的边缘海,被海水所分割的是一些岛屿、半岛及海峡等。处在北太平洋西部的黄海、东海由中国大陆、朝鲜半岛、九州岛、琉球群岛所环绕,海区两侧岛屿密布且水道众多,如台湾海峡、朝鲜海峡、渤海海峡等,周边还有优良的港口,如旅顺、大连等,是登陆中国大陆的重要据点,清朝时期,俄日就在这些地区进行争夺。由于该区域特殊的经济、军事价值,成为中国与日本、韩国等国激烈争夺的海区。

处在我国南部的南海面积约 350 万平方千米,几乎是渤海、黄海与东海综合的 3 倍,海区内岛、礁、沙洲星罗棋布,四周有加里曼丹岛、苏门答腊岛、中南半岛与菲律宾群岛等,整个南海几乎全部被大陆、岛屿或半岛所包围,南海周围分布着数个具有重要战略地位的国际海峡。在联合国公布的 8 个重要国际海峡中,有 5 个位于南中国海附近。③ 通过台湾海峡和抵达东海进而进入日本海;通过巴士海峡可进入太平洋;通过巴拉克海峡可抵达苏禄海和苏拉威西海进而进入大洋洲;通过新加坡海峡、马六甲海峡可以直接进入印度洋。在这些海峡中,马六甲海峡的战略地位最为重要,据统计,通过马六甲海峡的船只仅次于多佛尔海峡,居

---

① 薛桂芳,《〈联合国海洋法公约〉与国家实践》,海洋出版社,2011 年版,第 220 页.
② ［英］杰弗里·帕克:《二十世纪的西方地理政治思想》(李亦鸣等译),解放军出版社,1992 年版,第 114 页.
③ 它们分别是马六甲海峡、巽他海峡、新加坡海峡、苏里高海峡、圣贝纳迪诺海峡.

世界第二，①是中国、日本、韩国等国通往印度洋的必经通道。随着世界经济一体化的深入发展，这些国家对马六甲海峡的依赖程度不断加深。任何一个国家控制了马六甲海峡，就等于扼住了中日韩的咽喉。因此，离马六甲海峡近在咫尺的越南自然格外重视这个国际航道。不仅仅是海上航道，从此处飞往香港、马尼拉、东京等地的航班数量也相当可观。在该海区周边分布有中国、越南、菲律宾、印尼、马来西亚、文莱、新加坡、泰国等。

在较为广阔的中国边缘海域中，与 8 个国家海岸相邻或者相向，由于大陆架面积有限，使得中国与相邻国家不可避免地发生重叠，这在客观上造就了中国与周边国家的海洋纠纷纷繁复杂。

第二节　海洋政治安全面临的形势及原因分析

一、中国海洋面临的安全形势

（一）岛屿争端愈演愈烈

"岛屿是四面环水并在高潮时高于睡眠的自然形成的陆地区域。"②岛礁因其重要的经济、政治、战略价值，成为众多国家争相抢夺的对象，影响着中国周边地区的稳定局势。在黄海、东海和南海 3 个海区中，中国的海洋权益都面临着严峻的挑战，尤其在东海和南海。

在东海，最大的争议为中国的钓鱼岛被日本所非法控制。钓鱼岛群岛（日本称为"尖阁列岛"）位于中国台湾东北部，由 71 个岛礁组成，面积约 5.69 平方千米。③ 其周边海域拥有丰富的渔业资源及矿产资源。同时钓鱼岛群岛有着重要的战略价值。中国和日本为由冲绳海槽分割的相向大陆架，钓鱼岛位于海槽西侧的中国大陆架上。如日本取得钓鱼岛的主权，中国和日本则变成共架大陆架，按照《联合国海洋法公约》，中日将按照中间线原则划分大陆架，据此日本将获得原属于中国的大量海洋领土、海域管辖权及海洋资源。

关于钓鱼岛群岛的主权归属，我国几代学者分别从地理、历史、国际法理等各个角度进行了论证。日本方面认为：钓鱼岛最初为无主地，由日本以先占取得。美日《旧金山和约》将钓鱼岛与冲绳一同交给美国托管，而不是连同中国台湾一起作为日本必须放弃之领土。日本自 1895 年以来就对钓鱼岛进行连续、和平的管理，根据"时效"应当取得对该群岛的主权。

近年来日本方面不顾中国政府抗议，加强对钓鱼岛的所谓"有效控制"，多次对钓鱼岛"宣示主权"。2012 年，日本炮制"购岛"风波，再次引发两国外交冲突。在美国战略东移、中

---

①　胡启生：《海洋秩序与民族国家》，黑龙江人民出版社，2003 年版，第 258 页.

②　《联合国海洋法公约》，海洋出版社，1983 年版，第 82 页.

③　国家海洋局海洋发展战略研究所课题组，《中国海洋发展报告》(2014)，海洋出版社，2014 年版，第 286 页.

日亚太竞争大背景下,加之两国国内强烈的民族主义情绪,两国关于钓鱼岛的和解前景黯淡。除了钓鱼岛,中韩关于苏岩礁的争论也时常发生。

在南海,关于岛礁的争端更多也更加复杂。有直接关联的有"六国七方",与越南、菲律宾甚至文莱都存在岛礁争端。

(1)菲律宾。1970年,菲律宾直接派兵侵占了距离其较近的马欢岛、费信岛及中业岛。1971年10月,又趁联合国大会讨论中国在联合国合法席位,大陆和台湾均无暇顾及之时,侵占了南沙6个岛礁。[①] 1978年,马科斯签署总统法令,声称依据国际法的"有效占领"及"有实际控制"原则对南沙群岛提出主权要求,并将其更名为"卡拉延群岛"。[②] 阿基诺三世上台之后,为配合美国重返亚太需要,菲律宾对南海的权益诉求开始变得激进、强硬,通过各种方式设置障碍,激化当事国矛盾。2012年,菲律宾动用军舰骚扰、抓捕在黄岩岛海域作业的中国渔民,引发了黄岩岛事件。

(2)越南。越南对于南海的权益诉求可以上溯到法属殖民地时期。1933年,法国侵占包括太平岛和中业岛在内的南沙九小岛,[③]这一事件成为后来越南对南沙提出主权的重要依据。1975年9月,越南内战刚结束,黎笋率团访华,首次正式向中国提出对南沙及西沙群岛的主权要求,中越南海争端从此开始公开化。[④] 1982年,越南再度发表白皮书,反复强调拥有对南沙群岛的主权。此后,越南一直加强对南海的主权宣示,并多次派兵侵占南海岛屿,并由此引发了1988年的中越赤瓜礁海战。近年来,越南加快了对南海海域资源掠夺性开发,邀请区域外大国联合开采南海石油,鼓励渔民进入南沙捕鱼,这些给越南带来了巨大的经济效益和社会效益,使得越南的经济增速连续多年超过5%。

(3)马来西亚。1975年,马来西亚抗议中国地图将国界划到了沙巴和沙捞越沿岸,但是并未对南海岛礁提出主权要求。而1979年12月21日,马来西亚出版的地图上却将安波沙洲等12个岛礁划入马来西亚版图,引起周边国家不满。1983年,马来西亚在"五国防御组织"军事演习的掩护下对弹丸礁进行占领。后来又数次对南沙部分岛礁进行占领,目前马来西亚占领着南沙的5个岛礁。[⑤]

(4)文莱。文莱与中国关于岛礁的争端主要在于对南通礁的主权归属上。南通礁是南沙群岛上的一个岛礁,距离文莱海岸约125海里。1984年文莱独立后,宣布实行200海里专

---

① 冯梁主编:《亚太主要国家海洋安全战略研究》,世界知识出版社,2012年版,第156页.

② Why do Philippines claim to spratly island? http://wiki. answers. com/Q/Why_do_Philippines_claim_to_spratly_island.

③ Historical Evidence To Support China's Sovereignty over Nansha Islands, Nov. 17. 2000, http://www. fmprc. gov. cn/eng/topics/3754/t19231. htm.

④ 吴士存:《南沙争端的起源与发展》,中国经济出版社,2010年版,第83页.

⑤ Rommel C. Banlaoi, RENEWED TENSIONS AND CONTINUING MARITIME SECURITY DILEMMA IN THE SOUTH CHINA SEA:A PHILIPPINE PERSPECTIVE. International Workshop, "The South China Sea:Cooperation for Regional Security and Development", Hanoi,Nov,2009.

属经济区制度,对"路易莎礁"(即南通礁)提出主权要求,并于 1987 年和 1988 年两次照会中国外交部表明其对南通礁的主权要求。1993 年,又以立法的形式将南通礁划入其专属经济区范围之内。[①] 尽管文莱一直并没有占领南通礁。[②] 但是由于其对南海权益主张与实践影响到中国南海岛礁主权及相关权利,"并与马来西亚的权益主张发生冲突。因此,南海争端以及围绕南海争端而延伸出的种种权益博弈,将无一例外地影响到文莱的海洋安全"[③]。

(二)海域划界纠纷难以化解

《联合国海洋法公约》生效后,中国与周边国家的海域划界争端逐步公开化。在黄海、东海和南海的八个周边国家存在海域划界纠纷。[④] 在黄海北部需要与朝鲜划定领海与专属经济区,在南部需要与韩国划定专属经济区和大陆架。在东海需要与日本划定专属经济区和大陆架。在南海中国的九段线形成的历史性水域与周边国家主张的专属经济区以及大陆架发生重叠,形成一系列的争议海域。

在黄海与朝鲜和韩国均存在划界问题。朝鲜虽然在 1955 年 3 月宣布 12 海里领海,但是并未正式公布自己的领海基线。在日本海,一般认为朝鲜采用的是直线基线法,而在黄海则采用的是低潮线基线法。[⑤] 1977 年,朝鲜宣布实行 200 海里经济水域。黄海宽度不足 400 海里,中国和朝鲜都主张 200 海里专属经济区,则必然发生重叠。且在北黄海海域,中国海岸线长为 688 千米,朝鲜海岸线长为 414 千米,划界时应考虑两国海岸线的比例。目前鉴于中朝之间的特殊关系,两国都对该海域划界问题保持克制。一旦中朝关系变成正常的国家关系,可以预见该问题将公开化。在黄海与韩国的划界也存在争议。中国与韩国是相向共架国,由靠近韩国一边的黄河古河道相区分。中国主张划界时要考虑两国海岸线之间的比例同时参照黄海海底的淤泥线,而韩国主张按照中间线原则划界。如此,中韩海底之间最富有石油开采前景的大陆架将位于韩国一侧。由于两国意见不一致,进而产生了 6 万多平方千米的争议区。[⑤]

在东海最为激烈是与日本的海域划界矛盾。东海是一个南北长约 630 海里,东西宽约 150 至 360 海里,面积约 77 万平方千米的海区。[⑥] 根据《联合国海洋法公约》规定,沿海国有权利确定不超过 12 海里宽度的领海。从领海基线算起不超过 200 海里的专属经济区以及作为沿海国陆地自然延伸的海底区域海床和底土的大陆架,大陆架宽度不应超过从测量领

① 鞠海龙:《文莱海洋安全政策与实践》,载于《世界经济论坛》,2011 年第 5 期,第 60 页.

② Christopher C. Joyner, *The Spratly Islands Dispute in the South China Sea: Problems, Policies, and Prospects for Diplomatic Accommodation*, p56. http://www.stimson.org/images/uploads/research - pdfs/cbmapspratly.pdf.

③ 冯梁主编:《亚太主要国家海洋安全战略研究》,世界知识出版社,2012 年版,第 242 页.

④ 高之国、贾宇、张海文:《国际海洋法问题研究》,海洋出版社,2011 年版,第 169 页.

⑤ 薛桂芳,《<联合国海洋法公约>与国家实践》,海洋出版社,2011 年版,第 224、227 页.

⑥ 孙佳斌,《中日东海问题实质及海域划界问题研究》,载于《世界地理研究》,2010 年 9 月,第 30 页.

海宽度基线 350 千米的距离。中日两国都据此主张自己的海洋权利,而东海最宽处仅仅 360 海里,因此出现了大面积重叠。在划分原则上中国主张按照大陆架自然延伸的原则进行划分,而日本则主张按照"中间线"原则等距离划界。在中日是否为共架上也存在分歧。中国认为冲绳海槽两侧的地形地貌与地质构造都不同,中日分属于东海大陆架和琉球群岛大陆架,冲绳海槽为两大陆架的自然分界。而日本认为冲绳海槽仅为两国大陆架的偶然凹陷,不能成为划界的法律因素,冲绳海槽在中日大陆架划界上应该忽略不计。再加上钓鱼岛群岛的主权归属及法律地位,两国在海域划界上矛盾丛生,严重影响了两国的外交关系,并成为引发中日两国对抗的重要因素之一。

在南海,中国与越南、菲律宾、马来西亚、印度尼西亚以及文莱均有海洋管辖区域重叠性主张。除了与越南解决了在北部湾海域的专属经济区及大陆架划分之外,其余水域的争议错综复杂,至今仍在。菲律宾从来没有合法延伸到南沙群岛,1898 年美西战争之后签订的条约中也没有将南沙群岛包括在菲律宾领土范围之内。但是菲律宾一直觊觎南沙群岛的主权,1978 年,马科斯签署总统法令,声称依据国际法的"有效占领"及"有实际控制"原则对南沙群岛提出主权要求,并将其更名为"卡拉延群岛"。[1] 1987 年 11 月,菲律宾在起草的法案中,重新以直线基线方法最大限度地划定菲律宾海域。直线基线以内的所有水域,包括苏禄海在内都成为菲律宾的领海。[2]作为滨海国家的马来西亚自然看中南海的战略价值,马来西亚将其国家战略利益分为邻近地点、区域地点和全球地点,其中南海就是区域地点的重要组成部分。[3] 1979 年 12 月马来西亚发布新地图,标明其领海和大陆架边界,将中国南沙群岛中的 12 个岛礁划入其大陆架范围,引起中国的强烈抗议。印尼对南海的关注主要集中在纳土纳群岛海域。纳土纳群岛位于马来半岛及婆罗洲岛之间的南中国海内,北纬 4 度左右,距离曾母暗沙约 400 千米。1993 年,第 4 次中国—东盟南海研讨会上,印尼看到中国出示的地图上的断续线已经接近纳土纳群岛,便开始提出质疑。后来,虽然中国政府已经就此事作出书面解释,但印尼仍然感觉中国政府对该群岛的态度不明确。如印尼外交官贾拉尔就说"这些线没有准确的定义和坐标,因此其合法性及精确位置并不清楚"[4]。印尼政府仍然要求将书面保证转化成法律文件,"非该断续线从中国地图上消失,或者另画一条详细的中国声称的边界线"。[5] 文莱在对南海的利益诉求上,没有占领任何岛礁,但是其对专属经济区及大陆架的主张已经跨进了中国历史性水域,对南通礁的主权要求引起中国、马来西亚等国的抗

①② *Why do Philippines claim to spratly island?* http://wiki. answers.com/Q/Why_do_Philippines_claim_to_spratly_island.

③ 冯梁主编:《亚太主要国家海洋安全战略研究》,世界知识出版社,2012 年版,第 167 页.

④ LI JINMING LI DEXIA *The Dotted Line on the Chinese Map Of the South China Sea: A Note*, Ocean Development & International Law,2003,p291.

⑤ 李金明:《南海波涛——东南亚国家与南海问题》,江西高校出版社,2005 年版,第 96 页.

议,在一定程度上激化了矛盾,增加了南海问题的复杂性。

(三)资源争夺激烈

中国周边海域资源丰富尤其是石油等矿产资源储量众多。在陆地资源日趋枯竭,且一时难以找到合适替代品的情况下,各国纷纷把目标转向海洋。在划界争议较大的现实面前,海底油气资源开采纠纷日趋明显。在中国三个边缘海中,与周边国家的合作在黄海区的进展较为顺利;在东海区也与日本在2008年达成原则性共识,情况相对稳定。在南海的情况则非常复杂。越南是和中国在南海海洋权益争夺中最为激烈的国家之一。越南在南海的油气业是在苏联的帮助下开始的,起步较晚,1986年才在白虎油气田开采出第一桶原油。但是越南在南海的油气业发展迅速,继1987年和1988年分别向日本和法国出口2.7万吨和15万吨原油之后,1989年原油成为第二大出口商品;1990年更是超过大米成为出口创汇第一商品。[1] 而且越南油气业资金、技术来源广,受到俄罗斯、美国、英国等国家的大量帮助。根据OGJ的统计数据显示,自2003年至2008年越南的剩余可开采油气储量没有发生变化,此期间也一直没有重大的油气发现。[2] 因此,越南想要获得更多的油气资源,向有争议的海区迈进是其战略发展动向。继2004—2005年的首轮油气勘探区块许可证招标之后,2007年3月越南启动第二轮油气勘探区块招标活动,提供了位于北部海域红河盆地上的7个石油天然气区块,面积为5万平方千米,离岸50~100千米。[3] 拥有越南发放勘探许可证的公司中,已有56家进行勘探开发,[4]但部分海域距离越南领海太远,已跨入了中国的海域。[5]

菲律宾之所以对南海态度强硬,主要原因就是为了掠夺南海的各种资源,尤其是油气资源,菲律宾绝大多数的油气资源目前仍然依靠进口来解决。菲律宾对南海油气资源的抢占较早,1974年就将包含中国礼乐滩的区块非法出租给瑞典的石油公司进行勘探开采,共建立37个井口,其中7个位于中国传统九段线内。[6] 其后,菲律宾同许多外国石油公司都签订了勘探开采协议。2001年,菲律宾在中国南海断续线内的深水油气开采开始正式投产。2003年,菲律宾向国际社会公开招标,其招标区块有近10万平方千米在中国的传统断续线内。[7] 2009年,阿罗约政府时期,菲律宾通过了《领海基线法》,声称对有争议的南沙群岛拥有主权。2011年5月,阿基诺三世到文莱访问时,邀请与文莱共同开采南海油气资源。[8] 在侵占

① 赵和曼:《越南经济的发展》,中国华侨出版社,1995年版,第269页.

② 杨珍奇,《"革新开放"以来越南海洋政策》,暨南大学硕士论文,2011年6月.

③④ 王越、吴裕根:《发展中的越南石油工业》,载于《中国矿业》,2010年,第4期,第21页.

⑤ 何胜:《越南石油工业的发展与南海油气资源开发》,见《海峡两岸南海问题学术研讨会论文集》(2006),中国南海研究院,2007年1月,第124页.

⑥ 安应民,《论南海争议区域油气资源共同开发的模式选择》,载于《当代亚太》,2011年,第6期,第129页.

⑦ 安应民,《论南海争议区域油气资源共同开发的模式选择》,载于《当代亚太》,2011年,第6期,第129页.

⑧ Aquino , Bolkjah Tankle Energy , South China Sea Issue in Talks , June 2, 2011, http://www.accessmylibrary.com/article－1G1－257950601/aquino－bolkiah－tackle－energy.html.

黄岩岛失败的情况下还声称将其提交国际法庭仲裁。

马来西亚是非法开采中国南沙油气资源最早的国家。早在 1968 年,马来西亚就将南沙群岛范围内 8 万多平方千米的海域划为"矿区",并出售给沙捞越壳牌公司。此后马来西亚频繁在南沙海域从事非法钻探和开采活动。[①] 1977 年,马来西亚在南沙海域建立了一个大型天然气加工厂,给该国带来了巨大经济收入。为了加大对南海资源的掠夺力度,马来西亚还在南沙海域设立"免税区",以"提高马来人民的经济生活"。[②] 近年来马来西亚还多次派遣勘探队到南通礁进行油气勘探及测量活动,为以后的油气开采做准备。马来西亚是目前南海周边国家中在南海开采油气最多的国家。[③] 其石油出口量已超过其国民生产总值的20%,其中有 70% 的出口量产自南沙海域。[④]

印度尼西亚在 1970 年在纳土纳群岛附近海域进行招标工作,20 世纪 80 年代又启动了"纳土纳油气"工程,[⑤]计划开采该区域油气资源。为此,印尼发表了关于专属经济区的宣言,并将中国部分海域划入印尼。目前,油气产业已经成为印尼的支柱产业,成为推动印尼经济发展的助推器。印尼石油产量的 20% 来自南海,其开发的纳土纳油气田已经成为世界上最大的油气田之一。[⑥]

文莱对南海权益诉求的另一个重点是南海丰富的油气资源。文莱是东南亚石油天然气生产大国。石油、天然气产业是文莱的支柱产业,约占其国民生产总值的 40%。该产业在文莱有悠久的历史,早在 1899 年,文莱就与西方国家合作在文莱湾开采石油。20 世纪 70 年代以后,文莱加大对南海油气的开发力度。1990 年文莱放宽石油政策,产量逐年增加,日均产量达 22 万桶左右。[⑦]

由于所产石油及天然气绝大部分用于出口,因此给文莱带来了丰厚的收入,使其成为在东南亚收入最高的国家之一。为了更多地开采南海油气资源,文莱与许多国家的石油公司展开合作,荷兰壳牌、法国道达尔菲纳—埃尔夫、澳大利亚比和必拓等公司均有合作。2005 年胡锦涛访问文莱时,文莱一度愿意与中国公司开展在南海的油气合作。[⑧]

鉴于文莱的油气产业几乎都位于海上的事实,保卫油田成了文莱海军的重要任务。

---

① 曹云华、鞠海龙:《南海地区形势报告》(2012—2013),事实出版社,2013 年版,第 219 页.

② LAWS OF MALAYSIA, "Free Zone Act 1990", p7. http://www.agc.gov.my/Akta/Vol.%209/Act%20438.pdf.

③ Rita Akpan, *China, The Spratly Islands Territorial Disputes and Multilateral Cooperation – An Exercise in Realist Rhetoric or Mere Diplomatic Posturing? A Critical Review.* p22.

④ 吴士存:《南沙争端的起源与发展》,中国经济出版社,2010 年版,第 149 – 150 页.

⑤ 曹云华、鞠海龙:《南海地区形势报告》(2012—2013),事实出版社,2013 年版,第 229 页.

⑥ 郭杰、张惠,《"五国"加紧掠夺南海油气资源》

⑦ 骆永昆:《文莱的南海政策》,载于《国际资料信息》,2012 年第 9 期,第 15 页.

⑧ LESZEK BUSZYNSKI, ISKANDAR SAZLAN, *Maritime Claims and Energy Cooperation in the South China Sea*,2007, P164.

2004 年，文莱的国防白皮书就将保卫文莱"近海的国家利益"当做其皇家空军的战略任务。① 首先将巡逻范围扩展到 200 海里，管理捕鱼活动，在证明主权的同时尽早提供危险预警；其次，在海岸线延伸至 100 海里的范围内，集中保护油气田、海上交通线等的安全。②

二、中国海洋面临严峻形势的原因分析

（一）海洋意识较弱

中国政府和人民虽然很早对海洋资源进行了开发，但受传统因素的影响，与陆地意识相比，对海洋意识的培养一直处于被忽略的地位。正是由于对海洋意识的忽略，实行闭关锁国政策，才使得我国失去了谋求海洋利益，寻求海上进步的时机，被西方列强从海上打开中国门户，造成长期落后于其他国家的局面。虽然政府有着强烈的海洋意识，早在中华人民共和国成立之初就发表了领海声明，宣布"中华人民共和国的领海宽度为 12 海里（浬）。这项规定适用于中华人民共和国的一切领土，包括中国大陆及其沿海岛屿，和同大陆及其沿海岛屿隔有公海的台湾及其周围各岛、澎湖列岛、东沙群岛、西沙群岛、中沙群岛、南沙群岛以及其他属于中国的岛屿"。"一切外国飞机和军用船舶，未经中华人民共和国政府的许可，不得进入中国的领海和领海上空。"③这项声明比越南在 1977 年发表的关于领海、毗连区、专属经济区和大陆架的声明早近 20 年。然而，中国政府与民众之间的海洋意识有差距，存在断层。时至今日，我国人民仍然有许多对 960 万平方千米的陆地面积牢记于心，却不知道还有 300 万平方千米的海洋国土，对海洋的功能性认识更加匮乏。中国的"海洋"有三层含义："一是地理上的，中国的海洋区域和海洋专属经济区内的生态环境和海洋资源。二是指中国的海上力量，包括开发、利用、管理、控制海洋的政治力量、经济力、军事力，即中央政权和民间社会经略海洋的实力。三是文化上，指中国创造海洋文明的运作机制和发展模式。"④在以上三方面中，文化层次方面最为薄弱，这种深刻凝聚着国民意识的文化层面，是一个国家成为海洋强国不可或缺的因素。"无论多么远见卓识或谨小慎微，政治家的努力都无法填补强烈的自然冲动的缺口。当国民性格中可以找到自我发展的种子时，来自于本土的最为精细的调节也不会产生如同无为而治那样的良好结局。"⑤当一国国民的海洋意识足够发达时，才能为该国的海洋开发提供源源不断的动力，才有可能发展成为海洋强国。

---

① Brunei Darussalam Defence Department, *Brunei Darussalam Defence White Paper 2004: Defending the Nation's Sovereignty*, p18.

② Brunei Darussalam Defence Department, Brunei Darussalam Defence White Paper 2004: Defending the Nation's Sovereignty, p28.

③ 中共中央文献研究室编：《建国以来重要文献选编》（第十一册），中央文献出版社，1995 年版，第 479 页.

④ 马志荣：《海洋强国——新世纪中国发展的战略选择》，载《海洋开发与管理》，2004 年第 6 期，第 4 页.

⑤ ［美］马汉：《海权论》，萧伟中、梅然译，中国言实出版社，1997 年版，第 56 页.

（二）区域外大国干涉

在中国与海上邻国纠纷的背后一直都有区域外大国的干涉。在黄海和东海与中国有纠纷的韩国和日本是美国的传统盟友。在中日激烈争端的钓鱼岛问题上，美国一直宣称"中立"，绝不"靠边站"。近期又宣布钓鱼岛同样适用美日安保条约，明显是偏袒日本。美国通过钓鱼岛，使中国和日本在长期纠纷中相互消耗，相互牵制。长此以往两国都要借助美国的势力，受制于美国。既达到了遏制中国发展、称霸亚太的目的，又可以阻止日本成为"正常国家"，长期控制日本。

在南海地区，美国依然是影响该区域局势的最重要因素。美国长期在南海有军事存在，冷战后为了对抗社会主义阵营，还在东南亚打造了东南亚国家联盟，修筑了"反共防波堤"。冷战结束后，两极格局不复存在，南海问题随之浮出水面，成为影响地区稳定的重要因素。美国为了遏制中国这个潜在的竞争力量，主动实行战略转移，重返亚太，积极介入南海争端。日本是一个资源匮乏的岛国，其相当数量的资源是从东南海周边国家经南海运输回国。日本一直觊觎南海的资源，"二战"时期对该地区进行过疯狂的侵略。冷战结束后，伴随中国经济的快速发展，中国在亚太格局中的地位迅速提高，对日本产生了强烈的冲击。加上两国历史矛盾及钓鱼岛纠纷，日本为了抗衡中国在亚太的崛起，同时能在钓鱼岛争端上取得有利地位，积极拉拢南海周边国家插手南海争端。印度在冷战结束后实施"东向政策"，旨在发展与东南亚国家的关系。近年来印度与越南关系急剧升温，2003 年，越共总书记农德孟访问印度时，越印发表了《关于越印 21 世纪合作的框架宣言》，2007 年越南政府总理阮晋勇访问印度期间，两国政府发表了《关于建立越印两国战略伙伴关系的共同宣言》，两国关系上升到新的高度。同时，越南与印度在军事、教育、经贸、科技等多个领域都有密切的合作。① 俄罗斯趁南海争端积极向越南出售核潜艇等武器装备，只是鉴于与中国的关系，在插手南海问题上表现较为低调，只顾"闷声发大财"。

（三）海洋经济的兴起

海洋占据着地球表面的 70% 以上，是生命的摇篮。海洋与人类资源开采、全球气候变化、人类生存与发展都有着密切关系。据估算，全球海洋能源储量达 760 亿千瓦，便于利用的达 157 亿千瓦。② 海洋石油资源的储量占全球石油资源总量的 45% ，在水深不超过 200 米的大陆架，有超过一半的面积是可蕴藏油气资源的沉积盆地。20 世纪 50 年代以来，随着人类科学技术的不断进步和对能源需求量的不断增长以及陆地油气资源的日趋枯竭，人类自然地将目光投向了海洋。近年来海洋经济高速增长，成了人类经济发展新的增长点，引发了

① 杨珍奇，硕士论文，暨南大学，2011 年.
② 中国科学院海洋领域战略研究组，《中国至 2050 年海洋科技发展路线图》，科学出版社，2009 年版，第 13 页.

世界滨海国家的竞相追逐。全球气候变暖加速了北极冰川的融化,通往北极的海洋通道逐步打开,北极附近的俄罗斯、加拿大、挪威、瑞典等国,纷纷对北极地区提出主权诉求,俄罗斯甚至还将其国旗插入北极点海底,可见对海洋资源的重视。

为了更有利地争取海洋资源,世界许多海洋大国纷纷制定了海洋发展战略。美国在2001年成立了海洋政策研究委员会,2004年向国会提交了《21世纪海洋蓝图》,之后又发布了《美国海洋行动计划》。日本制定了《日本与海洋——21世纪海洋政策建议》报告,相继通过了《海洋基本法》和《海洋基本计划》,《21世纪日本海洋政策建议》明确了日本"海洋立国"的目标,《海洋基本计划》提出了10项具体的实施海洋政策的措施。英国在2008年通过了《2025年海洋科技计划》,2010年发布了《英国海洋产业战略框架》,此两项计划是英国主要的海洋发展战略。加拿大在1997年颁布了《海洋法》,之后又制定了海洋发展战略及海洋行动计划。印度作为印度洋上的海洋强国,一直致力于成为"有声有色大国",努力把"印度洋变成印度的印度洋",印度海军在2007年发布了《印度海洋军事战略》,明确提出要全面控制印度洋,并在此基础上向周边海域延伸其利益边界。[1]

(四)《联合国海洋法公约》的影响

《联合国海洋法公约》(以下简称《公约》),作为海洋世界的法律规范,其对国际社会产生了深刻的影响。它冲破了传统西方大国12海里的领海制度,有利于发展中国家维护自身的海洋权益。专属经济区和大陆架制度,为沿海国确立管辖海域提供了法律依据。国际海底区域的确立,为"人类共同财产"打破了传统大国依照技术优势对海洋公共资源的垄断。

第三节 维护海洋政治安全的对策

一、深化《联合国海洋法公约》的研究

以《公约》为核心的国际涉海法律、法规是各国行事的重要依据,其在化解海洋纠纷、维持海洋秩序等方面起着不可替代的作用。但由于《公约》是众多国家相互斗争、相互妥协的产物,有着先天缺陷。如《公约》对岛屿的归属问题没有明确的规定,更多的是对海域划界的规定。其目的主要是"在妥为顾及所有国家主权的情形下,为海洋建立一种法律秩序,以便利国际交通和促进海洋的和平用途,海洋资源的公平而有效的利用,海洋生物资源的养护以及研究、保护和保全海洋环境"。[2] 在其他方面,如关于"船舶的无害通过"、专属经济区"航行和飞越自由"及"剩余权利"等方面存在着较大争议。

---

① 叶向东、叶东娜、陈思增,《现代海洋战略规划与实践》,电子工业出版社,2013年版,第66－70页.
② 《联合国海洋法公约》,载联合国网站,http://www.un.org/zh/law/sea/los/article6.shtml.

从现实情况来看,《公约》的规定在很多方面对我国都有负面影响。如《公约》第七十六条第一款规定"沿海国的大陆架包括其领海以外依其陆地领土的全部自然延伸,扩展到大陆边外缘的海底区域的海床和底土,如果从测算领海宽度的基线量起到大陆边的外缘的距离不到二百海里,则扩展到二百海里的距离"。① 根据"自然延伸原则"和"中间线原则",如果两个相邻或者相向的国家之间的海域宽度小于四百海里,而一国的大陆架的自然延伸又超过二百海里,则该国以大陆架自然延伸原则来划定专属经济区时难免与另一国发生重叠。中国与日本在东海划界争端就是这种情况的最典型体现。中国坚持大陆架自然延伸原则,而日本则主张中间线原则,两国至今争执不下。②

就目前我国学界的现实情况来看,对于国际海洋法的研究还不够深入,也不够广泛,研究范围也相对集中在传统议题领域,对于前瞻性领域涉及较少。同时很多国内学者都是关起门来研究,与外界的交流比较少,在国际相关会议上缺少话语权。而且,我国学者的研究主要注重法理性研究,与现实衔接不够紧密,可操作性不够强。

应加强国际海洋法的研究,尤其是《公约》的研究,坚持法理研究与实证研究相结合,基础理论与热点问题相结合。努力做到:①加大专门国际法人才培养力度,提高国际法的研究水平。②注重理论与实践的相结合,学界与行政部门应加强内部交流,在一定范围内实现信息资源共享,既使学术界有更多最新的研究资料,也使得行政部门有更多的理论支持,从而提高决策的可行性。③积极参与国际组织和国际相关领域的会议,充实专业知识,充分利用话语权来争取国家利益。③

二、加强对无人岛礁的管理

中国最早发现并命名了南海诸岛,但在历史时期中国对于一些岛屿的管理并不完全符合近代国际法语境下的"有效占领"。而"有效占领"在岛礁案件中往往有着重要的影响,尤其是官方行为。在较早的国际判例中,私人行为即可体现主权行为,如在1953年的英法关于明基埃和埃克荷斯群岛案中,国际法院宣称:"一国国民的私人存在可能意味着或涉及该国的先占,对于两国边界的土地,这种私人行为尤为重要"④在近期司法判例中,国际法院则强调"私人行为应当经过一国政府的正式授权或对该私人行为进行追认,才能成为其取得主权的明确证据"。⑤

---

① 《联合国海洋法公约》,载联合国网站,http://www.un.org/zh/law/sea/los/article6.shtml.
②③ 薛桂芳,《<联合国海洋法公约>与国家实践》,海洋出版社,2011年版,第29页,第318-319页.
④ 赵理海,《海洋法问题研究》,北京大学出版社,1996年版,第9页,转载于张卫彬,《相关情况规则中的。实际控制效力研究——从国际私法判例角度》,载于《常熟理工学院学报》,2010年第5期,第46页.
⑤ 张卫彬,《相关情况规则中的实际控制效力研究——从国际私法判例角度》,载《常熟理工学院学报》,2010年第5期,第46页.

在印尼与马来西亚关于利吉丹岛和西巴丹岛争端中,马来西亚在岛上建立鸟类保护区、设立灯塔、颁布保护海龟的法律等行为,"属于官方的管理行为,具有立法、管辖和准司法性质"[①]。而印尼渔民在传统海域捕鱼等行为,如果不是依照政府的名义进行则属于私人行为,不具有立法或者管理性质,不能认定为"有效占领",无法构成权利主张的依据。同样,在白礁岛争端中,新加坡在白礁岛上安装通信设施,并控制其他国家对白礁岛的访问等,均体现了新加坡政府在有目的地行使主权。

2012 年 3 月,国家海洋局公布了钓鱼岛及其部分附属岛屿的名称、汉语拼音及位置描述,同年 6 月又在海南省成立了三沙市,这些是维护我国海洋权益的重要举措。此外,还应在条件允许的岛上进一步加强管理,如鼓励移民、建立公共设置等。在条件恶劣的岛礁上要立石碑,竖标记,并不断派公务船进行巡视。这些是政府有效管理的体现,是将来应对进行司法程序的有利证据。

三、强化海上巡航制度

在国际法院审理的岛屿争端案件中,虽然当事国提出的巡航事实并未被认定为有效控制的证据,[②]但该行为有利于维护海洋权益,也是各国通行的做法。

我国公务船在领海、专属经济区及历史性水域等海域进行巡航是维护国家主权及海洋权益的方式之一。在被其他国家侵占的岛屿及其附近海域巡航执法,可以表明我国对该水域拥有主权和管辖权的立场,还可以制止侵权行为,同时也可以在与对方的谈判中争取主动权。2013 年 7 月中国海警局挂牌成立,8 月中旬便开始对南海的北康、南康暗沙海域进行持续巡航监视。[③]

中国海警执法船作为公务船只定期巡航,尤其是在被他国侵占岛礁海域巡航,不仅达到了宣誓主权的目的,还可以打破他国的"实际控制",同时还能对侵占国家产生威胁。2012 年 9 月 10 日至 2013 年 9 月 10 日,中国海警执法船在钓鱼岛内共巡航 59 次。截至 2013 年 12 月,中国海警执法船在钓鱼岛内共巡航执法 70 次。[④] 根据国家海洋局网站所发布的信息统计,从 2014 年 1 月至 2014 年 6 月 6 日,中国海警船编队已经在钓鱼岛海域巡航 12 次。中国执法船在巡航的同时还对闯入钓鱼岛海域的日本右翼船只进行了监视取证、驱离。这一行动产生了良好的效果,给日本带来巨大压力,迫使其主动接触中国。今后中国海监应加强

---

① 国家海洋局海洋战略发展研究课题组,《中国海洋发展报告》(2010),海洋出版社,2010 年版,第 88 页.

② 曲波,《南海周边有关国家在南沙群岛的策略及我国对策建议》,载于《中国法学》,2012 年第 2 期.

③ 《推动海洋强国建设不断取得新成就——刘赐贵在全国海洋工作会议上所做工作报告摘编》,载于《中国海洋报》,2014 年 1 月 17 日.

④ 国家海洋局海洋战略发展研究课题组:《中国海洋发展报告》(2014),海洋出版社,2014 年版,第 94 页.

定期和不定期巡航,并且要积极转化角色,"要从体现管辖转为实施管辖"。[①] 对闯入中国海域的非法船只进行监视、取证、喊话、驱离。

四、完善相关法律法规

国际法的一个重要特征就是其大量规则需要借助国内法来实现,其权益需要国内法确认后,才能真正享有。[②] 然而,由于我国长期以来没有对海洋权益给予足够的重视,至今尚未形成一部统一的《海洋基本法》。在与海洋相关的《渔业法》、《海上交通法》等30多部法律法规中,都是单项立法,除涉及面较小外,还存在规定不明确以及操作性不强等问题。以1986年通过的《专属经济区和大陆架法》为例,该法律虽然对我国专属经济区和大陆架的基本权利作了宣示,但对专属经济区和大陆架上的执法主体、执法权限以及执法程序并未作明确规定。[③]此外,对于南海九段线的法律地位我国未做明确说明,这就给外界以模糊的态度,不利于对南海主权的维护。2012年9月,中国政府公布了钓鱼岛及其附属岛屿的领海基线,这是继1996年5月公布大陆部分领海基线及西沙群岛领海基线之后的第二批领海基线,为巡航钓鱼岛提供了依据。而南海的诸群岛的领海基线除西沙群岛外均未公布,为了切实维护我国的合法权益,我国政府应进一步公布其余诸群岛的领海基线,"以明确确定我国应有权管辖的海域界限"。[④]

此外,根据现实需要,我国还应该制定海上安全法,船舶法,关于外国军舰无害通过领海的许可或管理,公海实施登临的制度,领海基点的管理和保护法规等。[⑤]

[①] 郁志荣:《钓鱼岛巡航执法需要加大力度》,载《社会观察》2013年第3期,第66页.
[②] 薛桂芳:《〈联合国海洋法公约〉与国家实践》,海洋出版社,2011年版,第317—319页.
[③] 熊勇先、李亚琼:《南海涉外行政执法的对策研究》,载《湖南警察学院学报》,2013年第1期,第87页.
[④] 金永明:《海洋问题专论》第二卷,海洋出版社,2012年版,第369页.
[⑤] 薛桂芳,《〈联合国海洋法公约〉与国家实践》,海洋出版社,2011年版,第322页.

第五章 中国海洋社会安全

第一节 海洋社会安全概述

蓝色海洋是人类生命的摇篮,牵动着人类历史社会发展的脉络。从当前世界人口、经济发展的布局来看,在离海岸线 60 千米以内的沿海区域是世界经济、社会、文化最发达的区域,这里集中了世界总人口的一半以上。联合国《21 世纪议程》估计,到 2020 年,沿海地区的人口将占到世界人口总数的四分之三。①

海洋作为人类生活的空间,是人类社会的重要组成部分,不断影响和塑造着生活在该区域的个体与群体的社会行为。同时,生活在海洋社会的个体和群体也塑造着海洋社会。随着人口、经济重心等日渐向海岸带聚集,人们与海洋的各种互动关系日益频繁和复杂,海洋社会安全问题逐渐引起沿海国家的广泛关注。21 世纪是海洋世纪,海洋社会安全成为迫切需要思考的问题。

一、海洋社会定义及特点

马克思指出:"社会——不管其形式如何——究竟是什么呢? 是人们交互作用的产物。"②王乐夫认为,社会有两层含义:一是指由一定的经济基础和上层建筑构成的整体;二是泛指由于共同物质条件而相互联系起来的人群。我们平常所说的社会,既可以指广义的"人类社会",也可以指狭义的社会性事务,如与人们生活息息相关的教育、文化、卫生等事务。③ 蔡文辉,李绍荣认为,社会(Society)是"由一群具有共同文化与地域的互动关系的个人与团体组成的"。④ 总之,社会是一个十分抽象,同时又十分具体的概念。抽象反映在,当我们试图明晰其定义时,会发现难以给其界定出明确定义。关于"社会"的理解基本上都达成这样一些共识:①社会由一群有共同文化与共同地域的个人与群体组成。这种共同的文

---

① 杨国桢. 海洋世纪与海洋史学[N]. 光明日报,2005 - 05 - 17(B3).
② 马克思恩格斯选集(第四卷).
③ 王乐夫,陈干全. 公共性:公共管理研究的基础与核心[J]. 社会科学,2003(4):67 - 74.
④ 蔡文辉,李绍荣. 简明英汉社会学辞典[Z]. 北京:中国人民大学出版社,2002.

化与地域为个人与群体的互动提供了基础。②基于共同的文化与地域,人们形成了各种互动关系或者社会关系。这是有别于动物种群自然生态关系的一种人类创造的产物。

当我们把视角聚焦到海洋这一特定区域的时候,"海洋社会"一词便进入研究领域。人类文明的进程洋溢着鲜明的海洋气息,人类依托海洋、探索海洋的生计活动在历史进程中逐步兴盛。海洋社会发展经历了一个从小到大、从弱到强的发展历程。以我国为例,早在春秋战国诸侯争霸时期,就很注重对海洋的开发与利用,处于山东沿海的齐国就实行"官山海"政策,①大力开发山海资源积累财富,最终成为"春秋五霸"之一。东汉时期,沿海居民开采珍珠贝蔚然成风,以珠易米交易频繁。唐宋时期,海洋盐业和海洋海运业发展迅速,是财政的主要来源之一。我国海洋社会的发展突出了靠海、吃海、用海的特点。欧洲人则形成了海洋商业传统,较早地享有了舟楫之便和贸易往来,对于利益的追逐,促使欧洲人不断探索新大陆、新航线,他们创造出空前繁荣的海洋商业社会,刺激了海洋社会的进一步发展。

"海洋社会"作为一个新的概念,是 20 世纪末由学者提出来的。对"海洋社会"这个概念并没有统一的界定,学术界主要存在以下不同观点:

杨国桢认为,是在直接或间接的各种海洋活动中,人与海洋之间、人与人之间形成的各种关系的组合,包括海洋社会群体、海洋区域社会、海洋国家等不同层次的社会组织及其结构系统②。从这一定义中,我们可以看出,海洋属性不同于陆地的属性,海洋社会有不同于陆地社会(农业社会或游牧社会)的社会组织、行为制度、思想意识、生活方式等,这个特点使海洋社会政策导向和管理模式有必要区别于陆地社会。

从海洋社会发展的层次上来看,海洋社会与海洋经济的兴衰相适应。海洋社会初始体现为个别海岸和岛屿上的生活小群体,进而渐渐形成一定海域的"渔村社会"、"海商社会"、"海盗社会"、"海洋移民社会",再进一步发展为面向海洋的开放型"海洋区域"(以海洋发展为社会驱动力的海洋沿岸地区、岛屿和海域)和"海洋国家"(以海洋发展为国策的海洋沿岸国家或岛国)。

庞玉珍指出,"海洋社会是人类缘于海洋、依托海洋而形成的特殊群体,这一群体以其独特的涉海行为、生活方式形成了一个具有特殊结构的地域共同体"。③

张开城认为:"海洋社会是人类社会的重要组成部分,是基于海洋、海岸带、岛礁形成的区域性人群共同体。海洋社会是一个复杂的系统,其中包括人海关系和人海互动、涉海生产和生活实践中的人际关系和人际互动。以这种关系和互动为基础形成的包括经济结构、政

---

① 管华诗,王曙光. 海洋管理概论[M]. 青岛:中国海洋大学出版社,2003.
② 杨国桢. 论海洋人文社会科学的概念磨合[J]. 厦门大学学报(哲学社会科学版),2000(1):95-144.
③ 庞玉珍. 海洋社会学:海洋问题的社会学阐释[J]. 中国海洋大学学报(社会科学版),2004(6):135-136.

治结构和思想文化结构在内的有机整体,就是海洋社会。"①

宁波认为,目前的海洋社会仍是陆地社会的延伸,海洋上的个体与人群,其互动关系仍是在陆地上形成的各种规章制度、风俗习惯和法律条文等,因此,比较成熟意义上的海洋社会还没有形成。②

综上所述,我们可以看出海洋社会具有以下特征:

(1)海洋社会应该是一个历史范畴。虽然海洋与人类的生存、发展息息相关,以海为生出现已久,但那时靠近海边的原始人类依赖最便利的自然条件,从事采拾贝类、捕捞沿海海洋生物等活动,他们多是以个体形式存在,维持生存能力尚弱,经过数年的发展,才逐渐形成较庞大的群体。因此,真正意义上的海洋社会是现代社会的产物。

(2)海洋社会是一个大的区域范畴。人类社会群体的活动离不开一定的地理区域。在某种意义上,海洋社会与沿海社区是一致的。郑杭生认为:"社区是进行一定的社会活动,具有某种互动关系和共同文化维系力的人类群体及其活动区域"③。娄成武认为,社区就是一个区域性社会,是一定地域范围内人们社会活动的共同体。④ 在当今的地球上,沿海区域生活着庞大的人口群体,形成一个强大的滨海社区,这是海洋社会的主体。

(3)海洋社会是一个共同体范畴。在不同的社会中,由于人的生产、生活及交往方式的不同,其群体特征呈现多元性。根据海洋社会功能区划的差异,海洋社区可以划分为海洋渔业社区、海洋旅游社区、海洋工业社区、海洋军事社区等类型。海洋渔业社区的居民主要活动是出海打鱼。海洋旅游社区居民的主要活动是从事商业、餐饮业、运输业等旅游服务行业。海洋工业社区的居民主要从事海洋交通、海洋电力、海洋油气等活动,形成一个相对独立的社区。海洋军事社区是以从事海洋军事活动为主的社区,其活动主要是捍卫国家领海和海洋权益。

(4)海洋社会具有流动性特点。海洋社会是依附于海洋而产生的,由于海洋本身具有流动性,因此,海洋社会与陆地农业社会相比较,具有明显的人口流动性、社会开放性等特点。近代西方文明就是随着欧洲各国的军舰和船只传播到世界各地,从而从对世界局势产生了深刻的影响。从历史和现实可以看出,海洋社会安全与否与一个国家的兴衰有着密切的、内在的联系。

(5)海洋社会对陆域社会具有依赖性。海洋社会以临海陆地为依托,不纯粹以海为生。海洋社会的群体活动从一开始就与陆地社会之间紧紧联系。⑤ 海洋社会和陆地社会在时间

---

① 张开城. 应重视海洋社会学学科体系的建构[J]. 探索与争鸣,2007(1):37-39.
② 宁波. 关于海洋社会与海洋社会学概念的讨论[J]. 中国海洋大学学报(社会科学版),2008(4):19-20.
③ 郑杭生. 社会学概论[M]. 北京:中国人民大学出版社,2001.
④ 娄成武、孙萍. 社区管理[M]. 北京:高等教育出版社,2003.
⑤ 杨国桢. 论海洋人文社会科学的概念磨合[J]. 厦门大学学报(哲学社会科学版),2000(1):95-144.

和空间上的融合性,使海洋社会和陆地社会在社会结构、功能、发展、人口迁移、婚姻家庭等彼此间相互交汇渗透,促进人类社会多元发展。

二、海洋社会安全定义

海洋社会安全是海洋社会稳定程度的一种反映,是国家安全的重要内容,是与海洋经济安全、海洋政治安全、海洋文化安全、海洋意识形态安全密切相关的一种安全。[①] 广义的海洋社会安全,是指整个海洋社会系统能够保持良性运行和协调发展,最小化不安全因素和影响度的海洋社会运动状态。狭义的海洋社会安全,是指除海洋经济、海洋军事、海洋文化和海洋政治等系统以外其他领域的安全。更确切地说,主要是局限在人们的日常生活领域及其环境空间,[②]本处讲的海洋社会安全是在以人为本的视角下进行研究的,属于狭义海洋社会安全的范畴。一般而言,它的研究主体主要针对普通海洋社会成员和群体。[③] 基于以人为本视角下的海洋社会安全,强调人是海洋社会安全之本,是海洋社会安全建设的主体。海洋社会安全的最终目标是保护全体海洋社会成员的人权,协调好海洋社会成员各方的利益关系,维护海洋社会的公平正义,保持海洋社会稳定。当然,海洋社会安全不可能完全与海洋政治安全、海洋经济安全相剥离,狭义解释的出发点,只是表明我们的关注立场。[④] 此外,海洋社会安全是一个相对的概念。没有绝对的安全,安全与不安全或风险是对立统一的关系,安全程度是相对于对不安全因素和风险的认识程度和防范程度而言的。

第二节　海洋社会当前面临的形势

中华人民共和国成立以来,我国逐步开始重视海洋社会建设,海洋社会的发展进入全面、健康、快速发展的阶段,渔民生活质量逐步提高,海洋法制建设不断完善,海洋社会民主不断向前发展,社会应对突发事件的能力逐步提高,海洋社会安全逐步取得新进展。同时,随着人类对海洋开发、利用活动的加强,海洋社会发展过程中的各种问题也日益凸显和尖锐。例如,海洋弱势群体的生存问题、海洋社会公平问题、海洋社会民主问题、海洋社会面临的各种各样突发事件等严重影响我国海洋社会安全。

一、当前我国海洋社会安全取得的成就

渔民生活水平逐步提高。渔民生活质量的提高与海洋经济的发展密切相关。当前我国

① 李忠杰.切实加强社会安全建设[J].科学社会主义,2012(4):7-9.
② 魏永忠.论我国城市社会安全指数的预警等级与指标体系[J].中国行政管理,2007(2):89-94.
③ 杨玲玲.当前我国社会安全运行的问题、原因及对策研究[J].中共云南省委党校学报,2005(1):31-35.
④ 宋宝安,王一.利益均衡机制与社会安全[J].学习与探索,2010(3):106-112.

海洋经济快速发展,经济总量不断增加,产业结构日趋合理。回顾历史,1978 年我国海洋总产值仅为 64 亿元,2003 年已达 10 078 亿元,首次突破 1 万亿元大关。海洋渔业、海洋交通运输业、滨海旅游业取得了迅速发展。海洋电力、海水综合利用、海洋生物制药等新兴海洋产业迅速发展。海洋产业的发展使渔民的收入不断提高,生活质量不断改善。经济的繁荣刺激了海洋文化的发展。目前,渔村文化发展的投入也不断增加,县文化馆、图书馆和乡镇文化站、村文化室等公共文化设施不断建成。在渔村,渔民积极开展多种形式的群众喜闻乐见、寓教于乐的文体活动,保护和发展有地方和民族特色的优秀传统文化,创新渔村文化生活的载体和手段,满足自身多层次、多方面的精神文化需求。

海洋社会法律制度建设逐步完善。海洋社会是以海洋法律制度作为保障的。学术界通常将“海洋法规”(law and regulation of sea)称为“海洋法”。海洋法是指有关各种海域(如领海、毗连区、专属经济区、大陆架、海峡、群岛、公海、国际海底等)的法律地位和调整各国在各种海洋从事航行、资源开发和利用、科学研究以及海洋环境保护的原则、规则和规章制度的总和。[①] 徐祥民教授认为,海洋法是对海洋的控制、管理、使用的规章制度。[②] 1982 年,《联合国海洋法公约》生效后,世界各国对海洋战略地位的认识不断提高。我国开始制定适合我国国情的海洋基本法律,将发展海洋事业列为国家战略。20 世纪 80 年代初,我国展开了在海洋领域的大规模立法活动。关于海洋权益、海洋资源、海洋环境、海洋科研、海上航运等各个方面法律相继问世。例如,《中华人民共和国领海及毗连区法》(1992)、《中华人民共和国专属经济区和大陆架法》(1998)、《中华人民共和国渔业法》(2001)、《中华人民共和国矿产资源法》(1996)、《中华人民共和国海洋环境保护法》(1982)、《中华人民共和国海上交通安全法》(1983)等重要的海洋国内法,这使整个国家管辖海域有了基本的法律框架[③]。

海洋社会民主不断取得新进展。改革开放 30 多年来,农村经济取得了日新月异的发展,作为经济的反映,中国农村基层民主建设有了长足发展。渔村作为我国农村的重要组成部分,其基层民主建设取得了重大发展。村民自治制度是中国农村 70 年代末以来在经济体制改革和社会变迁中逐渐产生和形成的一种新型民主制度。渔民开始当家做主实行村民自治、直接选举、村务公开、村民监督的政治制度。渔民在民主选举、民主决策、民主管理、民主监督和自我教育、自我管理、自我服务方面取得了一定成绩。在渔村,分散渔民的经营活动使得单个渔民在市场竞争中处于不利地位,大型企业往往利用渔民之间不良竞价以较低的价格收购渔民的产品,降低渔民的收入。渔民协会是渔民自发建立起来的民间自助合作组织,实行民主参与制度,代表的是协会中渔民的共同利益,是保护渔民切身利益的忠实载体。

---

① 梁西. 国际法[M]. 武汉:武汉大学出版社,1993.

② 徐祥民. 现代国际海洋法的实质及其给我们的启示[J]. 中国海洋大学学报(社会科学版),2003(4):34 – 39.

③ 蒋平. 完善我国海洋法体系的探讨[J]. 海洋开发与管理,2006(1):14 – 25.

渔民协会的介入,可以通过协调和渔民的相互监督,制约不正当竞争行为,有利于保护消费者的利益,维护正常的市场秩序,保证整个行业的稳定发展。

海洋社会安全突发事件应急管理能力逐步提高。近年来随着综合国力的持续增强,我国应对海洋社会突发事件的观念不断更新,改变了以往单纯重视抢险救灾而忽视灾害综合管理的思路,把突发事件应急管理的思想和方法应用到海洋社会安全领域,逐步建立了覆盖海洋灾害事前、事中、事后的应急管理体系,初步构建了以"一案三制"(预案、体制、机制、法制)为主体的海洋灾害应急管理框架。在《国家突发公共事件总体应急预案》的框架下,国家海洋行政主管部门出台了《风暴潮、海啸、海冰灾害应急预案》、《赤潮灾害应急预案》和《全国海洋石油勘探开发重大海上溢油应急计划》,初步形成了国家层面的海洋灾害应急管理体系。海洋自然灾害类预案对海洋灾害的监测监视、预测预警、等级标准、发布程序、应急响应、应急处置、调查评估等做出了明确的规定,形成了一整套工作运行机制,我国海洋社会应急管理能力显著提高。

二、当前我国海洋社会安全面临的问题

(一)"三渔"问题逐步凸显

近年来,"三农"问题作为社会热点一直受到学术界和社会舆论的关注。与"三农"问题对应的"三渔"问题同样存在。目前,我国有近1万个渔业村,450多万个渔业户,2 000多万渔业人口,1 300多万渔业从业劳动力,遍布沿海各省市。这一社会群体是农村人口的重要组成部分,对于沿海省份农村的发展和稳定起到不容忽视的作用。[①] 我国的"三渔"问题面临的问题很多,矛盾错综复杂,但本质上是"渔业综合生产能力比较低下、渔村比较落后和渔民生活比较贫困"的问题,这三个问题是一个相互联系、相互制约的整体。其中,渔民问题是三者之中的核心和根本。

海洋渔民主要是指居住在渔村、从事与海洋相关的生产活动的人员。具体来说,本文研究的海洋渔民主要包括传统海洋渔民和现代海洋渔民。传统海洋渔民是指世代居住在沿海渔村,从事海洋捕捞、海水养殖等较为传统的海洋相关产业的人员,可以称他们为海洋渔村的"土著居民"。现代海洋渔民是指掌握新的生产技术或者拓展渔业生产领域的海洋相关从业人员。现代海洋渔民主要包括两类:一类是原有的海洋渔村的渔民,以新的生产技术从事传统的海洋捕捞、海水养殖等工作;或在改革和市场化的进程中经营休闲渔业,从事海洋运输、海产品加工销售等工作。另一类是流入的渔民,主要包括从外地到渔村的打工者,他们的流动具有季节性、周期性、地域性等特点。渔业这个古老的产业,由于其流动性很强,在我

---

① 韩立民,任广艳,秦宏."三渔"问题的基本内涵及其特殊性[J].农业经济问题,2007(6):93 - 96.

国很长的渔业历史中,很多地区的渔民都是以船为家,到处漂泊,过着"远离社会"的孤独生活。他们分散捕捞,个体行动,没有组织。渔村建立后,这种状况慢慢发生了变化。渔民建立了自己的组织、进行了基本的社会管理,集体经济的发展也使农民经济地位迅速提高。但是,渔村多处于偏僻的地带,规划滞后,居民聚居程度不高,基础设施破损,渔村社会结构和社会分工比较简单,人口密度低,素质较差,同质性强,较少流动,乡土文化浓厚。渔民主要以出售水产品经营性收入为主,收入来源单一,其他收入来源较少,收入结构严重不合理,收入的稳定性较低,风险较大。由于资金不足,社会各项事业明显落后。渔民没有赖以生存的土地,像城镇居民一样靠购买商品维持生活,渔业生产又是高强度、高风险作业,其生命权经常处于受威胁状态,一旦遭遇海难,就可能船毁人亡。渔民一旦年老丧失劳动力,就失去收入来源,其维持生命的物质享受权将受到严重威胁,渔民身处乡村,乡村的医疗资源本来就十分稀缺,渔民的健康权难以得到保障。从经济地位上看,如果渔民收入与城镇居民的收入差距继续拉大,渔民群体有可能被社会边缘化,成为更大的弱势群体。

当前,我国渔业的增长主要依靠数量、规模的增长来发展。随着渔区大面积减少、加上油价上涨、捕捞成本增加等因素的影响,渔民片面追求养殖面积和产量,缺乏合理论证和海域功能区划,形成了面积区域大、品种单一、密度过高的养殖格局,养殖区域排灌水设施不规范,使得海域污染严重。随着我国经济的高速发展,工业生产、加快的农业化和居民生活废水、废物未经处理就直接倾倒进江河、湖泊、海洋等,逐渐凸显为污染水域生态环境的最主要原因。据资料统计,我国海洋主要污染物是无机氮、活性磷酸盐,营养盐比例不均,造成浮游植物暴长,赤潮频繁发生,海洋渔业面临严重的冲击。随着国际渔业经济的发展,国际海洋管理制度的变化,世界各国正在加紧对非法捕鱼的管制,对商船、渔船管理的标准越来越多,越来越严,检查越来越细,受检范围也越来越广。随着我国与周边国家签署的渔业协定相继生效,由此引发涉外渔业安全事件的因素也在不断增加。近几年来,我国渔民在从事远洋渔业捕捞时,不时遭遇被国外船只及海事机构抢劫、抓扣等涉外渔业安全事件,惨案呈上升趋势。在处理这些事件的过程中,尽管我国政府有关部门做出了种种努力,但总的效果仍不能令人满意。这些事件不仅给渔民生命财产造成严重的损失,同时也扰乱了正常的生产秩序,损害了渔民合法生产的利益,在国际国内造成了严重的不良影响。

(二)海洋社会民主发展程度较低

民主的广度、深度和范围是衡量一个国家民主是否完善的重要尺度。加强以渔民自治为主要内容的渔村基层民主建设具有重要意义。总的来说,渔村村民自治组织比较健全,各种规章制度比较完善,各村都制定了自治章程,村务管理正在走向规范化。村民的自主参与意识有所增强,民主素质得以提高,并初步做到了村务公开。基层党委、政府领导村民自治工作的积极性、自觉性有了很大提高。由于目前渔民受自身知识文化水平限制,居住较为分散的特点,在民主选举、民主决策、民主管理、民主监督参与方面参与力度较弱,民主发展程度不高。

众所周知,一个社会民主程度越高,其法律制度越健全。完善的法律制度是社会安全的重要保障。我国海洋法制建设起步较晚,在以阶级斗争为纲的年代里,实行的是军民联防守海疆的体制,其主要任务是反敌特和护渔护航。当时真正意义上的法制建设尚未提到议事日程上来,因此期间出台的法律比较少。可以认为,我国的海洋法制建设正式起步于20世纪80年代初,在短短的30年里取得了突飞猛进的发展,不仅填补了历史的空白,而且成绩令世人刮目相看。到目前为止,经全国人大常委会审议通过的涉海法律有近10部,国务院颁布的条例等规章有20个以上,与国外和过去比较我国海洋领域的法制建设有其独特之处。① 中国海洋立法在近几十年里取得了突破性的进展,数量之多,层次之高创了历史新高。但是我国海洋整体意识相对薄弱,政府重视程度还不够,中国海洋法制建设仍存在许多问题。

(三)海洋社会发展存在不公平

(1)地域发展不平衡。资源禀赋、要素结构等诸方面的差异及历史机遇不同,导致不同的国家和地区沿着不同的轨迹发展。渔业生产具有很强的资源限制性,近些年来,由地域之间的差异所导致的渔民收入差异越来越明显。资源丰富地区的渔民收入明显优于资源相对较差地区的渔民收入。沿海地区渔业资源比内陆地区更为丰富,这样使得沿海地区渔民的收入明显大于内陆地区渔民的收入。这种差异比例呈逐年加大趋势。② 海洋区域经济发展严重失衡必将成为中国未来海洋社会发展的重要障碍和发展过程中潜在的不稳定因素。

(2)城乡社会发展存在较大差距。在海洋社会发展过程中,受我国改革开放政策的影响,城乡差距逐步拉大。1980年,我国在沿海地区,批准设立了深圳、珠海、汕头、厦门4个经济特区,借着良好的政策优势,这些城市发展较为迅速,各种公共设施建设较为齐全,教育、医疗水平较高,居民生活质量水平高。与此相对应的是偏远的渔村,那里渔民居住分散,公共设施落后、教育条件差、医疗落后,生活水平较差。这对于实现海洋社会和谐来说,是一个不利因素,必须认真对待城乡差距问题,并且努力缩小这个差距。按照中央对新农村建设的要求"生产发展、生活宽裕、乡风文明、村容整洁、管理民主",加快渔村建设,争取早日让所有海洋渔民都能够公平地享受海洋经济发展和社会发展的成果。

(3)代际发展有失平衡。代际公平的概念是1989年美国国际环境法学家布朗·魏伊丝女士首次提出的。③ 她认为,在任何时候,每一代既是受后代委托而保管地球的保管人或受

---

① 郁志荣. 我国海洋法制建设现状及其展望[J]. 海洋开发与管理,2006(4):29-34.
② 贾永刚. 中国渔村居民收入结构及其特征分析[J]. 河北渔业,2010年(2):43-46.
③ 布朗·魏伊丝著,汪劲等译. 公平地对待未来人类:国际法、共同遗产、世代公平[M]. 北京:法律出版社,2000.

托人,也是这种行为结果的受益人。这就赋予我们保护地球的责任以及某种利用地球的权利。代际公平概念自诞生以来就引起社会各方的广泛关注。它既要求满足当代人的需要,又需要考虑到子孙后代对资源的需求量。海洋社会在建设的过程中,虽然我国不断加大对海洋环境和海洋资源的保护力度,但是在现实社会中尚有以牺牲海洋环境和资源为代价换取海洋财富的现象。由于临海产业带、交通网络和城镇化的大规模建设,近海海域生态环境已受到不同程度的影响,尤其是一些无序无度的开发利用。如雷州半岛以东已很难找到成片的珊瑚礁、海底草场、滨海湿地、红树林等有典型代表意义的海洋生态系统;珠江口附近已无原生性生态海域,丧失生态功能的局部海域"荒漠化"有从珠江口扩展到广东省近海的趋势,海岸带所特有的生物摇篮、抵御风暴潮、净化环境的功能严重退化。这种现象在海洋社会发展过程中频频出现,影响到后代在海洋社会中的持续发展,有失海洋社会发展的公平性。

(四)各类突发事件威胁海洋社会安全

(1)海洋自然灾害突发事件。海洋突发事件导致我国经济波动、社会混乱和灾民心理的恐慌,是我国加快经济发展和维护社会稳定的一大隐患。中国是海洋大国,位于太平洋西岸,濒临渤海、黄海、东海和南海,沿海分布着6 500多个岛屿,大陆岸线漫长。濒临我国的西北太平洋以及渤海、黄海、东海和南海的海洋环境条件复杂多变,导致风暴潮、海浪、海岸侵蚀、海冰、地震海啸以及海平面上升等自然灾害频发。

(2)海洋事故灾害突发事件。改革开放以来,沿海地区人口不断增加,人类海上生产活动增多,社会财富积累加大,海洋开发活动规模不断扩大,人为原因造成的突发事件频繁发生也给海洋社会安全带来重大影响。例如,可能或已经发生的武装抢劫或劫持船舶、人质案件,破坏海上重要设施等重大案件,针对港口、船舶以及海上人工设施进行的恐怖活动,渔船生产作业中,因网具纠纷、船舶碰撞以及争抢生产区域等海事、渔事纠纷引发的海上械斗、抢劫等群体性事件等。海洋蕴藏着丰富的石油资源,也是重要的运输通道。正是因为这样,钻井平台漏油、船舶海上溢油事故给这蔚蓝的海域造成了一道道的伤痕。在近30年间,我国沿海仅船舶发生的海上溢油事故就达数千起,溢油总量达到近35 000吨。石油正逐渐成为我国海洋中的主要污染物,并且污染量呈现上升趋势。

(3)海洋公共卫生突发事件。渔业生产者的质量安全意识比较淡薄,企业诚信度不高、市场竞争不够规范,应急管理制度滞后,渔业环境污染严重,投入品使用不规范,检测手段落后,标准化实施不到位等原因,海洋公共卫生事件频发。其表现主要包括水产品质量事件,重大水生动物疫情和水产养殖事故。长期以来我国海洋公共卫生事件应急管理工作滞后,致使水产养殖疫病频发,流行范围不断扩大,危害程度日趋严重,已严重制约水产养殖业可持续健康发展。各类突发事件频发,这些灾害不仅给沿海地区人民生命财产造成严重损失,而且对渔业、交通和海洋资源开发亦带来严重影响。

（五）海洋社会应对各类突发事件的能力存在不足

我国应对突发事件的技术水平落后。我国每年都投入大量资金用于提高海洋突发事件应对能力，但海洋突发事件应对分散于不同部门之间，各部门所得资金有限，加上众多的人头费、办公费、建设费、管理费，能够真正投入到改良技术装备的资金就非常有限。信息管理系统一方面为决策者提供准确和及时的信息，另一方面及时将信息传递给公众。海洋突发事件的处理，通常是一个需要多部门、多区域有效应对的系统管理工程。我国在一些领域建立了专业的危机检测与预警机构，但多是各部门单兵作战，各自为政，除危机严重时由政府进行短期的统一协调之外，平时很少进行系统整合。目前，缺乏快速、有效的沟通渠道。海洋应急响应，需要大量的历史、现场、预警等信息供决策部门使用，我国目前缺乏将这些信息综合集成的辅助决策支持平台，亟待发展以数据库、高速网络和多媒体技术为支撑的综合信息集成平台。尤其是海上的公共危机管理，既缺乏长远战略计划，又缺乏综合协调，指挥系统紊乱，行动缺乏法定程序，造成仓促上阵、被动应对、重复治理、反复受害的尴尬局面。从执法体制上来看，海洋环境保护管理部门多以行业和部门管理为主，经常存在机构臃肿、责任不明、互相扯皮的现象。此外，由于海洋执法人员较少，海上综合执法技能存在不足，海洋污染缺乏监管的局面时有发生。

第三节　海洋社会安全因素分析

一、海洋社会保障不健全

社会保障是海洋社会安全的重要保障。它最大的功效在于保障个人因为各种原因导致收入来源减少或者失去收入时，能够避免陷入贫困无助的境地，能够借助社会保障提供的各种资金，维持正常生活。这样可以增强社会成员的归属感，促进人民团结、维护国家的稳定。改革开放前，我国在建立社会保障体系的过程中，对城市和农村实行了不同的政策，即建立"二元制"社会保障体系。在这种体系中，城镇人口可以享受到最低生活保障，可以享受到养老保险、医疗保险、失业保险、工伤保险等社会保险。在这样的社会保障体系中，农村人口几乎完全被排斥在正式的社会保障体系之外。渔民作为农民的一部分，且人数相对较少，多数位于偏远地带，没有引起国家和政府的高度重视，渔民的各项社会保障严重缺失，被排斥在正式的社会保障体系之外。

二、"三渔"问题症结难解

(一)渔民增收困难

(1)渔业资源枯竭,产量下降。由于海洋捕捞能力的增长与有限的作业渔场及脆弱的渔业资源的矛盾日趋激烈,捕捞压力过大,资源衰退严重,使得渔业劳动力总量过剩,渔民捕鱼产量直线下降,渔民收入随之减少。

(2)个体力量弱,难以抵挡事故灾难。当前,很多渔民依旧扮演着双重角色,即"生产者"与"销售者"。他们多数拥有自己简易的捕鱼工具,将捕获到的鱼直接进入市场进行销售,渔民的市场谈判地位很低,长期以来是水产品价格的被动接受者,抵御风险的能力很弱。如果在作业过程中遇到自然灾害,那对他们来说是致命的打击,甚至是毁灭性的灾难。

(3)技术水平落后,制约了渔业的进一步发展。由于渔民多在近海捕鱼,近海渔业资源面临枯竭。但是由于渔民捕鱼工具简易,不足以支撑其进行远洋捕捞,这样渔民捕鱼的数量就会直线下降。

(4)部分渔民"失海",转产转业困难。由于城市开发、港口建设、海底电缆铺设、滩涂围垦等占用渔业水域、滩涂的现象逐年增多,加之一些地方推行海域有偿使用制度和海域拍卖制度,造成大批渔民"失海"。对"失海"渔民又缺乏相应的安置和补偿措施,渔民失业现象严重,严重损害了渔民利益。但是多数渔民文化素质低,缺乏从事其他行业的技能,加之渔业产业化程度低,渔区经济结构单一,资金缺乏,渔民的就业门路狭窄,跨行业转移的任务繁重。

(二)渔村发展滞后

(1)公共财政建设资金不足。长期以来,我国多注重沿海城市的发展,对沿海大城市投入了大量的资金扶持。对渔村的资金投入较少,渔村各项建设资金存在明显不足。

(2)公共设施建设落后。渔村建设缺乏整体规划,道路狭窄,交通不便,缺乏系统的供水、供电设施。渔港等渔业基础设施建设滞后,通信设施不完善,能源建设不足,金融、保险、医疗、信息服务、技术推广以及检验检测等机构不健全。

(3)社会事业发展滞后。渔村义务教育、渔民技能培训缺乏经费保障机制,办学设施差,缺乏必备的硬件设施,安全存在严重隐患。渔村医疗卫生资源严重缺乏,现有的医院设备简陋,只能够对一些简单的病情进行治疗,医治水平不高,公共卫生体系建设非常薄弱。公共文化信息资源少,博物馆、图书馆等服务体系不完善,难以满足渔民群众多层次、多方面的精神文化需求。

(4)公共管理不到位。由于渔民多分散居住,这样对渔村的管理带来一定的不便。渔民在"民主决策、民主管理、民主监督"等方面很难做到真正的自我管理。

（三）渔业发展遇到瓶颈

从 20 世纪 80 年代我国渔业实施市场化改革以后,渔业生产规模得到较大发展,切实解决了大中城市"吃鱼难"的问题。渔业经济迅速发展,已成为农业经济出口产品中新的增长点。目前渔业已基本完成由以"海中捕捞为主"的粗放型渔业生产方式向"高科技养殖为主"的集约型生产方式的转型。渔业经济的增长还存在重数量不重质量、重规模不重效益的传统发展模式。当前,渔业发展面临的问题主要有:

（1）现代工业对渔业的冲击。随着工业化和城市化步伐的不断加快,天然的渔业作业区、滩涂被大量的工业用地占用,传统的渔业养殖区域的面积不断减小。大量的工业用水和居民生活用水未经过任何处理就直接排入到海洋中,对鱼类栖息环境造成破坏,致使鱼的单位产量不断缩减。

（2）渔业产业结构调整缓慢。在我国传统经济生活中,"打铁"、"撑船"、"磨豆腐"三种工作,被认为是最累最苦的工作,其中"撑船"即指捕鱼的渔民。虽然我国渔业产业链不断延长,产业转型不断升级,但是传统、落后的捕鱼方式依旧在很多地方存在。渔业产业化水平发展速度较慢。

（3）水产品出口缺乏国际竞争力。自从加入世界贸易组织以后,我国在向国外输出水产品时,多数会因为存在质量及污染等问题而被限制进入发达国家的市场。

三、海洋社会安全缺乏完善的法律制度保障

20 世纪 80 年代,随着我国对海洋社会建设力度的不断深入,我国从海洋权益、海洋资源、海洋环境、海洋科研、海上航运等各方面进行立法活动。但是,海洋社会管理立法的步伐远远跟不上现代海洋社会发展与现实的需要,我国现有的关于海洋社会建设方面的立法存在明显的不足:

（1）海洋立法相对滞后。随着《联合国海洋法公约》的实施,世界各国开始纷纷争夺海洋资源。在此背景下,我国开始注重海洋立法。相对于美国、法国、加拿大、日本、澳大利亚、韩国这些海洋大国来说,我国海洋立法起步较晚,与这些国家相比,我国在海洋法制建设领域仍然存在很多不足之处。

（2）法律操作性差,适用度低。中国海洋立法存在的问题不仅仅是颁布时间滞后,而且还存在法规操作性差、适用度低的问题。在内容上存在许多缺陷。例如,法律规定的执法主体不明确、颁布后没有具体的实施条例和办法等配套规定、部门间权限划分不明确、法律之间存在立法交叉与冲突等。一些法律内容过于笼统,没有规定出明确的主管部门,缺乏相应的实施细则,在实践中难以实施。

（3）海洋法律体系不完善。从目前我国海洋法律体系来看,涉海法律大多数是专项立

法,立法主体在立法时缺乏相互间的沟通与协调。例如,我国尚未明确国家海域的所有权,也未规定我国对毗邻内水、领海和管辖海域的自然资源的主权权利。

四、海洋社会民主发展程度较低

我国宪法第2条明确规定:"一切权力属于人民,人民依照法律规定,通过各种形式和途径,管理国家事务,管理经济文化事业,管理社会事务。"但是在国家各级权力机构即各级人民代表大会中,海洋渔民都处于绝对的弱势地位。渔民一直以来被视为农民,但渔民与农民又有许多不同之处。其与农民的不同之处并没有得到国家充分的关注,在我国重大的国家决策中,很难听到渔民的声音。在现代民主政治下,一个阶层或一个群体对国家政治生活中重大问题的决定权大小直接取决于该阶层或群体在国家权力机关和政府部门中所占据的代表职位多寡。无论是在国家权力机关,还是在各级政府部门,海洋渔民所占的比例都相当小,反映出海洋渔民在政治权利方面遭受到严重的政治排斥。即使在最基层的渔村,渔民政治参与权利都不一定能够有效实现。其原因主要有以下方面:

(1)渔民受自身知识水平的限制,参与基层民主意识不够强烈。列宁曾指出:"文盲是站在政治之外的,必须先教他们识字,不识字就不能有政治,不识字只能有流言蜚语、传闻偏见,而没有政治。"[1]罗素曾指出:"一个国家如果有许多人不识字,就不可能有现代化的民主。"[2]当前,渔民受自身文化素质所限,其在政治观念、政治意识方面参与意识淡薄,渔民尚没有意识到自己是渔村中的一员,是渔村的主人,有权参加对渔村大事的决策和管理,加之渔村基层群众由于长期受封建专制主义思想的奴化,其社会主义民主意识仍相当薄弱,这必然会对渔村基层民主建设产生较大的负面影响。

(2)贿选现象客观存在,阻碍渔民自由行使投票权。所谓贿选,就是用金钱、物质收买选举工作人员或选民,以取得选票或改变选举结果的行为[3]。贿选的本质是金钱政治,是一种典型的政治腐败,是民主政治的畸形产物。一是感情贿选。这种贿选形式大多是候选人以感情拉拢为主要手段,常常是走东家串西户,搞一些许愿和承诺。二是实物贿选。这种贿选方式是用实物换得选票。三是金钱贿选。这种方式是直接以金钱换得选票。

(3)渔村村委会为了维护自己的权威,故意将信息隐瞒,阻碍渔民有效行使监督权。在一些渔村中,民主管理、民主决策、民主监督常常流于表面化和形式化,渔民在这些活动过程中没有自己监督的话语权。渔民所了解的信息无论是村务公开方面的,还是决策方面的,或是民主监督方面的,一般都是渔村村委会干部提供的,这些信息都是经过筛选的,表面的事

---

① 列宁全集:第37卷[M]. 北京:人民出版社,1967.
② 罗素. 社会改造原理[M]. 上海:上海人民出版社,1987.
③ 龙香玖. 村民自治中的贿选现象及其遏制的理性思考[D]. 湖南师范大学硕士论文,2003.

项公布多,很少涉及深层次的问题,个别内容有人为加工迹象,缺乏真实性,局限性很大,并没有做到真正的村务公开。这种只流于形式的村民自治工作挫伤了村民参与的积极性,使他们对村务淡然视之,只关心一些与自己有切身利害冲突的事务。这样,致使近几年渔民反映的违法施政、财务管理混乱、加重村民负担等问题的信访率有了明显提高。在村委会换届选举中出现的这种贿选行为,严重危害了社会主义民主法制建设,败坏了社会风气,破坏了选举的声誉,妨碍了选举的公平和公正,阻碍了基层民主选举的发展进程。

五、海洋社会公平存在失衡现象

从 20 世纪 80 年代我国实行改革开放政策以后,沿海社会各项事业迅速发展。在海洋社会发展过程中一些深层次的矛盾和问题也逐步凸显出来,这给海洋社会安全带来潜在的威胁,有失海洋社会发展的公平性,造成这些问题的原因较为复杂,概括起来主要有:

(1)我国海洋社会疆域辽阔,各个海域由于资源禀赋、要素结构等诸方面的差异及历史机遇不同,导致各个海域发展沿着不同的轨迹进行,各个海域经济差异历来就比较大,这是导致收入差距扩大的一个很重要的原因。

(2)我国长期以来形成的城乡二元经济结构转换的艰难性,是导致收入差距扩大的一个重要原因。长期以来,我国对城镇发展所投入的资金要远远大于对乡村的投入力度。城镇经济的迅速发展使城乡之间的收入差距明显加大,成为海洋社会发展不公平的重要来源之一。

(3)我国改革开放以来的经济体制及其制度变迁,是导致收入差距扩大的一个重要原因。目前,我国正在进行全面深入的变革,旧的经济制度逐步被打破,新的分配制度尚存在缺陷,这样就使一些人利用政策的空缺,索取大量的社会财富。

六、海洋社会秩序维护中存在的问题

(1)重视发挥高层次议事协调机构国家海洋委员会的作用。长期以来,我国海上执法力量分散。国家海洋局的中国海监、农业部的中国渔政、公安部的边防海警、海关总署的海上缉私警察等执法队伍各自职能单一,执法过程中遇到非职责范围内的违法行为无权处理,影响执法效果。根据海洋事业发展需要,借鉴国际有益经验,2013 年,我国重新组建国家海洋局,并以中国海警局名义开展海上维权执法,接受公安部业务指导。设立高层次议事协调机构——国家海洋委员会,国家海洋委员会的具体工作由国家海洋局承担。这样有利于统筹配置和运用行政资源,提高执法效能和服务水平。海洋管理是一项综合管理,其涉及经济、科技、资源、环境等多个方面。因此,新设立的高层次议事协调机构——国家海洋委员会要充分发挥自己的协调作用,使我国海洋事业的各项发展更加高效、协调。

(2)管理缺位现象严重。我国漫长的海岸线曲折复杂,近岸又有一系列岛屿,这种自然地理条件适于采用直线基线法。根据《公约》的规定,我国可主张300万平方千米的管辖海域,并且部分海域自然的大陆架宽度超过200海里,可扩展到350海里。此外,我国在太平洋国际海底还拥有7.5万平方千米区域具有专属勘探权和优先开采权的多金属结核矿区。在实际操作中某些海洋管理领域存在行政空白,事件拖而不决,出现海洋管理的真空地带。所以,必须形成24小时全方位的立体化保障,随时通过足够的海上执法力量真正有效地维护国家海洋权益。

(3)执法装备系统存在差距。21世纪以来我国海上维权形势日益严峻,确保油气开发安全、监控进入我管辖海域的各类涉外目标,已经成为我国海洋维权的重要内容。现代海洋管理具有海空一体、远岸执勤的发展趋势,海监部队已经成为我国管辖海域内维护国家海防安全的主力军,扩大的职责和权限都要求有与之相对应的警力和强有力的装备的保障方能实现,而合理的数量和装备结构是海警部队执行任务的基本保证。我国海警与美、日、韩等发达国家海岸警卫队相比,目前我国海警部队大型船艇数量较少、中小型巡逻船艇性能差、种类缺、生活环境差,尤其是缺少先进的指挥通信系统网络的支持,严重制约了海警部队维护我国海洋国土安全和海洋权益的实际能力。我国现有海上执法巡逻舰艇装备的性能只能在领海和毗连区附近执勤,不能担负起专属经济区和大陆架的各类巡逻任务。

(4)执法人员的素质有待提高。海洋执法队伍代表国家行使海上安全监督管理等职能,对内代表法律的严明公正,对外代表国家形象。而我国当前海上执法人员素质有待提高。造成执法人员素质低下的原因有多种:一是执法人员来源杂乱,成分复杂。我国海上各执法队伍大多是近20年来发展起来的,执法人员来源缺乏统一的标准,成分复杂,有公安现役军人,也有警察、公务员,还有许多临时招募的人员,执法人员的素质难以保证。二是执法人员编制不一,管理混乱。我国海上执法人员绝大部分属国家编制,归执法部门统一管理,但还有相当一部分人员没有纳入行政或事业编制,管理较为混乱,这一部分人员对自身职责、执法机构职责缺乏明确理解。三是执法人员文化素质偏低。我国海上执法人员整体文化素质较低,执法水平也较低。

第四节 海洋社会安全体系的构建

一、构建海洋社会安全体系的重要意义

威胁海洋社会安全的因素从潜伏到爆发往往要经历一个变迁的过程,需要一个相对持久的时间。如能在海洋社会安全事件爆发之前对其根源进行有效处理,便可以节约大量的人力、物力、财力,将损失降到最低,有效保护人民的生命安全。建立海洋社会安全体系的意

义,概括起来主要有以下几个方面:第一,宏观预测。海洋社会安全体系的一级指标从全局观、宏观角度、战略层面对海洋社会安全进行了总体态势的识别,利用海洋社会安全体系指标可以预先进行宏观预测,以保障海洋社会安全运行。第二,微观监控。海洋社会是一个庞大的系统,每一个小小的因素都可能导致极其严重的海洋社会安全问题。海洋社会安全体系的设计将影响海洋社会安全的因素进行了细化,能够对海洋社会安全与稳定的详细情况进行有效的监控。第三,辅助决策。海洋社会安全指标能够为维护海洋社会安全提供科学的参考依据,使维护海洋社会安全的措施更具有针对性。迄今为止,关于海洋社会安全的指标体系在理论上和实践中尚未达成社会各界共同认知的标准范畴,我们试图从以下4个角度来构建海洋社会安全指标体系,如图5-1所示。

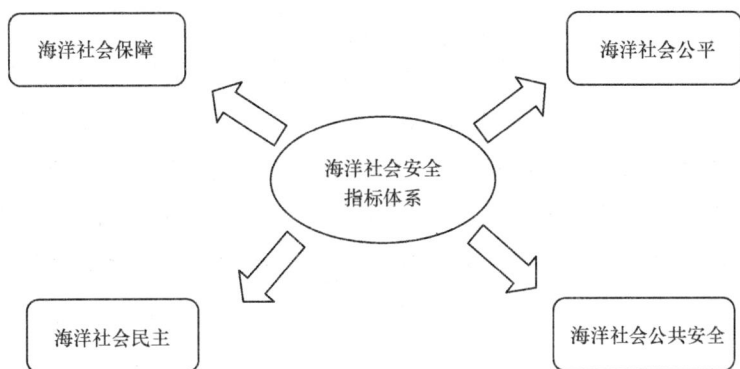

图5-1 海洋社会安全指标体系设计的逻辑框架

(1)海洋社会保障。海洋社会保障是一项牵涉全海洋社会的系统工程,是维持海洋社会稳定的一种有效机制,是保证海洋社会成员基本生存需要的必要手段,是促进海洋社会经济、海洋文化、海洋科技等方面持续发展的不竭动力,海洋社会保障制度是海洋社会正常运行的重要底线。人类最初对于风险的认识就始于海洋。由于大海具有不可预测性,在长期与海洋打交道的过程中,渔民便体会到海洋带给人们无限的"风险"。远古时期,每次渔民出海打鱼之前总是要向神灵祈求在出海时能够遇到风平浪静的天气,能够平平安安归来。但海洋灾害频繁,海难事故频发,严重威胁到渔民的作业与生活。无数事实表明,海洋社会安全主要的或绝大部分的原因,是由于老百姓的生存保障和生活保障受到了威胁。只有当居民安居乐业时,生存有保障、生活水平有所提高时,海洋社会才能平稳向前发展。

(2)海洋社会公平。社会公平就是社会各种利益在全体社会成员之间合理而平等的分配,它意味着权利的平等、分配的合理、机会的均等和司法的公正。① 从动态层面来看,社会

---

① 俞可平. 社会公平和善治是建设和谐社会的两大基石[J]. 中国特色社会主义研究,2005(1):10-15.

公平又可分为起点公平、过程公平和结果公平,这三种状态的公平是相互联系、相互制约的。公平问题是诱发海洋社会安全的最为敏感、最为突出的问题,亦是最为棘手的问题。由于劳动者个体所处地区不同,其面临的发展机会就不同,这样就会产生不同地域间海洋社会贫富差距。海洋自然资源的有限性,使其被一代人利用之后就很难服务于下一代,这样容易出现代际之间的不公平。由于劳动者个体能力等方面的差异,其劳动产出是不一样的,这样容易造成人与人之间的收入悬殊,进而造成社会财富分配不公平。从理论上讲,按劳分配,理所应当,出现贫富差距是海洋社会发展的必然。但是经验证明,不同海洋区域贫富差距悬殊和同一海洋区域财富分配不公现象会导致一系列消极的社会后果,都会危及海洋社会的安全。在我国传统文化中自古就渗透着"不患寡而患不均"的意识,群众对收入差距扩大的心理承受能力本来就不高,加上社会分配系统的不规范行为造成的收入差距扩大,会导致海洋群体成员心理上的严重失衡,严重的社会心理不平衡往往会转化为对海洋社会的不满、怨恨和对占有财富的畸形渴望,从而加剧海洋社会道德行为的失范,给海洋社会安全带来威胁。只有切实逐步建立以权利公平、机会公平、规则公平、分配公平为主要内容的海洋社会公平参与机制,才能使人们的心情更加舒畅,各方面的社会关系才能更加协调,海洋社会成员的积极性、主动性、创造性才能更加充分地发挥出来,海洋社会的美好未来指日可待。

(3)海洋社会民主。改革开放以来,随着我国沿海地区经济体制的建立和发展,社会民主政治进程也不断推进。这里所讲的民主有两层含义:一方面是指一种社会状态,以自由和平等为基本精神,以公民社团为基本组织,以协商、合作与联合为主要手段,解决市民社会内部所产生的矛盾,进而实现社会整体利益的最大化。① 另一方面也指社会结构的合理性,即各个阶层、种族和民族的平等,形成许多意愿性的组织,同时以中产阶级为主体的市民社会的形成。② 海洋社会民主的发展有助于推动海洋社会法制建设的进程。从世界主要国家的民主实践来看,民主和法治对于海洋社会有序化正常运行缺一不可。仅有民主,没有法治,民主就会遭受挫折。法治是民主的保障,民主与法治二者的目的和价值一致。民主的价值在于平等和自由,每个公民都有平等参与政治的权利。法治强调法律至上,主张法律面前人人平等,反对法律之外和法律之上的特权。③ 有序推进海洋社会民主进程,既是我国社会和谐发展的重要内容,也是建设海洋强国的基本保证。

(4)海洋社会公共安全。随着经济社会发展进步,人民生活水平逐步提高,公众对安全生活的需求日益迫切,富而思安已成为一种比较普遍的心态。良好的社会秩序是个体获得安全保障的首要前提,因此必须高度关注社会秩序问题。由于受到自然灾害、刑事犯罪、生

---

① 张燚. 论社会民主建构的路径选择——基于社会资本的研究[J]. 云南行政学院学报,2011(4):24-26.
② 季乃礼,宋鹿豫. 民主五个层次——兼议中国模式[J]. 宜宾学院学报,2011(5):25-30.
③ 刘剑锋. 加强农村基层民主建设的意义及其现实困难[J]. 北京交通大学学报(社会科学版),2005(4):67-71.

产事故、传染病、心理疾病、劳资冲突、族群冲突、道德失范、宗教信仰、邪教、恐怖主义、人口结构变化、个体化趋势、信任危机、生态危机等因素的影响,我国海洋社会的发展长期以来受到各类突发事件的威胁,提升应对海洋公共安全的能力对于维护海洋社会安全具有重要的意义。

二、海洋社会安全指标体系构建

海洋社会作为一个超复杂的系统,是一个非绝对平衡的开放系统,其构成要素在社会整合机制下会形成特定的运行秩序。海洋社会作为一个动态的开放系统,在运行过程中一定会有来自内部和外部的各种安全因素的扰动。海洋社会作为一个组织系统,一定会有排除干扰、恢复正常秩序的自我修复能力。

经过对海洋社会的分析,在此,我们提出的海洋社会安全指标系统由4级指标组成。海洋社会安全是第1层指标,即目标层。海洋社会保障指标、海洋社会民主指标、海洋社会公平指标、海洋社会公共安全指标4个指标作为第2层指标体系,即领域层。各个领域中包含不同的要素,以海洋社会公平为例,海洋社会公平包括地区发展的公平性、代际之间发展的公平性、社会财富分配的公平性,这是指标体系的第3层,构成要素层。在地区发展公平性指标中又划分为不同海域发展公平程度、近海与远海发展协调程度、沿海城镇与渔村发展协调度,这些指标构成了第4层,即指标层。海洋社会安全指标体系中4层指标具体逻辑关系如表5-1所示。

表5-1 海洋社会安全指标体系

目标层 一级指标	领域层 二级指标	要素层 三级指标	指标层 四级指标
海洋社会安全	海洋社会保障指标	生存保障指标	a. 养老保险覆盖率 b. 医疗保险覆盖率 c. 生育保险覆盖率 d. 失业保险覆盖率 e. 工伤保险覆盖率 f. 社会保障总支出费用
		生活保障指标	a. 平均寿命 b. 恩格尔系数 c. 就业率 d. 海上作业风险程度 e. 人均住房面积

目标层 一级指标	领域层 二级指标	要素层 三级指标	指标层 四级指标
海洋社会安全	海洋社会民主指标	海洋社会法律体系	a. 海洋社会法律的数量 b. 海洋社会法律的类型 c. 海洋法律的完善程度
		渔民政治地位	a. 渔民政治权利 b. 渔民政治参与
		群体性事件	a. 上访事件 b. 集体罢课、罢市事件 c. 集体斗殴事件
	海洋社会公平指标	地区发展公平性	a. 不同海域发展公平程度 b. 近海与远海发展协调程度 c. 沿海城镇与渔村发展协调度
		代际发展公平性	a. 当代人占用发展机会量 b. 后代人可利用的发展机会
		社会财富分配 的公平性	a. 中等收入者的比例 b. 海洋从业人员收入的公平性 c. 基尼系数
	海洋社会公共 安全指标	处理突发事件 能力指标	a. 海洋自然灾害应对能力 b. 海洋事故灾难应对能力 c. 海洋公共卫生事件应对能力 d. 海洋社会安全事件应对能力
		海洋社会秩序 维护力量装备	a. 执法人员数量 b. 执法人员素质 c. 执法装备 d. 执法部门配合状况

（1）目标层。海洋社会公共安全:以海洋社会中社会成员的切身利益和安全为着眼点,通过对海洋社会保障、海洋社会民主、海洋社会公平、海洋社会公共安全4个指标进行分析,为每一个个体创造一个公平、公正的发展条件,从而促进海洋社会群体中的每一个成员都能够自由、全面的发展。

（2）领域层。①海洋社会保障指标:海洋社会保障指标直接反映居民的生活保障状况,是社会稳定程度及社会和谐程度在居民生活保障方面的指标表现。社会保障是指国家通过立法,积极动员社会各方面资源,保证无收入、低收入以及遭受各种意外灾害的公民能够维持生存,保障劳动者在年老、失业、患病、工伤、生育时的基本生活不受影响,同时根据经济和社会发展状况,逐步增进公共福利水平,提高国民生活质量。一般来说,社会保障由社会保险、社会救济、社会福利、优抚安置等组成。其中,社会保险是社会保障的核心内容。海洋社会保障指标主要反映海洋社区成员基本的生存状况。海洋社会保障系统由生存保障指标和生活保障指标两个方面构成。生存保障指标是国家和社会对海洋社会成员的基本生活予以保障的社会安全制度和福利制度,主要是海洋社会中劳动者在丧失或中断劳动能力以及遭受各种风险而不能维持最低生活水平的情况下,由国家和社会提供物质帮助的一整套以社会化救助为标志的生活安全系统。它主要由社会保险、社会救助和社会福利三大部分组成。②海洋社会民主指标:主要侧重于海洋社会法律制度的完善程度以及海洋群体成员享有的最基本的民主权利行使状况。③海洋社会公平指标:主要是指人们之间的一种平等的社会关系。主要包括生存公平、产权公平和发展公平。④海洋社会公共安全维护能力指标:主要是指处理各种海洋突发事件,维护海洋社会稳定的能力。

(3)要素层。①生存保障指标:这里主要侧重于海洋社会群体在生活中最低保障生存需要指标。②生活保障指标:衡量人们的基本生活水平和健康水平的指标。③海洋社会法律体系:是指调整各个海洋主体在各种海域(如领海、毗连区、专属经济区、大陆架、海峡、群岛、公海、国际海底等)行为的原则、规则和规章制度的总和。④渔民的政治地位:渔民在参与国家和社会事务管理中所发挥的作用以及享有的民主和自由的程度。⑤群体性事件:因人民内部矛盾引发,在社会现存的纠纷化解和利益协调机制失效的情况下,一定数量的个体无合法依据进行聚集,以违法方式甚至采取暴力行为表达利益诉求,影响社会正常生产生活秩序的事件。[①] ⑥地区发展公平性:不同海域海洋社会发展的差异程度。⑦代际发展公平性:主要是指当代人为后代人类的利益保存自然资源的需求、发展机会、发展权利等。⑧社会财富分配的公平性:公平分配应是人们在平等的机会或前提下选择职业,从事经济活动,并按自己的劳动贡献获得收入,个人的收入差别应维持在社会可以承受的限度内的一种相对平等的分配。⑨处理突发事件能力指标:有效处理各类海洋社会突发事件的能力。⑩海洋社会秩序维护力量:海洋社会主管部门维护海洋社会所拥有的物力、人力、财力等资源。

(4)指标层。①养老保险覆盖率:渔民养老保险制度是保障渔民在退休上岸后依然可以保证一般生活水平,并逐步摆脱传统家庭养老模式的社会保险制度。渔民受自身条件和作业环境的限制,有着明显的退休年龄。渔民没有土地保障,也不具备渔业以外的其他谋生技能,因此退休以后往往失去经济来源,只能依靠积蓄或子女养老,生存状态具有不稳定性。建立政府支持下的渔民养老保险制度对于保障老年渔民的基本生活和建设渔区和谐社会十分重要。②工伤保险覆盖率:渔民工伤医疗保险制度是在渔民遭遇伤病事故时提供医药补

---

① 王辉,杨林秀. 政府应对群体性事件分类处置流程研究[J]. 中国行政管理,2010(11):58-62.

贴,解决渔民就医负担的社会保险制度。该制度包括两部分,一部分是普通医疗保险,普通医疗保险又包括渔民个人医疗账户和大病统筹。由于渔区医疗资源有限,医保制度不完善等原因,渔民对现行合作医疗制度大多持观望态度,这要求政府采用各种措施,增加扶持力度,探索一套符合渔区实际并为广大渔民接受的医疗保险方案。另一部分是工伤保险,渔业是一个作业风险大、事故频率高的高危行业,一旦发生意外事故,轻则致伤致残,重则船毁人亡。因此必须为渔民单独设立工伤保险,区分于普通医疗保险的大病统筹,独立核算,保证渔民遭遇工伤事故时得到及时救助,解除其后顾之忧。③最低生活保障覆盖率:渔民最低生活保障制度是以保障渔民基本生存权利为目的的社会救助制度,它为暂时无法靠自身收入维持基本生存的渔民提供经济上的帮助。④失业保险覆盖率:渔民失业保险制度是为转产渔民在失业时提供生活资助、技能培训、职业介绍等帮助的社会保险制度。⑤其他保险覆盖率:以上4项为渔民社保体系建设初级阶段急需构建并完善的制度,除此之外,扶贫帮困、社会救济、生育保险等应根据各渔区的实际情况逐步建立并完善起来。⑥社会保障总支出费用:包括社会保险费用支出、社会福利支出、社会救助支出。⑦平均寿命:海洋社区人员的平均寿命。⑧恩格尔系数:这是衡量一国富裕程度和居民生活水平高低的一个重要指标,它反映的是居民食物支出在消费者总支出中所占的比重。⑨就业率:海洋社会人员从事工作的人占整个海洋社会人员的比重。⑩海上作业风险程度:包括渔船全损率、渔船折损率、渔民死亡率、渔民伤残率、渔民受伤率。⑪人均住房面积:人均住房面积是指按居住人口计算的平均每人拥有的住宅建筑面积。⑫海洋社会法律的数量:关于海洋社会所有法律的总数量。⑬海洋社会法律的类型:海洋法律所涉及的社会领域。⑭海洋法律的完善程度:现有海洋社会法律能否覆盖海洋社会发展的方方面面。⑮渔民政治权利:政治权利是政治地位的核心和保证。渔民政治权利指渔民依法享有的管理国家事务、管理经济和文化事业、管理社会事务,对国家工作人员进行监督的权利以及相关的各种权利。⑯渔民政治参与:政治参与是公民表达自身利益、维护自身权益、实现个人和团体利益的重要途径。⑰上访事件:海洋社会群体成员利益受到损害,自主向有关部门请求维护其合法权益。⑱集体罢课、罢市事件:学生和工人、商人停止上课和工作,以示自己的不满。⑲集体斗殴事件:海洋群体之间发生的争斗事件。⑳不同海域发展公平程度:我国四大海域沿岸经济发展协调程度。㉑近海与远海发展协调程度:近海开发利用程度与远海开发利用程度。㉒沿海城镇与渔村发展协调度:海洋社会城镇与乡村发展的协调程度。㉓当代人占用发展机会量:当代人开发利用海洋社会所占用的资源、机会。㉔后代人可利用的发展机会:后代人开发利用海洋社会所留用的资源、机会。㉕中等收入者的比例:在经济学界,一般认为中等收入者,就是以收入多少为标准,划分出在一定时期处于全社会中等收入水平的个人和家庭,其集合就是中等收入者或中等收入群体。㉖海洋从业人员收入的公平性:各个涉海产业人员收入差异性。㉗基尼系数:

基尼系数(Gini Coefficient)是通常用来测量收入、消费、财富和任何其他实物分配不均等状况的一个综合指标。国际上通常认为,当它处于0.3~0.4时表示收入分配比较合理,0.4~0.5时表示收入差距过大,超过0.5则意味着出现两极分化。㉘海洋自然灾害应对能力:应对赤潮、风暴潮与海浪、台风及其他海洋自然灾害能力。㉙海洋事故灾难应对能力:应对船舶污染、倾废污染、放射性污染、海洋工程污染、违规排污、渔船事故、海难能力。㉚海洋公共卫生事件应对能力:应对水产品质量安全事件类型、重大水生物疫情的基本类型、水产养殖事故的能力。㉛海洋社会安全事件应对能力:处理海洋社会突发安全事件的能力。㉜执法人员数量:是指按照宪法和法律的规定,能够在管辖权范围内的海域上对所发生的与海有关的活动进行管理的人员数量。这里既包括海洋、海事、渔政等部门的行政执法人员包括其他性质的有法律授权的部门的执法人员数量。㉝执法人员素质:从事海上执法人员的技能水平、年龄结构、学历层次及综合素质。㉞执法装备:拥有大型舰艇数量、装备性能、装备种类、网络通信技术等设备数量。㉟执法部门配合状况:各部门之间的协调程度、信息的共享性、人员的协调性。

表5-1中的第二层指标各自作为测量海洋社会安全的同一层级指标,都具有相对的独立性,能够反映海洋社会安全的一个重要方面。同时,这四大领域层指标又有相互影响、相互衍生的关联性。三级指标和四级指标之所以这样设计,不仅是为了细腻地反映每个一级指标的内部构造,更主要的是为了便于在计量和检测中,方便地寻找导致社会风险所在的具体部位,明晰我国海洋社会安全中的薄弱环节,发挥指标体系的预见性功能。第三级指标是上述四大领域层指标中每一个领域层指标内部构造的分解。这样设计的目的不仅是为了细腻地反映每个要素指标的内部构造,更主要的是为了便于从测评中寻求导致社会安全发生可能性因素所在的具体部位,并提高和增强该指标体系的分析比较功能。同样,由这10个模块构成的第三级指标,每个模块亦具有相对独立的意义,在监测、分析、研判险情时可划分出若干警报区间。第四级指标是具体指标,亦称为元指标或原始指标,由35项指标组成。它们的确定,多数需要专家们按照特定的方法和程序依据当地情况具体而定。

第五节 维护海洋社会安全的对策

面对海洋社会的各种潜在威胁因素,采取有效措施加强风险防范,妥善处理海洋社会安全中的各种事务,有效促进海洋社会安全。在维护海洋社会安全时要坚持处理好以下几个关系。

(1)坚持国内与国际海洋社会安全并重。随着世界经济一体化的格局逐步形成,海洋在航运、渔业、能源等方面扮演着重要的角色,这样就增加了国与国之间海上利益的摩擦。只有把国内海洋社会安全与国际海洋社会安全统筹起来,才能促进整个海洋社会的安全。

(2)坚持当前与未来海洋社会安全并重。海洋社会安全与人类对海洋的开发利用程度密切相关。海权意识的提高、海洋资源的开发、海洋战略地位的提升,海洋社会安全问题也就危机四伏。我们不但要关注当前海洋社会安全问题,也要预测未来海洋社会可能出现的安全问题,提前做好防范。

一、培养海洋社会安全的意识

长期以来,人们认为海洋社会安全取决于海洋经济安全和海洋政治安全,人们关注的仅仅是海洋经济安全和海洋政治安全,有意无意地忽视了海洋社会安全。认为海洋社会安全是海洋经济安全和海洋政治安全的结晶。不可否认,海洋社会安全确实和海洋经济安全和海洋政治安全紧紧相连。例如,海洋经济的高速发展有助于提供更多的就业机会,提高渔民的收入,促进渔村的社会安定。目前,随着海洋经济建设不断加深,海洋社会问题逐渐凸显,从某种程度上来看,忽视海洋社会安全容易引起海洋经济和海洋政治问题。各类海洋突发事件的发生不仅影响人们正常工作和生活,还对海洋经济建设产生极大的冲击,有些海洋社会事件的处理往往需要两国或多国共同应对,如果处理不善,则会造成国与国之间的紧张关系。因此,我们必须高度重视海洋社会安全。要提高各级领导干部对海洋社会建设的重视程度。各级领导,尤其是中央领导和沿海各省(市)领导在进行海洋开发利用之时一定要注重海洋社会建设,使海洋经济建设与海洋社会建设同步,及时解决海洋社会发展过程中遇到的问题。

二、采取有效措施解决"三渔"问题

在渔业方面,推进渔业产业结构调整,全面提高产业发展能力。完善养殖配套管理制度和运行机制,努力做到资源配置市场化、区域布局科学化、生产手段现代化、产业经营一体化,加快产业优化升级,提高水产养殖集约化发展水平。海洋渔业主管部门应该根据《全国海洋功能区划(2011—2020年)》要求,对渔业养殖区进行合理规划,实现海洋渔业经济效益与生态效益并重。加大对优良海洋水产品的扶持力度,学习国外先进的生产经验,推动海洋牧场建设。我国需要尽快建立与国际社会接轨的渔业标准体系,在海产品生产的过程中严格按照标准化进行,提高水产品质量,加快产业链升级,加快传统农业向现代农业转型,提高海洋渔业经济规模和质量,提高国际竞争力。针对近海资源枯竭的现状,要提高我国远洋捕捞业的能力,要培养一批具有国际竞争力的远洋渔业企业和从事远洋捕捞的专业船队。积极与周边国家进行合作,合理利用公海中的渔业资源。

在渔村方面,新渔村建设内容丰富,任务复杂,需要各个方面共同努力,既要激发内力,促进渔村全面发展，又要施予外力，为新渔村建设提供保障，以促使内力更好地发挥作用。大力加强渔村基础设施建设。根据渔业资源、渔船数量、渔港自然条件、渔业经济比重等，合理布局沿海中心渔港、一级渔港和内陆重点渔港，选择一批避风条件好、具有较大经济腹地的渔港，修建码头、护岸和防波堤，建成港口基础设施完善、配套功能齐全的现代化渔港。推进水产品市场信息和物流体系建设，完善水生动物防疫、水产品质量安全法律法规、标准、检验检测体系、认证认可体系和生产全过程质量监管体系，提高渔业安全保障水平。加强生活设施建设，改善渔民生活条件。加快渔村饮水安全工程建设，优先解决饮水安全问题。尽快完成渔村电网改造的续建配套工程，解决渔村生产生活用电问题。要进一步加强渔村公路建设，提高渔村公路通行能力。要加快渔村能源建设步伐，在适宜地区积极推广沼气、天然气、煤气、太阳能等清洁能源技术，加强小水电开发规划和管理，扩大小水电代燃料试点规模。积极推进渔业信息化建设，充分利用整合渔业信息资源，强化面向渔村的广播、电视、电信等信息服务。

在渔民方面，针对渔民的需求，积极开展知识技能培训，提高渔民文化素质和专业素质，增强他们的就业本领，培养造就有文化、懂技术、会经营的新型渔民，拓宽就业路子。加强渔业安全生产知识培训，提高渔民海上安全生产能力，减少和降低海损事故；加强渔业职业技能培训，普及新技术、新模式，推广新品种、新方法；搞好岗前培训与后续教育。按照上岗需求，做好岗前各项知识和技能准备，建立岗中、岗后继续教育，有针对性地开展职业培训，把村组干部、捕捞大户、养殖大户、经纪人培养成渔村致富带头人，造就一批留得住、用得上的渔村实用人才，带领渔民群众共同增收致富。面对日益枯竭的渔业资源，各国都加紧了公海渔业资源的捕捞，为了避免纠纷，我国要从两方面规避渔民被抓扣的风险，首先，组建能够快速反应和提供有效保障的护渔专门队伍，确保中国渔民能够自由地在属于自己的蓝色国土上劳动和收获，免受他国骚扰。国力强盛，海防力量强大是渔民远洋捕捞的有力保障。其次，对渔民加强培训。一方面加强对从事捕捞作业的渔民的培训，使他们具备自我保护的法律知识和相关技能。另一方面应该规范渔民捕鱼作业，防止渔民非法进入他国海域捕鱼，在正常捕鱼时应给予足够的保护。

三、注重海洋社会公平建设

（1）注重海洋区域协调发展。由于我国海洋疆域辽阔，不同区域的经济发展水平相差较大。从整体上来讲，沿海地区是我国经济聚集度最高的地带，但是也存在海洋经济发展不平衡的现象。从我国沿海11个省份来看，上海市的海洋经济总量在我国沿海省市中是最高的，天津市海洋经济总量在社会经济中仅次于上海市，在沿海省市中位居第二。近年来，广东、浙江、江苏等省海洋经济保持快速增长，产业结构不断优化，基础设施建设加快推进，新兴产业不断涌现,海洋经济发展在促进国民经济和社会发展方面的作用日益凸显。海南省与福建省海洋经济规模在社会经济总量中占有重大的比例。河北省、辽宁省海洋经济的发展相对缓慢有些滞后,没有对社会经济发展起到相应的带动作用,发展中凸显很多问题。广西壮族自治区的海洋经济与社会经济发展相对比较落后。面对海洋区域经济水平发展的差异,应该根据区域优势,合理划分区域分工,加强区域间的统筹协调发展,正确处理局部利益与长远利益的关系,推进和深化区域间的合作。

(2)注重沿海社会城乡协调发展。我国沿海社会经济发展迅速,使得沿海城市扩张的速度明显加快,越来越多的人涌向沿海城市,促使沿海城市规模不断加大,公共基础设施和公共服务水平不断提高,反过来又刺激城市以更大规模来投入和扩张。与此形成鲜明对比的是,沿海渔村资金匮乏,公共投入明显严重不足,公共设施严重匮乏,导致更多的人寻求进入城市去发展,反过来又影响了对渔村生活应有的关注,使沿海城乡的差距越来越大。缩小沿海城乡居民收入差距,首先,必须加大对渔村的财政转移支付力度,加快渔村基础设施建设,提高渔村公共服务水平,为渔民能够安居乐业生活提供一个良好的环境。其次,加快推进城镇化步伐。城镇化是一个国家现代化的必由之路,也是衡量一国经济发展的重要指标。城镇化的发展推动大量渔村人口和劳动力转变为城市人口,这有助于促进海洋产业一、二、三产业均衡发展,使城乡的生产经营方式发生根本性转变,同时赋予城乡居民公平的发展机会,有利于增加渔民的收入,是缩小城乡收入差距的重要途径。

(3)缩小海洋群体之间收入差距。沿海社会是我国经济建设的重点区域,由于种种原因,贫富收入差距明显。采取有效措施缩小收入差距,逐步形成中等收入者占多数的收入分配格局,最终实现共同富裕,有助于维护海洋社会的公平,有益于海洋社会的持续稳定。首先,要完善个人所得税征收制度。包括合并收入来源统一征收,提高征税起点,建立混合税制模式等;适时开征遗产税、赠予税、不动产税等,使一些逐渐占有重要角色的收入成为合法合理的税后收入。规范税收征管,包括建立个人纳税信用档案,增加税收违法成本和社会心理压力等[①]。其次,政府应该在二次分配上注重分配的公平性。低收入者的存在是海洋市场经济发展的必然而其自身无法解决,因此需要政府通过完善社会保障制度加以救助。政府要对海洋社会中的弱势群体、低收入群体进行动态管理,努力实现应保尽保。同时,通过以上的制度安排和改革措施,对收入过高者进行有效控制,使低收入阶层的基本生活需要得到保障,提高海洋社会对贫富差距的理解和容忍程度,树立海洋社会成员的信心,安定海洋社会。

---

① 沈卫平. 缩小贫富差距促进社会公平[J]. 现代经济探讨,2012(11):29-32.

四、完善海洋社会法制建设

面对海洋社会发展迅速,海洋法制相对滞后的现状,我国应该尽快制定并完善与海洋相关法律制度,尽快适应海洋社会安全迅速发展的客观需要,使海洋权益维护、海洋资源开发利用、海洋环境保护、科研及综合管理等各领域都能做到"依法行事",使海洋社会能够朝着更加健康的方向发展,为实现海洋强国提供法律支持。具体来讲,我国应该从以下 5 个方面尽快制定和完善我国海洋法律体系。

(1)将"海洋"写入宪法是我国实行海洋强国发展的客观要求,是制定其他相关法律法规的重要依据。目前我国主张 300 多万平方千米的海域管辖权,相当于我国陆域面积的三分之一,但我国宪法没有明确承认海洋国土是我国领土的重要组成部分。我国可以在宪法中明确指出海洋的地位,宣布海域的归属,海域的范围及管理等具体事项则由法律规定细则,应该从海权与海域两方面入手明确海洋的法律地位,从而达到最好的效果。[①]

(2)完善法律空白,加强法律之间的有效衔接。我国目前尚未出台海洋基本法,海洋执法更多依靠的是第三、四层的行政规章和地方性法规等。我国海洋法律体系中,单行海洋法律法规较多。这样就容易出现法规之间的重叠、交叉,出现法律的"真空地带"。我国应该学习邻国日本,尽快建立海洋基本法,明确不同法律的效力位阶。

(3)根据当前海洋开发的进程出现的新情况制定出新的法律条款,来进一步规范海洋开发利用中的各种活动。例如,尽快设立新型能源的法律法规,尤其是关于可燃冰、稀土矿之类新型海底能源的专项法律规定。对海岸带、海岛这种特殊的海洋资源应该加强重视。

(4)加强对海洋环境执法的检查。使海洋开发合理有序进行,保证海洋和海洋经济的可持续发展和利用,实现依法"管海"和依法"用海"。[②] 应把公众参与机制、客观考评体系和责任追究机制引入中国海洋执法监督体系,以完善中国海洋执法监督体系,把海洋资源的开发和管理活动纳入法制化轨道。

(5)将海洋开发与发展过程中一些重要的原则和国际社会普遍认同、遵守的原则在海洋法律体系中体现出来。例如,可持续发展原则、公平原则,使我国海洋立法逐步完善,并与国际接轨。

五、理顺海洋社会管理体制

由于海洋资源立体分布,海洋社会活动涉及农业、交通、国土、国防、石油、船舶、旅游等几十个部门,群龙闹海、各自为政的海洋社会管理体制降低了海洋管理效率。随着海洋社会

---

① 张楚晗. 中国海洋法律体系研究[D]. 大连海事大学,2013.06.
② 刘海廷. 健全海洋法律制度,依法开发海洋资源[J]. 中国渔业经济,2007(2):25 – 27.

分散管理体制弊端的逐步显露,2013 年我国重新组建国家海洋局。国家海洋局以中国海警局名义开展海上维权执法,接受公安部业务指导;设立高层次议事协调机构国家海洋委员会,国家海洋委员会的具体工作由国家海洋局承担。在此,可以整合中国海监、中国海事、渔政港监、公安边防和中国海关各支队伍,在现有的海洋社会管理力量基础上组建一支力量强大的具有中国特色的海洋社会综合执法队伍。具体步骤为:首先,对所有海洋社会管理部门及其所属的海上执法队伍的职能范围进行重新调整。其次,对各个海洋社会管理队伍进行协调和整合,形成几个比较集中的海洋社会执法队伍。再次,逐步整合这几个海洋社会执法队伍,最终形成集中统一的海洋社会执法体制。成立综合海洋社会管理机构不能一蹴而就,因为中国是具有强大国内制度惯性的国家,应该实行渐进式改革。结合我国现今国情,可采用渐进式改革进入半集中海洋社会管理模式,一步步积累经验。先分区建立海洋社会管理协作机制,各海区五个执法队伍实行协作管理。逐渐形成统一的、拥有警察职能的海洋警备队伍,平时担任行政执法任务,战时协同武装部队执行作战任务。具体在执法模式上,具体的思路是由行业的分散执法向联合执法和综合执法的转变。可以考虑在某些行业领域或者海洋区域进行部分转变,也即先进行区域性或者行业性的联合执法队伍建设,但是最终还是必须过渡到海上综合执法模式上来。

六、加强海上执法队伍建设

我国海域面积辽阔,维护好我国现有的每一寸海域,是时代赋予我们的历史使命。海洋疆域和陆地疆域一样,要做到"寸土必争",因此,建立一支装备先进、执法有素的海上执法队伍显得尤为重要。因此,我国要从两个方面提升海上执法水平。

(1)进一步提升海上执法装备的水平。执法装备是开展海上执法的物质保障。目前,我国海监执法船艇 260 余艘,执法专用车辆 280 余辆,飞机 9 架,36 艘千吨级执法船和 54 艘执法快艇正在制造中。与美国、日本、韩国等国家的海岸警卫队先进装备存在较大的差距,严重影响执法的效率和质量。因此,我国要进一步强化海监执法装备的建设。装备技术是动力,武器系统是基础,装备体系是关键。

在装备技术方面,要借鉴国外舰艇武器装备发展的经验,高度重视引进技术与现有技术的综合集成,同时舰艇武器装备预先研究要以单向技术创新为主,向综合集成创新为主转移,从而实现多种技术的综合性、创新性发展应用;同时加强对巡逻舰艇武器装备的高新技术的跟踪和应用研究,并围绕海上执法对巡逻舰艇武器装备的需求,突出技术的基础性和针对性。

在武器系统方面,由于国际政治、经济形势的变化,现代海上综合执法向立体化、多层次发展,舰载直升机与舰艇在海上巡逻执勤中功能互补性强,应加强舰载直升机的发展。巡逻舰艇是海上执法的基本平台,舰载电子信息装备为舰艇完成指挥、侦察、通信和观察任务以及保障自身航行安全提供保障,日益成为巡逻舰艇武器装备体系的核心和灵魂。

在装备体系发展方面,针对每种型号的巡逻舰艇,利用信息技术抓好巡逻舰艇武器装备系统信息化建设和现行武器装备信息化改造,使其具备通用性、联动性;同时对不同舰艇的平台,通过通信指挥网络形成一体化的巡逻舰艇武器装备系统,建立高中低技术合理搭配的一体化信息化巡逻舰艇武器装备体系,达到资源的合理、有效配置,以取得最大的海上综合执法效能[①]。

(2)提高海上执法人员素质。中国海警是我国海洋执法队伍的主要力量,承担着对我国海域进行巡航监视、海上管理、海上执法等任务。因此,提高海上执法人员的素质是一件刻不容缓的事情。一方面,我们可以依据《国家公务员法》在进口、使用、出口三个环节严格把关,严格依据海上执法人员必备的素质完善考试录用机制,做到"公平"、"公开"、"公正",吸纳一批能力高、素质强的人员。此外,可以拓宽人才引进渠道,吸纳具有专业技术的人员到海上监视执法队伍中;在使用环节上,要完善考核、激励、奖惩与福利制度,使每一位执法人员都能够认真工作,恪尽职守;在出口环节上,要严格实行辞职和辞退制度,从而形成完善的海上执法人员新陈代谢机制。[②] 另一方面,对在职的海上执法人员要加强培训,使他们具有国际视野、国际法知识和外语语言能力,树立好我国海洋行政管理的旗帜。在培训过程中要注意运用多种培训方法,既要注重理论讲授,也要注重研究讨论、实际考察等实践活动,实现学以致用。将培训制度与奖惩制度相结合,作为以后晋升的依据,从而调动学习的积极性。

七、提高我国应对海洋社会突发事件的处理能力

海洋社会突发事件不仅具有一般突发事件的特性,而且要比一般突发事件处理起来难度更大一些。因此,要高度重视海洋突发事件的应对工作,将海洋社会突发事件的损失降到最低。

(1)明确政府各部门应对海洋社会突发事件的职责,建立统一协调指挥机构。海上突发事件分为特别严重(Ⅰ级)、严重(Ⅱ级)、较严重(Ⅲ级)和一般严重(Ⅳ级)四级,依次用红色、橙色、黄色和蓝色进行预警。根据重心下移的分级管理原则,特别严重、严重、较严重和一般严重海上突发环境突发事件,分别由发生地省级、市级和县级政府统一领导和协调应急处置工作。因此,要理顺国务院行政主管部门、国家海洋行政主管部门、国家海事行政主管部门、国家渔业行政主管部门、军队部门以及省、自治区、直辖市地方人民政府均承担海洋社会突发事件处理的责任。但这些部门在职责划分上并不是很明确,存在职能的交叉与重叠。

---

① 何忠龙,罗宪芬,任兴平. 我国海上执法装备发展思路探讨[J]. 海洋开发与管理,2007,24(1):113-116.
② 安应民. 南海安全战略与强化海洋行政管理[M]. 北京:中国经济出版社,2012.

因此,要优化应对海洋社会突发事件的主体结构。要明确上下级之间、各个部门之间的权责。要加强同级之间的沟通与协调,避免横向部门之间的相互推诿。

(2)进一步加强海洋社会突发事件应急管理演练,提高应急水平。特别要建立不同地区应急管理演练的协同机制,以应对区域性危机事件的发生。建立和完善应急演练制度,促使海洋渔业灾害应急管理演练向常规化、制度化、法制化、科学化方向发展。

(3)建立应急基金,加强应急物资储备。在政府引导下,发动社会各界,包括民间组织,特别是企业部门,积极捐资,建立一个全国性、专业性、针对性的应急基金,专门用于处理各类海洋应急管理事件。为危机事件能够及时、有效得到处理,为灾后的恢复等提供强大的财力支持。

第六章　中国海洋文化安全

　　文化是一个民族在发展过程中,与世界其他各民族间相区别的重要标志。对于一个民族和一个国家来说,文化是一种能够凝聚和整合民族和国家一切资源的根本力量。这种力量的任何形式的丧失,都将构成一个民族和国家的生存安全。正是由于文化对于一个国家来说具有生存安全的意义,因此国家文化安全就成为世界各国普遍关注的热门话题。

　　长期以来,传统观念认为中国是一个大陆文化国家。因为在悠久的历史上中华民族的祖辈大部分的生存生活都集中在陆地上,农耕是主要的生存生活方式,故而对于海洋缺少应有的认知与了解。然而近百年来,通过学者们的不断努力和探索,人们开始意识到,海洋文化、中原文化、山林文化、游牧草原文化等,都是中华文明的重要组成部分。如果说在 20 世纪 80 年代以前,关于中华文化的研究人们大多局限于黄土文化,那么近些年来人们关注的焦点正逐步转向海洋文化①。尤其是 21 世纪以来,人类进入了大规模开发利用海洋的时期,海洋在国家经济发展格局和对外开放中的作用愈加突出,在维护国家主权、安全、加强在国际中影响力等方面的地位更加重要。通过分析世界海洋强国的发展规律不难发现,这些国家在从海洋大国向海洋强国崛起的过程中,十分注重发挥海洋文化软实力的作用。尤其是在发展海洋经济、海洋科技和开展海洋生态保护时,十分重视海洋文化及其产业的带动和引领作用。海洋文化已成为海洋强国的重要软实力,海洋文化在国家文化软实力中的地位相应提高。可以说,海洋文化是海洋强国不可忽视的重要组成部分。只有发展繁荣海洋文化,保障海洋文化的安全,才能更好地促进海洋经济发达、生态环境优美,实现人海和谐,才能早日实现海洋强国的宏伟目标。

第一节　海洋文化安全概述

一、海洋文化安全的提出

（一）文化安全的提出

文化安全观念最早诞生于 16 世纪。当时虽还没有明确提出文化安全的概念,但是有的

---

① 冯建勇:《现当代中国海洋文化的重构历程》,载《浙江学刊》2013 年第 6 期。

国家已经注意到与其他国家之间的差别。到了20世纪中叶,随着资本主义和社会主义两大阵营的冲突与对立,政治制度安全和意识形态安全成为国家文化安全的核心问题,引起人们的关注。特别是20世纪末,随着经济全球化的迅猛发展,经济的交往、信息的自由交流和透明化使得不同国家不同民族文化间的矛盾冲突日益明显。特别是一些国家凭借经济、军事、政治等优势,在全球化加速发展的趋势下,大力输出本国的价值观念、意识形态和政治文化,对弱势国家的文化造成了很大的冲击和破坏[①],有的国家甚至利用语言优势传播其价值观,谋求本国利益,形成所谓的"语言霸权",等等,在这一阶段文化不安全因素开始显现。面对国际社会和文化困境,联合国开发计划署在1992年提出了《人类发展报告》,首次把文化安全列为人类社会应该享有的一项基本权利。我国文化安全的概念是在中共十七届六中全会提出的,该会议指出在当今世界处于大发展大变革大调整时期的背景下,文化在综合国力竞争中的地位和作用更加凸显,维护国家文化安全任务更加艰巨,增强国家文化软实力、中华文化国际影响力要求更加紧迫[②]。

(二)海洋文化安全的提出

我国是海洋大国,近几年来海洋科技领域有了长足发展。2012年6月24日,"蛟龙号"在西太平洋的马里亚纳海沟海域试验,成功创造了载人深潜新的历史纪录,首次突破7 000米,最深达到海底7 020米,这意味着"蛟龙号"已经成为世界上下潜能力最深的作业型载人潜水器,可在占世界海洋面积99.8%的广阔海域自由行动;"海洋一号A"卫星[③]及其后续卫星"海洋一号B"卫星[④]还有"海洋二号"卫星[⑤]成功发射和应用,为中国海洋观测开辟了崭新的领域,使中国海洋卫星首次以厘米级定轨的精度和微波探测的方式,全天时全天候地获取宝贵的海洋动力环境数据,极大地提升了中国海洋监管、海权维护和海洋科研的能力。还有海洋生物功能基因研究进入世界先进行列等一系列的科研成果,凸显了我国海洋科技取得的骄人成绩。但是与科技同等重要的海洋文化方面的建设却跟不上时代发展的步伐,存在着全民海洋文化意识淡薄,海洋文化研究还没有形成主体学科,没有完整的理论体系等问题[⑥]。

---

① 顾良艳:《文化全球化背景下我国文化安全问题研究》,南京师范大学硕士学位论文2012年。

② 李明亮:《论全球化背景下的中国文化安全》,齐齐哈尔大学硕士学位论文2013年。

③ "海洋一号A"星:2002年5月15日9时50分,"海洋一号A"卫星在太原卫星发射中心成功发射升空。"海洋一号A"卫星是我国的第一颗海洋卫星,她的成功发射,是我国海洋水色遥感划时代的里程碑,自此结束了我国没有海洋卫星的历史,也使我国跻身于世界海洋空间观测强国之列,意义重大,影响深远。

④ "海洋一号B":"海洋一号B"卫星是中国第一颗海洋卫星(HY-1A卫星)的后续星,2007年4月11日11时2分在太原卫星发射中心发射升空。

⑤ 2011年8月16日6时57分,载有"海洋二号"卫星的"长征四号乙"运载火箭从太原卫星发射中心点火升空。中国在太原卫星发射中心用"长征四号乙"运载火箭,成功将"海洋二号"卫星送入太空。"海洋二号"卫星是中国第一颗海洋动力环境监测卫星,主要任务是监测和调查海洋环境,是海洋防灾减灾的重要监测手段,可直接为灾害性海况预警报和国民经济建设服务,并为海洋科学研究、海洋环境预报和全球气候变化研究提供卫星遥感信息。

⑥ 李明春:《海洋文化是建设海洋强国的思想动力》,载《中国海洋报》2012年11月16日第1版。

2012 年 11 月 8 日,在中共十八大政治报告中,胡锦涛同志明确提出"建设海洋强国"的时代目标,这无疑是在全面建设小康社会的进程中为全党全国人民指明了方向。建设海洋强国是世界未来发展对中国的呼唤,是实现中华民族伟大复兴的时代需要,是国家海洋意志的体现。十八大报告中还提到,文化实力和竞争力是国家富强、民族振兴的重要标志,要扎实推进社会主义文化强国建设,构建文化建设与经济建设、政治建设、社会建设、生态文明建设"五位一体"的总体布局。五大建设是相互影响的有机整体,其中文化建设是灵魂。

2013 年 7 月 30 日,习近平总书记在中央政治局第八次集体学习时详细阐述中国海洋强国之路,建设海洋强国被称为"中国特色社会主义事业的重要组成部分"。由此,建设海洋强国必须坚持"五位一体"的海洋发展道路,必须全面落实海洋经济建设、海洋政治建设、海洋社会建设、海洋文化建设、海洋生态文明建设。海洋文化在其中起着灵魂的作用,为我国海洋事业的发展,为建设海洋强国提供理论指导和人文精神的支持。但当前,在谈及建设海洋强国时,最容易被忽略的就是海洋文化。

海洋文化安全是由于时空的转移与文化的变迁,伴随着新安全观的提出而被提出的。文化安全是海洋安全体系的重要而特殊的组成部分,与"政治安全"、"经济安全"、"能源安全"、"生态安全"一样,对于海洋的安全与发展具有重要的现实意义。维护和加强海洋文化安全对于保障国家安全、促进社会经济发展、增强社会凝聚力、保护人类文化多样性都具有非常重要的意义。对于拥有 300 多万平方千米海洋国土的中国,维护和拓展海洋权益的任务无比艰巨,要想从海洋大国走向海洋强国,捍卫海洋文化安全和提升维权能力已经刻不容缓。

保障海洋文化安全的途径很多,总的来说主要体现在以下几个方面:一是研究挖掘技术、整合管理,保护好海洋文化遗产;二是开展海洋文化活动,普及海洋文化知识,让国民树立正确的海洋观;三是加大海洋学科发展的力度和强度,成立海洋文化研究所,推进海洋学科高等教育,为构建中国海洋文化体系探索新的研究路径;四是通过立法,提高法制保障,全面关注中国的海洋权利和权益,使之深入人心。如今的中国,由于海洋事业的快速发展,海洋权益纷争日益凸显,海洋文化的复兴已成为必然,必将为建设海洋强国提供强大的思想动力①。

二、海洋文化安全的内涵

(一)文化安全的内涵

1. 国内外学者对文化安全的阐释

要了解文化安全的内涵,首先得明确文化的概念是什么。关于文化的定义,在学术界一

---

① 李明春:《海洋文化是建设海洋强国的思想动力》,载《中国海洋报》2012 年 11 月 16 日第 1 版。

直没有一个统一明确的界定。正如前苏联学者斯比尔金所说："对于文化，可能有各种各样的总是以具体的研究目的为转移的功能性描述。但是，得到公认的通用的完整的实质性的文化定义是不存在的，尽管与此同时这一概念的外延在直觉上是清楚的。"①

很多学者分别从广义和狭义的角度对文化作了详细的探讨和研究。从狭义的角度来看，比较具有代表性的观点认为文化是一个"复合体"，它包括知识、信仰、艺术、道德、法律、习俗以及作为社会成员的人所具有的一切其他规范和习惯，即文化是人类精神的总和②。关于广义文化，《中国大百科全书》给的定义是："文化是人类在社会实践过程中所获得的能力和创造的成果。广义的文化包括人类物质生产和精神生产的能力，物质和精神的全部产品。"③

那么，文化安全的内涵是什么？文化安全一词最早出现在我国是 1999 年，陆续有学者提到文化安全这一词语，但是对文化安全尤其是国家文化安全概括比较集中和全面的则是 2004 年由刘跃进编著的《国家安全学》一书，该书详细阐述了文化安全内涵，尤其是国家文化安全的相关论述。他认为国家文化安全是指一个国家在发展过程中，能够有效地消除和化解潜在的文化风险，抗击外来文化冲击，以确保国家文化主权不被威胁的一种文化状态④。随着时间的发展，文化安全的内涵不断丰富，涉及诸多层面。许多学者从不同角度对文化安全进行了定义。可谓众说纷纭，目前尚无统一公认的定义，综合起来，对文化安全的认识大致可以分为以下几种观点。

第一种观点认为，文化安全是相对于"文化渗透"、"文化控制"而言，一种相应的"反渗透"、"反控制"、"反同化"的文化战略⑤。随着全球化的发展，西方文化霸权的入侵，给一些弱小的国家带来了很大的文化安全隐患，国家为了防止异族文化对本民族文化生活渗透和侵蚀，从而保护本国人民的价值观、行为方式、社会制度不被重塑和同化的一种战略。这种观点认为，人们不得不通过反渗透、反入侵来保护本国人民的价值观、行为方式和社会制度的完整性、独立性和延续性⑥。这种观点主要是把文化安全问题的原因归结于外部因素。但事实上，影响一国文化安全的因素有很多，比如文化政策的失误、内部政治的危机导致文化的危机，等等，文化安全问题不仅仅是由外部原因造成的。

第二种观点认为，文化安全是国家安全的一部分，它从属于国家利益，是指一个国家或地区的文化处于没有危险、不受威胁和处于可以被继承和发展下去的过程和状态之中。在

---

① ［苏］斯比尔金：《哲学原理》，求实出版社 1990 年版第 532 页。

② 包仕国：《全球化进程中中国文化安全的衍进与重构》，华东师范大学博士学位论文 2007 年。

③ 《中国大百科全书》（哲学卷），中国大百科全书出版社 1987 年版第 924 页。

④ 刘跃进：《国家安全学》，北京：中国政法大学出版社 2004 年版第 170 页。

⑤ 张守富、朱彦振：《经济全球化与中国三大安全》，载《党政干部论坛》2000 年第 12 期。

⑥ 王公龙：《文化主权与文化安全》，载《探索与争鸣》2001 年第 9 期。

这种观点看来,为维护国家的文化安全就应该保持本国文化的单一化和固定化,排斥、拒绝一切外来文化[1]。但随着全球化的发展,各国之间的深入沟通和交流,这种观点是很不现实而且是非常片面的。

第三种观点认为,国家文化安全是指一国的文化生存系统运行和持续发展状态及文化利益处于不受威胁的状态[2]。这种定义既包含非物质文化,又包含物质文化,尤其是包含文物、古迹和居住环境内容。

还有的学者认为文化安全包含多方面的内容,主要是语言文字安全、风俗习惯安全、价值观念安全和生活方式安全四个基本方面。

2. 文化安全的内涵特征

基于以上国内外学者从不同角度对文化安全进行的阐述,本书认为:所谓文化安全,就是指一个主权国家在正确对待外来文化的基础上,能够保证本国文化不受威胁,文化的性质得以保持,文化的功能得以发挥,文化的利益不受侵犯,民族文化的价值得到尊重,文化资源与遗产得到保护,文化传统得到传承的功能状态。文化安全的核心是意识形态和价值观。国家文化安全是一种非传统安全要素,与国家政治安全、经济安全、国民安全、国土安全等传统安全要素共同构成国家安全体系。国家文化安全也可分为价值观念安全、语言文字安全、文化资源安全、风俗习惯安全、生活方式安全、文化人才安全等方面。

总之,文化安全是国家安全系统中的重要方面。国家安全作为系统安全,是以国家主权为基础,以国家利益为前提,具有层次性、动态性、多维性模糊性的特征[3]。文化安全作为国家安全的一个组成部分,具备国家安全的基本特征,但同时具有有别于国家安全的其他系统的内涵特性,具体内容体现在以下几个方面。

第一,相对稳定性。虽然在文化全球化的今天,文化安全的浅层文化与各种外来文化进行激烈撞击,为适应全球化的文化发展潮流产生一定的变化,但文化安全的内在精神,传统文化,意识形态等仍十分牢固。文化安全一旦形成,则从里至外保持相对稳定状态,不会轻易受到外来文化的影响,相对于其他安全更加牢固,可以说是国家安全中最不容易被摧毁的一种安全形态。

第二,民族性。一个国家的文化从本质上来讲其实就是一个民族的文化。它是一个国家区别于其他主权国家的基本标志,比如中华文化,日本文化,法国文化,英国文化等,因此,国家的文化安全具有民族性的特征,保障文化安全实质上就是保障本民族的文化得以传承,不受异族文化的侵蚀。

---

① 康金有:《在全球化背景下关于中国文化安全的思考》,载《唐山师范学院学报》2002 年第 1 期。
② 胡惠林:《中国国家文化安全论》,上海人民出版社 2005 年版第 18 页。
③ 严兴文:《试论国家文化安全的内涵、特点和作用》,载《韶关学院学报》(社会科学)2007 年第 2 期。

第三,隐蔽性。文化的特性使得文化安全不同于其他的安全。文化一般深藏于人们的内心深处,是一种深层次的意识形态。国家文化安全是隐藏在国家安全系统中最深层的精神力量,属于一种软实力安全。从国家力量构成来看,经济、军事属于硬力量、硬实力,文化、政治则属于软理论、软实力。而且,文化安全的隐蔽性也是保证其相对稳定性的原因之一,它是牢牢守住安全体系的最深一道防线。

第四,相对独立性。所谓独立性是指这种文化安全的内涵在于"文化"领域,专指"文化"方面的安全状态和战略措施。那么相对的独立性,指的是这种文化安全不仅仅是独立存在的,它依然依赖于政治、经济、军事、生态等其他方面的安全。它与其他的安全共同构成了一个完整的国家的安全体系,所以这种独立性是相对存在的,文化安全渗透到社会生活的各个方面。

第五,复杂性。从对于文化安全的定义就可以看出,从不同角度分析,就有关于文化安全的不同的概念解读。这是因为,文化安全涉及的面很广,层次很多,导致文化安全复杂多样。而且,从它的相对独立性里我们也了解到,文化的存在和发展与政治、经济的联系非常紧密,政治、经济安全问题与文化安全问题相互渗透、相互影响。同时,文化安全不仅仅包括无形的意识形态和精神领域的安全,还涉及有形的物质文化的安全,这些领域之间互相交错,使文化安全更加复杂。

（二）海洋文化安全的内涵

关于海洋文化安全的内涵,国内外的研究并不丰富,中国和世界的海洋文化研究,归纳起来大体上有区域文化研究、文史考据研究、体系建构研究和发展战略研究①。

海洋文化,顾名思义就是和海洋有关的文化,曲金良在《关于海洋文化学基本理论的几个问题》中提到,"海洋文化,就是人类缘于海洋而生成的精神的、行为的、社会的和物质的文明化生活内涵。海洋文化的本质,就是人类与海洋的互动关系及其产物。所以说,海洋文化是人类文化中具有涉海性的部分,就是人类认识把握和开发利用海洋调整人与海洋的关系,在开发利用海洋社会实践过程中形成的精神成果和物质成果的总和②"。如海洋民俗、海洋考古、海洋信仰、与海洋有关的人文景观等都属于海洋文化的范畴。

根据曲金良的观点,海洋文化通常体现在物质文化、制度文化、精神文化三个层面。海洋物质文化是海洋文化的物质基础,并随着人类海洋实践和生产力的发展而发展,是海洋文化中最活跃的因素。目前关于海洋物质文化方面的研究主要有海洋文化产业研究、海洋城市和海港研究、渔乡村落市井和渔民生产生活研究、海洋饮食文化研究、海洋渔业服饰文化

① 张开城:《海洋文化和海洋文化产业研究综述》,载《全国商情》(理论研究)2010年第16期。
② 魏明、王晟、龚耘:《新安全观下我国海洋文化安全的现状分析及应对原则》,载《语文教学通讯》2011年第7-8期。

研究、与海洋相关的庙宇和庆典场所研究、海洋旅游文化与景区建设研究、海洋文物文化遗产(水下文物文化遗产)研究等。

海洋制度文化是海洋文化体系中最具权威的因素,规范着海洋文化整体的性质。它反映了国家的海洋政策,同属于国家的上层建筑。海洋制度文化研究主要有海洋开发的制度与规章研究、海洋管理文化研究、海洋法研究、各国海洋文献研究、渔业制度与可持续发展研究、国际海洋会议与公约研究、海事档案海事处理与国际惯例研究、海洋交通管理法规研究、海盗海霸问题研究等。

海洋精神文化是人类在长期的海洋实践和意识活动中孕育出来的,它包括关于海洋的价值取向、思维方式、道德情操、审美观念、宗教感情、民族性格等诸多因素,它构成了海洋文化整体的核心部分。海洋精神文化研究则主要有海洋文化精神研究、渔业精神研究、渔业道德研究、海洋宗教信仰研究、海洋神话传说研究、海洋文学艺术研究(如渔歌、绘画、摄影等)、海洋渔业医术医书研究、海洋自然科学与技术研究、传统文化与蓝色文明研究、海洋文化精神与中华民族精神研究等[1]。

结合曲金良的观点,本书认为,海洋文化从宏观角度可以简单分为两大类:海洋物质文化与海洋非物质文化。所谓非物质文化,在概念上与"物质文化"相对,是指人类在社会历史实践过程中所创造的各种精神文化。总体来讲,非物质文化可以分为三大部分:(1)与自然环境相配合和适应而产生的,如自然科学、宗教、艺术、哲学等;(2)与社会环境相配合和适应而产生的,如语言、文字、风俗、道德、法律、制度等;(3)与物质文化相配合和适应而产生的,如使用器具、器械或仪器的方法等[2]。从非物质文化的定义中我们可以看到,法律制度也是属于非物质文化的内涵之一。因此,在本书中,我们将海洋制度文化归到海洋非物质文化这一大类中,下文也将在此分类基础上进行分析。

综上所述,基于文化安全的内涵,本书认为:海洋文化安全是指海洋文化系统不受到来自内外部不良因素的干扰、破坏和侵蚀的一种安全状态,或者说与人类海洋社会的发展息息相关的海洋物质文化利益不受侵犯、海洋制度趋向完善以及海洋精神文化得以传承,国家主流海洋文化受到维护并得到良性发展的状态。这是海洋文化安全的最基本的安全标准。本书对海洋文化安全的探讨将基于此内涵进行分析。

三、海洋文化安全的意义

第一,从文化的内涵上来看,海洋文化安全可以更好地指导人们进行海洋活动。意识指导行为。海洋文化就是人类与海洋之间在相互交流互动过程中产生的理性意识,这种理性认识

---

[1] 张开城:《海洋文化及其价值》,载《中国海洋报》2008年4月11日第4版。
[2] 徐国联:非物质文化遗产资源保护的信息化建设,载《信息与电脑(理论版)》2012年第4期。

必然会对人们的海洋实践产生反作用,即指导并影响人们的海洋实践,这是一个不断循环发展并且呈螺旋上升的过程①。

第二,从安全系统的角度来看,海洋文化安全是国家海洋安全体系重要而特殊的组成部分。它与"海洋政治安全"、"海洋经济安全"、"海洋社会安全"、"海洋生态安全"、"海洋国防安全"等一样,对于国家安全与国家海洋的发展具有重要的现实意义。海洋文化安全是国家海洋安全体系的最基本的安全基础,它反映的是我国在海洋安全领域的一种意识形态,指引着国家海洋安全体系的总方向。

第三,从经济角度来看,海洋文化安全可以促进国民经济发展。在我国社会发展的历史中,长期以来一直提倡以大陆经济为主,文化上反映的也是农耕文化,因此无论是一般国民,还是历史上的统治者,大多认为只要通过陆权,国家的主要利益就能得到,甚至认为经济上不需要海洋资源养活,因此在一段历史上曾经有过"禁海"的时期②。这段历史正是当时我国走向衰落的时期。但自21世纪以来,人类进入了大规模开发利用海洋的时期,海洋在国家经济发展格局和对外开放中的作用愈加突出,人们逐渐意识到,发展海洋经济对国民经济的重要性。在发展海洋经济的时代,让国民重视海洋,并且认识到发展海洋经济是国民经济以及维护国家主权的重要组成部分这一思想是非常重要的。国民有了强烈的海洋意识,对国家发展海洋经济才会有强大的推进作用。培养和提高国民的海洋意识,重要举措在于提倡和发展海洋文化,确保海洋文化安全。而且,海洋文化安全可以保障我国海洋物质文化利益不受侵犯,这点主要体现在我国对海洋文化遗产的保护以及滨海旅游业对地方经济的促进等方面。

第四,从文化传承角度来看,海洋文化安全可以提高人们的海洋意识,吸引更多人对海洋的关注,对于海洋文化这一学科的建设和发展以及海洋高等教育的推动具有积极的现实意义,同时可以更好地将我国传统海洋文化传承发展。

第二节　海洋文化安全面临的形势及原因分析

新中国成立以来,我国海洋文化事业成就显著,但仍存在诸多影响海洋文化安全的因素,海洋文化安全的形势不容乐观。本书认为,海洋文化安全通常体现在海洋物质文化安全与海洋非物质文化安全两方面,本节将从上述两个方面展开叙述,结合实际情况总结出当前我国海洋文化安全的现状并分析其深层原因。

---

① 王云飞:《海洋文化对海上安全的影响》,载《第五届中国国家安全论坛论文集》2008年9月24日。
② 张习孔、田珏:《中国历史大事记》,北京出版社,1987年11月第1版,第685页。

一、海洋物质文化安全

（一）海洋物质文化相关概念

所谓物质文化，是指为了满足人类生存和发展需要所创造的物质产品及其所表现的文化，包括饮食、服饰、建筑、交通、生产工具以及乡村、城市等，是文化要素或者文化景观的物质表现方面①。海洋物质文化是海洋文化的物质基础，并随着人类海洋实践和生产力的发展而发展，是海洋文化中最活跃的因素。目前关于海洋物质文化方面的研究主要有海洋文化产业研究、海洋城市和海港研究、渔乡村落市井和渔民生产生活研究、海洋饮食文化研究、海洋渔业服饰文化研究、与海洋相关的庙宇和庆典场所研究、海洋旅游文化与景区建设研究、海洋文物文化遗产（水下文物文化遗产）研究等。其中，海洋文化产业相关研究与海洋文物文化遗产（水下文物文化遗产）相关研究是目前海洋文化学科的热点课题，也是海洋文化安全体系的重要内容。

（二）海洋物质文化安全面临的形势及原因分析

海洋文物文化遗产存在安全隐患

在了解海洋物质文化安全这一现状前，首先必须对"水下文物文化遗产"的相关概念有所了解。"水下文化遗产"（underwater cultural heritage）是指位于水下包括江河、湖泊、池塘、水井和海洋等水体中和掩埋在水底下的文化遗产。《保护水下文化遗产公约》将其界定为："水下文化遗产系指至少100年来，周期性地或连续地，部分或全部位于水下的具有文化、历史或考古价值的所有人类生存的遗迹，比如：（1）遗址、建筑、房屋、人工制品（artifacts）和人类遗骸，及其有考古价值的环境和自然环境；（2）船舶、飞行器、其他运输工具或其任何部分，所载货物或其他物品，及其有考古价值的环境和自然环境；（3）具有史前意义的物品……②"。所谓的中国水下文化遗产保护，一般来讲主要是指遗存于海洋中的属于我国管辖的文化遗产，即海洋文物文化遗产的概念内涵包含其中。

中国海域资源丰富，海洋开发探索历史悠久。根据考古资料显示，早在旧石器时代，中国沿海地区就有了人类活动的足迹，从事原始的海洋渔猎和捕捞；华夏先民早在新石器时代就已经开始了探索海洋的活动。自夏朝开始的先秦时代，生产力和文化创造力空前发展，造船业、航海业、海洋渔业、海洋科技事业等纷纷兴起并蓬勃发展。春秋战国时期，海洋军事活动十分频繁。至秦始皇实现了中国的大一统之后，开创"海上丝绸之路"的东方航线。在此基础上，"海上丝绸之路"在西汉时期正式形成，并在东汉时期与当时的西方强国罗马直接通

---

① 钱伟：《和谐文化的哲学考量与理性建构》，载《首都师范大学学报》（社会科学版）2012年2期。
② 注：《公约》中明确排除了海底铺设的管道、电缆以及其他仍在使用的装置。

行成功,使得中国的海洋事业走向了世界[1]。唐朝以后,随着水上航运技术的成熟、海外贸易的扩大,海洋文化的发展在宋元时期达到鼎盛。自元朝开始,中国有了一定程度的海禁,并且海禁的力度和规模在明清时期有增无减。但在几千年漫长的历史进程中,中华民族形成了自己独特的传统海洋文化,通过对海洋的开发利用,创造了悠久而灿烂的中国海洋文明,留下了广泛、丰富而值得珍视的海洋历史文化遗产。这些水下文化遗产具有历史、考古和艺术等多种价值。海底文物不仅是国家的重要资源,也是我国历史文化遗产的重要组成部分。保护水下珍贵文化遗产,是弘扬中华民族优秀文化的需要,更是落实国家海洋发展战略的重要组成部分。

我国悠久的海洋文化发展史说明了我国拥有藏量十分丰富的海下文物文化遗产,多年来,国家为保护这些珍贵的海洋文物文化遗产付出了不懈的努力,并取得了一系列有目共睹的成果。然而,与其他发达国家相比,我们在海洋文物文化遗产保护和管理方面的差距仍然相当明显。海洋文物文化遗产存在的安全隐患,主要表现在以下三个方面:第一,水下文物盗捞日益猖獗,文物损毁严重;第二,水下考古环境恶劣,文物打捞难度大;第三,水下文物所处环境特殊,导致保存困难。

第一,水下文物盗捞日益猖獗,文物损毁严重。

自20世纪70年代以来,外国商船就已经开始在我国南海海域非法打捞沉船文物。到如今40多年来,由于国内外投资热、收藏热、文物热不断升温,为了高额利润沿海地区非法盗捞和走私水下文物的犯罪行为日益猖獗。水下文化遗产的安全形势非常严峻,水下非法盗捞活动已呈现信息化、集团化、一条龙化的趋势。

一般来说,这些违法犯罪活动主要有两种形式或目的,第一种是受巨大的经济利益的驱使而进行的国内外有组织的团伙性盗捞犯罪(包括沿海渔民的群体性违法活动)。例如,海南省潭门镇就是由于南海水下文物猖獗的非法盗捞而形成的活跃的水下文物交易黑市。一些当地渔民或主动或被雇佣盗捞水下文物,成为这一非法活动的"专业户",靠盗捞水下文物"发家致富"。据海南省文物部门调查,潭门镇专门从事盗掘活动的大型渔船(60~200吨)有30至50艘之多。最严重时,有近百艘小艇同时在西沙海域盗掘盗捞水下文化遗存。有些船主因此一年的收入就可以多达300多万元[2]。除了违法盗捞造成的沿海地区经济利益上的流失,更加严峻的事实还有,由于大量海底文物深陷海底淤泥,非法盗掘者因缺乏专业打捞技术和文物保护知识,常用炸药实施海底爆破,然后用船吊机配上大型铁抓手沉入海底来挖掘。如1996年,中国渔民在西沙群岛范围内的永乐群岛南部海域发现装载大量景德镇

---

① 李珠江、朱坚真:《21世纪中国海洋经济发展战略》,北京:经济科学出版社,2007年9月。
② 《"水下海盗"盗掘南海文物》,载《国际先驱导报》,2011年10月24日。

瓷器的"华光礁Ⅰ号"。不法分子用炸药炸开沉船表面，打捞出大批瓷器，沉船遗址破坏严重①。这种野蛮的违法盗捞行为，不仅破坏了文物，甚至对于当地丰富的海洋文化也是一种难以估量的侵害，其损失难以用金钱来衡量。第二种是沿海周边国家蓄意盗捞破坏我国水下文物，妄图销毁我国领海主权的历史证据的一种违法行为。我国自新中国成立后就开始了对"海上丝绸之路"的文化研究，尤其是1974年收复西沙后，我国先后于1975年、1976年进行过两次大规模的调查，西沙水下文化遗存的资料成为我国维护西沙主权的重要法理依据。但近年来，随着南海主权争端加剧，那些在南海问题上与我国有主权争议的周边国家，为了否认我国南海主权的事实，多次发生蓄意破坏我国南海水下文物的事件。如2011年4月，位于中沙群岛黄岩岛附近海底的一艘明代沉船遭到菲律宾籍轮船的破坏。据当时目击的海南渔民介绍，有两艘2 000多吨的菲律宾籍轮船在明代沉船遗址处轮番作业，进行盗掘和破坏。

第二，水下考古环境恶劣，文物打捞难度大。

水下考古是以水下文化遗产为研究对象，对淹没于江河湖海等水域下面的古代遗迹和遗物进行调查、勘测和发掘，运用考古学所特有的观点和研究方法作为认识问题的手段并使其发挥应有的作用，是水下文物保护的重要环节。水下考古的工作难度较大，而且与自然环境、海况、光线等有密切的关联。其难度之一来自于下水的深度和潜水的时间。在无减压条件时，两者间的关系成反比，水越深潜水人员水下工作时间越短。在水深超过18米时，氧麻醉和氮麻醉随时随地威胁着潜水人员的生命。水底停留时间过长、上升过快都有导致减压病的可能②。

水下考古的第二个阻力来自水流与潮汐。沉船、水下遗址通常是位于情况比较恶劣的海底，如礁盘③、沙冈④等，这些地方的水下潮流变化莫测，在已进行过的各项调查和发掘中，实际工作时间往往受制于海况，每天允许下水工作的时间非常短暂，这就需要在工作前制定好周密的方案。水下遗址一旦开始布设探方，每日变化的潮汐与潜水员的活动肯定会对遗址的原貌有所破坏，稍不留意就会造成不可挽回的损失。所以，完善的工作计划、详细准确的绘图、完整的水下摄像录像是水下考古工作必不可少的措施。

此外，水下恶劣的光线环境也是水下考古工作的巨大阻力。我国周边海域除南海外，水质普遍较差，天气不好时，超过10米的水深经常处于能见度极低甚至失去能见度的状态，即使使用水下手电等照明器材也无法保障工作的效果。因此水下考古队员或多或少都要有一

① 黄建中：《非法盗捞海底文物损失难以估量》，载《中国艺术报》，2012年3月12日。
② 孙键：《从"南海一号"开始的二十年中国近海水下考古历程》，载《中国文化遗产》，2007年第4期。
③ 注：礁盘，亦称"珊瑚礁"，造礁珊瑚和其他生物的碳酸钙骨骼堆积在一起，形成巨大的胶体。
④ 注：沙冈，长而高的沙丘。

段时间来克服对水底黑暗空间的恐惧感,然后才能胜任工作。能见度不良的直接后果就是导致水下发掘的工作效率低下、精确度下降,训练有素的水下考古专业人员的水下技能在此时是最有帮助的。实践证明,把考古人员培养成水下考古队员是可能的,但把专业潜水员培养成考古人员则比较难。而且,培养考古队员的专业潜水技能仍需要一段较长的时间。

第三,水下文物所处环境特殊,导致保存困难。

水下文物所处的自然环境决定了文物长期被浸泡于水中,与空气隔绝,器物不可避免地受到侵蚀。特别是海洋中的沉船、近海遗址所出文物,一旦文物脱离原始环境,接触到空气,铁器会立刻开始氧化,从外表呈粉末状剥离。瓷器会因干燥后盐分析出造成釉面剥离,木制品也存在着脱水、脱盐等问题。这些问题带来的一个安全隐患就是,这些水下文物、近海遗址在出水之后,很难保存其原址原貌,对海洋文化的继承和传播有很大的损害。

二、海洋非物质文化安全

(一)海洋非物质文化相关概念

关于非物质文化的概念界定,我们在上文中已有论述:所谓非物质文化,是指人类在社会历史实践过程中所创造的各种精神文化。一般来说,非物质文化总共可分为三个部分:(1)与自然环境相配合和适应而产生的,如自然科学、宗教、艺术、哲学等;(2)与社会环境相配合和适应而产生的,如语言、文字、风俗、道德、法律、制度等;(3)与物质文化相配合和适应而产生的,如使用器具、器械或仪器的方法等。在此基础上,本书认为,海洋非物质文化是指人类在开发利用海洋的社会实践过程中形成的精神成果。一般而言,"非物质"与"物质"是相对应的一组概念。如果说"物质文化"是以有形的物质形式体现出来的话,那么"非物质文化"则是以无形的,精神层面的形式体现出来的。

关于海洋文化的学术研究,近年来主要就是集中在海洋非物质文化这一方面,其中在本节中,海洋非物质文化主要是从海洋非物质文化遗产、海洋学科建设两个方面进行论述。

(二)海洋非物质文化安全面临的形势及原因分析

1. 海洋非物质文化遗产存在着消退隐患

浩瀚广阔的大海是孕育海洋非物质文化的摇篮,海岛、海鲜、海潮、海风、渔民构成了海洋非物质文化的基本要素,由这些要素构成的海洋非物质文化遗产涵盖范围广泛,内容涉及沿海群众的生活习俗、生产劳作、宗教信仰、体育赛事等。由此可得出,一切与海洋相关的、与涉海群众的生产生活相关的非物质文化遗产都属于海洋非物质文化遗产,内容包括文学艺术作品、民间习俗、海洋节庆活动、民间传统技艺、海洋信仰等。

非物质文化遗产是不可再生的文化资源,一旦失去,将无法挽回,海洋非物质文化遗产因其传承形式的特殊性——多以言传身教方式传承,生命力极其脆弱。在科学技术尚不发达的早期,因它与海岛人民日常生产、生活密切相关,尚且能够得到有效的传承。然而,在现代科技高速发展的今天,越来越多的传统作业方式和生活习俗被现代化工业以及便捷的生活习惯所取代,海洋非物质文化遗产与人们的日常生产生活已渐行渐远。如果继续任其自生自灭、再不重视对其传承和保护,那些经典的传统遗产将会在我们的不经意中迅速流失,直至无痕①。

第一,海洋非物质文化资源流失严重,后继乏人。

海洋非物质文化遗产的最大特点是依托人本身而存在,以声音、形象和技艺为表现手段,并以身相传形成文化链而得以延续。传承人是非物质文化遗产重要的承载者和传递者,被称为非物质文化遗产最重要的活态载体,肩负着传承非物质文化遗产并使之能够沿袭的重任②。文艺人才是指各地区文化部门和文艺团体中的工作者,他们担负着挖掘、整理、提升、弘扬非遗文化、指导基层开展非遗、培养非遗传承人重任。随着经济社会的快速发展,海洋非物质文化遗产保护的环境正在发生巨大变化,许多海洋非物质文化遗产渐渐失去原有的生存环境,掌握民间艺术和技艺的传承人日益减少,甚至出现了青黄不接现象,许多风格独特的海洋非物质文化遗产濒临失传。

第二,宣传普及不力,保护意识欠缺。

海洋非物质文化遗产是人类重要的海洋文明精髓所在。因为它来自于长期的渔业生活,由沿海居民创造并掌握传承下来。政府虽然在保护非物质文化遗产中起着主导作用,但保护的主体还是传承人以及普通百姓。一些地方政府根本没有从思想认识上真正地对非物质文化遗产进行保护,要么将非物质文化遗产的申报当成一种政绩来看,要么就是将非物质文化遗产的开发完全致力于经济利益的获取。一味地追求经济利益最大化,使得非物质文化遗产的处境更加危险,非物质文化遗产从而得不到有效的宣传,脱离了广大民众的日常生活,逐渐淡化出人们的视野③。对什么是海洋非物质文化遗产,很多人不能准确区分。滨海历史名城宁波2012年向当地市民做了一项关于海洋非物质文化遗产的调查问卷。问卷调查结果显示,能准确从选项中选出海洋非物质文化遗产的仅占被调查者的22%。虽然在问及"您认为对海洋非物质文化遗产进行保护有必要吗?"时,94%的市民表示"有必要",且有50%的市民表示"愿意了解海洋文化和海洋历史方面的知识",但对于"您会参与到海洋非物质文化遗产保护的行动中来,并贡献自己的力量吗?"这一问题,只有52%的市民明确表示"会",而有近一半的市民表示要"看情况"或表示"不会"。显然,许多人并没有保护海洋

① UNESCO:the Convention on Underwater Cultural heritage,2001
② 周志勇:《论政府主导下的非物质文化遗产保护》,湖南大学2007年硕士学位论文。
③ 贾全聚:《舟山海洋非物质文化遗产保护与开发研究》,浙江海洋学院2013年硕士学位论文。

非物质文化遗产的意识,致使开展海洋非物质文化遗产保护工作具有一定的局限性[①]。

第三,工作不够扎实,共同责任尚未形成。

海洋非物质文化遗产保护工作不仅是文化部门的事,而且应该是全社会的共同责任,需要各部门的共同参与。但现实是只有文化部门在唱"独角戏",海洋非物质文化遗产保护的长效工作机制尚未形成。对如何更好地保护海洋非物质文化遗产,虽然大多数群众有清晰的认识,认为民众应该共同关注保护海洋非物质文化遗产。仍有大部分人认为保护海洋非物质文化遗产主要依靠"政府主导"或"专家关心"。关于"保护海洋非物质文化遗产的最好方式是什么?"这一问题,目前大部分群众没有一个统一的认识。

2. 海洋学科建设亟待完善

进入 21 世纪,我国的海洋事业获得前所未有的发展良机。开发海洋资源,发展海洋经济,对社会经济可持续发展的作用日益显现。制海取海,缓解陆域压力,开拓国家的利益空间和安全空间,成为增强综合国力的重要一环。在社会经济和国家安全需求的驱动下,海洋科学和海洋技术受到重视,取得可喜的新进展。但是,审视我国海洋发展的历程,不难发现,在海洋经济和海洋科学技术发展的同时,与之相配套的人文社会科学领域对海洋发展的重视程度仍然远远落后于社会需要,不能及时提供理论指导和人文精神的支持。究其原因,历史上重陆轻海的社会价值导向和海洋人文社会科学的不发达,导致国民海洋意识的普遍薄弱。

海洋教育是国民教育的新视点,高校海洋类学科担负着海洋人才培养的重任,是发展我国海洋科技、提升海洋竞争力的基础平台。高校海洋学科建设是一项战略性的系统工程,涉及面广,近年来引起了社会各方关注。纵观我国海洋高等教育现状,存在诸多问题。如在体制上多头管理,布局有待调整;在观念上缺少系统思维,发展战略单薄;在人才建设上,亟须完善人才培养政策;在科研与科技开发上,表现出与产业结合不密切、贡献度较低。加快高校海洋类学科发展的步伐,是从根本上保障我国海洋高等教育内涵式发展的需要[②]。在学术界,海洋文化研究还没有形成主题学科,没有完整的理论体系,没有形成自主的学术成果,缺少自己的海洋文化品牌。此外,还缺乏全国性的统筹规划和有力的保障措施,经费投入不足,队伍单薄,力量分散,在一定程度上制约海洋文化的建设和发展。总之现阶段的海洋文化与我国人民群众日益增长的精神文化需求不相适应,与我国实施开发海洋战略,建设海洋强国的目标还不相适应。

第一,涉海学科及专业数量较少。

根据教育部 2009 年教育事业发展统计,在全国 2 305 所普通高校中,以海洋命名的本科院校有 5 所,仅占总数的 0.21%;设有海洋学科专业的本科院校 38 所,仅占 1.65%;海洋

---

① 刘玲:《宁波海洋非物质文化遗产的保护与开发利用》,载《宁波经济(三江论坛)》2012 年 8 期。
② 李杲:《高校海洋学科发展要素探析》,载《中国农业教育》2010 年 2 期。

(含海事)高职高专院校 24 所,仅占 1%,所有涉海(含海事)高校占高校总数的 2.65%。我国海洋高等院校的发展,从数量上看略显不足。不仅如此,在所有涉海的 62 所高校中,在校学生总数的比例也很低。据 2009 年底的统计,全国 5 所海洋类院校仅有在校学生 10 万人左右,与海洋强国建设的人力资源储备需要还有很大距离。近几年来,虽然总数有所增加,但是涉海专业的学生比例在下降。一方面海洋人才严重缺乏,另一方面高层次海洋人才教育培养不力,这将对我国海洋经济发展乃至整个国民经济的发展埋下隐患。对于整个中国高等教育系统而言,海洋高等教育目前所处的战略地位优势不明显,与海洋强国建设的需求不相匹配,一方面表现在海洋高等教育的发展速度相对迟缓,特别是海洋学科专业的发展不健全。另一方面,表现为我国在大力发展海洋事业,建设海洋强国的战略规划上对海洋高等教育提出了人才和科技方面的强烈要求,目前我国海洋高等院校的人才培养力度无法满足海洋强国建设的需要①。

第二,大学生海洋意识薄弱。

我们在培育国民海洋意识上是缺乏的。相比西方国家的海洋历史研究,我们在这方面几乎是空白。虽然有一些地方渔业志、航运史的出版,但都以记录为主,缺少分析和系统研究,尤其是反映国民的发展海洋经济开拓精神就更加缺乏了。共青团中央对上海大学生做过一次抽样调查,其中一项就是我国的海洋面积是多少。结果 90% 以上的大学生不知道,认为中国的版图只有 960 万平方千米的面积。在他们的心里这 960 万平方千米的面积既包括陆地又包括海洋,而实际是我国的国土面积是 960 万平方千米,而我国主张海域面积为 300 多万平方千米,中国拥有 18 000 千米的大陆海岸线,6 500 多个岛屿,是一个海域辽阔的海洋大国。不难发现,当今的大学生在这方面真的很欠缺,许多大学生更不清楚领海、大陆架、专属经济区等海洋国土的基本概念。我们的大学生海洋意识十分淡薄。

北京市"世纪坛"宏伟建筑,依然把祖国疆界限制为"960"。上海市"东方绿舟"教育基地知识大道上,有历代中外名人雕像,其中伟大航海家有哥伦布,却没有郑和的雕像,这是非常遗憾的。另外,我国的文学影视作品中反映传统大陆农业历史和文化的题材很多,相比之下,反映民族海洋文化历史精神的题材很少。就连我们的中小学教育课本中反映海洋题材的内容也比以前要少。这和我们缺少研究海洋历史和文化有关。这些与国家发展海洋战略的要求极不相称。

中国社会科学院中国边疆史地研究中心李国强认为:"造成我国国民海洋意识淡薄的原因是多方面的,但明清以来的'禁海'政策,使本就脆弱的中国海洋意识遭到了最为严重的禁锢。此后,我们也并没有系统性补上'海洋意识'这一课。"现实情况是受海洋意识薄弱的影响,我国在海洋教育、海洋研究等方面均比一些发达国家要落后许多。

---

① 肖继新等:《论大学生海洋意识培养》,载《文教资料》2012 年 1 期。

第三节 海洋文化安全的因素分析

一、历史发展因素

我国是一个陆地大国,同时也是一个海洋大国。有着广阔的管辖海域,海洋资源丰富。自古以来,中国边患多来自北方,历代统治者均重陆防而忽视海疆。与中国古代所创造的高度繁荣的内陆文明相比,中国古代的海洋文明却鲜为人知。

事实上,中国是世界上最早开发利用海洋的民族之一。从中华民族的文明史中看出,我们的祖先始终没有停止过探索海洋的步伐,对海洋的开发和利用构成了中华文明史的重要组成部分。自久远的上古时代起,以炎黄为始祖的华夏民族,就开始了认识海洋、开发海洋的尝试。原始社会时期的大汶口文化遗址和河姆渡文化遗址都带有明显的海洋色彩,是中华海洋文明的萌芽。我们祖先不仅对海洋有"四海会同"、"环九州为四海"、"江汉朝宗于海"的率先认识,而且有"物产富饶为陆海"的精辟论断。早在2000多年前,我国先民就认识到了"历心于山海而国家富","兴渔盐之利、行通舟楫之便",这是中华民族认识海洋、开发海洋的先行之举。《史记·皇帝本纪》中记载,轩辕黄帝曾"东至于海",《周易》中所述"伏羲氏刳木为舟,剡木为楫,舟楫之利,以济不通,致远于天下",反映出我们的祖先对利用海洋的理性认识。"精卫填海"的神话,反映了远古人类与海洋斗争,欲战胜海洋的愿望。上述典籍所记载的文字材料,无不向世人表明,华夏民族是世界上最早走向海洋、经略海洋的民族之一,我们早已创造了原始的海洋文明。

回顾中国古代海洋发展历程可以看出,在漫长的历史进程中,中华民族形成了自己独特的海洋文化。从公元3世纪至公元14世纪,中国古代的航海事业和对外贸易基本上是在自由发展和前进的,并取得了辉煌的成就,曾经一度代表着世界航海的最高水平。但是元朝开始逐步出现对海外贸易的限制,明、清两代皇帝转而长期实行严酷的海禁政策,重陆轻海、重农抑商政策及清朝封建专制统治,使中国海洋事业逐步萎缩下来,海洋产业凋敝,海军力量薄弱,海权逐渐丧失,泱泱大国的海洋文明最终衰落。

1840年,英军发动第一次鸦片战争,这是中国有史以来第一次遭到外敌从海上的入侵,这一次侵略战争给了闭关锁国的清朝政府沉重的一击,显示出西方海洋强国的巨大威力。从这一次的失败到被迫签订《辛丑条约》的60年间,清朝政府向西方侵略者割出去了大片国土,赔出去了几十亿两白银。这时的中国,门户大开,有海无防,国库空虚,主权丧失,整个中华民族陷入前所未有的危机当中。这段让中国人民蒙羞的惨痛历史教训,无时无刻不在提醒我们,海洋文明的兴衰,与国家安危、民族荣辱关系重大。

1911年爆发的辛亥革命,结束了中国长达几千年的封建专制统治。当时,国际上围绕海洋而进行的政治、经济和军事斗争日趋激烈,矛头直指中国。在这种严峻的形势下,近代海权运动的先驱孙中山提出要反对帝国主义侵略,保卫中国海权,建设强大的海军和倡导发展海洋实业,以海兴国。为宣传海权,提高国人的海洋意识,海权意识,孙中山发表了很多维护中国海权的讲演和文章。在当时的时代,孙中山就已经形成了海洋国土是国家领土重要组成部分的思想,这是对中国几千年来重陆轻海传统思想的挑战,具有极大的现实意义。对海洋意识的推广起了巨大的推动作用。

从1921年中国共产党成立,到1949年中华人民共和国成立之后的这几十年间,中国共产党人始终高度重视海权问题,在近代国人为恢复中国海权所作的种种努力宣告失败后,中国共产党人毅然决然地承担起这一伟大的历史任务,对近代西方列强肆意侵占中国海权的行为给予有力的回击,表达了中国共产党人一定要为中国人民收回丧失百年海权的坚定决心。从建党到中华人民共和国成立期间,中国共产党为捍卫中国海权,通过与西方列强、日本侵略者以及国民党的斗争中,积累了丰富的斗争经验,对海洋的认识也更加深入,逐步形成了较为成熟的海洋思想。

中华人民共和国成立后,我们基本收回了沦丧近百年的中国海权,海洋事业的发展迎来了希望和曙光。在吸取了中国近代以来忽视海洋所带来的沉痛教训之后,中国共产党和人民政府排除万难,大力支持海洋事业的发展。同时,中国对海洋的认识和重视程度也随着国际国内形势而不断深化。

自20世纪60年代以来,世界面临的人口、粮食、环境、资源和能源五大危机日益明显,为了摆脱危机,人类又回到了孕育生命起点的海洋,探索蓝色波涛之下的丰富资源。从陆地资源的利用转向海洋资源的开发和管理,向海洋要财富,变海洋资源为经济产品,已成为越来越多人的共识。随着人类社会的发展和世界各国对海洋日益提高的关注度以及海洋意识的增强,合理开发、切实保护海洋已成为关系到沿海各国生存、发展与强盛的战略问题。进入21世纪以来,随着时代进步,国际形势变化和我国综合实力的增强,发展海洋事业的重要性与紧迫性日益凸显。

纵观几千年来的中国海洋发展史,海洋事业有其自身的历史发展规则。不同的历史时期,有着不同的海洋意识潮流。曾经对海洋意识的忽视所带来的历史教训以及当前的国际形势和我国强大的综合实力现状,都一一表明了大力发展海洋事业是历史的必然选择。21世纪,是海洋的世纪,加大对海洋意识的宣传,提高群众对海洋的重视势在必行。

二、法律制度因素

我国虽然是世界上较早对海洋文物水下文化遗产保护进行立法的国家之一,但从长远目标来说,法律制度仍然存在缺位。从内容上看,相关立法大多停留在陆上文化遗产层面,当前只有《水下文物保护管理条例》一部专门性法律,涉及海洋文物水下文化遗产特殊性方面的法律也甚少。从数量上看,目前我国与水下文化遗产保护与管理相关的法律不多,地方性的法规也少。从执行保证上看,一方面缺乏有效监管的措施,缺乏对破坏水下文化遗产的发现与报告办法,缺乏违法犯罪活动的处罚措施。另一方面现有的相关执法部门,其常态执法活动过少,联合执法行动处于摸索阶段。

我国海底文化遗产面临着的保护压力不仅来自国内,也来自国外,联合国教科文组织在《保护水下文化遗产公约》中确定的"就地保护"和"禁止商业开发"原则在现实的压力下很难实现。目前,我国海底文化遗产保护只能依靠国内立法和《联合国海洋法公约》,我国虽然参与了 2001 年《保护水下文化遗产公约》的起草过程,但目前我国尚未加入。由于缺少完善的法规制度引导,我国海洋文物水下文化遗产的保护,也就是海洋文化方面存在着安全隐患。我国海底文化遗产具体情况千差万别,应当在摸清大致情况后制定具体而灵活的保护政策[①]。

美国、法国和日本在对本国文化遗产保护时所采取的政策都有其典型特征,美国、法国和日本都是结合自己的政治、经济和行政体制等方面的实际情况,制定出符合本国自身特点的文化遗产保护制度。

在立法体系上,美、法、日都形成了完整的全国性的文化遗产保护的法律体系。相关法律具备很强的可操作性,不仅规定了文化遗产保护的原则,而且明确规定保护资金来源和相关政策支持,明确保护的主体、保护的程序和保护的方法,明确提出保护资金保障的方法,甚至明确了各级政府的出资比例,为文化遗产的保护提供了根本的保障。

在管理体系上,这三个国家在不同的管理层次上都有一个明确的行政管理部门,其他相关机构则是处于从属的地位,这就明确了实施文化遗产保护的主体,从而避免了多头管理带来的效率低下问题。

在保护方式上,美国、日本采用了文化遗产登录制度。一方面,保证了对登录文化遗产的严格保护。另一方面,保障了对文化遗产保护所需资金来源,通过登录制度还提高了公众的历史文化遗产保护意识。对登录历史文化遗产采取的灵活的保护措施,既保证了文化遗产的所有者对文化遗产功能使用的要求,又满足了对历史文化遗产保护的需要。

将这些国家的文化遗产保护经验加以总结和分析,有利于我国在海洋文物水下文化遗产保护方面取长补短,借鉴西方发达国家的先进做法,保障我国海洋文化安全。

---

① 李锦辉:《南海周边主要国家海底文化遗产保护政策分析及启示》,载《太平洋学报》2011 年 12 期。

三、经济影响因素

海洋经济是人类开发利用及保护海洋资源而形成的各类产业及相关经济活动的总和[①]。海洋文化就是和海洋有关的文化,是源于海洋而生成的文化,也即人类对海洋本身的认识、利用和因有海洋而创造出的精神的、行为的、社会的和物质的文明生活内涵。海洋文化的本质,就是人类与海洋的互动关系与其产物[②]。海洋经济是海洋文化的物质基础,海洋文化是海洋经济发展的精神动力,两者相互渗透、相互制约、相互促进。

海洋经济是海洋文化发展的动力和源泉,不仅为海洋文化提供了必要的物质条件和形成土壤,而且对海洋文化的价值观念形成内容和发展方向产生深刻影响[③]。然而,历史表明,一个国家海洋意识的强弱,海洋知识的多寡,也会对这个国家的海洋经济的发展环境、发展速度、发展水准和发展规模产生重要影响。所以,海洋经济和海洋文化两者之间呈现出一种相互制约,相互促进的关系。

1. 海洋经济与海洋文化的相互促进

以烟台的长岛县为例,长岛县位于黄海、渤海的交汇处,岛上人文历史遗迹众多。有距今6 000多年被誉为"东半坡"文化的大黑山北庄遗址,有中国北方建造最早的妈祖庙,距今880多年的庙岛显应宫,还有悠久深厚的渔业文化。当地政府立足本身的海洋文化资源,推出了"渔家乐"、"海上仙山"等旅游项目,每年都会吸引大批的游客。2009年全县实现旅游收入8.7亿元,接待游客170万人次。在海洋文化旅游业的拉动下,全县服务业实现快速发展,完成增加值14.1亿元,实现税收占全县地方税收的比重达到61%[④]。与此同时,利用增加的财政收入和品牌效应,县政府按照建设国际生态旅游度假岛的要求,大力推进南五岛旅游整体开发,开工建设庙岛妈祖文化公园等项目,深度挖掘海洋文化的内涵,开发更加丰富的文化产品,全面推动海洋文化旅游的产业发展。海洋经济和海洋文化呈现出一种相互促进和良性发展模式,促进了长岛县海洋事业的可持续发展。

2. 海洋经济与海洋文化的相互制约

2008年以来,国家连续公布了若干沿海区域经济发展规划,掀起了新一轮沿海区域经济发展浪潮。但各沿海城市发展方向和功能分工不明确,缺少必要的协调配合。各地仅从自身资源条件和发展的要求去定位,各自为战,涉及的海洋产业门类往往"大而全",低水平重复建设问题突出,对稀缺的海洋文化资源(海洋人文景观、自然景观等)超负荷利用或不可修

① 朱坚真主编:《海洋经济学》,高等教育出版社,2010年版,第7页。
② 曲金良:《海洋文化概论》,青岛:青岛海洋大学出版社,1999(166).
③ 叶向东:《现代经济理论》北京:冶金工业出版社,2006(179).
④ 长岛县2010年政府工作报告。

复的破坏,过度追求海洋经济效益阻碍了海洋文化的升级进步。缺乏文化的经济发展是不健全发展,也是没有生命持久力的,影响海洋经济发展的整体质量。同样,如果过度保护海洋文化资源或开发的广度和深度不够,不仅影响海洋产业的布局结构,而且会致使海洋文化缺乏物质基础,从而影响可持续发展的动力①。

四、意识形态因素

在发展海洋经济的时代,让国民重视海洋,认识到"发展海洋是国民经济的重要组成部分,也是维护国家主权的重要组成部分"的这一思想是非常重要的。而为培养国民的海洋意识,提倡和发展海洋文化及教育是重要的举措。国民有了强烈的海洋意识,对国家发展海洋会有强大的推进作用,因此,努力提倡和发展海洋文化及教育是极为重要的,与海洋文化安全的状态息息相关。

近些年,各临海国家相继提出了一系列发展海洋的具体计划。例如,近邻日本和韩国为加快发展海洋战略的实施,提出了海洋防卫新指针和新海洋发展计划。欧美国家也根据自己的发展海洋计划,加紧实施海洋战略布置,美国为了控制全球的海洋制霸权,准备建立全球海洋监测网……除了这些海洋战略计划之外,沿海发达国家还从海洋意识的培养角度提出了许多保护政策,对海洋文化安全的保护起了积极影响。日本为了争夺海洋资源,不仅提出了海洋防卫新指针,还在国民利用海洋经济的意识上提出了将渔民改称为"海民"的概念。这一概念的提出,将原来国民海洋资源的利用从渔业扩大到整个海洋资源利用。日本很早就将每年7月20日法定为国家"海洋节",这天全国放假,让国民重视海洋并培养国民的海洋文化意识。此外,瑞典"哥德堡号"仿古木帆船环游世界并访问我国的事件被国内媒体炒得火热。瑞典是一个只有900万人口的北欧小国,但是海洋资源的利用却非常丰富,这和瑞典全民都有非常强烈的海洋意识有关②。

各国在发展海洋战略的同时,拼命鼓吹国民的海洋历史文化观,正是我国如今在海洋文化安全对策上所缺失的部分。如日本一些地区在中小学实施亲近海洋教育活动,鼓励并规定中小学生每年需到沿海渔村进行生活实践。韩国在很多沿海地区和渔村设立学生观光住所,让学生亲近海洋,这些从学生时期就培养认识海洋的教育,将对国民热爱海洋起到强烈的意识作用。还有如最近欧美国家"海盗"题材的文化现象增多,在一个侧面上配合了这些国家的国民海洋意识的宣传。从西方国家的制度上讲,国家要发展一个产业,必须获得国民(议会)的理解和支持,从实质上看,一个国家的发展目标完成,离不开国民的总动员及参与。

① 刘堃:《海洋经济与海洋文化关系探讨——兼论我国海洋文化产业发展》,载《中国海洋大学(社会科学版)》2011年6期。
② 韩兴勇,郭飞:《发展海洋文化与培养国民海洋意识问题研究》,载《太平洋学报》2007年6期。

所以,要发展海洋,保护海洋文化安全,必须提倡国民的海洋意识和文化,从而提倡民族的海洋历史和文化,因为文化的基础离不开历史的底蕴,文化又能够反映经济愿望和促进经济建设,所以这些希望成为世界强国的国家都十分重视国民的海洋文化及教育。

我国越来越重视海洋的开发和利用,在"十一五"计划中明确提出将发展海洋经济作为国家的重要内容,把实现海洋经济可持续发展作为国民经济发展的新增长点。利用海洋形成的各种产业及相关经济活动正日益增加,目前已经成为包括海洋捕捞业、海水养殖业、海洋交通运输业、海洋石油天然气、海滨旅游业、沿海修造船业等20多个产业部门的产业群。但是如何实现海洋经济可持续发展促使海洋生态得到良性循环,更好利用海洋资源与环境进一步发展海洋经济,是今后沿海经济与社会发展所面临的问题。要解决好这些问题,其中国民的海洋意识和观念是非常重要的。

我国利用海洋的历史源远流长,民族海洋意识和观念早已出现,像《山海经》及古诗词中就出现大量反映先民海洋意识和文化的内容。到了近现代,在"海禁"之后,为与诸列强在海洋资源的利用和海洋权利上抗争,很多先辈为我国海洋事业的开拓和发展做出了巨大贡献。如张謇为保护我国渔业、渔政、航运、海滩、海岛开发,同诸列强在海洋资源利用和海洋权利上勇敢抗争,开拓了我国近现代海洋经济事业。像张謇这样为我国近现代海洋经济发展做出贡献的人物还很多,这些都是我们研究中国海洋历史和文化的宝贵资源。因此,我们应该大力开展以中国近现代海洋经济发展过程中劳动人民的渔业、渔政、航运、海滩、海岛开发事业及相关人物的贡献的海洋文化研究。如果我们不重视这方面的研究,让国外的人来研究,很可能会误导和歪曲中国的海洋历史和文化。因为用这样的历史观和海洋文化来引导国人的意识一旦形成,会产生很不利的影响。所以我们应该认真把自己的海洋历史和海洋文化整理研究及发扬好,用我们的海洋历史观和海洋文化来告诉世界和教育国民,使世界认为我国不仅是一个有悠久大陆农耕历史文明的国家,也是一个有悠久海洋历史文明的海洋国家。

第四节　海洋文化安全体系的构建

海洋文化安全是海洋安全的重要组成部分。只有海洋文化安全得到维护,海洋经济、海洋社会、海洋政治等各个方面才得以发展。因此,科学而系统地建立海洋文化安全体系,是实现我国海洋强国战略,确保我国海洋文化长足发展的重要保障。本节从海洋文化安全法规体系、海洋文化安全利用体系、海洋文化安全监管体系以及海洋文化安全保障体系四个子系统入手来叙述我国海洋文化安全体系的构建(如图6-1所示)。

一、海洋文化安全法规体系

完善海洋文化安全法规体系,海洋文化安全法制建设是对海洋文化遗产保护及国民海

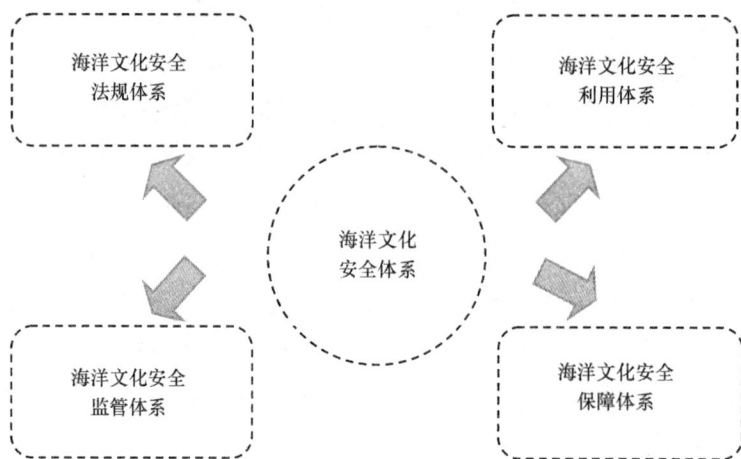

图 6-1　海洋文化安全体系

洋意识培养的基础,对海洋文化安全管理工作的各个方面起到指导和规范作用。加强海洋文化立法可以起到规范、约束、引导等方面的作用,对推进海洋文化安全保障的有效实施,具有不可估量的作用。海洋文化安全法规体系主要从海洋文化安全基本法、海洋文化安全专门法及海洋文化安全地方性法规三方面进行建设。

(1)文化安全基本法。文化安全基本立法对于文化法律制度的调整、立法基本原则、文化组织设置、文化行为规范以及文化权利保护等法律规范的活动,起到协调统一文化界各法律关系的作用。制定文化安全的基本法,应明确海洋文化发展的基本运行原则和规律,统一规范海洋文化遗产保护等各项法律规定,给予适当整合,才有利于指导专门法和地方性法规的实施。

(2)文化安全专门法。我国对文化遗产的法律保护重视程度较高,1997 年《国务院关于加强和改善文物工作的通知》强调指出要高度重视文物保护工作,加强文物市场的管理,强化执法力度,提高文物管理工作水平,2002 年修订颁布的《文物保护法》将文物保护落实其中。2011 年施行的《中华人民共和国非物质文化遗产法》规定了非遗保护工作要求和法律职责,强化了我国非物质文化遗产的保护工作。与此相关出台的《古遗址古墓葬调查发掘暂行管理办法》《文物特许出口管理试行办法》《水下文物保护管理条例》《历史文化名城和历史文化街区、村镇保护条例》等,促进了文化遗产地相关文化、历史街区的文化保护工作,以此推动了《博物馆条例》《大运河文化遗产保护条例》《世界文化遗产保护管理条例》等专项立法建设和文物保护地方性法规体系建设。

(3)地方性法律法规。地方性文化法规有助于针对当地实际情况,填补文化安全保护法规的不足,制定本地区具体落实方案,提高海洋文化遗产各管理部门的法律意识,提高各部门对文化安全保障的法律责任意识,强化对威胁海洋遗产文化安全的人为行为的处罚力度,将文化安全保护工作上升到法律层面,切实保障海洋文化安全和可持续发展。如《宁波海洋非物质文化遗产保护和开发规划》、《福建省文物保护管理条例》等法规条例促进了当地文化遗产的保护和文化安全保障工作。

总体来看,中国海洋文化安全的立法建设缓慢,有待于进一步深化,需要对各部门工作职责进一步细化,总结海洋文化保护工作的经验和教训,更加完善海洋文化立法保护体系。

二、海洋文化安全利用体系

对海洋文化遗产进行合理的开发利用,充分体现海洋遗产的文化价值。对海洋文化遗产进行合理利用是指坚持"保护为主、抢救为先,合理利用、传承发展"的指导思想,对海洋文化遗产进行以文化的挖掘与保护为基础的规划开发,合理地规划旅游活动区和居民生活区,寻求区位优势与文化集聚效应,加强文化保护区域的保护工作,实现旅游开发和文化遗产保护相互协调发展,减轻旅游发展对海洋文化遗址安全的压力。文化安全利用可以采用博物馆开发与保护、传统工艺文化体验等开发利用的方式对遗产旅游地进行合理开发利用,挖掘文化价值,宣传传统文化,增强遗产地文化氛围(如图6-2所示)。

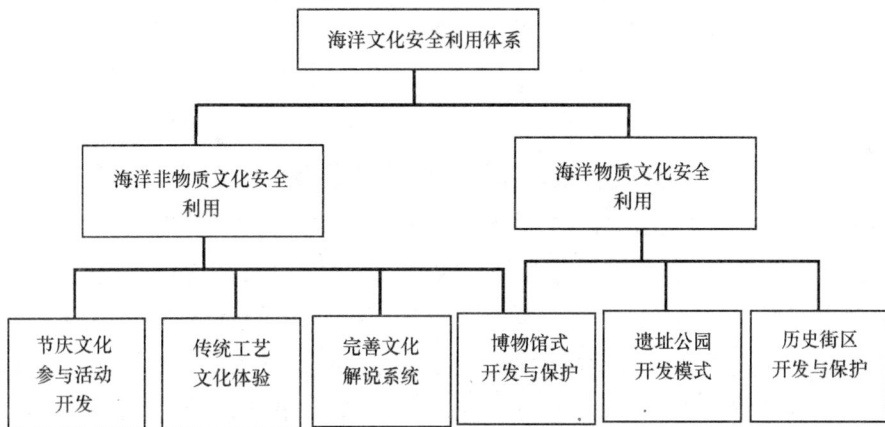

图6-2 海洋文化安全利用体系

三、海洋文化安全监管体系

海洋文化安全存在潜隐性,其破坏不容易及时被发现。然而一旦文化不安全问题呈现出来,挽救起来非常困难,因此有必要构建文化安全监管体系,从安全管理体制、文化执法监督、文化安全预警系统到应急决策机制,并实施全程的监督管理,确保及时准确地察觉文化威胁、落实文化保护和修复工作(见图6-3)。

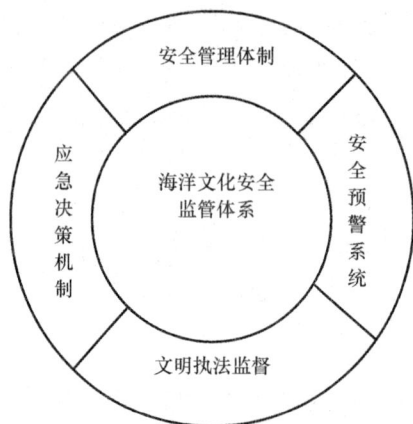

图 6-3　海洋文化安全监管体系

（1）文化安全管理体制。完善海洋文化安全管理体制，加强文化安全的日常监督管理，从而减少威胁文化安全的压力因素，确保海洋文化遗产的原真性得以完好保护。对于海洋文化遗产的文化安全管理，涉及物质文化遗产、非物质文化遗产以及承载遗产地文化的居民群体，既要做好物化资源的保护管理，又要确保非物质文化遗产的传承和保存，更要不断提高居民的文化自觉度，增强文化安全管理的有效性。

（2）文化执法监督。加强文化执法监督，依照海洋文化遗产保护的相关法规和地方性文化法规，依法对危及文化安全的人、事进行处理，并做好监督检查工作，督促沿海居民、从业人员以及来访游客遵守相关法律法规，共同维护海洋文化遗产文化安全。

（3）文化安全预警系统。海洋文化安全预警系统就是指通过日常的文化安全管理手段，发现有可能危及海洋文化安全的外在压力，对文化载体的状态准确鉴定和把握，及时准确做出预测性、警告性反应的系统。对于海洋文化遗产的预警难度较大，既不能单纯地监控，更不能直观地测度安全，需要结合文化安全评估体系，找准影响文化安全的敏感要素进行监测，从而能及时地发现文化安全存在威胁的状况，采取保护、挽救措施。

（4）文化安全应急决策机制。由于海洋文化遗产安全处于一种从量变到质变的过程，且不易察觉，一旦发现文化不安全的存在，对其进行保护和挽救较为困难，因此有必要预先制定海洋文化遗产安全应急决策机制，应对文化安全"突变"情况发生，在文化受到威胁后第一时间拯救海洋文化遗产资源，确保将文化损失降到最小。

四、海洋文化安全保障体系

文化安全保障体系是海洋文化遗产安全体系实施的关键。海洋文化遗产是一个相对复杂的整体，其文化安全的利益相关者包括沿海当地居民、文化管理部门，诸如专家学者、宣传媒体等其他利益相关者,在构建文化安全保障体系过程中应考虑政府管理部门的宏观层面的保障系统,也应涉及文化载体的微观层面的保障系统。宏观层面包括政策保障、法律保障、资金保障和社区管理等方面的"政府响应",微观层面包括文化安全教育保障、人才保障、科技保障等"公众响应"(见图6-4)。

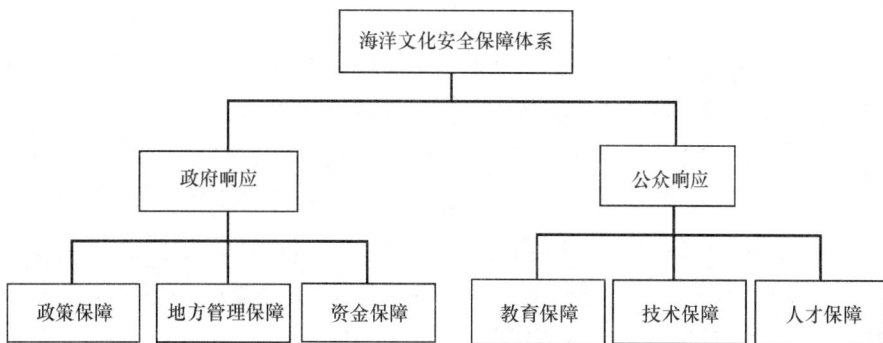

图6-4　海洋文化安全保障体系

(1)政府响应。政府响应对文化安全的保障是宏观的、指导性的和统领性的,贯穿了海洋文化安全保护等各个环节,主要表现在:政策法律保障、资金保障和社区管理三个方面。

政策法律保障。海洋文化的发展受到客观经济规律和社会规则的制约,海洋文化安全应受到国家制度政策、法律保护的手段来指导文化保护工作,从而实现海洋文化产业发展和文化保护的"双赢"。海洋文化安全的政策制定应体现旅游部门、社区管理部门及其他部门之间的联动,使得文化保护工作形成一个整体,统领全局,指导各部门的各项文化保护工作。应制定文化保护性政策,将"保护第一、开发第二"的指导思想落实到政策法规的高度,加强加大对海洋文化开发资金投入和保护力度。

资金保障。资金保障是构建文化安全保障体系的前提和基础。没有充足的资金,政策法规、社区管理、教育、人才、科技等保障工作都难以落实到实处。首先,应建立文化保护专项资金管理部门,制定专款专用的制度,明确资金的使用权限。其次,结合监督管理系统,对文化保护资金的运作进行监督和检查。再次,确保文化保护专项资金的充足是有效实施资金保障的必要条件,积极开展文化保护工作,借助政府、公众支持,争取各方力量的资金支持。

社区管理保障。构建海洋文化安全保障体系,政策法规必须先行。地方管理是落实各项政策法规的根本保障。没有一个系统、有序、较强执行力的地方管理体系,即使制定的法规政策再好,也无法落到实处。因此,在地方管理中设置专门的文化保护部门,落实海洋文化遗产安全保障实施,具体指导各项文化保护工作的进行,对文化遗产的开发进行监督和指导,加强物质文化遗产的保护和修复工作,落实非物质文化遗产的传承和科技活化,积极开展地方社区文化宣传与教育工作,与公众的响应紧密联系,共同保障海洋文化安全和可持续发展。

（2）公众响应。文化并不是一个有形的、可观的物质存在,而是通过各个载体呈现出来的形态。因此要保障文化安全,就务必发挥公众的响应,调动文化载体的文化体现的积极性。

教育保障。海洋文化安全教育保障是提高社会群众海洋文化素养的重要途径,有助于遗产旅游地文化安全的传播和文化氛围的提升。教育保障应从以下三个方面进行落实:首先,文化宣传和普及是文化得以保护和延续的基础,海洋文化自身发展和文化价值的资料介绍应确保社会群众都能容易获得,保证人们能够准确地了解自身文化,提高居民的文化自觉度。其次,应定期开展文化教育培训工作,结合社会、经济、文化发展脉络,找准海洋文化的定位,及时做好文化教育培训。因此,完善教育保障体系,加强居民和旅游从业者的文化教育工作,是海洋文化传承和保护的重要途径。

人才保障。海洋文化开发管理需要人才的支持,海洋文化安全的评价需要人才的参与,海洋文化资源的保护需要人才的管理,引进和培养人才是保持海洋文化产业新鲜血液,保持海洋文化可持续发展的重要基础和前提。切实构建海洋文化安全体系的人才保障,应采取以下措施:首先,大力加强文化安全的管理队伍建设,提高文化安全管理工作人员的专业素养和工作责任心,增强文化安全保障能力。其次,引进专业人才,进行定期的教育与培训,提升海洋文化安全管理队伍的整体水平。最后,注重创新,创新人才培养开发、评价发现、选拔任用以及奖惩保障机制,强化人才保障对海洋文化安全管理的作用。

技术保障。技术保障包括非物质文化遗产数字化采集、文化遗产资源的信息存储、数字化复原和再现技术以及非物质文化遗产的可视化技术等,遗产数字化技术通过图文扫描、立体扫描、数字摄影、全息拍摄等方式,有效地保护非物质文化遗产的完整性[1]。文化资源的信息存储是较好保存非物质文化遗产的重要手段,能把即将失传的文化遗产通过数字技术进行存储和保留,延续了文化的传承和生命周期。数字化复原和再现技术有助于解决在现代文明冲突下,使几乎消失了的非物质文化遗产再现。非物质文化的可视化技术,能将难以言表的文化通过视听、图文的形式进行宣传推广,为非物质文化遗产广泛共享提供技术平台,可以使人们身临其境体验文化遗产。技术保障的实施,需要人才和资金保障的支持,以此实现非物质文化遗产的活化和文化的可持续发展。

---

① 黄永林,谈国新:《中国非物质文化遗产数字化保护与开发研究》,载《华中师范大学学报（人文社会科学版）》2012年2期。

第五节 维护海洋文化安全的对策

我国海洋文化事业近年来取得了较大的进展,但仍存在诸如水下文物打捞保存难、海洋意识淡薄、海洋学科建设力度不强、海洋文化法规制度不完善等问题。针对这些问题,如不及时采取有效措施加以解决,将会对我国海洋文化的安全带来难以预计的隐患。因此,维护海洋文化安全迫在眉睫。

一、加强水下文化遗产保护管理工作

（一）科学保护与管理理念

保护为主、注重社会效益与文化的可持续传承等科学的保护与管理理念,这会对海洋历史文化遗产保护产生重要影响。建立科学的保护与管理理念,要在普通民众心中树立水下遗产意识。逐步建立有效的信息沟通与共享机制,以多种形式定期向社会公众公开水下文化遗产保护与管理各项工作进展,如宣传打击成果。免费开放水下文化遗产博物馆,把旅游观光与教育、科研、交流等方面结合起来,以启迪、感化公众自觉加到保护行列。加强文物普法教育,充分利用日益频繁的执法巡查活动向渔民和海洋工作者做好相关宣传工作,以培育志愿者和保护员,使其增强人民的民族自豪感,鼓励和引导个人及时举报违法行为。相关工作者要有良好的工作热情,克服打捞文物时恶劣的条件,以严谨科学的态度修复文物。执法巡查时不忘向沿航宣传水下文化遗产保护知识,敢于与各种非法行为作斗争。

（二）完善的水下文物普查制度

总体说来,当前我国海洋文化遗产保护现状不容乐观,几千年来涉海民间文化从未得到过系统整理。世人只知道士人文化、农耕文化、典籍文化等,对海洋文化知之甚少,对它的珍贵价值知其然而不知其所以然,缺乏法律法规的保护[①]。随着海洋时代兴起,海洋文化逐渐进入人们的视野,但对其重视程度仍然不够,尤其对海洋非物质文化的系统性认识明显不足。因此,目前最重要的工作是在原先普查的基础上,进一步做好海洋文化遗产的全面普查,系统整理普查成果,建立能全面反映地区海洋文化遗产基本面貌的第一手资料、档案库和电子数据库。完善水下文化遗产普查制度,逐步摸清水下文化遗产分布、特点及埋藏规律等,为依法保护海洋文化遗产奠定基础。

（三）强大的技术支持系统

我国已有保护修复技术手段,但仍需在实践操作中不断创新技术材料,特别是脱盐、防

---

① 曲金良:《中国文化研究(第4-5卷)》,北京:海洋出版社,2005:25.

缩处理等特殊技术工艺,编制水文物保护修复技术规范,开启水下文化遗产保护技术的新局面。一方面,利用信息技术保护与管理遗产资源,推进数字博物馆项目研究,加快文物信息化进程。利用计算机遥感(RS)、全球定位系统(GPS)、地理信息系统(GIS)实时监控遗产地的动态变化。利用计算机虚拟显示技术和仿真技术,模拟遗产资源在各种外力的胁迫下产生的变化,制定合理的规划、调控方案。利用网络技术和三维显示技术,实现遗产虚拟旅游,使公众以切身体验感知水下文化遗产魅力,增强宣传保护效果。另一方面,打造高端技术基地,推进国家水下文化遗产保护基地建设。在"十三五"期间打造集科技保护、科研培训、学术交流等诸多功能于一体的高端技术合作平台。

(四)充足的资金与人才投入

要把水下文化遗产保护工作作为民族文化兴衰的大事,继续加大资金和人才投入。大幅度提高我国水下文化遗产保护事业的整体装备、技术和管理水平。在资金投入上形成一套长效的保证机制,设立专项基金,有持续充足的中央和地方政府财政支持。其次,社会各界的热心参与,社会团体、慈善机构及个人的多方捐助,也是遗产保护资金的重要来源。鼓励志愿人员义务劳动、无偿提供船只等无形资产和固定资产。此外,还要注重人才投入,形成水下文化遗产保护队伍的常态培养机制。通过举办多种形式的专业培训班,从技术、理念和法制角度开展培训,从海军、海洋、海监、渔业、交通等部门协作的角度进行培训,培养更多专业人员,组建合理的人才梯队。与海洋院校合作办学、科研,为文物系统培养专业人才。如中国文化遗产研究院教育培训中心,2009年成功举办"全国出水文物科技保护修复培训班"值得借鉴。

(五)科学的保护区划与规划

切实认识开展水下文化遗产保护工作的战略意义,科学区划与规划水下文化遗产保护事业。认真分析未来水下文化遗产保护工作的新趋势和新需求,在水下文物普查的基础上组织相关专业单位和专家学者制定科学的保护区划。目前,一般采用分级划分方法。针对已有备案的资料,根据区域的类型和功能,基本上可划分为一般保护区、特殊保护区和重点保护区,制定相应的保护措施。对需要加强保护的区域划分为重点保护区,对有特殊历史意义的区域,可划定为博物馆的保护中心(基地)。然后各级单位根据区划再编制"十三五"期间乃至更长远的水下文化遗产保护事业发展规划,明确保护目标、重点任务和保护方向,让水下文化遗产保护真正成为国家战略的一部分。在规划过程中,要赋予区域间发展的公平性和特色性,使各地水下文化遗产保护与管理工作全面、协调、高效展开。

(六)专门的保护与管理机构

建立专门的保护与管理机构。一方面要统筹考虑保护中心(基地)的设置问题,发挥其地缘优势、科研优势,辐射、带动其他区域,分散的同时也有集中,形成合理的机构布局。其次,组建水下文化遗产专业执法机构,加强管理与强化执法——发挥中国海警局的作用。水下文物保护执法不同于其他海上执法,具有非常强的专业性和技巧性。中国海警局作为准军事化组织的警察机构,必须加强装备能力和完善技术支撑,定期开展针对我国管辖海域内水下文化遗产的执法巡查和日常检查。对海域使用和海洋建设工程实时监管,及时发现违法行为,及时采取措施。除了独自执法外,应加强海上突发事件应急响应机制的尝试。中国海警局应主动参与水下文物安全综合管理实验区试点工作,探索新的执法领域。

设立完善的发现报告和奖惩制度,建立"就地保护、异地保护、抢救发掘"相结合的策略,成立相关利益主体平衡的协调管理机制,落实一系列配套保障措施,使我国水下文化遗产保护与管理更加制度化、规范化和科学化。

二、加强海洋学科建设

从海洋人才入手,加快培育发展海洋战略性新兴产业。解决海洋人才问题,实施海洋人才战略目标,最终要靠海洋科教来实现,我国海洋高等教育肩负着海洋人才开发工程、保证海洋事业后继有人的历史使命①。学科专业建设是提升涉海类高校办学层次的重要抓手,是高校人才培养、科学研究和社会服务的主要载体,必须科学制定涉海学科专业发展规划。

(一)科学规划高端引领涉海学科专业

《中国海洋发展报告(2011)》指出,在"十二五"期间,我国将初步形成海洋新兴产业体系,支撑引领海洋经济发展,海洋战略性新兴产业整体年均增速不低于20%,实现产业增值翻两番。《国家中长期科学和技术发展规划纲要(2006—2020年)》列出了海洋科技的重点领域,主要包括海水淡化、海洋资源高效开发利用、海洋生态与环境保护、全球环境变化监测与对策、大型海洋工程技术与装备、海洋环境立体监测技术、大洋海底多参数快速探测技术、天然气水合物开发技术、深海作业技术等。

涉海学科专业设置应从国家战略、海洋战略性新兴产业和各地海洋经济发展等需求出发,在国家海洋经济和人才规划的大框架下,结合自身办学实际,找准为建设海洋经济强国服务的定位,合理规划涉海类高等院校的空间布局和层次布局,大力支持涉海高等院校建设,积极培育、发展涉海学科和二级院系,扶持有条件的地市建设若干所涉海国家示范性(骨干)高职院校或人才培训中心。科学制定涉海类学科专业规划与海洋人才培育规划,以海洋新兴产业、海洋服务业、临港先进制造业和现代海洋渔业等现代海洋产业涉及的领域为重点,规划建设一批国家级涉海学科平台、省部级重点实验室与涉海类优势学科、特色专业,形成全方位支撑现代海洋产业发展的涉海高校与学科专业布局②。

① 卜凡静,王茜:《发展海洋高等教育,优化海洋人才结构》,载《科技信息(学术研究)》,2007年12期。
② 薛玉香:《浙江海洋学科专业设置研究——基于战略性海洋新兴产业发展的视域》,载《教育研究》,2014年5期。

（二）整合资源实现海洋高等教育学科专业资源共享

海洋高等教育生存与发展,与其外部环境进行着信息、文化、物质、人员、思想的交流和相互作用,通过设置、调整内部结构和模式,以更好地生存发展[1]。目前中国海洋高等教育资源力量较分散,各院校、各学科专业间缺少交流,海洋高等教育资源没有得到充分开发,海洋人才培养没有与海洋高等教育资源增长相匹配。

（1）高校应充分整合自身资源,实现教育资源共享和互动。高校内部不同院系、学科、专业间要建立合作共享机制,培育复合型海洋人才。其次,涉海类高校、涉海类科研院（所）及人文社科类高校间要建立长效联合培育机制,充分实现优势优质教育、科研资源共享互补发展,逐步开设人文社科类海洋学科。

（2）与国外涉海类高校建立合作机制。如日、韩、美等沿海国家专业类涉海高校和科研机构较多,科研、教学和人才培育机制体制较为健全,彼此间建立合作培养、联合培养等合作机制,有利于引进先进办学理念,促进涉海类学科专业资源进行重新整合、配置和优化。

（3）高校与涉海类企业建立产、学、研合作机制。学校要与政府、行业、企业、用人单位建立"政、产、学、研、用"五位一体的深度合作教育,校外基地建设是基础[2]。涉海类企业就是校外基地,也是海洋战略性新兴产业发展的前沿。高校不仅在教学实践方面与企业合作,共享实践教学优质资源,还要听取企业界专业人士对于海洋高等教育在学科建设、专业课程设置、人才培养模式等方面提出的意见,以弥补"学院派"的先天不足。高职类涉海院校以培育应用型、技能型人才为主,深化涉海专业与行业共建,建立"海洋行业—涉海企业—涉海专业群"动态对接机制。

（三）融合统筹提升海洋高等教育人才培养层次

根据海洋发展趋势、国家战略、科技进步及社会发展需要,加强海洋专业科学人才培养力度。按照"厚基础、宽口径、高素质、强能力"的培养目标,努力培养具有创新精神、实践能力和能够参与国际竞争的高素质海洋科学专门人才[3]。目前我国海洋人力资源整体分布集中于第一产业,并逐渐向第二产业、第三产业转移,与我国海洋经济整体发展相吻合[4]。按照海洋战略性新兴产业发展要求,进一步整合高校涉海学科资源和优势学科专业,促进涉海学科的融合与集约发展,加大对第二、第三产业海洋学科专业开发的力度,提升一批海洋专科学科,发展一批新兴交叉本科专业,致力于培养应用型技术人才和创新型海洋基础人才。发展涉海研究生教育,培育扩大一批涉海类硕士、博士学位点,推进包括海洋节能环保、海洋信

---

① 何培英:《高等海洋教育生态及其承载力研究》青岛:中国海洋大学2010博士学位论文。
② 谭海鸥:《大力开展产学合作教育积极探索应用型人才培养途径》,载《中国高教研究》2012年7期。
③ 于宜法,王殿昌:《中国海洋事业发展政策研究》青岛:中国海洋大学出版社,2008.
④ 李彬,高艳:《海洋产业人力资源的现状与开发研究》,载《海洋湖沼通报》,2011年1期。

息技术、海洋生物、海洋高端装备制造、海洋新能源、海洋新材料六大海洋产业门类的高层次人才培养计划。重点支持海洋院校建设"海洋科学"、"船舶与海洋工程"等一级学科博士授予点,建成一批能代表学科水平的一流涉海学科专业。启动海洋类师资与科技人才提升计划,加大海洋创新创业领军人才的引进力度,培养一批企业急需的技术技能型、复合技能型和知识技能型领军涉海学科团队。

海洋事业是系统工程,涵盖海洋资源、环境、生态、经济、权益和安全等诸多领域。海洋高等教育不仅需要培育各类专业海洋人才,更需要培育大批既懂海洋专业知识又懂法律、经济、文化、安全、管理的复合型海洋人才。打破学科界限,在学科专业设计上及早涉足海洋经济、法律、文化、安全和管理等领域,实现海洋自然科学与海洋人文科学融合。

三、完善健全海洋文化保护法律制度

文化保护、立法先行、重在措施,这是发达国家非物质文化遗产保护的基本经验。加强对海洋文化安全的保障,推进科学管理体制创新和机制构建,必须切实加强法律制度建设。完备的法律保障制度应包括两大类,一类是总的法规,即国家在海洋文化安全保护方面的大法;另一类是地方性的法规,或者针对具体的沿海区域制定的专项法规。

针对特色海洋文化资源保护不断完善法制建设。在条件允许的情况下,设立专门部门负责相关海洋文化资源保护和开发,将职责细化。针对海洋文化资源保护要有完整的规划,按缓急轻重制定符合其资源特性的保护措施。加强资源保护的制度化和法制化,给资源保护实施提供良好环境。加大已出台的相关法律法规执法力度,对破坏海洋文化资源的行为坚决惩处。

在水下文物海洋物质文化遗产保护方面,继续执行《中华人民共和国水下文物保护管理条例》及相关配套法规,明确政府职责及打击违法犯罪活动的法律责任。尽快出台《水下考古工作规程》,逐步规范资质资格审核、项目审批、文物登录、日常监控和巡查和经费使用等。指导地方尽快编制适应本地水下文化遗产保护的地方条例,并针对特定海域的具体遗址制定专门性法规。

制定完备法律保护体系,首先要完善监管体系,促进海洋文化保护工作科学化、规范化。在管理执法上制定相应政策法规,设置相对独立的部门、队伍,建构配套的保障机制,强化法规政策执行力度。激励公民对海洋历史文化遗产保护的积极性,严厉打击盗掘破坏海洋遗产犯罪行为。

四、进一步提高全社会的海洋意识

文化资源是一种稀缺资源,有的还属于濒危资源,具有不可修复性。要做好海洋文化资

源的保护工作,最重要的前提就是要有高度的保护意识。很多海洋文化资源被放任,并不是没有好的保护措施,而是有关方面没有意识到文化资源保护的重要性。当然,海洋文化意识的培养不是一朝一夕能够促成的,这需要一个长期积累过程。

（一）政府应起导向和策划者的作用

政府部门首先要强化这种意识,通过科学合理宣传导向及具体措施提高社会各界对海洋文化价值的认识。应起导向和策划者的作用,做好穿针引线工作,将保护海洋文化资源这一理念推广,让更多的企业、学者、老百姓关注这个问题,集合各方面的智慧和财力来强化对海洋文化资源的保护。

（二）各类媒体应起到大众宣传作用

通过各种媒介如广播电视、报纸刊物、网络媒体甚至包括公交车,传播海洋文化资源保护宣传。在马路公交车站的广告宣传牌张贴海报,在各个居民区举办丰富多彩的社区活动来宣传海洋文化资源保护的重要性,等等。

（三）高校应起到文化传播作用

高校举办类似"海洋文化论坛"、"海洋知识能力竞赛"、"海洋文化系列讲座"等活动,在丰富学生课外知识的基础上,提高学生对海洋文化安全的关注,为高校海洋学科建设储备高质量海洋专业人才。

（四）鼓励地方企业支持海洋文化发展

出台相应的优惠政策,鼓励地方相关企业出来解决文化资源保护中所需的经费问题,真正起到在海洋文化传播和推广中政府搭台、企业和社会唱戏的作用[①]。

总之,要在日常生活中培养社会群众对海洋文化资源保护的关注度,提高对其重要性的认识。政府虽然有主导的能力,但单靠政府的力量显然是不够的,应结合全社会所有人的能力共同保护我国海洋文化安全。

---

① 王赞:《青岛海洋文化资源及其保护与利用研究》,青岛:中国海洋大学 2013 年硕士学位论文。

第七章 中国海洋生态安全

第一节 海洋生态安全概述

一、海洋生态安全的提出

（一）生态安全的提出

生态安全，最早是以"环境安全"的概念提出的。自冷战结束后，传统安全的"战略迫切性"不复存在，生态环境问题已构成对国家及世界的现实威胁，资源和环境问题可能导致日益危险的国际冲突，从而对安全造成广泛威胁。人类开始反思现代工业文明在带来巨大财富的同时带来的巨大经济增长负效应对人类命运的影响，认识到以石化燃料作为能量来源的现代工业体系是造成当代环境问题的根源之一。工业发展进程越快，环境问题就越严重，对各类生态系统的威胁就越严重。因此，生态安全研究应运而生。

1948 年 7 月 13 日，联合国教科文组织的 8 名社会科学家共同发表《社会科学家争取和平的呼吁书》，提出以国际合作为前提，在全球范围内进行实际科学调查研究，解决现代若干重大问题，这被认为是现代国际环境安全研究的先声。其后，美国世界观察研究所所长 R·布朗进一步发展他们的观点，从生态环境安全的角度对国家安全重新定义。

1972 年，联合国人类环境会议在斯德哥尔摩召开，大会通过的《人类环境宣言》向全球呼吁：在我们人类决定世界各地的行动时，必须更加谨慎地考虑它们对环境产生的后果：由于无知或不关心，我们可能给生活或幸福所依靠的地球环境造成无法挽回的损失。20 世纪 80 年代，联合国世界环境与发展委员会提交了《我们共同的未来》的报告。该报告在系统分析了人类面临的一系列重大经济、社会和环境问题后提出了"可持续发展"概念，在报告中首次正式使用"环境安全"一词，指出：在过去的经济发展模式中，人们首先关心的是经济发展对生态及环境带来的影响，而现在，人类还迫切地感受到生态的压力对经济发展所带来的重大影响与存在的安全性问题。此后，人们对生态环境安全的关注程度不断加深，有关研究也得到普遍重视。

1989 年，国际应用系统分析研究所（IASA）在提出建立优化的全球生态安全监测系统时,首次提出生态安全(ecological security)概念。

1993 年,美国著名环境学家 Noman Myers 开始将生态安全概念广泛宣传于学术期刊和国际会议上。1996 年,生态安全概念得到国际社会广泛接受,即《地球公约》中的《面对全球生态安全的市民公约》,有 100 多个国家 200 多万人签字,缔约建立在生态安全、可持续发展和生态责任基础之上,各成员国和各团体组织相互协调利益,履行责任和义务。1998 年发表《生态安全与联合国体系》,各国专家和代表在联合国重大会议及著名高校关于生态安全的概念、不安全的成因、影响和发展趋势发表了不同看法,其中有悲观危机的观点,有中立的客观认识,也不乏乐观向上的见解。由此,生态安全作为一个热点已被越来越多的专家学者和行政长官乃至平民百姓所重视[1]。

我国生态安全问题的提出基本上始于 1990 年后期,主要背景有以下三方面:一是国内生态环境恶化,生态赤字膨胀,自然灾害加剧。如 20 世纪连续出现的特大洪灾和急剧扩大的荒漠化,以及我国成立中国国际减灾十年委员会等机构。二是我国西部大开发的生态环境保护和建设问题。作为我国生态环境源头地区的西部,脆弱的生态环境引起人们对大开发的普遍关注。三是俄罗斯和西方国家关于生态环境安全的理论和实践在我国产生的反响[2]。

(二)海洋生态安全的提出

人类从开发利用作为"生命摇篮"的海洋的第一天起,就开始了对海洋环境与资源的侵占和破坏,当这种破坏到了一定的程度,海洋环境问题相应出现。海洋生态安全问题是海洋环境问题日益恶化和加剧的必然结果,海洋环境问题的逐渐积累、叠加和放大,对人类社会的生存与发展产生一种新的威胁,即海洋生态安全问题[3]。

1998 年 1 月,美国《基督教箴言报》呼吁"拯救海洋刻不容缓"。英国《金融时报》说:"鱼类无言,静等人类良知"。1996 年,欧共体决定在 6 年内将渔船减少 40%,俄罗斯也大量减少渔船。联合国环境规划署提出的威胁人类的十大环境祸患是海洋污染。2007 年欧共体通过了削减捕捞机会和控制捕捞努力的提议,决定对深海物种及鳕鱼实行严格的捕捞控制措施。

2007 年 10 月,中共十七大政治报告提出实现全面建设小康社会奋斗目标的新要求之一,是要"建设生态文明,基本形成节约能源资源和保护生态环境的产业结构、增长方式、消费模式"。社会主义生态文明是一个全新的概念,所谓生态文明,应是人类文明的重要形态之一,应以有意识维护生态安全为核心,以可持续发展为依据,以人与自然、人与环境的和谐

① 陈永胜.西北民族地区生态安全与水资源制度创新研究[M].甘肃:甘肃人民出版社,2009:15 – 17.
② 陈星,周成虎.生态安全:国内外研究综述[J].地理科学进展,2005,24(6):9.
③ 杨振姣,姜自福,罗玲云.海洋生态安全研究综述[J].海洋环境科学,2011,30(2):287.

关系为目的。海洋是自然生态系统中最大的生态系统,海洋文明作为原生态文明的起源,是建立自然生态系统生态文明的前提条件和基础。海洋生态安全的缺失,将带给人类自身不可逆转的灾难。作为建设社会主义生态文明的一部分,我们必须意识到海洋生态文明的重要性和海洋生态安全的战略意义①。2013 年出台的《全国海洋经济发展"十二五"规划》要求,在发展海洋经济过程中要坚持生态优先、绿色发展的原则,确定我国海洋资源开发利用、海洋产业发展壮大、海洋经济快速发展必须遵循的一大基本准则。

海洋生态安全作为海洋安全甚至是国家安全的重要组成部分,越来越受到各国组织及其人民群众重视。海洋生态安全作为一种非传统安全,在因人类活动影响而出现危机的背景下提出。

二、海洋生态安全的内涵

(一)生态安全内涵

1. 国内外对生态安全内涵的阐释

(1)国外对生态安全内涵的阐释。生态安全一词从提出至今,已有 20 多年了。关于它的定义,很多学者从多学科、多层次出发,提出了许多不同的表述,但目前国际上尚无公认的定义。

1989 年,国际应用系统分析研究所(IASA)提出建立优化的全球生态安全监测系统,指出生态安全是指在人的生活、健康、安乐、基本权利、生活保障来源、必要资源、社会秩序和人类适应环境变化的能力等方面不受威胁的状态,包括自然生态安全、经济生态安全和社会生态安全,组成一个复合人工生态安全系统②。

1993 年,美国著名环境学家 Norman Myers 指出生态安全是地区的资源战争和全球的生态威胁而引起的环境退化,继而波及经济和政治的不安全,将此概念广泛宣传于学术期刊和国际会议上③。Steve Lonergan 论述了生态安全与可持续发展的关系,指出两个概念都与人类安全相连,可持续发展为达到人类安全的目的提供了标准化的方针,而生态安全为不安全的根本原因提供了分析的框架④。Rogers 从国家的层面,提出生态安全是指一个国家生存和发展所需的生态环境处于不受或少受破坏与威胁的状态,即自然生态环境能满足人类和群落的持续生存与发展需求,而不损害自然生态环境的潜力⑤。Mack Halle 将

① 刘家沂.生态文明和海洋生态安全的战略认识[J].太平洋学报,2009,(10):68.
② 方创琳,张小雷.干旱区生态重建与经济可持续发展研究进展[J].生态学报,2001,22(7):1163 – 1170.
③ Public Meeting – Science for ecological security[EB/OL].http://www.cseindia.org.
④ 邹长新.内陆河流域生态安全研究——以黑河为例[D].南京气象学院硕士论文.2003:5 – 6.
⑤ 吴国庆.区域农业可持续发展的生态安全及其评价研究[J].自然资源学报,200,16(3):227 – 233.

人类安全网络系统细分为人口安全子系统、政治安全子系统、文化安全子系统和生态安全子系统等[①]。

尽管目前对生态安全的概念及认识还存有分歧，但国际上对其定义主要有广义和狭义两种。前者以国际应用系统分析研究所（IASA，1989）提出的定义为代表；狭义的生态安全是指自然和半自然生态系统的安全，即生态系统完整性和健康的整体水平反映。健康系统是稳定的和可持续的，在时间上能够维持它的组织结构和自治，以及保持对胁迫的恢复力。

（2）国内对生态安全内涵的阐释。目前我国诸多学者从不同角度和范畴对生态安全概念有着不同的表达与理解，但是大多数学者对生态安全的理解集中在狭义概念上。

李文华认为生态安全应该包括保护生态系统健康和维护生态系统恢复力两个方面[②]。

伊希成将生态安全定义为：人类赖以生存的生物圈处于自然平衡状态，在这种状态下，人与自然界能够共生、共荣、协同进化，并指出人类不合理的生产和经济活动是造成目前生态危机的主要原因[③]。

曲格平认为生态安全包括两方面的含义：一是防止生态环境的退化对经济基础构成威胁，主要指环境质量状况和自然资源的减少、退化，削弱了经济可持续发展的支撑能力；二是防止因环境破坏和自然资源短缺引发公众的不满，特别是导致大量环境难民的产生，不利于社会的稳定[④]。

2000年国务院发布的《全国生态环境保护纲要》明确提出生态安全是国家安全和社会稳定的一个重要组成部分，并将国家生态安全定义为一个国家生存和发展所需的生态环境处于不受或少受破坏与威胁的状态[⑤]。

彭少麟等认为生态安全涵盖自然和社会两方面，包括环境资源安全、生物与生态系统安全、自然与社会生态安全，并且提出生态安全是多层次多尺度的，而且不同层次间的生物生态安全是相互影响的，低尺度的生态不安全会对高尺度的生态不安全产生影响[⑥]。

杨京平认为，生态安全是促进生态、社会、经济三者之间和谐统一，以人类社会的可持续发展为核心，由生物安全、生态环境安全和生态系统安全组成的完整安全体系[⑦]。

郭中伟将生态安全定义为：一个生态系统的结构是否受到破坏，其生态功能是否受到损

① Wasa Y,Hakoyama H,Nakamaru M,et al. Estimate of population extinction risk and its appljcation to ecological risk management. Population Ecology2000,42:73 – 80.
② 李文华.可持续发展的生态学思考[J].四川师范学院学报(自然科学版),2000,21(3):215 – 220.
③ 伊希成.生态安全:一种新的安全观[J].科技日报,1998,(2):27.
④ 曲格平.关注生态安全之一:生态环境问题已经成为国家安全的热门话题[J].环境保护,2002,(5):3 – 5.
⑤ 国家环保总局编著.全国生态环境保护纲要.2000年12月6日.
⑥ 彭少麟,郝艳茹,陆宏芳.生态安全的含义与尺度[J].中山大学学报(自然科学版),2004,43(6):28 – 31.
⑦ 杨京平.生态安全的系统分析[M].北京:化学工业出版社,2000.

害。当一个生态系统所提供的服务质量或数量出现异常时,则表明该生态系统是不安全的①。

陈国阶认为广义上的生态安全包括生物细胞、组织、个体、种群、群落、生态系统、生态景观、生态区、陆海生态及人类生态。只要其中的某一层次出现损害、退化、胁迫,都可以说其是生态不安全的。指出狭义的生态安全是人类赖以生存的生态与环境处于正常发展状态②。

2. 生态安全的内涵

基于以上对国内外生态安全内涵的研究分析,本书认为:生态安全是指人类赖以生存的生态环境不受威胁或不受破坏,生态系统处于平衡、健康、稳定的状态。在这种状态下,生态系统能够为人类提供持续、稳定的服务,同时人类必须保护生态系统的健康、可持续发展。

生态安全内涵丰富,具体包括两个方面的内容:其一是生态系统自身是否安全,即生态系统的结构是否完整,生态系统功能是否正常运转。其二是生态系统对人类是否安全,即生态系统提供给人类生存发展所需的资源和服务是否持续、稳定。生态系统保持自身的健康、稳定并为人类提供源源不断的资源和服务。其具体内容主要包括以下几个方面:

(1)生态安全是人类生存环境或人类生态条件的一种状态。更确切地说,是一种必备的生态条件和生态状态。就是说,生态安全是人与环境关系过程中,生态系统满足人类生存与发展的必备条件。

(2)生态安全是一个相对的概念。没有绝对的安全,只有相对的安全。生态安全由众多因素构成,其对人类生存和发展的满足程度各不相同,生态安全的满足也不相同。若用生态安全系数来表征生态安全满足程度,则各地生态安全的保证程度可以不同。因此,生态安全可以通过建立起反映生态因子及其综合体系质量的评价指标,来定量地评价某一区域或国家的安全状况。

(3)生态安全是一个动态概念。一个要素、区域和国家的生态安全不是一劳永逸的。它可以随环境变化而变化,反馈给人类生活、生存和发展条件,导致安全程度的变化,甚至由安全变为不安全。

(4)生态安全强调以人为本。安全与否的标准是以人类所要求的生态因子的质量来衡量的。影响生态安全的因素很多,但只要其中一个或几个因子不能满足人类正常生存与发展的需求,生态安全就是不及格的。就是说,生态安全具有生态因子一票否决的性质。

(5)生态安全具有一定的空间地域性质。真正导致全球、全人类生态灾难不是普遍的,生态安全的威胁往往具有区域性、局部性:这个地区不安全,并不意味着另一个地区也不安全。生态安全可以调控。不安全的状态、区域,人类可以通过整治,采取措施,加以减轻或解

---

① 郭中伟,甘雅玲.关于生态系统服务功能的几个科学问题[J].生物多样性,2003,11(1):67.
② 陈国阶.论生态安全[J].重庆环境科学,2002,(2):73－75.

除环境灾难,变不安全因素为安全因素。

(6)维护生态安全需要成本。就是说,生态安全的威胁往往来自于人类活动,人类活动引起对自身环境的破坏,导致自己生态系统对自身的威胁。解除这种威胁,人类需要付出代价,需要投入。这应计入人类开发和发展的成本。

(7)生态安全可以调控。不安全的区域,人类可以通过整治、采取措施加强生态文明建设和环境保护来减轻或者解除生态灾难、变不安全因素为安全因素、变不安全区域为相对安全区域、变相对安全区域为安全区域。人类应该遵循生态系统自身的调控规律,以便更科学地为区域规划和区域发展提供决策依据。

(二)海洋生态安全的内涵

关于海洋生态安全的研究,国内较早从安全角度对海洋生态环境问题进行研究的文献是丁德文等论述了海洋环境安全的内涵及作用。他们认为,海洋生态安全可以看作与人类生存、生活和生产活动相关的海洋生态环境及海洋资源处于良好的状况或不遭受不可恢复的破坏,海洋生态环境安全具有战略性、整体性、区域性、层次性和动态性的特点[①]。张素君认为,海洋生态安全是一种状态,而不是活动。它是指以"海洋生态"代表的事物所处的一种状态。这种状态是平安的,是受到保护、没有危险,或者说暂时不会受到危险威胁的[②]。张珞平等利用联合国海洋环境保护科学问题联合专家组(GESA – MP)的报告和述评,首次系统化地提出了"海洋环境安全"的概念,以促进海洋环境保护和海洋资源的可持续利用,并讨论了海洋环境研究和海洋环境管理应采取的行动。张珞平还认为,海洋环境安全是海洋环境的可持续发展观。我们应考虑海洋环境安全,而不是海洋污染或被动的海洋环境保护[③]。

综上所述,海洋生态安全是指人类海洋生态系统处于一种不受污染、破坏、威胁的安全状态,或者说与人类生存息息相关的海洋生态环境及海洋自然资源基础处于良好的状态或不遭受不可恢复的破坏,是海洋生态安全中最低的安全标准。这主要包含两方面的含义:一是海洋生态系统受人类活动的影响要降低到可控制的程度,防止由于海洋生态环境的退化对海洋经济乃至国民经济基础构成威胁,主要指环境质量状况低劣和自然资源的减少与退化削弱了经济可持续发展的支撑能力。二是对当前海洋生态的问题采取措施进行补救,防止由于沿海生态环境破坏和海洋资源短缺引发人民群众的不满,特别是环境难民的大量产生,从而避免社会动荡。

① 丁德文,徐惠民,丁永生等.关于"国家生态环境安全"问题的思考[J].太平洋学报,2005,(10):60 – 64.
② 张素君.海洋生态安全法律问题研究[D].青岛:中国海洋大学法政学院,2009.
③ 张珞平,洪华生,陈伟琪等.海洋环境安全:一种可持续发展的观点[J]厦门大学学报(自然科学版),2004,(8):254 – 256.

三、海洋生态安全的特征

与海洋军事、海洋政治和海洋经济安全相同,海洋生态安全是事关全局的大事,影响的不是一个地区、一部分人群,必须由整个地区的最高决策当局承担主要责任,不是微观主体或市场自发作用的领域。作用因素的生成时间和作用时间十分长久,需要预见和超前努力。一个地区海域的整体安全要由海洋军事安全、海洋政治安全、海洋经济安全和海洋生态安全等要素相互联系、相互影响。海洋军事安全、海洋政治安全和海洋经济安全是致力于海洋生态安全的良好环境,海洋生态安全则是其他方面的载体和基础。

海洋生态安全与其他方面的安全具有明显的不同特点。

（一）全球性

全球海洋总面积为 3.6 亿平方千米,约占地球总面积的 71%。地球从某种意义上来说是一个巨大的水球。因此,海洋生态安全是关乎全人类的问题。海洋生态安全问题是全人类生产、生活过程中所产生的问题,各个国家应该共同担负起恢复海洋生态平衡、保护海洋资源及能源可持续发展和利用的责任。尽管各个国家对海洋生态系统的影响程度不同,但是"共同但有差别的责任"是被全球认可的。由于海洋本身的特点,海水在不停地流动,使得海洋的海岸带、海区和大陆架连为一体。海洋生态系统一旦出现问题,不可能单单影响一个区域或者一个国家,很可能蔓延至全球,成为一个全球性的问题。

（二）复杂性与长期性

海洋生态系统是一个复杂的系统,其构成要素、要素之间的联系以及其演化发展具有复杂性。海洋生态系统的复杂性决定了海洋生态安全的复杂性。海洋环境的恶化、海洋生物锐减都会影响海洋生态系统的稳定性,产生海洋生态安全问题。而引起海洋环境恶化及海洋生物锐减的因素极其复杂,可能是人为的因素,也可能是自然灾害。人为因素,有人口压力的原因,也有人类过度捕捞、倾倒废物等不适宜的活动造成的海洋安全问题。自然灾害更是无法预测,海啸、海平面上升、海浪等给海洋生态系统造成威胁。因此,维护海洋生态安全是一个复杂的过程,政府及相关部门、社会公众必须给予长期的关注和重视。

（三）代际性

海洋生态安全的"效益"、海洋生态危机或治理海洋生态危机成本会在"代际"间转移。生态危机诸因素的生成、作用和消除时间,比起影响军事、政治、经济安全的诸因素都要长得多,从而导致成本或效益的"代际"间转移。前一任的"政绩",可能就是后一任的"隐患"。前一任承担的"成本",可能要到后一任、后几任、后几十任才见效益。这意味着,只有高度负责任的政府、高度文明的社会,才可能以最大的努力致力于海洋生态安全。已承受极大生态危机成本的中国政府,必须承受同样巨大的海洋生态治理成本,将更多的效益留给后代①。

(四)战略性

随着陆域资源紧缺、人口膨胀、环境恶化等问题日益严峻,许多沿海国家已经将开发和利用海洋上升为国家战略。海洋成为"太空"以外的人类要认识和进入的第二大领域。海洋开发关系到国家安全和综合国力。各个国家开发海洋资源、研究海洋技术、争夺海洋财富,海洋已经成为各国增强综合实力、保证国家安全的一个新的领地。海洋生态安全不仅关系到海洋环境的优化、海洋生物的生存和繁衍、海洋生态系统的稳定,还关系到整个人类的进一步发展。维护海洋生态安全,保证海洋事业持续、稳定、快速发展具有战略性意义。

(五)滞后性

海洋灾害的不可预测性决定了海洋生态安全的滞后性。由于人类保护海洋环境及海洋生物保证海洋资源的可持续利用的意识不强、政府部门监管不严等原因,也影响了海洋生态安全的及时维护。海洋灾害在发生的时候人们往往未能及时做出防护措施,造成了严重损失,对海洋生态系统造成一定程度的破坏。人们在很长一段时间内,不知道肆无忌惮地索取海洋资源、破坏海洋环境会影响今后几年甚至几十年的生存。如沿海省市渔民过度捕捞,造成渔业资源枯竭,没有收入来源,生活难以维系,需要转产转业,就是破坏海洋生态系统、危害海洋生态安全的后果。

(六)不可逆性

海洋生态系统具有一定的自动调节能力。在人类社会的早期,人类的生产和生活同样给海洋环境带来影响,存在生态安全的隐患。在一定限度内,通过海洋系统的自我恢复就能校正自然和人类所引起的干扰和不稳定。如果超出一定限度,生态系统的自我调节机制就会降低或消失,生态系统的相对平衡和稳定就会遭到破坏甚至导致系统崩溃,这个限度就称为生态阈值(ecological threshold)。一旦海洋生态系统的有序性和稳定性被打破,往往会造成不可预料且不可逆的后果。许多海洋生态安全问题一旦形成,要解决它就要在时间和经济上付出很高代价②。

---

① 杨家栋,秦兴方.农村城镇化与生态安全[D].北京:社会科学文献出版社,2005:54.
② 杨振姣,姜自福.海洋生态安全的若干问题——兼论海洋生态安全的含义及其特征[J].太平洋学报,2010,18(6):94.

第二节　海洋生态安全面临的形势与原因分析

一、海洋生态安全面临的形势

人类开发和利用海洋的过程,在一定意义上就是破坏海洋生态系统静态平衡的过程。我国海洋生态安全形势相当严峻,近岸海域生态系统大多数处于亚健康或不健康状态。海洋及海岸带栖息地受损,生物多样性减少,海洋生态灾害频发,海洋荒漠化,海洋渔业资源的减少,珊瑚礁、红树林、湿地等重要海洋生态系统遭到破坏。海洋环境污染和海洋生态退化,使海洋生态环境安全面临严峻形势,对海洋经济和沿海地区社会发展乃至国家的安全稳定构成一定威胁。

(一)近海生态系统退化

海洋生态系统多样,典型的生态系统有滨海湿地、河口、海湾、珊瑚礁、红树林等,生态价值巨大,维系和提供我国经济社会发展所需的多种资源。

我国的河口和滨海湿地约 500 万公顷,是极为重要的两大生态系统。研究发现,围垦、筑坝等海岸带不合理开发活动,已导致滨海湿地生境严重破坏和丧失,滨海生态服务功能明显削弱。20 世纪 90 年代以来,我国滨海湿地以每年 2 万多公顷的速度减少,潮间带湿地已累计丧失 57%。目前黄海南部和东海沿岸湿地生态服务功能已下降 30% 至 90%。我国目前主要河口生态系统大多处于不健康或亚健康状态。陆源污染、围填海工程和流域入海径流减少是影响河口生态系统健康的主要因素。我国珊瑚礁生境丧失极其严重,分布面积在近 40 年内已减少 80%,生物多样性明显下降。研究表明,近年来全球气候变化和人类活动对珊瑚礁生态系统影响较大,珊瑚礁退化现象进一步加剧。

1990—2008 年,我国围填海总面积从 8 241 平方千米增至 13 380 平方千米,平均每年新增围填海面积 285 平方千米。围填海造地完全改变了用海区的海域自然属性,对海岸海洋生态系统的影响深远,是影响我国近海海洋生态安全的重要因素。如广东大亚湾沿海岸线由于围海造地、海水养殖、码头舶位等因素,造成约 80% 的海岸带完全改变了属性。大亚湾沿岸天然的红树林面积稀少,已不成林。

(二)海洋沙漠化

"海洋沙漠化"的学术概念是指由于漏油、废油在海面上扩展形成油膜,抑制海水蒸发,阻碍潜热的转移,从而引起海水温度和海面气温的上升。而且,由于海水蒸发减少,海面上的空气变得干燥,使海洋失去对气候的调节作用,产生类似于沙漠的气候特征,出现"海洋沙漠化效应"。后来,这一概念不断拓展。缺乏营养物质,海洋生物圈发生变化、海洋生物逐渐减少以致稀少,海洋中出现类似沙漠"不毛之地"的现象被称作"海洋沙漠化"。

目前世界石油消费量的60%是通过海上运输到达消费地的。运输不当或油船失事及海上开采石油泄漏等原因,每年流入海洋的石油重达100万吨。还有大量工业生产过程中产生的废油排入海洋。科学家估计,每年倾注到海洋的废油达200~1 000万吨,这些石油和废油在海面上形成一种油膜,产生"海洋沙漠化效应"。研究显示,1998—2007年,太平洋和大西洋的海洋生物稀少区增加了15%,"海洋沙漠"扩张了约660万平方千米。与之相应,表层海水温度稳步上升。迄今为止,海洋生物稀少区仍在不断增加。全球变暖造成的环流浅水变暖,可能是造成"海洋沙漠"面积不断扩大的主要原因。

(三)海洋生物多样性锐减

据国家海洋局监测分析,海洋生物多样性内容包括浮游生物、底栖生物、海草、红树植物、珊瑚等生物的种类组成和数量分布。在监测区域内共鉴定出浮游植物701种,浮游动物713种,大型底栖生物1 342种,海草7种,红树植物9种,造礁珊瑚104种。浮游生物和底栖生物物种数从北至南呈增加趋势,符合其自然分布规律。我国海洋生物资源丰富,海洋生物共记录达22 561种,约占世界海洋生物物种总数10%[①]。2009年以来,夏季滦河口——北戴河和黄河口海域大型底栖生物多样性指数呈下降趋势。黄海苏北浅滩海域浮游动物和大型底栖生物多样性指数均呈下降趋势。长江口海域浮游动物多样性指数呈下降趋势。长江口、杭州湾和乐清湾海域大型底栖生物多样性指数均呈下降趋势。珠江口海域浮游动物和大型底栖生物多样性指数呈下降趋势。

在我国社会经济快速发展的同时,海洋生物多样性保护面临前所未有的压力。我国海洋生物群落结构趋向简单,生物多样性和均一性指数处于较低水平。30多年来,渤海潮间带生物、底栖贝类、鱼类种类多样性明显降低。海洋鱼类资源衰落,产量下降,渔获物组成低龄化、小型化和低值化。莱州湾渔场的带鱼、小黄鱼等大型底层鱼类被黄鲫、鳀鱼、斑、枪乌贼、青鳞小沙丁鱼等小型中上层鱼类所替代,种群数量大幅度下降,原有近岸海域产卵场、索饵场、越冬场和洄游通道逐渐丧失。位于海岸带的红树林、珊瑚礁和海草床等湿地生态系统本身蕴藏着丰富的生物多样性,生态环境破坏直接导致生物多样性减少。中华白海豚、文昌鱼等珍稀濒危生物的数量急剧下降。

(四)海平面上升

科学家发现,1993年来全球海平面平均每年上升3毫米,这一趋势还在不断加剧[②]。2010年中国海平面公报监测与分析结果显示,近30年来中国沿海海平面总体呈波动上升趋

① 黄宗国.中国海洋生物种类与分布(增订版)[M].北京:海洋出版社,2008.
② 中国天气网.研究称受热膨胀是海平面上升的主因[EB/OL]. http://www.weather.com.cn/static/html/article/20090421/30030.shtml,2009 - 04 - 21.

势,平均上升速率为 2.6 毫米/年,高于全球平均水平。2001—2010 年,中国沿海的海平面总体处于历史高位,比 1991—2000 年的平均海平面高 25 毫米,比 1981—1990 年的平均海平面高 55 毫米。2010 年,中国沿海海平面比常年高 67 毫米,与 2009 年相比基本持平,渤海和黄海沿海海平面分别上升 11 毫米和 10 毫米,东海沿海略有上升,南海沿海下降 24 毫米。预计未来 30 年,中国沿海海平面还将继续上升,比 2010 年升高 80～130 毫米。由此引发的海水入侵、土壤盐渍化、风暴潮等生态环境安全问题更加突出①。

二、海洋生态安全形势的原因分析

(一)海洋环境污染严重

有专家分析,中国经济发展近 30 多年来基本上沿袭了以规模扩张为目的的外延式增长模式,近海生态环境受到较为严重威胁。未来如不采取综合而有效的控制措施,海洋生态环境风险将持续加大,可能对国家经济、社会持续发展造成一定危害。联合国环境规划署调查表明:海洋污染已成为威胁人类的十大环境祸患之一。海洋污染包括石油污染,有毒有害化学物质污染,放射性污染,固体垃圾污染,有机物污染,以及海水缺氧等。

目前我国近岸海洋环境污染形势依旧严峻。海洋环境污染面积居高不下,污染范围不断扩展,逐步从近岸向近海、从海水环境逐渐向沉积物和海洋生物延伸,从一般污染物向含有毒有害污染物扩展,从单一工业污染,逐步向工业污染、农业面源污染、大气污染等复合污染转变。海洋环境污染的累积效应对海洋生态系统、海产食物甚至社会经济健康发展产生不良影响。

排污口及河口邻近海域生态系统受到破坏。2013 年国家海洋局对我国入海排污口的监测与评价结果表明,431 个陆源入海排污口中工业排污口占 34%,市政排污口占 38%,排污河占 23%,其他类排污口占 5%。3 月、5 月、8 月和 10 月入海排污口达标排放比率分别为 47%、49%、54%、52%,全年入海排污口的达标排放次数占监测总次数的 50%②。大量陆源污染物入海主要包括生产和生活污水、石油、有毒有害化学物质、放射性物质等被倾倒入海。海洋中的污染物 80% 来自陆地,如中国每年沿海工厂和城市直接排海的污水就有 100 亿吨,主要有害物质 146 万吨。

中国沿海的海洋污染突出表现为:①河口、海湾和近岸海域污染严重,环境质量逐年退化。陆源污染累积影响造成的近海水域荒漠化已成为不容忽视的问题。如浙江余姚黄家埠

---

① 兰冬东,马明辉,梁斌,许妍,于春艳,鲍晨光.我国海洋生态环境安全面临的形势与对策研究[J].海洋开发与管理,2013,(2):61.

② 国家海洋局.2013 年中国海洋环境状况公报——主要入海污染源状况[EB/OL]. http://www.soa.gov.cn/zwgk/hygb/zghyhjzlgb/hyhjzlgbml/2013nzghyhjzkgb_2484/201403/t20140321_31054.html,2014－03－21.

等排污口邻近海域出现无生物区,无底栖生物区面积达 20 多平方千米。锦州湾五里河口有 7 平方千米的"无生物区"。报告认为,近岸海域污染严重地区主要分布在大中城市和我国主要经济区邻近海域,沿海地区经济可持续发展受到制约。②污染事件逐年增多,已经形成环境灾难。据不完全统计,1980—1992 年共发生赤潮 300 起,对海洋生物资源和渔业生产造成严重损害。海洋环境污染使赤潮等海洋生态灾害发生风险增大。自 2000 年以来,我国近海未达到清洁海域水质标准的面积约占我国近岸海域面积的一半。有害藻华和水体缺氧是近海富营养化所导致的最重要生态环境问题。研究表明,与 20 世纪 90 年代相比,2001 年以来,无论是发生频次还是涉及的海域面积,中国赤潮灾害骤增 3.4 倍。从多年的趋势上看,赤潮发生有从局部海域向全部近岸海域扩展趋势。浒苔灾害自 2007 年以来连续发生,累计 2013 年黄海沿岸海域发生浒苔绿潮,最大覆盖面积 790 平方千米,最大分布面积 29 733 平方千米,为近 3 年来规模最大①。

油船泄漏或沉没导致大规模海洋环境污染。石油污染主要有偶发性的海上石油平台和油轮事故,沿海工业生产和海运航线上的船舶,是海洋石油污染的主要来源,每年有数千万吨的原油渗漏和溢出在海洋中,形成大面积的油膜。随着风和洋流的运动而不断扩大影响范围,漂浮在海面的油膜,扩散范围广,持续期长,防治困难。一升石油完全氧化,需要消耗 40 万升海水中的溶解氧。大量的石油进入海洋,有一部分形成油膜浮在海面,抑制海水的蒸发,使海上空气变得干燥,同时又减少了海面潜热的转移,导致海水的日变化、年变化加大,使海洋失去调节气温的作用。另一方面油膜下的海水难以受到阳光的照封,水温下降。水中的浮游植物难以进行光合作用,造成大面积水域严重缺氧而置海洋生物特别是鱼类于死地。漂浮的油膜极易堵塞海兽、鱼类等生物的呼吸器,使它们窒息而死。大量的海鸟因为缺少食物或因石油污染羽毛难以飞翔而死亡,石油污染造成生物大量减少,导致"海洋沙漠化"。

人类历史上最大一次石油污染是 1991 年的海湾战争。从科威特输油管道源源不断地泄入海湾水域的石油至少有 2 000 万桶,形成长达几十公里、一眼望不到尽头的油膜带,导致海湾生态平衡失调持续几十年。海湾是一个封闭的生态系统,它的水域很浅(平均水深约 28 米),这意味着石油污染的程度很严重。要过 200 年左右,海水流动才能使海湾的水完全更新。2002 年 11 月巴哈马籍油轮"威望号"在西班牙西北部加利西亚省海域搁浅并发生燃料油泄漏,最终在离葡海域约 50 海里处断为两截并下沉。该油轮共装有 7.7 万吨燃料油,给当地生态环境造成严重威胁,并引起世界的强烈震惊。事件发生后,大约 150 种动物受到威胁。此外,沿海 4 000 名渔民无法捕鱼,西班牙政府只好向受影响的渔民每天补贴 30 欧元

---

① 国家海洋局.2013 年中国海洋环境状况公报——海洋环境灾害和突发事件[EB/OL]. http://www.soa.gov.cn/zwgk/hygb/zghyhjzlgb/hyhjzlgbml/2013nzghyhjzkgb_2484/201403/t20140324_31063.html,2014-03-24.

的经济损失①。类似情况如日本近海是世界海洋中污染最严重的海域,平均每年有50吨以上的废油排到这个海域。据观测,日本伊势湾受油污染的海面要比洁净海面的水温高3度,近年日本台风登险的次数明显减少,有人认为可能与海水污染有关。

(二)外来水生生物入侵

中国幅员辽阔,从北到南5 500千米,由东到西5 200千米,跨越50个纬度,囊括了寒温带、温带、暖温带、亚热带和热带5个气候带。如此丰富的生态系统类型为许多外来物种提供了适宜生存的栖息环境,为它们的入侵提供了便利条件。从森林、水域、湿地、草地、荒漠戈壁等自然生态区域到农业区、城市居民区等人类活动范围都可见到入侵生物,尤以水生生态系统的情况最为严重。据不完全统计,我们已引进水生动植物129种,其中鱼类89种。

我国海洋和内陆淡水资源较为丰富。为了充分利用资源,我国努力发展自身物种的同时,从国外引进了许多其他水生生物,进行国内区域间引进,用于水产养殖、农业畜禽饲料、园林观赏、水质净化和沿海护滩等用途。外来水生物种的引入、引植,在保滩护堤、促淤造地、开辟海上牧场、强化或补充生物链、水质净化、提高水产品产量等方面起了积极作用,在一定程度上确实促进了我国水产事业的发展,但造成了严重的环境问题和社会危害,破坏了地区原有水生生态系统平衡,超强的繁育能力与原当地生物物种形成竞争,导致生物多样性严重丧失,生态经济损失巨大。

(1)争夺土著生物繁育空间,威胁环境安全。许多引进物种孤立于新驻地生物链之外,没有相应的竞争和天敌,可迅速成为优势种群,进而造成当地生态系统遭到不同程度破坏。如克氏原螯虾、风眼莲和福寿螺等事件。云南原有土著鱼类400多种,约有130多种鱼类多年已没有采集到标本,外来物种引入的时间同土著鱼类种类、数量减少的时间相吻合,充分说明了外来物种对当地土著水生物种的灭绝起了关键性影响。20世纪80年代,闽东沿海种植大米草,大米草繁殖力极强,根系发达,草籽可随海潮四处漂流,大米草迅速蔓延,导致近海海洋生态环境的破坏,滩涂鱼、虾、贝等海洋经济生物大量减少,使一些港湾航道淤塞,水质下降。从日本引进的虾夷马粪海胆,能够咬断海域环境中海底大型海藻根部而破坏海藻床。在自然生态环境中与土著光棘球海胆争夺食物与生活空间,危害上著海胆的生存。

(2)传播病原生物,造成土著物种遗传污染,威胁生物安全。20世纪90年代年起,我国海水养殖对虾病害开始大规模流行。其主要原因,是当时从台湾等虾病流行地区引进了带病毒的苗种。1996年起,我国北方传统优势贝类养殖品种栉孔扇贝开始大规模死亡,这很难说与大规模引进外来养殖贝类无关。21世纪初我国北方滩涂养殖菲律宾蛤仔爆发性大规

---

① 刘中民,张德民.海洋领域的非传统安全威胁及其对当代国际关系的影响[J].中国海洋大学学报(社会科学版),2004,(4):61.

模死亡,主要原因是世界性的海洋污染生物病原生物帕金虫的危害[1]。除了传播病原生物外,外来水生生物的入侵还会造成土著生物遗传污染。例如,从美国引进的红鲍和绿鲍,在一定条件下能与我国土著种皱纹盘鲍进行杂交。我国北方从日本引进的虾夷扇贝因其繁殖期与自然海区的土著栉孔扇贝有交叠,自然状态下有可能杂交。杂交后代往往表现出杂交优势,成活率高、生长速度快,势必造成严重的遗传污染,不能排除造成物种的灭亡,从而破坏生物多样性。

(三)气候变化等致使海平面上升

全球性海平面升降,主要与气候变化有关。气候变冷,冰盖扩展,液态水较多变为固态水,海水因受冷而体积缩小,导致海平面下降,气候变暖,冰盖消融,固态水较多变为液态水,海水因热而体积膨胀,引起海平面上升[2]。

引起海平面上升的主要原因有三方面:①全球气温变暖。全球海平面上升主要是全球气温变暖所致。人类大量使用石油、天然气等燃料,使大气中的 CO_2、N_2O、CH_4、$CFCs$ 等温室效应气体含量增加,使太阳长波辐射热不易逸散,导致地球表面气温不断上升。根据计算,若大气中 CO_2 浓度增加 1 倍,全球平均温度将上升 $1.5 \sim 4.5℃$(这一估计可能有些夸大)。全球气温升高,各地冰川和小冰帽均处退缩状态,海水温度随之上升。21 世纪以来,海水表面温度上升了 $0.6 \pm 0.3℃$,温度升高海水发生膨胀,结果引起海平面上升。在近 100 年来 $10 \sim 20$ 厘米的海平面上升中,有 6 厘米的上升量是由海水的热膨胀引起的,$5 \sim 10$ 厘米的上升量是由冰川融化引起的。未来全球海平面上升仍取决于 CO_2 等温室效应气体的排放引起的全球增温。气候变暖,造成南北极冰山融化,海洋水量增加。海水温度因气温升高而升高,海水体积增大。据国外报道,由于海洋体积的增加,过去近百年中全球海平面上升了 14 厘米。②太阳辐射不均,使海水温度、盐度产生差异,地球自转的长期减慢,地极移动,洋盆体积的缩小等都有可能导致海平面上升。至于地壳的均衡作用及软流圈的隆起和地球核心幔处的磁场作用及核幔的形变也会影响到海平面的升降。③相对海平面上升。原因有两个,一是由地壳下沉引起。海平面变化是非常复杂的,并且地区性差异很大,地壳的运动与变形,是造成海平面上升的因素之一。二是由河流水位升高引起。河口地区,泥沙大量淤积于盐淡水交界处,河道高程升高,使感潮区水位逐年上升。④人类活动。人类活动的影响虽属间接因素,但它所引起的海平面变化不可忽视的,如滥伐森林,破坏草地。近年来许多国家不注意环境保护和生态平衡,不少森林和草地遭到破坏,导致水土流失,大量沙土流入海洋,使海洋沉积物大大增加,引起海平面上升,尽管数量不大但在逐年积累,应引起高度重视[3]。

---

① 武泽雷,裴永华,高荣,武胜来.保护土著水生生物 维护湖泊水生态环境安全[J].河北渔业,2013,(8):61-62.
② 刘晨,伍丽萍.海平面上升对珠江三角洲水资源的影响[J]海洋环境科学,1996,15(2):51.
③ 吴崇泽.海平面上升对海岸带环境的影响与危害及其防治对策[J].灾害学,1994,9(1):35.

第三节　海洋生态安全主要因素分析

近些年来海洋生态安全受到了前所未有的挑战,既有不可抗拒的自然因素的影响,还有受人为因素、利益驱使、法律法规因素、技术因素等方面的影响。对由于自然原因所引发的安全危机,人类只能通过有效的灾害预警、及时的灾害救助和高效的灾后重建将海洋自然灾害的不利影响降到最低。针对破坏海洋生态安全的人为原因、利益驱使、法律因素、技术因素则需要广泛的国际合作,包括国家之间、国际组织之间、国家和国际组织之间的通力配合。影响海洋生态安全的因素表现在以下方面:

一、人为因素

(一)意识及观念因素

人是在自然中生成的,人类和海洋同属于自然界的一部分,整个世界是一个互动互依的关系性有机体。在古代,人们对自然怀着崇敬和惧怕的心情,人依附、屈从于自然。然而进入工业时代后,随着科学技术的不断发展,自然逐渐被"祛魅"。在人类面前,大自然变成了一个随时可以取用的仓库,人与自然的关系演变为征服与对抗。这种人类中心主义思想,引发了近代以来一系列的生态问题,作为生命之母——海洋也难逃劫难。从根本上说,海洋生态环境遭到破坏、海洋经济可持续发展受到抑制不是单纯的项目问题、技术问题、资金问题、政策问题,而是核心价值观问题,是灵魂问题。

人的认识能力有限,当前的技术水平还无法准确地把握生态环境的发展动向和预测自然灾害的发生。绝大多数人在发展时未树立一种可持续发展的生态安全观,环境保护意识不强,过多地关注眼前利益而忽视了长远利益,以牺牲生态环境为代价单纯的追求经济的增长,反而造成了经济的负增长和生态安全的破坏。日前,我国越来越多的人为了达到自己经济利益的最大化,不顾海洋资源的合理开发及海洋环境的保护,缺乏国家提倡的可持续发展的海洋生态安全观。缺乏对公众海洋生态安全教育,是引起这种现象的重要原因之一。特别是发展海洋产业的商人,他们重视的仅仅是经济收入的增长,很少关心对海洋资源所造成的破坏以及对海洋生态带来的威胁。我国大部分海洋管理的公务人员也缺乏及时必要的海洋生态安全知识教育,有些海洋管理人员在制定决策和执法过程中表现出来的海洋环境保护意识较差。

保证海洋生态安全、促进海洋经济可持续发展是一场真正意义上的革命。在人类发展历史上,近代西方文明摆脱了中世纪的宗教迷信,对于人类思想的解放起着不可估量的巨大作用。由于人类自身需要和欲望急剧膨胀,人对自然的尊重被对自然的占有和征服所代替。

资本主义社会的经济、社会制度促使少数人以占有和剥削他人更多的物质财富为根本动力和目的,这一价值观进一步扩展到整个民族、国家和社会层面,更加剧了人对自然资源的掠夺和对生态环境的破坏。生态文明在文化价值观上,其归宿点是人与自然关系的平衡而不是以人为世界的中心,自然被赋予道德地位。对自然的价值有明确的认识,树立符合自然生态原则的价值需求、价值规范和价值目标。生态文化、生态意识成为大众文化意识,生态道德成为普遍道德并具有广泛的社会影响力①。

就目前的状况而言,地区政治发展水平、经济发展水平、公民个人收入水平以及公民受教育程度等对个人的全球公民意识程度有很大影响。全球公民意识提高将是一个长期而艰难的过程,有待于世界各地政治、经济、文化、教育等各方面的整体发展。

（二）行为因素

海洋是人类资源的宝库,是世界交通的纽带。随着可持续发展战略的实施,海洋更是人类急于开发利用的重要领地。21世纪被称为海洋世纪,人类正在进行一场新的"蓝色革命"。但当前人类开发利用海洋与破坏海洋并行。人类过度捕捞、视海洋为"垃圾桶"随意倾倒污染物、围海造地、建造码头泊位等行为活动日益危害海洋生态环境。

（1）污染物因素。人类开发利用海洋与污染海洋并行,人类将海洋视为"垃圾桶"、"渣滓桶"并不是个别时期、个别地区和个别现象,海洋污染不断加剧,海洋生态日益破坏。全球海洋是互相连通的一个整体,又是地球上地势最低的区域而成为全球污染物的最终归宿。一旦污染物进入海洋后,很难再转移出去,不能溶解和不易分解的物质在海洋中越积越多,往往通过生物的浓缩作用和食物链传递,对整个海洋生态系统造成潜在威胁。海洋污染源广泛,具有流动性、累积性、复合性以及持续时间长、扩散范围广、治理和恢复困难等特点。海洋污染物来自江河径流、大气和人类活动。海洋主要污染源有农药污染、化肥污染、有机物等生活污染,重金属污染、放射性污染、养殖废水污染等生产污染,以及海洋溢油、漏油等石油污染。

海洋是地球上孕育生命的"母体"。但近几十年来,人类正在以自己的行为对地球的"生命之水"进行着严重的破坏。全世界每年流入海洋的石油达1 000多万吨,重金属几百万吨,还有数不清的生活垃圾。对海洋日趋严重的污染,使全球范围内的海洋生产力和海洋环境质量退化,水中的病菌和污染物每年造成约2 500万人死亡。据联合国统计,人类活动每年流失入海的石油多达1 000多万吨,约占世界石油年产量的5%。全世界每年仅汽油发动机排出的含油废气携带入海的石油就多达180万吨。石油进入海洋后,对生物资源造成严重威胁,被视为海洋中的第一污染源和污染物。据统计,1千克石油完全氧化需要消耗40

---

① 李抒望.正确认识和把握生态文明建设[J].武汉学刊,2008,(1):13.

万公升海水中的溶解氧,并对鱼卵和幼鱼构成生命威胁。油污染不仅对鱼类和虾贝类造成严重危害,海上鸟类无法逃脱厄运。北海和北大西洋现在每年因油污染而死亡的海鸟达15万~45万只。海洋污染导致鱼体内汞、镉、多氯联苯等有害物质含量增加,食用被污染的鱼类、贝类后人们体内有毒物质含量增加,出现诸如"水俣病"、"骨痛病"等公害病,严重危及人体健康和生命安全。尽管如此,原油泄漏污染海洋事故时有发生,世界上最大的原油流失事件,当数海湾战争期间科威特油田破坏造成的波斯湾污染,原油流失总量约达50万~120万吨。除石油污染外,重金属、农药及多氯联苯、有机物质和营养盐(赤潮)、放射性废物、固体废物和余热等均对海洋造成不同程度的污染。据计算,全世界每年进入海洋的汞达1万多吨,比目前全世界的汞产量还要高。以往制造的150万吨滴滴涕,已有超过100万吨进入并留在海洋里。全世界海洋已被放射能约为2万居里的锶-90、铯-137以及半衰期为30年的同位素所污染,这些放射性核素已参与了某些生命的代谢循环;全世界每年从船上扔进大海的塑料集装箱达18.25亿个,商业渔船每年倾倒海洋的塑料包装物达2.2万吨,每年扔进大海的塑料网、绳和塑料救生衣达13.6万吨。由于塑料污染,致使每年有100万只海鸟、10万只鲸类动物和海豹死亡①。

(2)过度捕捞因素。人类科学技术使捕鱼速度和数量超过了海洋的天然补给能力,导致鱼类种群及鱼类数量锐减,甚至到了灭绝的边缘。现在每年海洋中鱼类的总量正在以每年1%的速度减少。科学家们提出把特定的海洋区域划为保护区,停止捕鱼,让大自然有时间和机会重新积蓄。但人类似乎不愿意给大自然这样的机会。限制捕鱼会直接影响渔民的收入和生活质量,而鱼类市场只讲究价格和利润却从不考虑物种保护。

(3)外来生物入侵因素。任何能跨越天然屏障、在浅海之间快速大量运输含有浮游生物水体的机制都有可能促进海洋生物的入侵。远洋船舶的压舱水正是这种机制之一。自19世纪80年代采用压舱水以来,大量的浮游生物(dankton)和游泳生物(nekton)在数日或数周内就被释放到千里之外的大陆或岛屿。类似这种有效的传播机制,在任何一个陆地生态系统中都是找不到的。澳大利亚和美国的港口每年分别接受7 900万吨以上(大于900万升/小时)来自其他港口的压舱水。压舱水里携带的许多物种,从细菌、藻类到无脊椎动物和鱼类,到达新港口都可能存活并入侵,因而压舱水是外来物种周游全球的首要因素。

除去压舱水外,物种在浅海间传输最常见的机制还有:①船底污损群落的活动;②水产、渔业和饵料物种及其相伴随的(包括自由或寄生的)物种的引进;③运河的开通;④由观赏性种类养殖业或放养增殖所致的物种释放②。生物入侵能使土著海洋生物死亡,破坏生态环境;与土著生物杂交,产生遗传污染;带入病原生物,加剧海洋生态灾害等。越来越多的数据

---

① 邹曦.科学家发明十大怪招拯救海洋[J].今日科苑,2007,(17):53-54.
② 方精云.全球生态学[D].北京:高等教育出版社,施普林格出版社,2000:52.

表明生物入侵正在深刻改变着海洋的生态系统。在过去的 20 年间,大量的入侵事件发生在水体,其中亚洲蛤俐在旧金山的入侵,斑马贻贝在美国 5 大湖的入侵,栉海蚤在黑海的入侵。我国的生物入侵大部分为外来型,并有不断加强的趋势①。

(三)人口因素

海洋作为气候的调节器、孕育生命的"母体",对人类的生存和发展起着不可替代的作用。但人类不合理的开发利用海洋,带来一系列海洋环境安全、海洋生物安全问题。对一定量的海洋资源而言,人口增加导致区域人均海洋资源数量减少。

海洋环境危机不断加剧的一大因素,是人口趋海移动造成的环境压力。世界上大多数沿海地区自然条件优越,适合发展经济和人类居住。目前,世界 60% 的人口挤在离海岸 100 千米的沿海地区;人口在 1 000 万以上的 16 个大城市,13 个是沿海城市;人口趋海移动已经是全球性问题,全世界每天有 3 600 人移向沿海地区。大量人口向沿海地区聚集,必然造成生存空间不足、污染加重及其他生态环境和社会经济问题②。

二、自然因素

自然因素主要取决于海洋综合的自然环境,如大陆架、盐差温差、海洋资源配置特征、水环境特点、气候条件等。目前,自然因素对海洋生态环境的影响分为两个方面:一是海洋资源的稀缺性和分布的不均衡性。海洋资源是稀缺的,人类的需求却是无止境的,盲目开采海洋资源必然破坏海洋生态安全,海洋资源分布的不均衡性使得局部冲突不断。二是海洋资源存在结构性缺陷,即海洋资源结构的不合理和不配套。人类在开发海洋资源的过程中存在着利用质量、效率、效益较低的局面仍未得到根本扭转,这在一定程度上威胁着海洋生态安全。

每年都有大面积的海洋遭受自然灾害的毁损,造成人员伤亡、经济损失等。海洋自然灾害不仅影响海洋资源的数量和质量,而且还影响海洋资源的空间布局和可持续利用。所以海洋自然灾害成为了影响海洋资源安全的限制性因素,同时它加大了海洋生态系统的不稳定性,不利于生物种群的繁衍及其生存环境的稳定。

海洋自然灾害,也就是说风暴潮、海浪、海冰、海啸、赤潮、海平面上升、突发性海洋污染事件、海岸带侵蚀与淤积灾害、厄尔尼诺、溢油、外来物种入侵、生物病虫害等。海洋生态环境错综复杂,自然灾害具有关联性、突发性和不可抗拒性,就目前来说人类无法阻止自然灾害的发生。我国是世界上海洋灾害最严重的国家之一。影响我国沿海的风暴潮、海浪、海

---

① 陈述尚.全球变化下的我国海洋生态安全建设初探[J].地理纵横,2014,(2):4.
② 刘中民,张德民.海洋领域的非传统安全威胁及其对当代国际关系的影响[J].中国海洋大学学报(社会科学版),2004,(4):61.

冰、地震海啸、海岸侵蚀、台风和海雾以及赤潮生物灾害等海洋灾害,在各类自然灾害总经济损失中约占 10%,可以说,海洋灾害严重影响着海洋生态安全[①]。据国家海洋局发布的《2013 年中国海洋灾害公报》报道,2013 年,我国海洋灾害以风暴潮、海浪、海冰和赤潮灾害为主,绿潮、海岸侵蚀、海水入侵与土壤盐渍化、咸潮入侵等灾害也均有不同程度发生。各类海洋灾害造成直接经济损失 163.48 亿元,死亡(含失踪)121 人。2013 年,海洋灾害直接经济损失最严重的省(自治区、直辖市)是广东省,因灾直接经济损失 74.41 亿元;较严重的省(自治区、直辖市)是福建省和浙江省,因灾直接经济损失分别为 45.08 亿元和 28.23 亿元。

海洋灾害对人类的影响和破坏,不仅仅取决于海洋灾害本身。研究海洋灾害对海洋资源的保护及海洋生态系统稳定性的影响,需要综合考虑海洋灾害发生规律、地理环境、经济社会发展状况、人口分布、区域应灾能力等方面对灾害影响的放大或缩小作用,细致准确地评价海洋灾害对海洋生态系统的影响。海域独特的地理环境,海洋资源分布,沿海一线经济社会发展状况,人口分布特征等因素,共同决定了我国近海主要海洋灾害是风暴潮、灾害性海浪、海冰、海啸和赤潮。根据国家海洋局公布的历年海洋灾害公报,以上五大灾害也是造成我国近海经济损失、人员伤亡、环境破坏最严重的灾害。历年的海洋灾害公报和海洋统计年鉴等资料,总结了我国主要海洋灾害的主要特征,如表 7-1 所示[②]。

表 7-1 我国近海海洋灾害特征

灾害类型	衡量尺度		发生频率和特点
	时间尺度	空间尺度	
台风风暴潮	数十分钟至数十小时	数十至千余千米	显著灾害每年 2.46 次,严重和特大灾害 2~3 年一次
温带风暴潮	数十分钟至数十小时	数十至千余千米	显著灾害每年 1.29 次,严重灾害 15~20 年一次
海浪	数小时至数十、百余小时	数百至千余千米	1990—2010 年造成显著损失灾害 113 次,严重、特大海滩事故 20 余次
海冰	数至数十天	数千至数万平方千米	平均每 10 年一次严重冰情灾害,特大海冰灾害发生在 1969 年、1987 年、2012 年
海雾	数小时至数十、百余小时	数千至数万平方千米	发生的季节性较强,主要在冬季、春季
赤潮	数至数十天	数至数千平方千米	发生次数:1933—1980 年 19 次,1981—1990 年 208 次,1991—1999 年 180 次,2000—2006 年 500 余次
海啸	2~120 分钟	数十至千万千米	平均 200 余年发生 1 次破坏性海啸,毁灭性海啸可能从未发生过

---

① 杨振姣,唐莉敏,战琪. 国际海洋生态安全存在的问题及其原因分析[J].中国渔业经济,2010,28(5):122.
② 沈文周.中国近海空间地理[M].北京:海洋出版社,2006:375.

灾害类型	衡量尺度		发生频率和特点
	时间尺度	空间尺度	
海岸侵蚀	数月至数十年	数十至数千千米	长年累月缓慢发生,严重风暴潮期间侵蚀过程加快,一次特大风暴潮,如9216风暴潮,在苏北沿岸的侵蚀速度是常年的十余倍
沿海地面沉降	数月至数十年	数至百千平方千米	1980年前仅上海、天津地面沉降严重,目前沿海已有20余中等城市,包括南方
港湾河口淤积	数月至数十年	数十至数千平方千米	长年累月缓慢发生,严重风暴潮期间侵蚀过程加快,近年由于大江大河来沙减少或中断,有的停止淤积,甚至转为侵蚀

* 本表依据沈文周(2006),并补充2000—2010年海洋灾害资料制作。

* 海雾、海岸侵蚀、沿海地面沉降、港湾河口淤积等灾害无详细统计资料。

三、法律法规因素

(一)海洋生态安全理念因素

海洋生态安全的理念是《联合国海洋法公约》"维护海洋生态,保持海洋可持续发展"立法理念的表现形式,是指导海洋环境立法的重要思想。

我国《宪法》中至今没有海洋的表述,内海和领海没有作为国土资源写进《宪法》,亦没有专属经济区和大陆架的开发、利用及其保护,更不用说海洋生态安全这一理念的确立。海洋是国家的蓝色国土,作为国家根本大法的《宪法》理应将对海洋的保护明文规定,而我国《宪法》只是原则性地规定了国家保护环境和自然资源的基本职责,海洋环境和海洋资源作为环境和资源的构成之一被纳入国家保护的范围之中。

在作为基本法的《环境保护法》中,只是在规定对海洋环境污染防治、海洋环境和资源保护的条文中,依稀探寻海洋生态安全保障的影子,并非显然地将海洋生态安全的理念加以提出从而使之法律化,这样的法律规定不能有效地尽到对海洋生态安全的保障功能。《海洋环境保护法》作为对我国海洋环境保护进行比较全面的综合性海洋环境保护法律,对海洋环境污染引发的海洋生态安全问题有重要的预防和治理作用,但对海洋资源的保护却处于相对弱势的地位,不利于整体上海洋生态安全的维护。之所以出现这种情况,是因为《海洋环境保护法》的出台源于解决海洋污染导致的严重的海洋环境危机。基于保护海洋环境的目的,而非从整体上对海洋生态系统进行维护。归根结底,是海洋生态安全理念的缺失造成的。

综上所述,海洋环境和资源保护法律体系之所以不能有效地保障海洋生态安全,最重要的原因是没有将海洋生态安全的理念融合于法律体系的建设。

（二）专门性保护法因素

我国《海洋环境保护法》在保障海洋生态安全方面起着重要的作用,但海洋生态安全的现状提醒我们若将《海洋环境保护法》作为基本法会存在诸多不足,如在海洋资源保护方面,对渔业资源污染防治的规定不足。据估算全国每年发生污染渔业事故近千起,造成鱼产损失20万吨,折合经济损失3亿多元。更为严重的是,由于污染的慢性影响,造成渔业生态破坏的损失比突发性死鱼事故严重得多,每年可达几十亿元。面对如此严重的海洋生态安全问题,现行《海洋环境保护法》未能作出有效的防治渔业污染的规定。《海洋环境保护法》在海洋污染防治方面又倾向于第二层次立法的模式,缺乏宏观性、总体性的归纳。在循环利用资源减少污染物排放方面未有规定,在法律主体规定方面欠缺科研机构的设置规定,对行政管理协调规定不力,在法律制度方面未建立资源有偿使用制度、循环利用制度、生态恢复制度、许可证制度等共有制度,在法律责任方面未健全责任体系,在海洋权属方面未涉及海洋权属问题等。在海洋权属问题上,《海域使用管理法》又是值得思考的法律,它偏重于海域立法,但其着眼点又是整个海域,特别是其关于海域使用权的一般性规定又是综合性的海洋生态法所必不可少的,但它却不可能是统领整个海洋生态法律体系的法律,因为现行《海域使用管理法》只局限于对海域使用管理、海域有偿使用、海洋功能区划进行了规定,对其他海洋生态法律问题涉及不多[①]。

综上所述,《海洋环境保护法》无法起到海洋生态安全保护基本法的作用,各单行法律只是在某个方面涉及海洋生态安全保护,海洋生态安全保障所应该具备的法律原则和法律制度难以在这些法律中得到系统的规定。

（三）配套保障体系因素

（1）缺乏配套的海洋生态保障体系。海洋生态安全是涉及海洋生态系统方方面面的安全,仅靠一部基本法是难以对其进行有效保障的,相关配套法律法规的建设在海洋生态安全维护中起着不可或缺的作用。我国现行海洋生态安全保障的配套法律法规还有较多空白,这些空白的存在将导致法律因为对关乎海洋生态安全的某一要素或某一环节保护的疏漏而使整个海洋生态系统的安全受到威胁。在我国,传统海洋资源和已得到充分开发的海洋资源的立法比较健全,在海洋资源法律法规体系中有关海洋渔业资源的规定占到一半以上,海洋石油资源的法律保护也相对完善。而对于一些处于起步阶段的海洋资源开发活动,以及尚未开发的海洋资源的法律保护,则非常薄弱甚至存在法律空白。海岸带法、海洋生物多样性保护法、沿海地区防灾减灾法等急需制定的法律久未出台。

---

① 田其云.海洋生态法体系研究.[中国优秀博硕士论文数据库].

（2）部分对海洋生态安全保障的法律存在一定缺陷。我国现行保障海洋生态安全的法律中,有一部分法律的可操作性不强或者存在某种缺陷,不能起到应有的作用。如《渔业法》中,捕捞限额和许可制度存在一定的缺陷。《渔业法》规定,国家实行捕捞限额制度和捕捞许可证制度,但没有具体规定捕捞许可证的种类和申领程序,发放捕捞证应具备渔业船舶检验证书和渔业船舶登记证书以外的其他条件。在对大连周边海域渔业资源现状调查的过程中发现,限额捕捞制度难以得到有效的实施,并非相关部门对该制度的执行力度不够,而是这一制度缺乏针对现实状况的可操作性,法律对捕捞所规定的限额在实际的捕捞作业中难以确定。在这种情况下,过度捕捞的状况继续存在并日显加大的态势,对有限的海洋资源来说无疑是沉重的压力,对海洋生态安全的保障是极为不利的①。

（3）海洋生态安全保障的执法管理体制不健全。与美国等海洋发达国家的综合型海洋管理模式相比,我国实行的是分散型海洋生态安全管理模式。各涉海主管部门大多以行业管理机构为基础而划分区域,条块分割,自成体系,职责分散,相互之间难以协调。国务院2013年3月出台《机构改革和职能转移方案》,其中将现国家海洋局及其中国海监、公安部边防海警、农业部中国渔政、海关总署海上缉私警察的队伍和职责进行整合,重新组建国家海洋局,推进海上统一执法,提高执法效能。这只是初步尝试,最终目标和更为抢进的方案迟迟未出台。我国海洋生态安全保障执法力量仍处分散状态,表面上"各司其职、齐抓共管",实际上存在着严重的职能重复与重叠现象,海上特殊的执法环境,给海洋生态监管造成很大的难度,这在客观上给执法部门越权执法或者不作为提供了便利。针对海洋生态安全保护的相关主管部门众多,如何在实际的政策执行和操作过程中划分彼此的职责,协调各行政管理部门之间的关系就成了一个棘手的问题。此外,在我国海洋执法体制方面,海洋行政主管部门、环境保护行政主管部门、渔政渔监、海事局、边防和海关五家海洋行政执法部门,家家都有执法队,出现了"五龙闹海"的景象,却没有哪一个部门能够独立承担起海洋综合执法这项重任。海洋执法主体以及区域的界定含糊,相关法律法规缺乏明确的授权规定,这就导致了执法过程中的部门纠纷和权属、利益之争,海洋执法管理体制仍然存在不容忽视的问题②。

四、技术因素

海洋环境保护技术是解决海洋环境污染和海洋生态破坏,维持人类与海洋环境协调发展的技术,包括海洋环境调查技术、海洋环境评价技术、海洋环境监测技术、海洋环境污染控制与治理方面的技术。

---

① 张素君.海洋生态安全法律问题研究[D].青岛:中国海洋大学,2009:48－65.
② 曾庆丽.海洋生态安全治理的国际经验与启示[J].哈尔滨市委党校学报,2013,(4):81.

随着经济全球化发展和可持续发展理论被人们所普遍认同,传统技术创新理论中以纯功利眼光看待科学技术及其应用,而忽视技术的人文和社会价值及生态价值的局限性逐渐呈现出来。传统技术创新理论的伦理缺失及其在实践中产生的负面效应引起了经济管理学界的质疑和反思,技术创新生态化理论随之诞生。

技术创新生态化理论为以知识经济为核心的"新经济"发展中的技术创新实践提供了理论基础。在该理论中,针对传统技术创新理论单一的经济利益至上的价值取向,以及技术创新价值追求的片面性与社会发展多维性之间的矛盾,提出了技术创新的主体与创新的对象和环境应当是一个相互依赖、不断发展的统一体的思想。认为在技术创新过程中,除了经济效益外,还必须将生态效益、社会效益以及人的发展同时纳入技术创新的目标体系中,用生态化的技术替代传统的技术,并实现技术创新的商业价值。技术创新生态化理论通过对技术创新与经济、社会和生态的系统效应研究,建立起技术创新的经济、社会和生态三维分析模型,重新审视技术创新活动的过程和结果,将技术创新视为不仅是单纯对一个国家或地区国内生产总值增长的促进手段和力量,而且必须遵循"共生性"和"协调性"的原则[1]。

海洋环境复杂多变、海洋资源分布呈立体性和多层次性特点,这在很大程度上加大了保护海洋环境和海洋生物,维护海洋生态系统稳定的难度。长期以来,人类将高新技术积极地应用于海洋开发活动当中,获取利益,而忽视了对海洋环境的保护。由于海洋环境保护技术应用不能立即产生效益,大多数商人和企业忽视海洋环境治理技术的投入和应用。改革开放30多年来,我国环境保护基础研究投入取得的科技进步对海洋环境的保护和海洋经济的发展发挥了巨大的推动作用,水域生态环境仍然支撑着快速发展的海洋经济命脉。科技进步有效拓展海洋经济发展空间领域、大幅提高了水域环境综合利用能力,有力促进了清洁生产方式的变革。然而,由于基础科学研究长期投入的严重不足,使得科学研究成果与海洋经济发展的要求和环境保护的压力存在相当大的差距,许多问题已经严重制约海洋经济的可持续发展。主要表现在海洋环境保护基础研究薄弱,许多严重制约海洋经济发展的环境保护技术问题长期得不到解决。

我国是个传统的海洋大国,但非海洋强国,海洋高新技术对海洋经济的贡献率和科技转化率还很低。近30多年来,我国在海洋环境保护与生态修复技术方面的研究主要侧重于各相关学科和技术方法的应用和转化,在海洋灾害的预警、预报、控制、管理及生物修复和生态环境修复等方面技术发展缓慢,以常规技术为主,缺少现代技术和高新科技[2]。海洋环境保护缺少必要的海洋环境保护基础研究,对新技术的消化和采用不够,管护手段落后,效率不高,一些领域的观测预报时效性不够强,对环境监测对象、监测要素的涵盖面不够广。此外,

---

① 倪国江.基于海洋可持续发展的中国海洋战略研究[D].青岛:中国海洋大学,2010:13.
② 王修林,王辉,范德江.中国海洋科学发展战略研究[M].北京:海洋出版社,2008:48.

我国在海洋技术方面的政策支持及资金投入不足,海洋生态修复与监测系统装备落后,不能适应我国海洋生态安全保护的实际要求,加之我国的海洋技术人才相对匮乏,我国海洋生态保护以及生态修复技术与美国、日本等发达国家相比还处于初始阶段,其诸多的构成要素,如体制机制、政策、资金投入、人才等方面还存在较大的差距。

第四节　海洋生态安全体系的构建

一、构建海洋生态安全体系的必要性

（一）实现海洋强国的必然选择

海洋生态安全是海洋安全的重要组成部分。只有海洋生态安全得到维护,海洋经济、海洋社会、海洋政治、海洋文化等各方面才能得以发展。当前,我国正处于发展海洋事业的重大机遇期,必须将维护海洋生态安全放在首要位置,加强海洋环境保护,有效地遏制部分海洋生物资源的枯竭,合理开发和利用海洋资源和能源。只有这样,才能保证海洋事业的持续发展。构建海洋生态安全体系,促进人与海洋长期和谐、和睦相处,是我国实现现代化海洋强国的必然选择。

（二）规范海洋防灾减灾工作的前提

海洋灾害的不可预测性决定了海洋生态安全的保护可能不够及时,同时由于人类保护海洋环境及海洋生物保证海洋资源的可持续利用的意识不强、政府部门监管不严等原因,影响海洋生态安全的及时维护。海洋灾害在发生的时候人们往往未能及时作出防护措施,对海洋生态系统造成了一定程度的破坏。此外,人类在很长一段时间内不知道肆无忌惮地索取海洋资源、破坏海洋环境会影响今后几年甚至几十年的生存发展。如沿海省市渔民过度捕捞造成渔业资源枯竭,没有收入来源,生活难以维系,需要转产转业,这就是破坏海洋生态系统、危害海洋生态安全的后果。构建海洋生态安全体系,有利于政府及相关部门及时规范各项行为,对海洋灾害作出应对措施,将其损失降到最低。

（三）保证全球性海洋生态安全的要求

全球海洋总面积为3.6亿平方千米,约占地球总面积的71%。海洋是地球环境的调节器,是地球生态系统的重要组成部分,是地球生命的支持系统[①]。地球从某种意义上来说是一个巨大的水球。因此,海洋生态安全是关乎全人类的问题。海洋生态安全问题是全人类生产、生活过程中所产生的问题,各国应共同担负起恢复海洋生态平衡、保护海洋资源及能源可持

[①] 谭映宇.海洋资源、生态和环境承载力研究及其在渤海湾的应用[D].山东:中国海洋大学,2010:2.

续发展和利用的责任。尽管各国对海洋生态系统的影响程度不同,但是"共同但有差别的责任"是被全球认可的。由于海洋本身的特点,海水在不停流动,使得海洋的海岸带、海区和大陆架连为一体。海洋生态系统一旦出现问题,不可能单单影响一个区域或者一个国家,很可能蔓延至全球,成为一个全球性的问题。例如,日本福岛泄露出300吨放射性核污水,这些污水流入大海,威胁周边国家,通过海水的不断流动,很可能威胁更多的国家。再比如,伴随全球变暖、海平面逐渐上升,全球所有的沿海低海拔地区和国家都面临着威胁,这些威胁遍布世界各个地区、各个国家、各大洋、各大洲甚至影响地球的每一个角落。海洋生态系统一旦出现问题,其影响很有可能是全球性的,任何国家和地区都不能置身事外,全球性海洋生态安全的维护和进一步的保障需要各个国家的积极参与。

（四）在国际竞争中制胜的关键

随着陆域资源紧缺、人口膨胀、环境恶化等问题的日益严峻,许多沿海国家已经将开发和利用海洋上升为国家战略。各个国家开发海洋资源、研究海洋技术、争夺海洋财富,海洋已经成为各国增强综合实力、保证国家安全的一个新的领地。尤其是随着中国越来越多地参与到国际事务中,海洋各种资源和能源的争夺日益激烈,国家综合竞争力的较量体现在其对本国海洋资源和能源的开发能力和有效利用的能力上。目前,我国在有些海洋资源和能源的开发和利用上存在技术上的难度,对我国现有海洋资源的保护也存在规划不够、保护不及时的问题,并且我国与多个国家在海洋权益上还存在着争议,如此种种,使我国海洋资源和能源的占有、开发和利用面临着越来越严峻的考验。构建海洋生态安全体系,维护海洋生态安全,不仅仅关系到我国海洋安全,还是在国际竞争中制胜的关键。

（五）关乎全人类的生存和发展

海洋生态安全不仅仅关系到海洋环境的优化和改善、海洋生物的生存和繁衍、海洋生态系统的稳定,还关系到整个人类的进一步发展。随着海洋经济的快速发展,人类越来越多地利用自己的智慧发现海洋、挖掘海洋发展潜力,但人类得到了教训:海洋灾害频频发生、海洋污染越发严重,不仅仅给社会经济造成巨大的损失,还给人类的健康带来威胁。我们必须站在整个人类利益的高度上,解决各种海洋问题,积极构建海洋生态安全体系,及时应对未来可能发生的各种问题,避免海洋灾害影响的进一步扩大。

二、海洋生态安全体系

（一）海洋生态系统

根据海洋特殊的地理地貌和生物类群,海洋生态系统可以描述为:由海洋生物及其群落（海洋植物、海洋动物和海洋微生物群落）与海洋无机环境通过能量流动和物质循环所形成的一个相互联系、相互作用并具有自动调节机制的自然整体①。

海洋生态系统环境和海洋生态环境系统,是一个事物的两个方面。海洋生态系统环境,即指海洋生态系统,是在一定区域空间范围内由海洋生物群落与其非生物环境再生要素之间不断进行的物质循环、能量流动、信息传递,具有结构、过程、功能的系统整体。它具有诸如湿地生态系统、河口生态系统、海湾生态系统等不同的类型。具有从局部区域海洋生态系统到全球海洋生物圈的不同区域空间尺度层次。人们一般着重从系统结构、过程、功能方面去认知、理解和研究海洋生态系统环境。海洋生态环境系统亦即人们通常所说的海洋生态环境。它是以人类社会为中心的,支撑人类社会经济与海洋产业可持续发展的,由一定区域范围内生物、水体、空气、温度、盐度、水压等在内的海洋生态环境要素组成的整体海洋环境综合系统。主要从系统所呈现的状态和系统为人类所提供的服务功能及其变化趋势等方面去认知、理解和研究海洋生态环境系统。海洋生态环境系统是本书研究的客观对象。

(二)海洋生态系统服务

人类所有的,包括政治、经济和军事在内的活动都必须依托于所栖息的生态环境。生态系统为人类提供了不可缺少的生命维护系统,提供了从事各种活动所必需的最基本的物质资源,这就是我们所需要的生态系统服务(ecosystem service)。

海洋生态系统以其独特的地质地貌构造、理化性质和生物组成特征,发挥着其他自然生态系统不可代替的生态服务功能及其资源、环境和人文价值。它不仅为人类提供了食品和原材料等物质性产品,还具有净化环境、调节气候和陶冶情操等多种非物质性的服务。Costanza 等人的研究成果表明,在全球的生态系统所提供的服务中,有 63% 来自海洋,37% 来自陆地②。在海洋生态系统中,仅大洋总初级生产力(以碳计)就达每年 400 亿吨,与陆生植物相近③。

海洋生态系统服务,是指以海洋生态系统及其生物多样性为载体,通过系统内一定生态过程来实现的对人类有益的所有效应集合。海洋生态系统服务功能与海洋的服务功能的概念是不同的。海洋的某些服务功能,与海洋生物过程没有直接关系,因此不含有生态学过程,没有生物体参与,所以不属于海洋生态系统的服务功能④。综合已有的对海洋生态系统服务功能概念及内涵的研究,本书从海洋生态系统服务的对象、物质基础、产生过程和实现路径四个方面来阐述海洋生态系统服务(见图 7-1)。

① 王其翔. 黄海海洋生态系统服务评估[D]. 青岛:中国海洋大学,2009:18.

② COSTANZA R,DARGE R,GROOTR D,et al The value of the wodds ecosystem services and natural capital [J]. Nature,1997,387:253-260.

③ 沈国英,施并章. 海洋生态学[M]. 北京:科学出版社,2002:212.

④ 康旭,张华. 近海海洋生态系统服务功能及其价值评价研究进展[J]. 海洋开发与管理,2010,27(5):61.

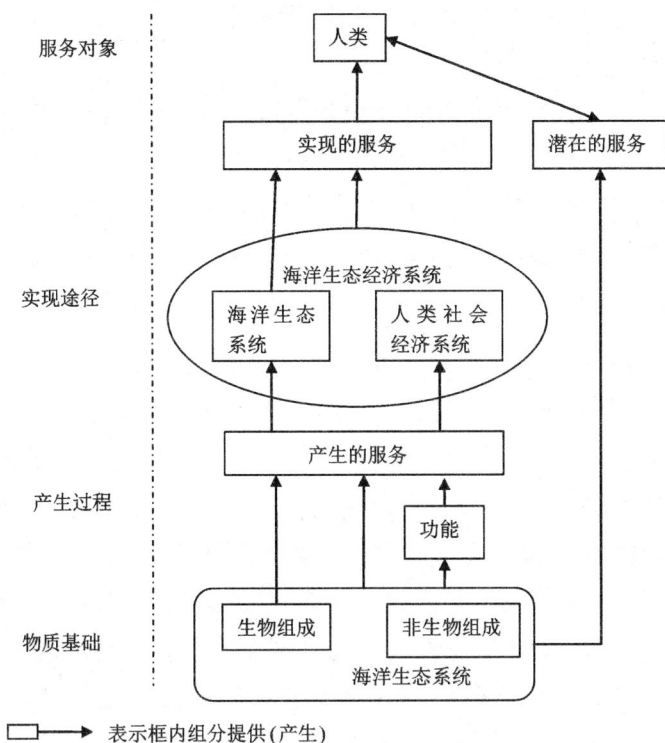

图 7 - 1 海洋生态系统服务的内涵

海洋生态系统服务的对象是人类。服务是对人类的服务,人类是服务的享用者。海洋生态系统提供的食品、原料、废弃物处理等各种服务最终是为人类服务的。在这里有的学者提出服务的效应有好坏之分,存在对人类有益的效应和对人类有害的效应。我们只把对人类有益的效应归为服务。

海洋生态系统是其服务产生的物质基础,包括各种海洋生物组分和非生物环境。海洋生物群落的组成和数量的变化、海洋非生物环境的改变影响海洋生态系统服务的种类和质量。例如,某一海区浮游植物由于营养盐的缺乏,导致群落衰退,进而影响整个海区的初级生产和食物链(网)结构,导致各营养级生物种群衰退,对服务最直接的影响是降低了初级生产服务和食品供给服务,也对其他服务产生不同的影响。

海洋生态系统的服务是由生物组分、系统本身和系统的各种功能产生的。海洋生态系统由生物组分和非生物环境构成,其中生物组分是构成系统的主体。各项服务的产生过程也离不开生物组分的参与。没有生物组分参与的海洋过程所提供的“服务”,不归为海洋生态系统的服务。例如,海洋对人类提供的航运服务,由于没有生物过程参与,不能称为海洋生态系统服务,但属于海洋的服务。此外,单纯由于海洋环境要素之间的相互作用产生的功能,也不属于生态系统的服务。例如,海水的热交换对气候产生的影响,由于没有和生物发生联系,故不能算作生态系统的服务。

海洋生态系统服务,是通过海洋生态系统和海洋生态经济系统来实现的。有一些服务如调节气候服务和氧气生产服务,直接由海洋生态系统产生并发挥作用。它们的产生过程就是其实现过程。另外一些服务,如食品供给服务和教育科研服务,如果没有人类社会经济系统参与,这些服务将很难实现。这一类服务的实现途径就是海洋生态经济系统①。

(三)海洋生态安全体系

海洋生态安全,是指提供海洋生态服务的海洋生态系统的健康完整情况。这里所说的海洋生态系统,包括自然海洋生态系统、人工海洋生态系统和人工复合海洋生态系统。从范围大小也可分成全球海洋生态系统、区域海洋生态系统和微观海洋生态系统等若干层次。从生态学观点出发,一个安全的海洋生态系统,在一定的时间尺度内能够维持它的组织结构,也能够维持对胁迫的恢复能力。它取决于人类社会经济发展需求和海洋生态环境利益的有机协调,即:它不仅能够满足人类发展对海洋资源环境的需求,而且在生态意义上也是健康的。其本质是要求海洋自然资源在人口、社会经济和海洋生态环境三个约束条件下稳定、协调、有序和永续利用。保证海洋生态系统的生态安全,必须在摸清区域人口、资源、环境与发展之间的内在运行机制的基础上,通过社会经济目标和生态环境的整合,提出与区域人口总量、经济发展水平、资源承载力和环境容量相适应的资源和经济开发方案。

海洋生态系统服务恰恰反映了海洋生态环境系统与人类活动和社会需要的这种密切关系。一方面,海洋生态环境系统的服务功能能够满足人类需求。另一方面,由于人类需要的改变,人类对海洋生态环境系统的服务功能进行适当的调整。因此,海洋生态环境系统的服务功能反映了海洋生态环境系统的安全程度,人类对海洋生态环境系统的影响,以及海洋生态环境系统管理的优劣程度。从这个角度理解海洋生态环境系统安全的核心,就是通过维护与保卫海洋生态环境系统服务功能来保护人类需求。评价海洋生态环境系统安全,就是要评价海洋生态环境系统服务功能对人类需要的满足程度,或者说是海洋生态环境系统服务功能为满足人类需求的实现情况。

充分了解和认识海洋生态安全系统,建立合理的海洋生态安全体系,保障海洋生态系统安全。海洋生态安全体系,就是一个国家或地区为确保区域海洋生态环境不受或少受破坏和危险,遏制和减少重大和恶性海洋生态环境事件发生,促进社会经济持续、健康发展,在组织、法律、政策、规划、财政和技术等各方面采取相应措施而建立的一整套保障体系。随着海洋生态环境问题日益受重视,各国家或地区纷纷从战略高度重视海洋生态安全问题,将建立

---

① 王其翔. 海洋生态系统服务的内涵与分类[J]. 海洋环境科学, 2010, 29(1):132 – 133.

区域海洋生态安全体系提到议事日程。海洋生态安全体系的基本框架如图7-2所示。

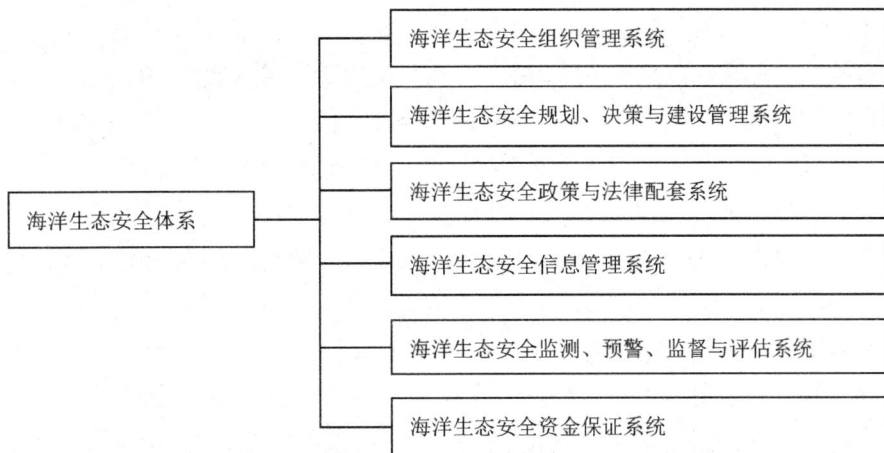

```
                              ┌──────────────────────────────┐
                              │  海洋生态安全组织管理系统      │
                              └──────────────────────────────┘
                              ┌──────────────────────────────┐
                              │  海洋生态安全规划、决策与建设管理系统 │
                              └──────────────────────────────┘
                              ┌──────────────────────────────┐
┌──────────────┐             │  海洋生态安全政策与法律配套系统  │
│ 海洋生态安全体系 │─────────────└──────────────────────────────┘
└──────────────┘             ┌──────────────────────────────┐
                              │  海洋生态安全信息管理系统      │
                              └──────────────────────────────┘
                              ┌──────────────────────────────┐
                              │  海洋生态安全监测、预警、监督与评估系统 │
                              └──────────────────────────────┘
                              ┌──────────────────────────────┐
                              │  海洋生态安全资金保证系统      │
                              └──────────────────────────────┘
```

图7-2　海洋生态安全体系基本框架

三、海洋生态安全体系评价

(一)海洋生态安全评价的目的

(1)加深对海洋生态安全保护工作的总体认识。通过海洋生态安全指标体系所提供的基础数据和资料,加深对海洋生态安全保护工作中海洋环境安全、海洋生物安全、海洋生态系统安全、海洋生态保护技术各个不同领域中不同部分之间的认识,为指定海洋生态保护规划和海洋生态保护政策服务。

(2)监测海洋生态保护现状。监测海洋生态保护工作的实施效果,检查海洋生态保护工作的视察情况,观察海洋生态保护工作的现状,了解海洋生态保护工作中影响海洋生物安全、海洋环境安全的突出问题,找出亟须突破的治理难题及其所需要的保护技术。

(3)评价与分析海洋生态保护工作。估测和评价海洋生态保护工作,即一定时期的奋斗目标,正在实现和达到的进展状况,结合海洋生态保护工作规划和执行情况,分析海洋生态保护状况,总结和分享经验,加快各、省、市、自治区积极投入保护海洋生态环境。

(二)海洋生态安全评价的原则

构建我国海洋生态安全体系,需要遵循以下基本原则:一是综合性,即所选的各项影响因素能够综合反映整个海洋生态安全体系的变化情况。二是独立性,即所选的各个影响因素之间保持相对独立性,力求内涵清晰。三是有代表性,即所选的各个影响因素能够反映该领域的变化情况,充分体现其发展现状、发展趋势。

（三）海洋生态安全评价的结构框架

（1）海洋生态安全评价的内容。我国海洋生态安全，是指海洋环境及海洋生物组成的生命系统不受或少受破坏和威胁的状态，海洋生态系统内部以及人类与海洋生态系统之间保持正常的功能与结构[1]。随着科学技术不断进步，我国生态安全评价体系的构建，不仅包括海洋环境安全、海洋生物安全、海洋生态系统安全，而且包括海洋生态保护技术开发、应用及实施等。只有这样，才能最大限度地监测海洋生态系统，减少海洋事故造成的损失，维护海洋生态系统的稳定性。海洋环境，是海洋生物赖以生存和繁衍的外在空间。只有保证海洋环境安全，海洋生物才能得以正常地生活，海洋环境安全是海洋生物安全的前提。海洋环境稳定、海洋生物生存不受或少受威胁，海洋生态系统才能不失衡，维持正常的循环，海洋环境安全和海洋生物安全是海洋生态系统安全的基础，而海洋生态系统安全构成了我国海洋生态安全的核心。同时海洋生态保护技术的研究、运用及实际操作又为海洋环境安全、海洋生物安全、海洋生态系统安全提供了保证。

（2）海洋生态安全评价的指标体系。根据以上分析，我们认为，构建我国海洋生态安全体系需要综合考虑海洋环境安全、海洋生物安全、海洋生态系统安全及海洋生态保护技术四大方面的内容。考虑到海洋生态安全体系的复杂性，采用3级树状式指标体系结构，分为4个一级指标，14个二级指标（见表7-2）。

表7-2　海洋生态安全评价指标体系

目标层	准则层	方案层	属性
海洋生态安全评价指标体系	海洋环境安全	中度及严重污染海域面积	逆向指标
		海洋灾害及突发事故损失	逆向指标
		沿海地区污染治理项目数	正向指标
	海洋生物安全	海洋生物多样性指数	正向指标
		海洋生物病虫害损失额	逆向指标
		外来物种入侵种类	逆向指标
	海洋生态系统安全	海洋生态系统健康状况	正向指标
		海洋自然保护区面积	正向指标
		海洋荒漠化面积	逆向指标
		近海地区人口	适度指标
	海洋生态保护技术	研发投入	正向指标
		海洋环境监测及生物监视技术投入	正向指标
		海洋预警体系、风险评估体系、防灾减灾体系等的投资额	正向指标
		政府管理及执行效率	正向指标

---

[1]　杨振姣，姜自福，罗玲云.海洋生态安全研究综述[J].海洋环境科学，2011,30(2):287-291.

①海洋环境安全。海洋环境安全是指海洋环境不受或少受威胁,不遭到不可恢复破坏的状态。海洋污染加剧超过海洋自身的自净能力,海洋灾害频发,海洋突发事故风险加大,不仅仅给经济造成巨大损失,也给本来脆弱的海洋环境造成损害。本研究主要从海洋污染、海洋灾害及海洋事故、海洋污染治理的角度设计指标。其二级指标如下:

中度及严重污染海域面积:该指标反映海洋环境中度及严重污染情况,已经超过自身自净能力的海域面积。

海洋灾害及突发事故损失:该指标反映每年我国海域发生海洋灾害及海洋突发事故造成的经济损失,以此来衡量其对海洋环境稳定性造成的影响。

沿海地区污染治理项目数:该指标反映我国沿海地区治理污染海域的情况。

②海洋生物安全。海洋生物安全是指海洋生物生存和繁衍不受威胁的状态。海洋生物构成整个海洋生态系统的食物链,海洋生物多样性得到保证,食物链完整,才能保障整个生态系统的稳定性。海洋生物多样性锐减,不仅给海洋环境带来负面影响,还造成自身病虫害及外来物种等不利影响等。本研究主要从海洋生物多样性、海洋生物病虫害、外来物种入侵三个方面设计二级指标:

海洋生物多样性指数:该指标反映每年我国海洋生物的种类数。

海洋生物病虫害损失额:该指标反映每年我国海域由于发生生物病虫害而造成的经济损失,以此来衡量海洋生物病虫害对我国海洋生物造成的不利影响。

外来物种入侵种类:该指标反映每年我国海域外来物种入侵的种类。外来物种往往会与本国生物竞争生活环境,尤其是其大量繁殖时,更会给本国生物造成严重威胁。

③海洋生态系统安全。海洋生态系统安全是海洋生态安全体系的核心。海洋生态系统安全既包括海洋生态系统内部的海洋生物与海洋环境的安全,也包括海洋外部即人类的生产、生活等与海洋生态系统保持正常的交流,互不产生不利影响。本研究主要从海洋生态系统健康状况、海洋自然保护区面积、海洋荒漠化面积、近海地区人口四个方面设计二级指标:

海洋生态系统健康状况:该指标反映海洋生态系统的健康状况,分为健康、亚健康、不健康三种状态。

海洋自然保护区面积:该指标反映每年我国海域自然保护区的面积。

海洋荒漠化面积:该指标反映每年我国近海地区红树林、珊瑚礁、湿地、滩涂等沿海防护地区缩减的面积

近海地区人口:该指标反映我国近海地区人口数。人口趋海移动对海洋环境造成一定程度的挤压,近海地区人口越来越密集,人类对海洋开发、利用活动越来越频繁,对海洋生态系统稳定性的维护产生不利影响。

④海洋生态保护技术。海洋生态系统保护技术是指海洋科学技术在海洋生态系统保护

方面的应用,它是海洋生态安全得以维护与保护的屏障。海洋生态安全从监测到预警及风险评估都需要一定的技术投入。本研究主要从研发投入、海洋环境监测及生物监视技术投入、海洋预警及防灾减灾体系等的投资额、政府管理及执行效率四个方面涉及二级指标:

研发投入:该指标反映用于研究、开发保护海洋生态系统安全的科学技术方面的投入。

海洋环境监测及生物监视技术投入:该指标反映专门用来监测海洋环境、监视海洋生物的技术的投入。

海洋预警体系、风险评估体系及防灾减灾体系等的投资额:该指标反映建立并不断完善海洋生态系统保护各项综合管理系统,逐渐应用过程中的投资额。

政府管理及执行效率:该指标反映政府实施各项海洋生态保护综合管理体系的效率。

第五节　维护海洋生态安全的对策

目前海洋环境恶化、海洋生物多样性锐减、海洋生态系统失衡,已给保护海洋生态安全敲响了警钟。如不及时采取有效措施,将会进一步影响我国海洋经济、海洋社会等发展,进而影响海洋事业的继续推进。因此,维护海洋生态安全体系迫在眉睫。

一、加强海洋生态道德建设

传统的经济发展模式是一种以牺牲环境来换取经济增长的模式。陈旧的观念、淡薄的生态意识,僵化的生态环境治理思想和体制是导致生态环境恶化的重要原因。当前要保证海洋经济可持续发展,就必须要保护海洋生态环境,协调人与海洋之间的关系。这首先就要从改变人们的观念开始,改变传统工业人与自然对立的思维方式,淡化人类主体意识,变征服关系为互依共存的协调关系,自觉按照生态规律调整人类行为,开展海洋生态道德建设,把道德范围由人扩大到自然,才能让人们重新尊重自然,爱护海洋。

二、完善海洋环境监测

(1)提高监测监控质量。各级政府要从提高海洋资源开发整体的效益出发,加强海洋管理基础建设、健全各级管理机构,加强海洋环境保护基础建设,特别是建设与完善海洋污染监测、监视系统和海上溢油清除系统,建立海洋生态监控区和赤潮监控区,开展高时空、高频率的生态监测,及时掌控生态环境的变化状况,以调整和控制海洋开发利用强度,使海洋生态能够及时得到修整和恢复。严格按照相关技术标准和规范布设站位,适当加密,对入海排污口监测要增加频次,扩大覆盖面,对入海排污口开展普查,对渤海、黄海、东海、南海的入海排污口要有一个监测一个,实施高频率、高密度的定时定点监测,及早发现赤潮等海洋灾害,有效防灾减灾,开展海洋灾害预测预报工作。研究实施主要河流入海口海洋环境实时在线自动监测。

(2)加强监测体系建设。近30年来各国在建立海洋环境监测体系上做了许多工作。随着研究工作的逐步深入,人们更进一步认识海洋环境质量动态监测的重要性和复杂性,完善一个能真实反映海洋环境质量动态的监测体系,仍是21世纪海洋环境保护科学研究的主要任务之一。新体系的建立和完善,有赖于以下研究及技术领域的进展[①]。加强海洋环境监测体系建设必须在完善海洋环境监测体制、机制上有所突破,强化省市县三级监测机构建设。海洋环境监测要有独立机构,经费纳入财政预算,有一定的专业技术人员,重点是加强市级监测机构建设,市级站要保证有2名以上高级职称技术人员,县级站要保证有1名以上高级职称技术人员。已建成站要全部通过国家计量认证,实现具备开展常规项目海洋环境监测能力。

(3)提升海洋环境监测能力。各沿海省市政府应该积极投资用于海洋环境监测能力建设,使海洋监测能力有所提高,增加设备设施投入,配备先进仪器设备,更新改造实验室,满足新形势下海洋环境监测工作需要。

(4)加强监测信息系统建设。海洋环境研究计划是以解决环境的科学问题为核心,不仅要组织多学科综合研究,在研究时间尺度上要联系过去,查明现状,更强调预测未来在过程研究中既要抓好微观深入,又要注重与宏观研究相结合,由于对各种观测、探测、实验等多学科资料的依赖,海洋环境与生态信息资料及其快速传递将成为海洋环境保护研究工作必要的支撑。

可以预见,类似网络地理信息的系统,在海洋环境保护科学研究中将得到广泛的应用。建立一个强大的数据库,可动态地存储大量关联性的数据,并使数据资源得以共享的高技术体系势在必行。

此外,为了获取高质量、高准确度监测数据,一个高水平、科技力量雄厚的监测中心及一个有严密管理、规范化的监测网络体系是必不可少的。

三、加快海洋生态修复

从20世纪80年代特别是进入90年代以来,人们意识到海洋生态健康在人类活动影响下受到了损害,开始谨慎用海,对海洋资源进行适度保护。进入21世纪,我们认识到如果只是在已经恶化的环境下谨慎用海,实际上是一种被动防御,而被动防御很难使海洋得到有效的保护。因此,我国在开发利用海洋的过程中要全面落实科学发展观,加强海洋生态修复,建设海洋生态文明,把维护整个海洋生态系统的健康作为管理海洋的最终目标,以实现海洋

---

① 邹景忠.21世纪中国海洋环境保护科学面临的问题和发展趋势[J].甘肃社会科学,2003,(3):146 – 147.

资源的可持续利用和生态环境的有效保护。

海洋生态修复是指利用大自然的自我修复能力,在适当的人工措施的辅助作用下,使受损的生态系统恢复至原有或与原来相似的结构和功能状态,使生态系统的结构和功能不断得到恢复与完善。海洋生态修复是一种新的理念,是保持人与自然和谐相处的具体体现,也是海洋领域落实科学发展观的重要举措。

海洋生态安全作为海洋安全的重要组成部分,其保护具有长期性,因此,与之相关的海洋生态自然保护区和生态修复工程建设也必须循序渐进地进行,其项目建设往往具有投资大、见效慢、受益时间长等特点。政府是海洋生态保护区和海洋生态修复工程建设实施的主要投资主体,为了保证海洋生态安全资金及时充分的供给,社会各界及人民群众也应该共同为构筑海洋生态安全提供财力支持。

沿海省市积极落实基于生态系统的管理理念,开展以减少淤积、加强水动力,控制污染、改善水环境,以及提高生物多样性为中心的海洋生态修复行动,组织实施海堤开口改造及湾区整治工程,拓展海域面积,同时增加海域纳潮量,增强水动力条件,确保港口航运的可持续发展。根据新修订的《中华人民共和国海洋环境保护法》和《中华人民共和国海域使用管理法》规定,严格审批滩涂围垦。对于已开发的围垦区,增加投入,通过科技进步,调整养殖结构、翻耕、清淤、修堤等措施,逐步修复已被破坏的海洋生态系统。同时,开展海岛生态调查,制定海岛生态系统和生物多样性保护计划,加强海岛自然保护区建设。重点保护海岛周围的海洋生物资源、珍稀濒危生物资源。加强海岛防护林、水源涵养林和水土保持林的建设,通过保护森林以维护海岛生态平衡。

另一方面,还要加强对海洋自然保护区的建设,特别是加强对现有的海洋自然保护区和海洋生态特别保护区的建设,加强海洋自然保护区的监督与管理,完善现有保护区的管理机构,建立保护区工作档案。进一步建成一批国家级和地方级海洋自然保护区和海洋特别保护区,形成海洋保护区管理体系,形成开发与保护相结合的保护区网络,从而有效地保护典型生态系统、珍稀濒危物种和海洋渔业资源及其生境。

四、建立海洋防灾减灾体系

我国海洋灾害具有发生频繁、破坏性大、不可预测等特点,加强海洋防灾减灾工作对保护海洋生态安全具有重要作用。国家要加强海洋防灾减灾工作必须加大防灾减灾工程的建设,在整个海洋防灾减灾工作体系中,观测是基础,预报是手段,减灾是目的,是整个工作的落脚点,健全海洋防灾减灾救灾业务体系尤其重要。构建海洋防灾减灾救灾业务体系,具体应该做到以下几点。

(1)实施灾前工程防御。加强国家和地方基本观测网建设,逐步完善优化海洋灾害监测系统,实现对海洋灾害精细化预警报、风险管理的有效支撑。定期开展全国沿海市县主要岸段警戒潮位值的核定,保障沿海各地灾害预警级别的科学性与合理性;开展海洋减灾能力和承灾体调查、海洋灾害风险评估与区划、海平面等缓发性海洋灾害调查评价工作,推动海洋灾害重点防御区划定。建立海洋灾害工程风险评估和主要避险设施的灾害风险评价,提高重点工程海洋灾害防御水平。开展海洋减灾进社区、进学校、进渔村等海洋防灾减灾科普教育工程,提升公民的海洋防灾减灾意识。

(2)强化应灾预警响应。应对海洋灾害,做好预警响应工作,加强海洋预报业务体系建设。深化完善海面风场、海浪和海流数值预报系统,推进精细化预报系统的建立。不断丰富和完善海洋灾害预警报产品,开发一批预警报产品、气候产品和海洋减灾辅助决策产品,以满足地方对于海洋防灾减灾的需求。加强海洋预警信息发布平台建设,拓展发布渠道。对海洋观测数据和资料进行快速处理、存取、调用和归类等,加强对数据的质量控制管理。完善体系布局,加强能力建设,进一步形成"数据采集传输—处理分析—预警报产品制作—产品发布"业务链。

(3)推动灾中调查统计。针对海洋灾情调查主要采取实地人工摄像、测量等手段,成本高、效率低,先进调查手段缺乏等问题,加快推进卫星、无人机在灾情调查过程中的应用。海洋灾情统计的范畴由风暴潮、海浪、海冰等,拓展到沿海省(市、区)普遍关注的赤潮等海洋生态灾害及海岸侵蚀、咸潮入侵、海水入侵、土壤盐渍化等海洋地质灾害。做好灾情调查统计和灾情信息员队伍建设,探索建立海洋灾情调查统计队伍,实现灾情调查统计工作业务化。做好重大灾情调查评估和信息报送工作,形成"灾情调查—统计—报送"业务链。

(4)参与救灾体系建设。救灾的主体在地方政府,海洋部门要充分发挥自身技术优势,积极参与地方应急救援体系建设。参与海洋灾害应急队伍组建、运行和抢险救援物资管理。参与避险场所和撤离路线划定、紧急避难场所的设定以及海洋减灾和应急标尺布设。优化完善海洋渔业生产安全环境保障系统建设,开展海上搜救环境保障系统建设和溢油等危险品扩散及溯源预测,为地方应急救援工作提供服务和保障。

(5)开展灾后损失评估。开发海洋灾害损失定量评估模型,加快灾情快速评估技术系统的开发,强化海洋灾害影响评估。开展海洋灾害直接经济损失评估,提升海洋灾情调查评估分析工作的科学性和合理性。在对海洋灾害损失进行评估的基础上,以核灾为切入点,实现海洋灾害损失评估工作由简单的数据汇总向定性定量分析上转变,为保险部门及企业充分掌握海洋灾害风险、设计保险产品、建立海洋灾害保险体系提供技术支撑,推动海洋灾害损失风险转移机制的建立[1]。

① 王峰.以需求为牵引 推动海洋防灾减灾体制机制建设[N].中国海洋报,2014年5月12日:A1.

五、加强海洋生态法治建设

（一）制定综合性的海洋生态法

从全球来讲，海洋生态法是对整个海洋生态系统的法律保护。虽然目前未有这样的一部具体法律，但在《联合国海洋法公约》中对保护全球海洋生态系统却作出了一些规定。在国内法上，海洋生态法是一国对管辖范围内的海域进行整体性保护的法律，是整体性、综合性的法律。在总结《海洋环境保护法》、《海域使用管理法》在实践中实施情况的基础上，吸收它们关于整体性、综合性保护海洋生态系统的成功之处，将其不断融入海洋生态法中，经过不断完善，最终形成一部统领海洋生态安全法律保障体系的海洋生态法，就维护国家权益、权属关系、维护海洋生态安全、海洋生态法的目的、基本原则、基本制度、功能区划、保护海洋生态系统的义务、各方主体的权利、义务、责任等进行一般性规定。明确我国海洋生态法的适用范围为我国的内水、领海、毗连区、大陆架、专属经济区。

在海洋生态法中设专门的一章来规定对海洋生态安全的保护，是在综合考虑我国海洋环境与资源保护状况以及我国法制建设现状的基础上提出的可行性建议。就目前来说，我国制定一部专门的海洋生态安全保障法的时机并未成熟，海洋生态安全面临的威胁还未达到非基本法不能控制的程度。在这一保护海洋生态安全的章节中，应包括海洋生态安全的法律定义，海洋生态安全的确定标准，海洋生态安全的保障机构，国家保障海洋生态安全的基本政策、基本任务、目标和总体规划，保障海洋生态安全的基本法律原则和主要法律制度等。

（二）修订有关法律

（1）修订《宪法》有关内容。修改《宪法》，充实海洋资源的开发、利用与保护的内容，将海洋生态安全保护、海洋资源开发利用与社会经济发展紧密结合起来。修订《环境保护基本法》和《海洋环境保护法》，或制定一部综合性的《国家（海洋）生态安全法》明确海洋生态安全保护的概念、基本原则、法律制度等内容，对海洋生态安全保护的方针政策、体制与制度提出统一规范的要求[①]。

（2）修订《刑法》有关内容。修订《刑法》中对危害海洋生态安全犯罪的处罚力度。加强《刑法》中对危害海洋生态安全犯罪的处罚力度，在《刑法》中补充有关生态安全犯罪的具体内容和量刑标准。对于各种破坏海洋环境和资源导致的威胁海洋生态安全的行为，不仅要给予经济处罚使破坏者承担一定的经济责任，还要给有关行政人员以行政处罚，对于造成严重海洋生态安全问题的行为还必须给予刑事处罚。

---

① 蔡先凤，张式军.我国海洋生态安全法律保障体系的建构[J].宁波经济,2006,(3):40-41.

（三）健全和完善各种单项资源与环境保护法

对《海洋法》、《渔业法》、《水法》、《矿产资源法》等与海洋生态安全保护有关的规定，通过法律实施细则、法规等形式进一步明确和细分。

（1）尽快出台海岸带管理法，设置海域开发利用和保护的综合管理制度。海岸带是海陆交界的特殊地带，其特殊之处在于它拥有具有特殊价值的海洋生态系统，如红树林、珊瑚礁、潮滩、海滩、河口、泻湖、沿岸湿地等，同时又深受来自陆地和海洋的影响，如陆源排污、海洋工程建设、人工海水养殖、海上石油开发等，因而成为海洋生态系统中最为脆弱的地带。海岸带还因拥有丰富的各类资源。如利用海涂可发展海洋水产养殖业、渔业资源、海盐等海洋化学资源、石油天然气等矿产资源、潮汐能等海洋能源以及旅游资源等，具有多方面的开发利用价值，不同的开发利用目的之间往往相互牵制甚至发生矛盾。现存的对海洋资源由各地方政府、各主管部门"齐抓共管"的局面，恰恰是导致海洋资源遭到破坏或污染环境的制度基础。制定海岸带管理法，应包括以下几方面内容：①确定海岸带的定义和范围。②海岸带开发利用和保护的基本原则和制度。③海岸带综合管理的机制。④规定特殊生态系统或生态环境的保护计划。如防止海岸侵蚀计划，河口保护，以及红树林、珊瑚礁、海草床、沿海湿地等典型海洋生态系统的保护。⑤规定渔业和水产养殖、矿物资源开发、港口和海湾、沿海开发和工程、旅游等人类生产活动与海洋生态安全的保护。在海岸带生态安全保护方面应优先考虑解决近岸海域环境污染扩展、海岸侵蚀、近岸海域大面积赤潮灾害、近岸海域生态环境破坏等问题，加强海洋生态建设，形成区域性、国际性海洋自然保护区网。同时，建立重点海域排污总量控制制度，把防治陆源性污染作为海洋环保的重点，在控制陆源污染方面建立一系列制度。

（2）加快我国海洋生物多样性保护方面的立法。海洋生物多样性的保护是确保海洋生物安全的重要因素，海洋生物安全又构成了海洋生态安全的基石，加快海洋生物多样性方面的立法是海洋生态安全法律保障体系得以有效完善的重要方面。威胁我国海洋生物多样性的因素主要包括：海洋环境的污染、海洋外来物种的入侵、生物资源的过度利用、海洋自然条件与生态环境的改变（主要是人为原因）、全球气候变化（如温室效应、臭氧层破坏）的影响等。我国的海洋生物多样性保护立法，应该对以下几个方面加以规范：①建立海洋生物多样性保护制度。如建设遗传资源种质库、植物基因库，实行"移地保护"等。②制定中国海洋生物多样性评价标准和保护规范。③建立海洋自然保护区、保留区，形成区域性、国际性海洋自然保护区网，同时加强海洋自然保护区外的生态系及物种的保护。④建设海洋生物多样性信息系统与监测系统。⑤在海洋生物多样性管理、科学研究、技术开发与转让、人员培训等领域加强国际与区域间的交流与合作。

（3）制定沿海地区防灾减灾法，建立海洋生态安全预警系统。我国是世界上海洋灾害最严重的国家之一。影响我国沿海的风暴潮、海浪、海冰、地震海啸、海岸侵蚀、台风和海雾以及赤潮生物灾害等海洋灾害,在各类自然灾害总经济损失中约占 10%。海洋灾害严重影响海洋生态安全,沿海地区防灾减灾必须依托海洋环境预报服务和业务系统的建设,建立安全衡量指标体系和监测预警系统是沿海地区实施防灾减灾的技术基础。通过制定防灾减灾法,将技术标准法定化,加强海洋监测和灾害预警系统,建设观测网、数据采集和通信网,是实施防灾减灾的必要保证。通过实施标准,将海洋生态系统维持在既能够满足当前需要又不削弱子孙后代需要的状态,用可量化的指标衡量资源与环境的安全度,对存在的不安全趋势发出预警报告,使之得以适时适度地调整。海洋生态安全预警系统的范围包括海洋赤潮、沿海地面沉降、风暴潮、海啸、厄尔尼诺、突发性污染事件、海岸带侵蚀与淤积灾害、外来物种入侵等,还应包括对重点海域的污染监控,对主要污染物高时空密度的监督性监测,对近岸主要经济活动点源污染排放以及溢油、赤潮、病虫害、外来物种等实施专项监测,适时发布预报和警报。从加强海洋生态安全管理的角度看,建立海洋生态安全的预警系统,及时掌握海洋生态安全的现状和变化趋势,可以为海洋管理部门提供决策依据。海洋生态安全指标体系的建立,可对各种海洋环境因素给予不同的权数,综合成"海洋生态安全指数"体系,对海洋生态安全状况进行总体评价,并定期发布我国的海洋生态安全指数。

(4)制定海岛资源立法。海岛是我国海洋经济发展中的特殊区域,在国防、权益和资源等方面有着很强的特殊性和重要性。目前,我国海岛资源已被开发利用的主要是水产资源、港址资源、盐业资源、旅游资源、土地资源等。我国沿海地区对海岛的无序开发利用,不但海岛的生态功能和作用受到破坏,而且海岛环境受到严重的污染,海岛资源被肆意开发与侵占。据初步调查,因炸岛、炸礁、填海连岛及自然灾害等原因,仅福建省海岛数量在近 10 年里就减少了 80 多个。河北省近年来有 61 个海岛消失,消失海岛的比例高达 46%,这些行为与现象对国家实施海洋发展战略造成了不良的影响。在我国海岛的开发利用过程中,应加强海岛管理,加强海岛资源的保护。加强海岛管理与海岛资源保护需要以建立一套完整、系统的海岛开发、利用和保护的法律规范为基础。我国《无居民海岛保护与利用管理规定》规定:国家鼓励无居民海岛的合理开发利用和保护,严格限制炸岛、岛上采挖砂石、实体坝连岛工程等损害无居民海岛及其周围海域生态环境和自然景观的活动。但这毕竟局限于无居民海岛,而且其法律效力层次不高。我国的环境保护立法也主要适用于陆地,由于海岛往往与大陆分离甚至远离大陆,地理位置独特,它作为海洋的组成部分,具有与陆地明显不同的地理、环境、资源特征,因此,对海岛资源的保护应区别对待,单独立法。

我国目前还没有关于海岛利用、保护与管理的综合性法律,对海岛各种资源的开发利用以及海岛生态环境的保护,分别适用《环境保护法》、《土地管理法》、《矿产资源法》、《渔业法》、《海域使用管理法》、《海洋环境保护法》等法律,以及相关法规、规章等规范性法律文件。这种现象与海岛在政治、经济和国防安全中所处的重要地位很不相符。因此,制定一部海岛利用与保护方面的综合性法律势在必行。海岛法的出台不但能提高海岛法律规定的效力层次,而且也填补了我国海洋资源法律体系的立法空白。另外,海岛法对于维护国家的海洋权益和领海安全,对于保护海岛资源、维护海岛生态系统平衡,对于加强政府涉海行政部门对海岛的监督管理,规范海岛的开发利用秩序,对于公民用岛合法权益的保护,进而促进海岛经济的可持续发展,都具有重大而深远的意义。

六、完善海洋资源与海洋环境功能区划

我国海洋资源虽然丰富,但绝非"取之不尽、用之不竭"。必须加强对各种海洋资源储量、分布的勘测勘探,调查了解海洋环境的现状和发展的趋势,合理使用海洋资源。根据经济效益、社会效益和生态效益统一协调的原则,进行整个海洋国土的多功能规划,为可持续利用海洋资源、控制海洋环境污染、保护海洋环境提供科学依据。同时,要建立健全海洋环境影响评价机制,在进行海洋开发活动时,要做到事先评价,通过不同规格的现场调查和室内研究类比,充分掌握进行开发活动后对自然环境的影响,为实现海洋环境保护的理性管理奠定科学的基础。

七、加大海洋环保资金投入

防止海洋污染和生态环境破坏是一项公益事业。环保工作需要大量的资金作保障,沿海地区政府应根据当地实际情况,将海洋环境保护所需的经费纳入同级政府的财政预算,以政府名义建立海洋环境保护专用资金。此项资金应以政府拨款为主,并开辟其他资金筹集渠道,建立灵活的资金筹集机制,可以积极争取全球环境积金、海洋油污染防备基金以及世界银行、亚洲开发银行的援助。

八、加强国际间协作互赢

相对于发达国家而言,我国对海洋生态环境的保护较落后,可以借鉴它们成功的经验。开发和保护海洋需要国际合作,维护海洋生态安全应当从全人类共同安全的高度出发,建立国际间有关海洋生态安全与冲突的预防机制。互相交换有益国家海洋生态安全的情报与信息。加强国际间海洋资源开发合作,多渠道争取国际资金和引进国外先进技术。针对影响全球海洋生态安全的污染源进行防治与监控,在不侵犯国家主权的原则下,协调各国对重要海洋生态资源合理、有序、适度的开发利用,防止过度开发对海洋生态系统造成新的重大破坏。

我国海岸线长达 18 000 千米,海上邻国较多,如韩国、日本。我们与这些国家的海域相连,海水是流动的,如果一国在海洋环境管理上出现漏洞,很有可能会波及其他国家。因此,

海洋环境的保护需要海域周边国家和地区的共同努力,与海上邻国建立良好的关系,争取建立互惠双赢的多边关系。积极参与和引导区域性海洋合作。积极参与和推动东亚海域科学研究、环境和资源保护的国际合作,包括建立东亚海洋科研中心,开展黄海大海洋生态系保护,加强东海、黄海渔业资源保护的合作,以及探索油气资源开发、建立共同管理区等。积极参加和引导南海周边国家的区域合作,目前的一些非官方区域活动集中于岛屿主权和安全方面,中国应该依据求同存异的方针,积极引导这种区域活动向以下 3 个方向发展,合作进行海洋科学研究,包括海洋学信息交流;海洋环境保护;海洋生物资源合作开发与保护。

海洋生态安全保护具有全球性的特点,一国生态系统遭到破坏往往会危及邻国,甚至影响全世界海洋生态系统的安全。因此,构建海洋生态安全体系必须加强国际合作,只有这样才能从根本上解决可能发生的问题。凭一国或几国之力简直是望洋兴叹。国际社会绝不放过任何只顾本国发展而忽视全球性海洋生态稳定的行为。加强全球海洋环境合作,区域性海洋环境合作,加强双边、多边海洋环境合作,是世界各国尤其是各沿海国家应该积极响应的共同责任。

在海洋生态安全遭到威胁时,主要责任方要积极担起恢复生态平衡的责任。例如,日本福岛核电站核泄漏,在中国海域检测到核物质,影响中国海域鱼类的生长,进一步影响居民健康。海洋是人类共有的资源宝库,海洋资源的开发和利用的技术要求高、资金投入大,单凭一国的力量很难进行资源开采。各国通常采用合作的方式开发、利用海洋资源和能源。在开发和利用中出现各种生态安全问题,开发、利用方应负主要责任,其他国家积极配合,最大限度减少危害范围。沿海发达国家较早的开发和利用海洋,有较好的开发技术,对海洋生态系统的影响甚至破坏较早发生。在积极开展国际合作的过程中,沿海发达国家尤其是较早开发利用海洋的一方负更大责任。

当前我国参与国际海洋环境保护采取的形式有双边合作、多边合作、区域性的海洋环境合作、国际海洋环境合作。我国政府积极支持国际海洋环境保护事务,参与国际性的海洋环境保护,已经缔结和参加 50 多个国际环境条约,其中有关海洋环境保护的国际条约和协议主要有:《1969 年国际油污损害民事责任公约》、《1971 年关于特别是作为水禽栖息地的国际重要湿地公约》、《1972 年防止倾倒废弃物和其他物质污染海洋公约》、《1982 年联合国海洋法公约》、《73/78 国际防止船舶造成污染公约》、《1990 年国际油污防备、反应和合作公约》和《1992 年生物多样性公约》等。此外,参与保护海洋环境免受陆基活动影响的全球行动计划、联合国环境署区域海洋环境行动计划,如东北亚海行动计划、西北太平洋行动计划等,对保护国际海洋生态安全做出了贡献。

综上所述,我国要积极争取国际合作、参与国际合作,使我国在建立海洋生态安全体系的过程中实现突破性进展。

第八章　中国海洋科技安全

第一节　海洋科技安全概述

我国是一个茫茫海洋、幅员辽阔,海陆兼备的大国。目前我国面临比较严峻的海洋安全形势,军事安全压力有增无减。21世纪维护海洋安全,是我国国家战略的重要组成部分。《国家中长期科学与技术发展规划纲要》将发展海洋科技作为重点领域进行部署。"十一五"、"十二五"发展计划中国家多个部委联合制定并发布了海洋科学和科技发展纲要。

一、我国海洋科技发展现状

21世纪以来我国成功开展数次大规模海洋科学调查活动,在海洋石油钻探、海水增养殖、海港工程、深潜技术等领域取得明显进展。完成了海洋环境数值预报、海洋信息自动查询系统、膜法水处理技术和海洋资料浮标技术等重大科技攻关项目,获得省部级与国家级重大科技成果超过500多项。制定《全国海洋开发规划》,并完成了海洋功能区划等。这些成果的取得直接促进了我国海洋开发、海洋管理发展,将我国海洋科技推上新台阶,拉近了与世界海洋科技发达国家的距离,某些领域和成果已接近世界先进水平。

二、海洋科技发展历程

(一)海洋调查

随着海洋科技的进步,海洋调查现在可分为综合调查和专业调查两大类。其简单定义为,在选定的海区、测线和测点上使用适当的仪器设备直接或者间接对海洋的物理状况、化学成分、生物现象、地貌特征等其他海洋现状进行调查,获取海洋环境要素资料,揭示其空间分布和变化规律,为海洋科学研究、海洋资源开发利用、航海安全保证、海洋工程建设、维护海洋生态环境、预防海洋灾害提供基础资料和科学依据。

(1)单船调查时期。单船调查时期主要集中在19世纪到20世纪中期,全球进行了300多次海洋调查,调查项目单一,范围有限,观察手段落后,调查时间持续时间不是很久,这期间比较有代表性的调查船只有英国"贝格尔"号环球探险(1831—1836),德国"流星"号调查

（1925—1927 年,1937—1938 年,海洋调查代表性资料）、瑞典"信天翁"号调查（1947—1948年,近代海洋综合调查的典型）,美国"卡内基"号调查（1909—1921 年,间断 20 年进行）,丹麦"加拉蒂亚"号调查（1950 年）等。随着第二次世界大战爆发,原本主要以海洋生物发展研究被打破,战争对海浪观测、预报,水声技术的需要推动了海洋科学技术在理论和实践的发展。根据前述的海洋调查资料,海洋学家们了解海水主要成分之间有着相对含量的恒定性,测量了氯与盐度及它们的密度比值,对海水中各种元素的含量也进行了测量。在地质学方面,人们对海底地貌、沉积物分布有初步了解。在海洋生物方面进行研究,如对生物与环境之间的关系,生物分类等。在物理海洋学方面,对潮汐、海浪、海流的研究多有建树,绘制出了世界大洋的海流图轮廓。20 世纪 50 年代初提出的"风生漂流理论",也是基于这个时期海洋科学理论发展成果之一。

（2）多船联合调查时期。20 世纪 50 年代后,大量多船联合调查涌现,主要代表有:北太平洋联合调查计划（1955 年,NORPAC）、美国加利福尼亚大学斯克里普斯海洋研究所发起,联合调查的先声,国际印度洋调查（1960—1964 年,IIOE）,迄今为止对印度洋最大规模的海洋调查,国际赤道大西洋合作调查（1963—1965 年,ICITA）、多船合作和浮标阵观测的先声,黑潮及其毗邻海区的合作调查（1965—1970 年,CSKC）。海洋学家斯瓦罗在 1958 年用声学追踪的中性浮子的方法,测量了湾流区域的底层流情况,得出结论:海流速度比他预期的大到 10 倍以上,海流的流向在几十千米这样短的距离之内也可以呈现完全相反的状态;而且同时海流还显示出相当大的时间变化。在不久的"阿里斯"号调查的观测资料,又证实了上述发现。这样,以多船合作调查代替一二百年来一直沿用单船进行海洋调查方式应时面起。从 50 年代中期到 60 年代中后期的 10 余年间,多船合作调查繁荣一时。通过大规模的多船联合调查,学者们发现了大洋海流中两种极其重要的现象:一是在湾流中不但经常出现尺度非常大（几百千米）、寿命相当长（几个月）的弯曲,有时竟同时出现好几个涡漩而且当它与主流分离后还形成流环。在湾流区域的某些位置上,有时竟同时出现好几个涡漩,使人对湾流本身难以辨认。二是在太平洋和大西洋赤道海流之下,发现到处存在赤道潜流。自 20 世纪 80 年代海洋调查偏重于专项研究,更趋多船同步。主要代表:1986 年至 1992 年期间,中日黑潮合作调查,实施海洋调查的有中国的"向阳红 9"号、"实践"号以及日本的"昭洋丸"、"海洋丸"、"拓洋丸"等十几艘海洋调查船。中美西太平洋热带海气相互作用联合调查,中国"向阳红 5"号和"向阳红 14"号实施海上调查,完成了综合考察站 300 多个站次和 30 多条观测断面的科学考察任务。1992—1993 年期间,国际计划热带海洋与全球大气－热带西太平洋海气耦合响应试验,在热带西太平洋"暖池区"进行连续 4 个月的强化观测。此次调查,由 3 个卫星系统、7 架飞机、14 条调查船、31 个地面探空站、34 个锚系浮标和几十个漂流浮标构成一个立体观测体系进行观测。中国派出多家单位与三艘海洋调查船参加了全过程的观测,调查取得不错的成效。

(3)无人浮标站。目前无人浮标观测站,有固定式、水下自动升降式、自由漂浮式、深潜器等多种,可以适应不同目的的需要,克服了利用船舶出海只能调查离散的、非同步的、有限的海洋数据以及受到恶劣天气影响的限制。而无人浮标观测站不管在什么样的天气情况下,都可以始终在海上获取到连续资料。这一技术的应用,对于获取的数据资料进行分析,学者们认识到大洋里并不只存在着一个风生流涡,而且存在着大量的中尺度涡漩,海洋中很多自然现象均和它间接有关,从根本上改变了过去对大洋环流结构的概念,这在海洋科技发展中算一个不小的进步。

(4)海洋遥感。海洋遥感是指利用传感器对海洋进行远距离非接触观测以获取海洋景观和海洋要素的图像或数据资料。海洋不断向环境辐射电磁波能量,海面还会反射或散射太阳和人造辐射源(如雷达)射来的电磁波能量,故可设计一些专门的传感器,把它装载在人造卫星、宇宙飞船、飞机、火箭和气球等携带的工作平台上,接收并记录这些电磁辐射能,再经过传输、加工和处理,得到海洋图像或数据资料。2002年5月15日,中国第一颗海洋卫星海洋一号A星发射成功。海洋一号A星的发射成功,为我国海洋观测提供了全新的手段,告别了我国没有海洋卫星的历史,实现了中国实时获取海洋水色遥感资料零的突破,为海洋卫星系列化发展取得了技术基础,表明我国在海洋卫星遥感应用技术有了关键性的突破,标志着中国海洋卫星遥感与应用技术迈上新台阶。随着遥感技术的发展和遥感信息源的扩大,遥感技术应用的深度和宽度将不断扩大,其应用领域需与国家制定有关的海岸带资源开发利用以及沿海经济长期持续发展相结合。在这方面,地理信息系统是遥感技术发挥高技术优势的一种有效手段。海洋地理信息系统是一种空间数据输入、储存、分析、检索、模拟的计算机化信息系统。它以海洋遥感资料、船舶、台站、浮标等常规海洋资料为信息源,保持了信息更新的动态性和实时性,是海洋资源开发与管理、海洋工程选址、沿海经济规划等经济活动决策的有效手段,海洋科技发达国家已经开始海洋地理信息系统的研究和应用。

(二)海洋高新技术

(1)海洋高新技术概况。海洋高新技术要素主要有人才、知识、新能源技术、新材料技术、信息技术等构成的密集型高新技术群,以研究开发利用海洋资源和保护海洋环境为主要目的。目前世界各国在海洋高新技术领域重点研究发展的有:海洋监测与探测技术、海洋油气勘探开发技术、海洋信息技术、海洋深潜技术、海洋能源技术、海洋工程技术、海洋空间利用技术等。

(2)中国海洋高新技术研究水平稳步提高。改革开放我国海洋产业初步具备一定的规模。20世纪80年代,海洋油气第一次归纳为海洋经济范围,海洋总产值约5亿元。此后10年左右的时间里海洋生物技术飞速发展并取得丰硕成果,产值达到数十亿元。进入21世纪海水利用实现大幅增值,海水淡化技术归入海洋经济范围之内,研发正渗透膜技术、膜蒸馏、膜耦合技术装备,促进了海水淡水产业化工程。每个海洋产业的兴起都是技术进步推动的。截至 2008 年,高新技术促进海洋产业不断向广度和深度扩展,已渗透三次产业 15 个类别。海洋高新技术在海洋环境保护、海洋资源利用、海洋生态与气候等研究领域取得了比较优异的成绩,"十一五"期间相关的科技论文发表数量相比"十五"增加了 10 个百分点。

1996 年国务院将"海洋"列为第 8 个高新技术,海洋高新技术正式纳入国家级高新技术发展战略,预示我国海洋科技与海洋经济在未来增长将坚实有力,为海洋资源开发与利用做出了重大贡献,世界各国非常重视海洋高新技术发展。沿海各国纷纷推行海洋强国战略。美国在 1986 年发表《海洋科技发展规划》,加强其他在海洋科技方面的领先优势。英国同年发表《英国海洋科技发展战略报告》,报告指出发展海洋高新技术对海洋发展具有先导作用。日本 1997 年制定《海洋开发推进计划》,讲到提升海洋高新技术可以增强国际竞争。

第二节　海洋科技安全面临的形势及原因分析

一、海洋科技发展面临的形势

(一)海洋强国科技优势的威胁

科学技术在为人类造福的同时,也会产生一定的甚至是严重的负面影响,这是科技安全的一个显著问题。在某些领域已经对人类的生存与发展造成了严重的不良影响。这些问题在科学技术发展的进程中没有给予必要重视,在海洋科学技术领域亦是如此。

我国海洋科技发展所处的外部环境是其安全面临的重要态势,海洋科技安全的外部环境包括国际大环境与国内环境。对我国而言,国外海洋科学技术发展越快,我国海洋科技面临的国际海洋科技优势的威胁就越大,我国海洋科技安全形势就越危险。国内海洋经济、海洋文化、海洋产业发展、国家对海洋科技发展的重视程度等,各种因素都在影响甚至抑制着海洋科学技术发展的安全态势。一个国家的海洋科技实力是海洋科技安全的技术基础,海洋科技安全强调以科技手段维护国家海洋安全,提高国家海洋实力,归根结底海洋科技安全依赖国家海洋科技在此领域的整体科技水平。显而易见,海洋科学技术强大的国家,其海洋科技安全感就强;反之,海洋科学技术实力落后的国家则无力依靠其海洋科技手段应对敌对势力威胁,其海洋科技安全感必差。

加强海洋科技安全,就是从科学技术的视角维护在海洋方面享有的利益。海洋科技安全是动态的,特别是海洋强国之间在这一领域的相互较量。目前,我国海洋科学技术与海洋强国在海洋科学技术之间的差距,是我国海洋科技安全所面临的最主要危险。海洋科技优势是海洋科技安全的重要保障,当然不是绝对的保障,海洋科技相对落后的国家也可以通过特殊的技术方式防止来自海洋强国的威胁。

（二）海洋科技情报形势严峻

目前,海洋科学技术情报越来越成为各个海洋国家之间的焦点,海洋科技情报的窃取与反窃取的斗争变得越来越复杂。海洋科技秘密的泄露将给国家海洋甚至整个国家安全造成损失抑或是不可挽回的重大损失。世界范围的某些国家已经发生过海洋科技秘密泄露事件。当前我国海洋科技问题有:对海洋科技保密认识模糊,保密观念不够强;科技保密有效管理机制有待健全;保密机构职能有待发挥;科技保密工作的重点不突出;科技人员流动无序,保密法律约束力比较弱。

（三）海洋科技研究机构管理体制落后

我国海洋科研机构设置处在探索与改革阶段,逐步走向科学技术研究与市场融合的总体趋势,这是我国近些年在海洋科技体制机构的成效,但力度有待加强,问题还有不少。

（四）管理体制陈旧

我国目前海洋科技研究性质相同或相近的机构却隶属于不同部门管理,承担研究任务大同小异、科研机构比较臃肿、低水平重复的工作比较多。管理体制落后,部门之间利益分割、信息封锁严重、成果交流不足,由于各个部门分散建设、投资不集中,对各自研究机构的各方面支持强度都不足。研究人员效率不高、活力不足、培养吸引优秀人才的条件与能力不够强劲,顶尖人才、中青年学科带头人的活动受限于各种条件。

传统的海洋科技体制已经无法适应现代海洋科技的发展、不能很好地为国家对海洋科技产业化所服务以及国家对海洋科技实行有效管理的现实需要。改革管理体制与运行机制,重新调整科研机构的组织结构,以此优化科技资源的配置、加速科技创新及海洋产业化的进程,把海洋科技优势转变为海洋产业、海洋经济、海洋强国的竞争力。

二、海洋科技安全的表现形态

海洋科技安全表现形态比较多,海洋科技基础安全是海洋科学技术发展的基本依靠,表现为海洋科技潜力、海洋科技实力、科技实力、科技创新能力以及科研队伍等。海洋科技安全状态是以海洋安全的系统结构、海洋科技体制、海洋科技制度、海洋科技环境、海洋科技法规等因素为基础保障的。

三、海洋科技安全在海洋安全中的特殊作用

(一)战略地位

海洋科技安全是海洋安全的重要标志之一,由于海洋科技安全直接渗透到国家安全各个领域,海洋科技安全直接影响着海洋经济安全、海洋军事安全、海洋生态安全等海洋安全的各个方面。

随着海洋科技在海洋经济发展、海洋资源开发利用、海洋环境保护等方面的作用越发明显,俨然成为整个国家现代化经济、社会、军事发展的关键因素。但同时,海洋科学技术又可以被敌对势力加以利用侵害国家利益,甚至危及国家安全。海洋科技安全属于非传统国家安全概念。同传统的海洋安全概念,即海洋军事安全、海洋生态安全、海洋经济安全、海洋政治安全一样,海洋科技安全是现代海洋安全的重要组成部分。

借助于系统论的观点,国家海洋是由海洋经济安全系统、海洋政治安全系统、海洋科技安全系统、海洋产业安全系统、海洋生态安全系统等子系统构成的一个复杂的系统。在国家海洋安全系统中,海洋科技安全具有特殊的性质,其作用的发挥也有着特殊的作用。今年来,世界很多海洋强国的发展均表明,任何一个国家在海洋领域的发展和进步都将越来越建立在海洋科技的基础之上。同时由于海洋科技本身的特殊性及影响海洋其他领域的方式,使得海洋科技安全在海洋安全系统的运行中以不同于其他安全要素的模式发挥作用,表现出极强的渗透性与独立性的属性。海洋科技安全在国家海洋安全中的特殊地位决定了海洋科技安全与海洋安全其他诸方面的特殊关系。我们从几种因素的分析中不难发现,海洋科技领先的国家必是那个时期的海洋强国。

(二)传统海洋意识薄弱

我国古代沿海居民在海洋上的活动及与海洋的长期接触所形成的对海洋的早期认知,在此基础上逐步形成了初步的海洋观念。在我国整个封建时代,海洋在很大程度上是作为一种天然地理隔离而存在的。人们受传统农业运作模式思维的影响,海洋科技利用在海洋资源开发上有很强的局限性,而更多体现在"渔盐之利、舟楫之便"。

一个国家、民族对海洋的开发、利用能力在很大程度上取决于他们的海洋科技意识状况。海洋科技意识对于我们建设社会主义物质文明和精神文明有重要能动作用。一个民族的民众,无论是海洋科技劳动者还是非海洋科技劳动者对海洋科学技术的认识、看法、评价都是影响海洋科学技术发展的重大条件。这些认识、看法、评价将能够转化为制约或促进海洋科学技术发展的主观精神因素。

随着改革开放中国逐步融入世界体系,中国民众的海洋意识不断更新,由过去更多表现的对于浩瀚无边的大海的敬畏与崇拜之情逐渐向现代海洋意识过渡,海洋科技意识渐渐树

立,但还需要进一步加强全民海洋科技意识的提升。

在学校开展海洋科技宣传教育,从中小学开始,努力增强学生的海洋科技意识和海洋科技素质,高等教育阶段学校可以结合学生所学习相关专业从海洋科技发展史了解相关知识的兴起与进步,通过专家讲学培养热爱海洋科技的兴趣,组织学生观看海洋科技馆、海洋科技学术成果、海洋科普展等;引导学生自行组织开展海洋科技知识竞赛、海洋科技沙龙、海洋科技趣味娱乐活动等。把社区、村委会、机关单位等作为载体,引导民间团体组织开展海洋科技普及宣传活动,通过报刊、杂志、广播电视等渠道传播海洋科学信息,让广大民众认知到海洋科技的重要性,逐步将海洋科技意识渗透到广大人民群众当中,为我国海洋科技的发展提供源动力。反之,海洋科技落后的国家也必将是那个时期海洋经济与海洋产业等落后的海洋弱国。

(三)海洋科技安全与海洋政治安全紧密相连

按照传统观点的认知,海洋科技安全不是直接而是间接地通过其他安全要素与海洋政治产生关系。在近些年来信息革命的发生对国家主权提出了新挑战。随着信息技术的迅猛发展,国际互联网日益扩大,信息数量与信息设备的功能增加,使得这些国家对信息控制方面的能力明显减弱,在海洋军事和外交方面的行动受到国际社会的约束与监督,世界信息化进程使得国家海洋政治界限趋于虚设态势。海洋科技进步制约了一些国家在海洋主权方面的行使范围,甚至使其不断减弱。同时由于海洋科技强国总比海洋弱国有较大的选择余地,海洋科技进步一方面削弱了一部分在海洋信息技术落后国家的海洋政治主权和地位,同时增强了那些在海洋科技信息技术发达国家的海洋主权地位。

(四)海洋科技安全是海洋军事安全的基础保障

军事安全的目的主要是武力保卫国家的利益免遭敌对国家的威胁与侵犯。在冷战之前的时期,维护军事安全的主要手段就是军备竞赛与战争。回顾历史,每一个时代战争的规模和结局在一定程度上都是由反映了当时科学技术最新成就的军事技术水平决定的。一般来讲,军事优势始终掌控在科学技术最发达的国家手里,有些科学技术本身就是为了在军事领域应用而发明创造的,这基本是人类科学技术发展史与战争史上的一种变化规律。现代高科技的发明促进了军事革命,现在以微电子技术为基础的信息化战争逐步替代了过去以能量为基础的机器战争模式。在海洋安全领域更是如此,由古代战船盛行"跳帮战"时期,即交战双方使用刀剑砍杀对方士卒或以船舶青铜角撞击敌船、一决雌雄时期;到20世纪80年代左右高新技术日新月异的发展及其军事化的日益加速,海战武器取得了重大的进步与发展,作战双方的差距有了较大的差距,各种远程精确攻击装备大量涌出,海上"非接触"作战成为主要的作战模式。非传统的海水"非接触"作战说到底还是科学技术的比拼,基本保障是信息的获取,主要依靠海基、空基、天基的侦察监视系统的联合运作来完成。其空间已拓展至海、陆、空、天、电五个方面,因此传统的海战平台,如作战舰艇和飞机尽管性能有了很大的提高,然而面对纷繁复杂的现代战场环境,已难敷使用,信息作战将成为未来战争的重点,这些都将依附于先进的海洋科学技术,至此可以认为海洋科学技术是现代化海洋军事安全的保障性基础。

(五)海洋科技对海洋经济的支持

汪洋大海之中蕴藏着极为丰富的资源,对海洋的开发就是人类在寻求生存和发展中采用各种手段对海洋所蕴藏的丰富生物资源、海水动力资源、海洋空间资源进行的广泛的开发利用,在一定程度的科学技术条件下把海洋资源的潜在价值转化成实用价值。但海洋环境条件复杂多变,远大于陆地资源开发的难度,对开发海洋的科学技术以及在开发过程中所使用的工程材料提出了更高质量的要求。因此,要更大限度地对海洋资源进行开发利用,海洋科学技术的发展必须先行,了解海洋资源的存在特点和生物机理,进而应用相关海洋科学技术开发。目前,世界各国在海洋领域中的活动与世界海洋经济发展的实践均已证明,从最初海洋资源勘探再到中期生产过程、经济运行、管理过程的展开,都依赖于整个丰富的知识系统和海洋高新技术的支持。

第三节　海洋科技安全的因素分析

一、海洋科技人力资本因素

要大力加强海洋科技人才队伍建设,为海洋科技安全取得智力支持。当今时代各国把人才作为战略资源与第一资源,是一个国家和民族未来发展和生存的重要因素。实施人才战略既是推进我国海洋科技变革和海洋科技跨越式发展的重要保障,同时又是维护海洋科技安全和健康持续发展的重要保障。

第一,建立公平有效的用人机制。海洋科技人力资源管理要按照社会主义市场经济体制和国家海洋科技发展的内在要求,选人用人必须坚持公平公正,形成有利于优秀人才脱颖而出的用人管理机制。杜绝出现用人"不看水平、看文凭"、"不看能力、看学历"的错误认知,逐渐在海洋科技领域创建一个公开、平等、择优的用人环境。

第二,加大对海洋科技人才的培养力度。以高等院校与科研院所教育为主要依托,积极发挥高校与科研院所教育的主渠道作用,同时重视职业技术教育,努力构建具有多学科交叉培养的复合型海洋科技人才培养管理体系,切实把培养具有坚定思想政治基础、现代化科学思维、突出实践创新能力的高层次海洋科技人才放在重要位置。

第三,抓好海洋科技人才储备工作,防止海洋科技人才流失。国家对海洋科技人才的培养力度已逐渐加大,将为海洋科技事业的持续发展提供大量的人力资源,但一直以来我国在科技领域的人才流失非常严重,特别是流向一些科技强国,这给我国海洋科技发展造成不小的安全隐患。海洋科研单位要吸引人才、留住人才,就要加大对海洋科研人员的智力投资力度,不断地拓展领域,发展事业,创造出与高层次海洋科技人才相匹配的、知识与科技含量高的岗位,创造一个具有良好发展前景的科研环境。如果从另一个角度考量海洋科技发展的现状,最薄弱的地方还不是在人才。因此,把培养造就一大批在思想政治上表现过硬、专业能力上表现优异的海洋科技人才摆在海洋科技安全的战略位置,既是我国海洋科技发展的长期任务,也是目前面临的当务之急。

二、海洋科技发展的体制因素

海洋科技体制,即海洋科技活动的组织体系与管理制度的总和,包括组织原则、管理原则、运行机制等内容。组织和管理,是将当前拥有的资源整合,并发挥出整体效能的基本手段,只有运用科学合理的组织管理方法,才可能最大限度地发挥资源的整体效能,并在一定程度上弥补技术上的相对不足。

世界海洋科技发展的历史表明,海洋科技体制是保障一个国家在海洋科技能力和海洋技术安全持续发展的前提。美国拥有340万平方海里的专属经济区海域,海洋经济高居世界前列,海洋产业极度发达,是当今世界的一流海洋强国。当前海洋在美国的经济社会发展与国家安全中占据了重要的战略地位。美国高度发达的海洋事业,得益于其强大的海洋科技实力。美国拥有斯克里普斯海洋研究所、伍兹霍尔海洋研究所、拉蒙特·多哈蒂地质研究所、国家海洋大气局水下研究中心等众多世界著名的海洋领域的科研机构,各研究机构资金充足、装备先进,更为关键的是美国从国家层面制定的海洋科技发展政策,这种科研制度建设和发展模式为其在海洋科技方面的发展提供了极端重要的支持帮助。

从20世纪50年代起,美国在海洋科技发展方面出台了一系列战略规划,如《全球海洋科学规划》、《1995—2005年海洋战略发展规划》、《美国海洋行动计划》、《21世纪海洋蓝图》及其实施措施等,为其海洋科技的快速发展提供了强有力的政策性支持,使美国在海洋科学基础研究与海洋技术开发方面形成了显著的领先优势,为美国海洋事业的强盛提供了根本的支撑,这些均表明健康快速的海洋科技发展离不开科学完善的海洋科技体制。

我国海洋科研机构设置处在探索与改革阶段,逐步走向科学技术研究与市场融合的总体趋势,这是我国近些年在海洋科技体制机构的成效,但力度有待加强,问题还不少。

三、海洋科技发展的财政因素

(一)搭建多渠道的科研投入体系

引导全社会多方面、多层次、多模式增加在海洋科技方面的投入,组成以政府投入为先导、企业投入为主体、社会集资为补充的全社会科研投入体系。

政府继续保持财政经费对海洋科技投入的同时,实施政策导向措施、通过市场经济杠杆、约束机制等引导和鼓励与海洋相关企业主动增加海洋科技投入。通过优惠政策扶持与知识产权保护引导大型企业集团贡献一定数量的资金,集中用于关键海洋技术的研究开发和产业化的投入。鼓励社会海洋公益组织积极募资投入海洋科技研究的投入。

适应当下科技发展方式,改善政府科技投入模式。完全依靠政府部门资金、由政府部门自主决策、支持某若干科研活动项目的政府主导投入推动模式在计划经济有着积极重要的作用,但在市场经济非常活跃,强化自主知识产权的当下,完全依靠政府主导投入发展的模式已经不适应。

在计划经济体制下,我国科技研究机构是以政府部门主导建立起的,垂直领导关系的科技研究管理体制,科技研究都是依靠政府财政拨款。改革开放后,中央政府与地方政府对于科技研究的投入都在不断地加大,但是距离经济增长和科技现实发展需要还远不足够,人均科研经费投入低于一些发展中国家。根据有关资料统计,德国企业投入科研经费,占到总投入的 66% 左右,美国更是超越 70%,而我国不足 50%。近年来,随着我国对海洋事业的重视,海洋科技投入总量与比例均有所提高。20 世纪末期我国海洋科技投入总量大约占到日本、德国、美国等海洋强国的四分之一,人均远低于海洋发达国家的科技投入。近年来,随着我国对海洋事业的重视,在海洋科技方面的投入不断加大,海洋科技收益不断上升,但与涉海强国在海洋科技领域的巨大经费支持相比仍然无法比肩。传统科技投入模式显然不能满足当前国际科技激烈竞争的现状。

(二)结构投入由封闭转向开放

我国在海洋科技投入体系方面是既"封闭"又"分立",政府在海洋科技方面的投入项目注重国家层面海洋事业和海洋安全的发展。企业将市场化收益作为选择项目的目标,而对于介于国家战略目标与市场经济目标中间的研发则存在着严重的双重缺位问题。企业很少给科研系统投资,科研系统使用的政府资金研发的项目大多情况下又非企业所需要,造成生产系统与科研系统在资金上相互分立,民用科研资金与军用科研资金相互分立,等等,导致大量科研资金闲置和浪费并存的现象。政府应该加强与非国有资本投资之间的合作租赁或者有条件地买断国家实验室等。

四、海洋科技发展的创新因素

(一)创新产出较少

有限的海洋科技资源得不到科学合理配置,进一步降低了海洋科技创新的效率,造成研究成果的产出较少。创新效率不高,管理体制陈旧,部门间信息封锁,利益分割,资源得不到共享,造成多数研究所经费短缺,科研选题低水平重复,先进、大型仪器设备与基础设施无力改造更新,科研条件改善不到位。

（二）创新基础较差

长期以来我国经济社会发展主要依赖陆地资源,形成重陆轻海的意识,加之新中国成立初期的特殊环境,致使我国海洋科技发展起步比较晚。海洋科技创新时间短,没有形成很好的科技积累。国家"863"、"973"对加强海洋科技研究作了重要战略部署,促进了海洋科技的发展,取得了一定的成果。但总体看来,我国目前关于海洋科技的政策文件中,涉及海洋科技创新方面的支持较少,宣传和引导力度还不够。海洋药物、海水综合利用、海水淡化、深海采矿、海洋能源等海洋高新技术产业大多尚在研究试验阶段,部分初步形成产业化,对我国海洋经济总体贡献有限。

（三）创新资金不足

海洋科技投入直接决定海洋科技创新发展,海洋科技投入不足是制约我国海洋科技创新能力提升的重要因素。沿海从事海洋科技活动的人员目前占从事科技活动人员总数的0.5%左右,且年龄结构不合理、知识结构不尽完善。尤其缺乏高级人才与世界级的科学家。科技活动主要集中在院所和高校,企业还不足为科技创新的主体地位。

经费主要是政府拨款,渠道比较单一。沿海地区科技投入比例仅为科技总投入的10%左右。海洋科技投入规模和结构,与海洋发达国家相比差距大。保障海洋科技研究的投入是促进海洋科技创新的重要路径,目前形势难以促进我国海洋科技的跨越式发展。海洋科技创新发展需要集多方努力,多渠道吸引资金,以保证我国科技兴国战略的资金投入。目前,只有中科院、国家海洋局和中国海洋大学等十几所研究机构具有一定的规模和水平,且研究机构设置重复,学科专业交叉重叠。中科院和国家海洋局之间、国家和地方之间割裂严重,军民技术研发一半以上重复;传统产业领域研究力量强,新兴产业领域研究力量弱。

第四节　海洋科技体系安全构建

一、海洋科技安全体系的指导思想

（一）科技兴国战略思路指引

早在1977年,邓小平同志在全国科教座谈会上提出,我们要赶上世界先进水平,要把发展科学技术作为经济发展与建设现代化强国的先导。1995年5月6日,中共中央、国务院颁布了《关于加速科学技术进步的决定》,首次提出在全国实施科教兴国的战略。当前,世界上绝大数临海国家都已经把海洋开发利用作为基本国策,竞相制定海洋科技、"战略计划"、"开发规划"等,把海洋科技的发展摆在向海洋进军中最主要的位置,将海洋科技作为世界新科学技术革命最重要的内容来建设。面对日趋激烈的海洋经济,我们必须把发展海洋科技作为建设海洋强国的极端重要的工作来常抓不懈。树立科学的发展思想,把国家总体科技发展战略与海洋科技发展目标结合起来,开拓创新,结合我们当下海洋科技不够发达的实际情况,遵循建设社会主义市场经济的基本结构;立足我国科技体制、运行机制,加快海洋科技与经济发展一体化进程,走符合我国国情的海洋科技发展道路。

(二)海洋资源安全保护与充分利用的现实需要

作为地球最大的资源与环境载体,对海洋资源的开发需求是非常巨大的。海洋科学技术在某种程度上已成为维护世界海洋经济、海洋资源、海洋生态环境等发展、保护、开发的最重要最直接的影响因素。尤其进入海洋世纪之后,要节约、高效、全面地开发海洋资源并做到充分利用,需要一系列的海洋技术作为支撑,如海洋生物技术、深海探测技术、海洋遥感技术等,海洋技术的不足导致大量海洋资源开发不完善、利用率不高造成很大浪费,同时对生态环境造成不小的负面影响。目前,我国在海洋科学技术方面的劣势,周边国家对于我国传统海疆线内的油气、渔业资源进行掠夺,造成我国海洋资源的巨大损失。

(三)自身安全价值需求

海洋科技安全是关系到国家海洋安全与国家利益的科学技术,当今时代,作为一种社会建制并只是单纯知识体系的科学技术,其发展状况总是与民族和国家利益相关。对海洋科技安全的追逐承载着对海洋科技安全的自身价值安全需求。

海洋资源所处环境非常复杂多变,其开发难度十分巨大。科学技术作为经济发展方面的第一生产力,是经济发展的基础,其安全状态对国家整体竞争力和海洋经济安全的影响越来越大。科学技术直接成为了维系海洋经济安全和发展的最重要战略因素。

二、海洋科技安全指标体系的构建

海洋科技安全作为一个动态、复杂、非平衡性系统,在其运行过程当中各个要素受到整个社会机制的影响和干预,其自身的抗干扰能力与自我修复能力显得格外重要。而这需要海洋科技安全组织系统各个要素发挥自身特殊作用。目前为止,关于我国海洋科技安全的指标体系的构建,在理论上与实践方面尚未达成社会各界共同认知的标准范畴。本文试图从以下五个角度进行构建海洋科技安全指标体系,如图8-1所示。

表 8-1　海洋科技安全指标体系

目标层	领域层	要素层	指标层
一级指标	二级指标	三级指标	四级指标
	海洋资源指标	海洋资源立法	1. 立法实效性 2. 立法可操作性 3. 立法的前瞻性
		海洋资源总体规划	1. 地域性规划 2. 时空性规划 3. 规划方案调整
		海洋资源科学管理	1. 使用性管理 2. 安全保护性管理
	海洋科学技术水平	海洋科学核心技术	1. 军事领域 2. 工业生产 3. 海洋能源技术
		海洋科学转化率	1. 企业效益贡献率 2. 民间应用情况
	海洋科技人力资本	人力资本人员结构	1. 年龄分别 2. 性别比例 3. 学历情况
		人力资本知识储备	1. 学习能力 2. 自身知识储备 3. 深造学习机会
		人力资本质量数量	1. 流动性 2. 实践经验 3. 受教育状况 4. 从事人员绝对数量 5. 从事人员性别、年龄等比例
	海洋科技资金投入	风险市场的建立	1. 海洋科研风险投资 2. 海洋科研风险评估 3. 海洋科研风险把握力
		财政支持力度	1. 相对资金投入数量 2. 资金投入渠道
		优惠政策	1. 税收优惠 2. 财政扶持

目标层	领域层	要素层	指标层
一级指标	二级指标	三级指标	四级指标
	海洋科技管理指标	海洋科技管理体制	1. 海洋科技奖惩机制 2. 海洋科技立项 3. 海洋科技项目审批
		海洋科技管理权责	1. 权力部门的权责明细 2. 隶属部门的权责明细 3. 部门间的信息沟通

（1）目标层。海洋科技安全：通过对海洋资源、海洋科技水平、海洋人力资本、海洋资金投入、海洋科学管理体制4个指标进行分析，为维护各个子目标能够安全发展创造有利环境，力推海洋科技安全的和谐与全面发展。

（2）领域层。为维护海洋科技安全提供导向，通过对海洋科技安全体系较为全面的分析，提升对海洋科技安全简单、快捷、详细的了解，在防范不安全因素中可以有针对性地采取措施；为如何增加海洋科技安全的自我保护能力提供解决思路；同时为海洋科技安全的动态关注与追踪提供素材。

（3）要素层。海洋资源立法：涉及海洋资源的保护、开发、利用、改善等相关法律。

海洋资源总体规划：对已探明海洋资源利用的计划。

海洋资源科学管理：海洋资源区域规划与海洋资源行业分类等。

海洋科技核心技术：海洋科技领域中高新技术掌握程度。

海洋科技转化率：主要是指海洋技术自给率，特别是海洋先进技术在生产中的应用。

人力资本人员结构：从事海洋科研事业人员的包括年龄构成、工作年限、性别等。

人力资本知识储备：从事海洋科研事业人员的学历、专业知识、培训学习情况。

人力资本质量数量：主要指从事海洋科研事业人员绝对数量以及知识储备、年龄情况、工作经验等。

风险市场的建立：对海洋科技产业发展风险的把握与预测机制。

财政支持力度：主要反映在海洋科技资金总投入占取政府对海洋领域整个财政投入的比例。

优惠政策：政府对海洋科技方面的税收优惠政策、金融调控政策的支持等。

海洋科技管理法设立：主要包括海洋科技在发展中改革、发展。

海洋科技管理体制：重点涉及海洋科技项目申报、审批、奖惩等相关管理办法。

海洋科技管理权责：海洋科技管理权力部门与隶属单位之间在职责划分、信息沟通、相互协作等。

三、海洋科技安全体系的功能特征

(一)反映海洋科技安全的总体状况

建立海洋科技安全体系,立足某个时期或时段,为企业、政府、相关工作机构等提供海洋科技安全服务,为决策者提供参考依据,尤其需要重点或者优先考虑的因素。使决策者比较快速准确地了解掌握,在认识其现实状况的基础之上,找出其威胁因素进行分析研究,针对海洋科技安全问题的原因与变化,作出科学的判断。

(二)为海洋科技安全体系建立提供方向指导

将诸多较为复杂的海洋科技安全因素简化,为相关工作人员改进提供翔实的信息了解,使其在措施实施、构建安全力量中具有针对性。建立海洋科技安全系统的自我发展与保护能力,提供有利于决策的可行性方案。同时,在各个指标体系反映的发展状况中,通过跟踪观察,进行决策调整以便及时有效地做出对危机应对的高效反映。

(1)海洋资源安全指标。海洋资源是一切海洋有关活动的基础,任何海洋相关部门将直接或间接与之产生联系。一般而言,一个国家或者地区海洋资源人均可开发的存量越高,则意味着海洋资源安全度相对就高。海洋资源的安全不仅是当前现有的探明数量与人均资源量的高低,以下几个方面也会对海洋资源的安全产生影响。

①海洋资源立法。海洋资源立法工作在我国已经得到较大重视。目前在海洋法规方面,制定了一批海洋资源有关的法规,如《中华人民共和国渔业法》、《中华人民共和国矿产资源法》、《中华人民共和国土地管理法》等,这些法规的建立对海洋资源的开发保护有重大作用。但总体来说,海洋资源相关法律还缺乏系统性,需要继续完善海洋资源相关法律建设。

②海洋资源的总体规划。当前,我国在海洋资源的规划方面缺乏完整、统一的海洋资源开发的指导政策,无力从整体上对我国海洋工作进行规划统筹。

③海洋资源的科学管理体系。我国海洋资源管理主要是由多个政府部门同时负责管理,比较缺乏有力统筹的综合管理机构,在现实当中容易导致对海洋资源综合应用的协调困难,资源部门意识与利益太强化,导致资源管理的浪费与对资源管理的失控,不利于相关工作正常有效开展。

(2)海洋科学技术水平。海洋科学技术水平指标主要是海洋科技核心技术自给率与海洋科技成果转化率。

①海洋科技核心技术。当前海洋科技的竞争制高点在于核心技术能力。各国在海洋科学技术方面的竞争已经相当激烈,特别是核心技术关系到一个国家或者地区的海洋综合实力和发展前景。若自身在核心技术方面缺乏竞争力,则必将受到他人技术控制,危及自身安全。

②海洋科技转化率。海洋科技转化率主要体现在其生产中的成果应用比值。近年来我国在海洋科技成果转化方面加快发展步伐,先后推出一系列与海洋资源开发、海洋科技创新等相关的战略规划,确立了把依靠海洋科技的发展作为实现我国由"海洋大国"向"海洋强国"转变的海洋开发总体战略目标,明确了海洋科技成果产业化的战略任务,为海洋科技成果转化建立了明确的发展目标。

③海洋科学技术人力资本。海洋科学人力资本主要反映在从事海洋科技的人力投资、人才架构、人才数量上等。海洋科技人力资本内生于海洋科技的发展,海洋科技进步是海洋人力资本的根本属性。

海洋人力投资,主要是指对从事海洋科技相关工作人员在继续学习、培训、提升工作人员素质的投入力度。

海洋人力架构,不仅包括人员之间的年龄结构、专业知识、工作年限等,也涉及个人知识储备、学历、工龄、人才自身质量等;市场作用的人才流动情况。

海洋人才数量,主要由从事海洋科技人员占涉海工作人员的比例,以及科研单位和高等院校对海洋科技人才的培养两个领域。

④海洋科技资金投入实力。海洋科技投资本身具有比较高的风险,需要建立风险资本市场,其更多需要强大的财政支持,海洋科技资金支持指标主要反映在海洋科技资金总投入占政府对海洋领域整个财政投入的比例;政府对海洋科技方面的税收优惠政策、金融调控政策的支持等。

⑤海洋科技管理体制。海洋科技管理体制是海洋科技发展规划与具体实施的纽带;是国家实施海洋强国的行动纲领;是海洋科技部门工作的遵守准则;是决定海洋科技成果的基本保障。主要包括相关立法与政策、行政与经济手段、教育等几个领域。

创建新型海洋科技管理体制的目的是海洋科技工作效益的提高,为了海洋科技更快发展,更好地把握好改革、发展、稳定的关系,需要制定相关的法律、法规,制定与之相适应的配套扶持与优惠政策。当前我国现存的海洋科研机构隶属不同的行业,由不同的部门领导管理,海洋科技体制改革是一个涉及层面宽、范围广的系统化工程,必须有统一、协调的组织领导,以加强各系统间改革协调关系。

第五节 海洋科技安全的对策

一、正确把握海洋科技"三系"力量

当前我国海洋科技力量主要由三个方面所组成:海洋科技研究体系、海洋科学技术开发体系、海洋科技服务体系。

海洋科技研究机构可以分为海洋技术开发型、社会公益型、科技服务型、基础研究型、国家战略高技术研究机构等主要类型。对于不同性质的机构改革在方向与管理方式应各不相同。

对有潜力、有能力面向市场的海洋技术开发类研究机构，应引导使其转化为海洋科技型企业，一般机构企业应当放权归属各级地方管理运行，行业龙头可以考虑由中央机关单位直接统筹负责。

对于在海洋公益类与科技服务类研究机构中，有面向市场条件的，如能够进入市场开展海洋科技有偿信息咨询与海洋科技服务的机构，可以分离并转成海洋科技型企业、进入企业或转变成海洋科技企业性质的服务中介机构。在能够服务市场的同时无法获得经济效益的回报，如海洋环境维护、海洋生态保护、海洋权益保障等给予相关政策与资金扶持。形成"开放、合作、高效"的新型国家级海洋科学研究机构，重点用以研究和解决国家在海洋事业发展过程中所面临的基础性、关键性、全局性、方向性的重大海洋科技研究难题。

二、维护海洋科技安全的危机感

在影响海洋科技安全的所有因素中，关键点是我们每个公民自身海洋科技安全的意识。一个国家海洋科技安全是否可以走向健康发展的道路，在很大程度上取决于该国民众对海洋科技安全的保护程度，因此，维护海洋科技安全的第一要点就是在民众中树立海洋科技安全的危机感。世界上不少国家已经在海洋科技安全方面做了大量的教育宣传，特别是一些海洋强国，已经将普及宣传海洋科技安全意识作为他们树立科技安全的重要组成部分。我国人口众多，海洋科技安全教育应该从小培养，将此作为爱国主义教育与维护国家安全教育的内容之一。用各种方式将这种自觉维护海洋科技安全的意识深深植于广大民众的内心深处，让人们切实认识到维护海洋科技安全的重要性与必要性，培育成一种民族的文化氛围从而自觉地维护海洋科技安全。

三、建设海洋科技人才队伍

海洋科技研究工作是一项创造性的科学技术劳动工作，离不开大批具有创造力的海洋科技人才。通过他们在海洋科技领域里的刻苦攻关，才有新的理论、新的概念、新的发明不断诞生。纵观人类科技发展的历史，任何一项重要的科学技术的问世，都与一些优秀的科技工作者联系在一起。里科弗主持率先研制出核潜艇，由费米、奥本海默等著名科学家率领大批科技人员研制出第一颗原子弹，等等。由科技人才研制成功的新型设备，对于人类历史具有重要的划时代意义，这充分证明了海洋科技人才在海洋科技研究领域中具有极端的重要性。

美国之所以长期以来担当科技界"领路人"的角色,让各国皆望其项背,根本原因在于美国一直以来非常重视人才的培养和引进,颁布了许多有利于国家人才建设和储备的法案。美国目前通过吸引国外科技人力资源的政策,每年从全世界范围吸引数十万世界顶尖科技人才。海洋科技人才是海洋科技事业发展的不竭动力,是维护海洋科技安全的重要保证之一,也是保证海洋技术能力持续发展的基础。作为推动科学技术,尤其是海洋科技发展的主体,海洋科技人才资源已成为决定一个国家海洋综合实力的战略性资源,这一资源储备和丰富程度,不仅关系到海洋科技安全,而且直接影响到一个国家的综合国力及其在国际上的政治地位与话语权,显然海洋在人类生活中的地位不断提升这一态势在未来将越发明显。

四、创新海洋科技管理体制

总体把握中央关于机关单位机构改革的原则和思路,以全局的发展视野对我国现有海洋科技研究机构和组织进行调整,打破以往机构部门界限,加强融合,贯穿"稳住一头、放开一片"的方针,对我国现有的海洋科研组织与力量进行重新组合和划分,有利于调动多方面积极性、优化当前海洋科技资源的配置,使之与海洋经济建设的需要、科技发展的新形势相适应,以更好地为国家在海洋经济建设、海洋国防领域建设、海洋资源开发利用服务,必须加强海洋科研和海洋产业生产相结合,促进海洋科技开发和海洋科技成果的转化力度。

五、推进我国海洋科技成果与知识应用服务

(1)促进科技成果转化。海洋科技的应用发展,需要着力推进海洋科技与海洋高新技术成果的集成创新与海洋经济产业化,提高海洋科技成果的转化率与效益,构建主导政府—企业主体—高校与科研院所参与—金融机构支持结合、海陆统筹与区域之间合作的科技兴海、科技兴国模式。为加快科研成果的应用服务,政府应作为企业与联系科研机构的媒介,建立有效的成果转换机制与技术转让制。这一模式有助海洋科技机构的核心技术优势的推广,为需要的企业搭建合作交流平台。企业发展得到先进技术的支持,海洋科研成果转化为市场商品。

(2)建立服务机构。建立以海洋技术市场与海洋信息市场为主要内容的咨询服务、技术中介、技术仲裁、无形资产评估、法律服务机构等,建设一批高素质的海洋科学技术经纪人队伍,逐步完善海洋技术市场体系。加强现代化技术手段在市场中的应用,搭建技术供需双向信息渠道与国内外联网的信息网络,使技术市场成为海洋科研究机构成果转化的主渠道。设立专门的海洋高技术租赁、典当拍卖行,作为一种服务中介,海洋高技术租赁、典当拍卖行的经营包括专利技术、非专利技术成果以及各种知识产权在内的无形资产等商品的

出租、拍卖业务、典当。通过对海洋高技术知识产权的转移性运作，可以提高海洋科技成果的商业转化率，激发海洋科研人员的研究积极性，起到保护海洋科技成果的知识产权的示范作用。

六、完善多元化的经费投入体系与风险投资机制

（1）完善多元化的海洋科技经费投入体系。海洋科技发展是国家海洋战略发展的重要基础，在各级政府按照相关政策对海洋科技的持续增长的投入外，增加和调整对高校在海洋科技研究方面的投入比例，以政策为导向，提升科技投入的渠道。多样化的经费支持是海洋科技发展的重要保证。目前我国海洋科技经费主要是依靠政府财政支出，科技投入的资金回报率周期较长、风险比较大、效益比较低，企业一般资金在科研方面的预算与投入积极性不高。所以政府一方面应在加大自身对海洋科研经费投入规模的同时，引导和鼓励企业对海洋科技研究方面的投资，给予政策倾斜，引导企业积极投资于海洋科技研究活动。广泛吸收社会资本，逐步形成政府、企业、社会的多元化对海洋科技研究的投入格局，真正实现对海洋科技投入的多元化发展。

（2）完善海洋科技风险投资机制。从世界海洋科技发达国家的发展经验不难看出，建立风险投资机制与发展创业基金是实现海洋科技成果转化、发展海洋新技术产业的重要选择。完善的风险投资体系，能够弥补海洋科技成果转化阶段相关企业筹资能力。同时通过建立多渠道的风险融资投资体系，运用灵活组合投资、联合投资的思路，达到降低分散资金投放风险的效果。

（3）科研经费的管理。海洋科研经费管理工作作为海洋科研项目工作开展的基础保障工作，其管理必须合理、规范、科学，对于目前海洋科技发展的迅猛形势，传统海洋科研经费管理办法已经不能适应当前的快速发展的要求。海洋科研经费使用管理应当建立在以现代财务管理为支撑的基础上，同时需要在项目参与过程的人员配合，用发展、动态的眼光分析问题，通力配合，创造出良好的科研经费管理环境，为科研发展解决后顾之忧。

第九章　中国海洋国防安全

第一节　海洋国防安全概述

一、海洋国防安全的内涵

国家安全是国家生存和发展的基础,也是国家追求的目标。一个国家或多或少都有着来自内部和外部的威胁。国防,作为保障国家安全的重要组成部分,历来受到各国政府的高度重视。国防安全是一个动态的概念。它指的是一个国家的防务处于没有风险的客观状态,没有遭到外来的侵略,不需要进行军事斗争及其他方面斗争的客观状态。[①] 在农业时代,陆地是人类基本的生存空间,"领土"是国家极力捍卫的领域。工业时代到来后,人类利用和开发海洋资源的能力迅速提高,海洋资源成为人类生存和发展的重要来源,人类的国防安全空间自然由"领土"延伸到了"领海"。特别是 19 世纪末,美国军事家马汉提出"海权论"后,人类对于海洋国防安全的认识上升到了新的水平。

海洋国防安全是一个国家陆地安全得到保障的同时,不会面临来自海上的威胁(包括传统与非传统的威胁),不存在海域、海岛等海洋争端,国家的海上战略通道保持畅通,周边其他国家发生冲突时不会对本国的海上安全带来关键性损害。

二、海洋国防安全要素

海洋国防安全要素,主要包括经济、军事、科技、海洋观念等。

(一)经济因素

经济基础决定上层建筑,一个国家的经济发展水平,对于海洋国防的投入有着直接的影响。在一定时期内,国家可支配资源相对有限、国民收入相对有限的前提下,对于投入经济领域与军事领域存在相互矛盾之处。改革开放之后,中国经济之所以能够迅速发展,与中国的国防安全的牺牲是分不开的。2001 年之前相当长的一段时期内,中国对于国防领域的投

[①] 迟俊杰,陈金涛:《浅谈我国国防安全构成要素》,载《中国市场》,2011 年第 18 期,第 132 页。

入占国内生产总值的不到2%,远远低于美国等主要军事大国。近年来,随着中国经济的崛起,中国在地区与国际格局中地位的不断上升,"中国威胁论"甚嚣尘上。美国重返亚太,在战略上遏制中国的崛起。中国需要必要的国防安全实力,"能战方能言和"。21世纪以来,中国海上国防力量有了较快的发展,这也得益于中国经济的稳定增长。

（二）科技因素

科学技术是第一生产力。中国海洋国防安全体系的建设离不开科学技术,尤其是海洋科学技术。它代表了海洋国际竞争力。20世纪末中国开始启动"863"计划,其中海洋领域的总体发展思路为"挺近深远海,深化近浅海,坚持军民结合,以维护国家海洋战略利益和培育海洋新兴产业为向导,以形成海上技术作业能力为目标,突破一批前沿核心技术……初步形成深海环境观测、运载作业和资源勘探开发的技术能力,为实现海洋技术由近浅海向深远海的战略转移,建设海洋强国提供技术保障"①。近年来,我国在海洋科技领域突飞猛进,远洋调查与勘探技术、深海作业技术、海洋生物资源开发和利用技术、海水淡化技术以及海洋可再生能源技术等领域都取得了可观的成果,为我国的海洋安全提供了有力的智力支持。

（三）军事因素

军事是维护海洋权益,保障海洋国防安全的有效方式。影响海洋国防安全的军事因素包括军事兵力尤其是海军兵力、武器装备以及战略战术等。无论是现实主义的"安全困境"理论,还是自由主义的军控理论,以及建构主义的"新安全观"都强调军事作为维护国家安全的重要手段进行专门研究。冷战结束后,两极格局不复存在,各大国纷纷调整军事战略,由防御世界大战转向准备局部冲突,削减装备数量、提高装备质量,发展高、精、尖武器。在新时期,海上传统安全与非传统安全交织上升,周边海洋环境日趋复杂的情况下,发展海上军事力量对解决新问题,应对新挑战有着现实及历史意义。海军作为海防活动的主体力量,既能反映出一个国家的科技发展水平又能直接、有效反映国家意志。加强海军建设不仅关系我国海洋国防安全,同样关系周边地区的和平与稳定。

（四）观念因素

受传统因素的影响,与陆地意识相比,对海洋意识的培养一直处于被忽略的地位。正是由于海洋意识的忽略,实行闭关锁国政策,才使得我国失去了谋求海洋利益,寻求海上进步的时机,被西方列强从海上打开中国门户,造成长期落后于其他国家的局面。虽然中国政府有着强烈的海洋意识,但政府与民众之间的海洋观念有差距,存在断层。时至今日,我国人民仍然有许多人对960万平方千米的陆地面积牢记于心,却不知道还有至少300万平方千米的海洋国土,对海洋的功能性认识更加匮乏。中国的"海洋"有三层含义:"一是地理上

---

① 国家海洋局海洋战略发展研究课题组:《中国海洋发展报告》(2014),海洋出版社,2014年版,第192页。

的,中国的海洋区域和海洋专属经济区内的生态环境和海洋资源;二是指中国的海上力量,包括开发、利用、管理、控制海洋的政治力量、经济力、军事力,即中央政权和民间社会经略海洋的实力;三是文化上,指中国创造海洋文明的运作机制和发展,模式①。"在以上三方面中,文化层次方面最为薄弱,这种深刻凝聚着国民意识的文化层面,是一个国家成为海洋强国不可或缺的因素。"无论多么远见卓识或谨小慎微,政治家的努力都无法填补强烈的自然冲动的缺口。当国民性格中可以找到自我发展的种子时,来自于本土的最为精细的调节也不会产生如同无为而治那样的良好结局②。"当一国国民的海洋意识足够发达时,才能为该国的海洋开发提供源源不断的动力,才有可能发展成为海洋强国。

第二节 我国海洋国防安全形势

一、传统军事安全威胁有增无减

首先,两岸分离的现状没有改变,且在短时间内也难以有实质性改变。尽管 2008 年马英九当局自 2008 年以来,采取了一系列的积极改善两岸关系的政策,但是在两岸统一的关键性问题上又表现得比较冷淡。其两岸政策的出发点和落脚点都是为了巩固其在台湾的执政地位,带有明显的实用主义的特点。一方面承认"九二共识"的存在,另一方面又强调台湾不是香港,不适用"一国两制",主张"不统、不独、不武",不愿意在统一问题上做出突破性尝试,并以大陆对亚太存在军事威胁为借口多次强化与美国军售协议,发展同美国的军事关系。另一方面,"民进党"等激进势力,在台湾仍然有很大的影响力,仍然会给两岸统一制造麻烦。美日等国因为历史及现实原因不断插手台湾问题,不但违背中美联合声明,继续加强对台军售,还插手台湾内部事务,扶植不同派别以制衡国民党在台湾的影响力,这种"以台制华"策略,使得两岸统一形势变得更加严峻,也使得中国海洋国防安全体系构建更加困难。

其次,美国依然把中国当做其潜在竞争对手,视中国为其潜在威胁。尤其是冷战结束后,苏联威胁不复存在,东欧安全问题迅速下降。美国开始加强在西太平洋的军事部署,2009 年美国开始重返东南亚之后,明显提升了对西太平洋地区的关注,其战略任务除了反恐之外,遏制中国的意图明显。2004 年,美国发布的《国防战略》中只有 1 次提到中国,而到了2008 年的《国防战略》却有 17 次提到中国,认为要"防范中国不断推进军事现代化及其战略选择会对国际安全造成的影响","美国国防部要通过引导和防范,来应对中国不断增长的军

---

① 马志荣:《海洋强国——新世纪中国发展的战略选择》,载《海洋开发与管理》,2004 年第 6 期,第 4 页。
② [美]马汉:《海权论》,萧伟中、梅然译,中国言实出版社,1997 年版,第 56 页。

力及其使用方式的不确定性"①。在钓鱼岛、南海等中国核心利益方面,美国不断制造事端试探中国底线。2014年9月30日,美国国防部副部长罗伯特·沃克在回答记者关于钓鱼岛提问时说,"如果美国在太平洋地区的盟友受到威胁,美国将用武力做出回应"。并称到2020年,美国将把60%的兵力部署在太平洋海域,总兵力将达到10万。② 在南海问题上,美国不断加强与越南、菲律宾等国家关系,替东南亚国家撑腰,在2014年5月发生的中越撞船事件中,美国国务卿克里不断批评中国,视中国在西沙群岛的行动为"挑战",并要求同中国"通过法律和仲裁等方式和平解决"③。

再次,军事测量影响我国海洋国防安全。西方国家运用情报人员在中国内陆河沿海进行侦查活动从来没有停止过。2001年的中美南海撞机事件以及2009年的中美"无暇号"事件使得这一事件成为国际热点话题。由于《联合国海洋法公约》对于专属经济区的军事测量未作出明确规定,一些发达国家借口"航行自由"、"科学考察"等名义进行情报侦察。2006年7月,中国海监开始定期维权巡航,多次在南海、东海等不同海域发现其他国家的情报船在中国专属经济区内进行测量、侦察活动。2009年3月,美国"无暇号"海洋监测船在中国南海专属经济区内进行水声探测时,与中国船只相遇,引发中美海上对峙事件。美国以航行自由为依据指责中国对其船只进行骚扰,并派遣导弹驱逐舰前往南海,中美海上局势一度紧张。尽管多数国家认为军事测量活动应该得到沿海国家的同意,但是美国等海洋霸权国家坚持"自由航行",很难对其进行有效约束,这在相当程度上影响了中国的海洋安全。

二、海上非传统安全威胁上升

除了以上传统海洋军事威胁之外,中国还面临着来自海上的非传统威胁。"海上非传统威胁是指除因海上领土、领海、海洋权益纠纷引发的国家间武装冲突、战争等传统威胁外的对国家海上安全和海上利益构成的现实和潜在的压力"④。其主要表现形式为海上走私、偷渡、贩毒、海洋灾害以及海上恐怖活动等。

近年来,随着海洋世纪的到来,海洋对人类的作用越来越大,因为海上隐蔽性强,执法难度大等特点,犯罪分子也利用这些条件从事偷渡、贩毒、抢劫,甚至进行海上恐怖袭击等违法

① 左兰成、司马源:《美国的国防战略17次提到中国》,载新华网,http://news. xinhuanet. com/herald/2008 - 08/04/content_8940211. htm.

② 凤凰视频,《美军强硬发声替日站台》,载凤凰网,http://v. ifeng. com/v/news/csmjfs/index. shtml? _v_www4#0174f0c1 - 0ffa - 4e32 - ba2f - ccd80583986c.

③ 《克里批评中国在南海"挑战"》,载日经中文网,http://cn. nikkei. com/politicsaeconomy/politicsasociety/9252 - 20140513. html.

④ 张剑:《海上非传统威胁对海防安全的挑战与应对策略》,载《国防》,2007年第10期,第58页。

犯罪活动。尤其是南海地区的海盗行为,已经严重影响了我国的海上生命线,进而影响我国的海洋国防安全。

(1)海盗。海盗是影响海洋运输的重要威胁,对我国而言,影响我国远洋航运的重灾区在索马里与马六甲海域。据统计,仅在马六甲海峡,从1984年到2005年,在全球3 700多起海盗事件中,就有500多起发生在马六甲海峡,占到全球海盗事件的13.5%。① 2009年,中国"华平号"和"玉兴8号"两艘货船在湄公河水域遭到泰国武装分子枪击,造成13名中国船员遇害,事件虽未发生在海洋,但是湄公河为国际性河流,对中国的海上安全同样有借鉴意义。2013年1—7月间,东南亚海域共发生商船遇袭事件57起,成为全球海域内海盗最多发地区。②

(2)恐怖袭击。国际性海峡及其附近海域,海上轮船密集,是恐怖分子发动恐怖袭击的良好场所。2003年3月,中国"福远渔225号"在斯里兰卡海域遭到袭击后沉没,造成15名渔民遇难。斯里兰卡海上猛虎组织还一度摧毁了政府军的多艘海岸巡逻艇,并击沉了其最大的军舰——撒加拉瓦丹那号,同时俘获该舰舰长。③

(3)走私。因组织严密,多呈现集团化,因反侦察能力强,破获难度较大,由于严重扰乱市场秩序,给国家带来重大经济损失。在2013年1—11月期间,仅广东边防总队就查获走私案件504宗,查获成品油3 700多吨。而其中汕头和汕尾边防支队就查出海上成品油走私56起,缉获成品油1 200多吨。④

(4)非法移民。如在台湾海峡海域,因该海域航程短,海洋环境复杂,加之两岸长久以来的互不统属,使得该海域的犯罪活动十分猖獗。有数据显示,自1990年—2009年7月,福建警方共接收非法去台人员38 494人,遣返台湾籍嫌疑人353人。⑤

(5)海上灾害。根据国家海洋局统计,2013年,大陆"海共发生风暴潮过程26次,其中台风风暴潮过程14次,11次造成灾害,直接经济损失152.45亿元,温带风暴潮过程12次,3次造成灾害,直接经济损失1.51亿元"⑥。

除此之外,还有海上贩毒、海啸、赤潮等现象也在一定程度影响了中国的海上安全。

---

① 蔡鹏鸿:《试析南海地区海上安全合作机制》载《现代国际关系》,2006年第6期,第8页。
② 国家海洋局海洋战略发展研究课题组:《中国海洋发展报告》(2014),海洋出版社,2014年版,第38页。
③ 张剑:《海上非传统威胁对海防安全的挑战与应对策略》,载《国防》,2007年第10期,第59页。
④ 李强:《今年破获走私504宗案值越3亿》,载《南方日报》,2013年12月20日,第A11版。
⑤ 张文生、李美霖:《海峡两岸在厦门海域的非传统安全合作研究》,载《台湾研究集刊》,2011年第33期。
⑥ 《2013年中国海洋灾害公报》,载国家海洋局网站,http://www.soa.gov.cnzwgkhygb/zghyzhgb/2013nzghyzhgb/201403/t20140318_31007.html。

第三节　影响我国海洋国防安全的因素分析

一、地缘环境

中国同法国、西班牙等国家一样是个海陆复合型的国家,既濒临广阔的海洋,又背靠着广袤的陆地。在海陆势力的双重夹击下,面临着战略上的两难选择。海陆复合国家要想取得海洋上的突破,必先保持陆上边境的稳定。在前秦时期,中国面临着同其他民族的战争,尤其是同北方游牧民族的战争,匈奴、蒙古、女真等都在相当长的一段时期内给中原王朝统治者制造了很大的麻烦,消耗了历代统治者的主要精力。即便如此,中国在一定时期内仍然被部分少数民族占领。

受制于北方强敌的侵扰,中原王朝往往把战略中心放在内陆,无法给予海洋足够的重视,加上长期处于农耕社会的中国政治精英的认识局限,疏于对海洋世界的开发。尽管明朝出现过郑和七次下西洋的历史壮举,但是其并没把中国人民的目光转向海洋。明朝中后期,倭寇兴起,加之北方蒙古与女真的侵扰,海陆双重压力突显。随着西方海上力量的不断增长,中国的澳门、台湾难以坚守,最后在英国的坚船利炮下,海上防线被彻底突破,致使中国在此后一百多年间被动挨打。

中华人民共和国成立后,中国同样面临着陆上与海上的双重压力,北方的苏联虽是社会主义国家,与中国制度一致,但该国大国沙文主义的传统致使两国关系迅速破裂,一度短兵相接。在海上,台湾当局同中国政府势同水火,加之美国长期对中国进行海上封锁,中国处在"第一岛链"的包围之下,海洋国防安全极度虚弱。东南亚国家趁机侵占南海岛礁,致使南海争端延续到现在未能得到有效解决。

在一国可支配资源有限的前提下,海陆复合国家发展海上实力与陆上实力往往处于两难境地。法国和西班牙曾想在陆上和海上同时取得突破,然而均以失败告终。[1] 中国现在及可以预见的将来很长一段时期内面临着相同的选择,如何突破这种战略困境是中国人需要认真思考的问题。

二、美国战略调整的压力

美国长期在亚洲有事实存在。冷战时期,尽管美国战略着眼点在东欧,把主要精力围绕同苏联的争霸展开。但即便如此,美国也一直没有离开亚洲。在冷战期间发生的两次大规

---

[1]　邵永灵、时殷弘:《近代欧洲陆海复合国家的命运与当代中国的选择》,载《世界经济与政治》,2000 年第 10 期,第 50 页。

模的热战——朝鲜战争和越南战争都是在亚太地区,且都主要由于美国的参与。

冷战结束后,苏联不复存在,美国认为这是自由主义世界的胜利。弗朗西斯福山的"历史的终结"论在世界范围内流行,加上克林顿政府时期的经济振兴,美国全球影响力空前。2001年"9·11"事件之后,美国在全球范围内打击恐怖主义,同时在欧洲主导北约东扩,挤压俄罗斯的战略空间,给予中国相对较少的关注。中国在此期间大力发展经济,改善同周边国家关系,先后赶超英、德、日等国,成为仅次于美国的全球第二大经济体,中国在亚太地区的影响力迅速增强,全球经济的中心逐步向亚太地区转移,亚太的权力格局发生自"二战"结束以来的结构性变化。

随着美国在伊拉克和阿富汗战争的结束,美国经济的逐步复苏,加之中国在西太平洋的迅速崛起,美国开始把主要精力转向西太平洋。2009年2月,美国国务卿希拉里上任伊始就开始访问亚洲四国,打破以往美国国务卿访问欧洲的惯例。同年7月,希拉里出席在曼谷举行的东盟高峰会议期间,高调宣布"美国回来了"。2010年,在东盟地区论坛上又提出南海事关美国利益。① 2012年,美国国防部长帕内塔在香格里拉峰会期间提出美国"亚太再平衡"战略,主要为了"平衡"中国在该地区的影响力。2013年,美新任国防部长哈格尔再次在香格里拉峰会上强调美国在西太平洋的安全政策,表示不仅要加之在亚太地区的投入,还邀请欧洲传统国家加入"亚太再平衡"战略,并在空中、地面等力量部署方面投入"看得见"的行动方案。② 哈格尔还表示会坚持在2020年之前把美国60%的海军军舰及60%美国本土以外的空军兵力部署到亚太地区。美国在同澳大利亚、菲律宾、新加坡等国家的军事谈判已取得明显进展,美国海军陆战队在2013年已经进驻澳大利亚北部地区;菲律宾同意美国重新使用菲军事基地;新加坡已原则上同意美国部署数艘战斗舰,美国"自由"号战舰已经在2013年4月抵达新加坡,执行在西太平洋的部署任务。③ 美国在深化与日本、韩国等传统盟友关系的同时,还加强同越南、缅甸等国的军事渗透,拓展在东南亚的战略支点。在同中国有领土争端的国家方面,美国经常批评中国,为小国撑腰,鼓励周边国家与中国争斗,坐收渔利。

西太平洋作为中国的门户,美国在此进行战略调整,部署了大量的军事存在,给中国的国防安全带来了新的压力。

① 朱志群:《美国"战略再平衡"与中国外交》,载《美国问题研究》,2013年第1期,第21−22页。
② 《出"战略再平衡"战略2.0版》,载新华网,http://news.xinhuanet.com/mil/2013−06/07/c_124825489.htm。
③ 国家海洋局海洋战略发展研究课题组:《中国海洋发展报告》(2014),海洋出版社,2014年版,第305页。

第四节　海洋国防安全体系的构建

一、海洋战略通道的构建

国际货物运输的主要方式为海洋运输,占到全球货物运输的70%以上,海洋运输在全球经济发展中占有极其重要的地位。而在漫长的海上国际运输线上,往往一处海峡就可以起到扼守整个航线咽喉的作用。如黑海海峡为黑海进入地中海的唯一出口,扼守该出海口便能控制黑海船只的进出。这种海峡因战略价值很高,往往被称之为战略通道。美国选择了马六甲海峡、直布罗陀海峡、霍尔木兹海峡、巴拿马运河等16个海峡作为控制世界航运航道的关键点,一旦这些战略要道被封锁,则整个世界都要受到影响。

我国是个海陆兼备的国家,而我国的海区很多处于半封闭状态,进出要经过周边很多海峡,通过这些海峡,连成了一条条联通世界的海上航线。中国的国际海洋航线通达东西南北。东行航线包括中国至日本航线和中国至南北美洲东西两侧的航线;西行航线为中国海运的主要航线,中国船只经南海,穿过马六甲海峡进入印度洋,在经过苏伊士运河进入地中海,经过直布罗陀海峡进入大西洋,由于中国的石油等战略物资的进口主要经过此航海,因此该航海堪称中国的海上生命线;北行航线主要经朝鲜西海岸及海参崴港口,由于该航线纬度较高,冬季长期结冰,航运时间易受限制;南行航线包括中国至东南亚国家以及至太平洋岛国等。[①]

近些年来,随着中国经济的快速发展,中国能源需求量越来越多,对于正处于工业化阶段的中国来说,中国的战略发展将越来越倚重海上通道,海上通道安全在中国战略格局中的位置日益突出,并且形势日益严峻。首先,中国同周边国家的海洋争端日趋复杂,南海、东海形势不容乐观,一旦与周边国家发生冲突,海上通道安全势必会受到影响。其次,中国的海上通道安全系数较低,容易被他国控制,通往中国的马六甲海峡等战略安全通道不在中国海上力量的控制范围之内,一旦战事起,战略物资的供应链很容易被切断,成为中国海上安全的重大隐患。[②]

在美国逐步向西太平洋进行战略转移的过程中,加强对第一岛链的控制是其对中国进行战略威慑的重要手段,这些都时刻威胁了中国战略通道的安全,侵蚀着中国的政治利益。中国要想真正走向深蓝,在世界范围内发挥更大作用,就必须打破这种被动局面。"中国国家战略从陆地走向海洋,首先实现对自己海疆主权海域范围内有力的军事控制和政治影响

---

① 叶向东、叶东娜、陈思增:《现代海洋战略规划与实践》,电子工业出版社,2013年版,第12页。
② 高之国,贾宇,张海文主编:《国际海洋法问题研究》,海洋出版社,2011年版,第170页。

便成为中国发展战略成功的前提"①。

二、海军战略的构建

在过去几百年的时间里,海军对于称霸地区与世界作用日益增加。在海军发展早期,西班牙、荷兰、英国等都曾靠一支强大的海军建立海上霸权地位。在自有资本主义向垄断资本主义过渡阶段的英布战争、美西战争以及日俄战争中,海军发挥着不可替代的作用。两次世界大战期间,交战国运用马汉的海权理论,控制海上交通线,实施积极的进攻战略,寻求有利时机进行海上对决,目的是一举歼灭敌人。"一战"期间的英德,与"二战"期间的美日等在海上进行过惨烈的战斗,并付出过沉重的代价。冷战期间,苏联为了改变陆强而海弱的局面,同美国全球争霸,大力发展海上力量,最终与美国不分伯仲。即便是冷战结束,世界在和平与发展的主流下,海军的地位依然没有削弱,美国在冷战之后进行的几次局部战争都是在海军的主要参与下进行的。

21世纪是海洋的世纪,中共十八大提出坚决维护海洋权益,建设海洋强国。这就需要一支现代化的海军作为支撑。这样才有可能制止他国对我国海洋权益的侵犯,才有可能保持足够军事威慑力,才有可能为中国现代化建设提供一个安定和平的战略环境。基于此,在建设我国现代化海军过程中,需要完成以下命题。

(1)海军发展目标。世界海军大体可以分为近岸防御型、近海防御型以及远洋攻击性三种。美国为远洋攻击型的典型代表,众多的海上攻击力量分布在世界各地,具备全球海上打击能力。中国、英国、法国等国虽然难以望美国项背,但是拥有近海防御力量,能够实施积极防御战略,有效保卫自身海洋安全。第三世界的许多小国,因国力有限,没有能力建立强大的海军,只能组建小型的沿海力量,以进行有效的沿岸管理。中国近年来不断派军队进行远洋护航,已具备部分远洋作战能力,但总体上仍属于近海型海军,要想成为一支强大的区域性海上力量,仍然需要许多年的努力。

(2)海军发展战略。建设一支强大的海军不是一朝一夕就可以完成的,历史上任何一个海上强国的建设都是经过认真规划、长期逐步进行的。中国要进行与中国现阶段国家实力相匹配的海上力量,也应该从战略高度,长远考虑,分步实施,把中国海军打造成由"保卫大陆"向"维护统一,捍卫海权"转变;由"依托岛岸,近岸作战"向"积极防御,近海作战"转变;由海军战略运用单一性向多样化转变。②

(3)海军装备结构。近年来中国的海军装备有了快速发展,各种战舰更新换代,并且拥

---

① 鞠海龙:《中国海权战略参照体系》,中国社会科学出版社,2012年版,第54—55页。
② 叶向东、叶东娜、陈思增:《现代海洋战略规划与实践》,电子工业出版社,2013年版,第230—231页。

有了辽宁号航空母舰。据报道,仅 2013 年,中国海军就部署了至少 27 艘战舰。[①] 但是,需要正视的是,中国海军的先进装备仍然有限,中国唯一一艘航空母舰虽已成建制,但仍处在实验探索阶段,承担着大量的科研实验任务,距离像美国航母战斗群一样的战斗力还有很长的路要走。同时,在防空、反舰以及反潜任务面前,中国海军还需要抓紧"补课"。

三、海洋发展战略的构建

"国家海洋发展战略就是一个国家或地区为求长期生存和发展,在外部环境和内部条件分析的技术上,对今后一个比较长时期内海洋发展的战略目标、战略重点、战略步骤、战略措施等做出的长远和全面的规划"[②]。它涉及海洋政治、经济、军事、法律、外交、科技等各个领域,是政府总体上的战略规划,是一项复杂的系统工程。

中华人民共和国成立之初,面临境外势力封锁,要在内部清除反动势力,中国海洋环境相当恶劣。在第二次台海危机中,美国提出与台湾当局"划峡而治",企图分裂中国。毛泽东发表了《告台湾同胞书》,之后又提出"西太平洋要西太平洋国家自己管理",对分裂中国的行径进行了坚决的斗争,之后正式组建海军,并制造出具有威慑力的核潜艇。在以邓小平为核心的第二代领导集体领导提出了"近海防御"主张,同时在具有争议性的海域提出了"搁置争议、共同开发"的思想,中国领导层关于中国海洋战略有了新的认识。以江泽民同志为代表的第三代领导集体领导下,对中国的海洋事业进行了全面的规划,中国海洋经济有了较快发展。胡锦涛同志在中共十八大报告中明确提出"提高海洋资源开发能力,发展海洋经济,保护生态环境,坚决维护国家海洋权益,建设海洋强国"。中华人民共和国成立以来,历届政府对海洋的认识不断加深,使海洋战略不断向前推进。鉴于目前我国仍然处在社会主义初级阶段,我国海洋开发技术还比较薄弱、海上力量还不够强大,海洋安全体系尚待加强的情况下,应分阶段实施海洋发展战略,先努力成为区域性的海洋强国,之后再建设世界性的海洋强国。具体可分为以下几个步骤:①近期战略目标。在未来 5 ~ 10 年内,尽力稳住周边海洋局势,逐步减少其他国家对中国海洋权益的进一步侵害。在此期间,尽快制定政策,完善相关法律法规,改进省级海上装备,为收复岛礁创造条件。②中长期战略目标。在未来 10 ~ 30 年内,利用综合力量,解决部分海区争端,实现区域性的海洋强国。③长期战略目标。在未来 30 ~ 40 年内,利用综合国力,全面解决海洋问题,并完成祖国统一大业,实现世界性海洋强国。[③]

中国海洋发展战略,应该避免传统海上霸权国家发展模式,以武力来开拓海洋霸权,具

---

① 张亦驰:《中国海军加度发展应对挑战》,载《中国国防报》,2014 年 4 月 22 日,第 002 版。
② 刘新华,秦仪:《论当代中国国家海洋能力及其战略构建》,载《中国软件科学》,2013 年第 10 期,第 8 页。
③ 金永明:《论中国海洋强国战略的内涵与法律制度》,载《南洋问题研究》,2014 年第 1 期,第 23—24 页。

有攻击性及排他性,以牺牲他国利益来发展自己。中国海洋发展战略应从属于中国和平发展的总体战略,综合运用政治、经济、法律、外交、军事等方式,以合作的方式有序维护中国海洋权益,逐步实现海洋强国梦。

第五节　维护海洋国防安全的对策

中国已成为全球第二经济大国,随着国家经济的发展,中国国家利益对海上的依赖越来越明显,国家将面临更多来自海上的威胁。在当前岛屿被侵占、资源被夺取、国家不强硬的现实面前,构建现代海洋国防安全体系是当务之急。中国在构建海洋国防安全体系过程中,应注意以下几个方面的问题。

一、保持陆上安全的稳定

中国是海陆复合国家,面临海上和陆上双重地缘压力。中华人民共和国成立后,周边安全形势一直不容乐观。先是面临来自台湾的袭扰,之后卷入朝鲜战争,同时面临来自东北和东南的军事压力。随着中苏关系的破裂,苏联在中国北部边境陈兵百万,两国战事一触即发。加上中印边界冲突,我国的陆上安全形势陷入低谷。在越南战争及中越战争后,中国与周边国家的关系再次陷入低迷。这一时期内,中国陆上安全威胁远大于海上,陆上安全一直得不到保障。苏联解体后,中国的陆上安全形势逐步得到好转,分别与越南、俄罗斯等国划定了陆上边界。除印度外,中国与其他国家的陆上边界纠纷基本得到解决。中国同中亚邻国及蒙古、俄罗斯之间的关系取得了较大的进展。在 20 世纪末,中俄还建立了面向 21 世纪的平等互信战略协作伙伴关系。中国与俄罗斯关系的发展保证了战略安全压力。同时以上海合作组织为依托,发展与中亚邻国关系,既有利于打击三股势力,同时还有利于阻止伊斯兰激进原教旨主义向中国的扩散。新时期,习近平总书记提出建设新丝绸之路,这有利于加强同中亚的国家的联系,有利于西部地区经济开发,从而保证中国西部边境的安全与稳定。

印度是目前与中国存在陆上领土争端较多的国家。随着印度经济的较快发展,作为金砖国家之一的印度开始追求做到真正的"有声有色大国"。因边境问题两国关系一直发展缓慢。2013 年 4 月,双方还一度爆发了"帐篷对峙"事件。但双方都保持了理性和克制,没有使事态进一步升级,双方在战略上合作大于分歧,保持与印度的边境总体和解具有现实的条件。

朝鲜作为东北亚不安全因素之一,实行家国政治的朝鲜历来采用软硬兼施的外交战略。在多次进行会谈的同时又不断进行核试验。2011 年 12 月,朝鲜领导人金正日逝世之后,年轻的金正恩上台执政后朝鲜内部权力斗争厉害。革命元老被清洗,粮食饥荒严重,加上其他国家的经济制裁,朝鲜政局显得非常不稳定。从 2014 年 9 月 3 日以来,金正恩已经连续多日未在公共场合出现,这一反常事件加重了外界对朝鲜局势的猜测。但是,随着新时期中国领导人对朝政策的变化,目前朝鲜局势尚难以在整体上影响中国改革开放的进程。

目前我国国力尚不具备同时在东西线打两场战争的实力。在当前海上形势严峻、海上力量尚待加强的情况下,保持陆上边境的稳定,抓住机遇,集中精力经略海洋是较好选择。

二、处理好与美国的海权问题

美国是当今世界唯一一个超级大国,拥有高度发达的科技实力和军事实力,军事战略部署遍布全球。中美两国不是传统意义上的邻国,也没有直接的海洋领土争端。但美国长期以来奉行的海洋霸权战略不断侵害着中国的海洋权益。清政府时期,美国就强迫清政府签订了《望厦条约》、《天津条约》等一系列不平等条约,谋求在华利益。

冷战时期,由于意识形态差异,中美分属不同的阵营。为了遏制共产主义,美国不但在东南亚构筑了"反共防波堤",还在中国近海构筑了封锁中国的岛弧链,从千岛群岛经琉球群岛、台湾岛至菲律宾和印度尼西亚,涵盖了中国的三大边缘海,该岛链也成为制约中国海权实现的巨大障碍。

冷战结束后,苏联不复存在,中国成了美国潜在的竞争对手,美国把战略目标由苏联逐渐转向中国,战略重点由欧洲转向亚太地区,试图以日本为核心,以韩国和东南亚盟友为侧翼,"形成事实上包括中国台海地区和南海在内的东亚地区安全联盟,维护美国的优势地位,并遏制地区大国的挑战"[①]。除了在东海钓鱼岛问题上偏袒日本,在南海问题上,美国也逐步介入同中国争端。1995 年,中菲美济礁事件后,美国发表声明,声称南海关乎美国根本利益,开始积极介入南海争端。2009 年,美国重返东南亚,针对中国的意味更加明显。该年 3 月,美国"无暇号"侦查船同中国船只发生对峙,之后美军"麦凯恩号"驱逐舰拖曳声呐再次在苏比克湾与中国潜艇相撞,并在 7 月份签署《东南亚友好合作条约》。[②]

21 世纪伊始,美国国家情报委员会便发布了《2015 年全球趋势》报告,指出:"中国如果变得强大,就会谋求调整亚太地区的权力安排,以便于有利于自己,这样就可能会同邻国和该地区以外的某些势力发生冲突。作为一支正在崛起的力量,中国将继续扩大自己的影响,而并不会考虑到美国的利益"[③]。14 年过去了,没有像报告中所提的那样,中国并没有谋求调整亚太地区权力安排,也没有同区域外势力发生冲突。然而,中国仍然是美国遏制的目标。美国仍然插手钓鱼岛、南海争端,继续扩大对台湾军售。美国对以上问题的介入,不断

---

① 刘中民,《世界海洋政治与中国海洋发展战略》,时事出版社,2009 年版,第 394—395 页。
② 张宇,《论中国特色海洋战略的构建》,山东师范大学硕士论文,2011 年,第 32 页。
③ 胡锦山,《1996 年台海危机对美国海军战略的影响》,载《世界经济研究》,2003 年第 3 期,第 50 页。

增加了问题解决难度,同时推迟了中国迈出浅海,走向深蓝的步伐,阻碍中国海权的实现。

中国海洋政治安全的实现前提是妥善处理好各国的关系。鉴于美国对中国发展海权的认知误区,中国需要让美国认识中国有限的海权理念。中国海权的发展是为了维护自己的主权,而不是挑战美国的海洋霸权,不是为了改变当今的海洋秩序。中华文化传统、中国经济实力、中国军事实力、综合国力以及两岸分离的现状都无法建立美国式的全球海洋权力。中美两国在海权问题上的分歧很多原因来自双方对彼此海洋战略的误判。美国不清楚中国海权发展的底线和目标,同时认为两国海权的冲突将大于合作,因而积极遏制中国海权发展;中国对美国插手钓鱼岛、台湾以及南海问题十分敏感,对与美国的海权合作抱有十分谨慎的态度。中国在处理中美关系海权问题时应该明确中国核心利益的底线,对于触犯中国核心利益的行为坚决而明确地予以回击,不能因顾及两国关系而模糊不清。在中美"新兴大国关系"中,合作是推动两国关系发展的必要。中国在处理同美国海权问题上应积极争取同美国在海军、海上联合搜救、打击海盗、治理海洋污染等问题上展开合作,加强两国海洋领域的交流与沟通,必要时可以在联合反恐及东北亚问题上同美国合作,以换取其在中国海洋政治安全方面的让步。

三、建设强大的海上力量

一个国家的海洋利益需要一支现代化的海军提供保护。中国在参与全球经济发展的过程中,无论海上资源、海上贸易,还是海外利益,都需要一支与综合国力相适应的海上力量。马汉说没有海军,国家的海上意志就无法实现,就成了"泥足巨人笨拙的姿态"。

正是由于现代化海军的缺失,致使中国的海上防线屡屡被突破。近代以来,帝国主义国家五次大规模的侵华战争都是通过强的海军为制导的。鸦片战争之后的百余年间,帝国主义从海上入侵中国多达84次,其中入侵舰艇1 860多艘次,入侵兵力多达47万人。[1] 中华人民共和国成立后,以毛泽东为代表的领导集体意识到海洋的重要性,提出要建设一直强大的海军的要求。邓小平在20世纪70年代末,顺应海洋发展形势,预见性地提出海军战略由"近岸防御"向"近海防御"转变,"海洋防卫目标开始由依托近岸岛屿、护渔护航转为保卫近海领土、维护海疆权益"[2]。江泽民在视察海军部队时指出,没有强大的海军和制海权,就无法对台独势力进行有效的威慑。2011年12月6日,胡锦涛在会见海军党代会和全军装备工作会议代表时指出,要"加快推荐海军转型建设,拓展深化军事斗争准备,扎实推进海军现代

① 刘新华,《试论中国发展海权的战略》,载《复旦学报》,2001年第6期,第70页。
② 刘金亮,魏代强,《和谐视域下海洋军事发展策略探要》,载《军事历史研究》,2009年专刊,第28页。

化,为捍卫国家安全、维护世界和平,做出新的更大贡献"①。

近年来,中国海军在装备、官军素质、军事训练等诸多领域取得了丰硕的成果。目前,由南海、东海舰队组成的中国海军有五大兵种,包括水面舰艇部队、潜艇部队、海军空运并陆战队以及岸防兵等。自20世纪80年代开始,中国海军逐步涉足深海,2008年12月开始的亚丁湾远洋护航成为中国海军发展史上的标志事件。由武汉舰、海口舰以及微山湖舰组成的护航编队,远赴亚丁湾执行护航任务,首次使用军事力量维护国家战略利益。截至2013年12月26日,中国护航编队先后为5 000多艘船只实施了护航,成功地救助了50多艘中外船只,有效地维护了国际航线的运输安全,维护了国家战略利益。②

需要看到的是,中国海军真正冲出第一岛链、比肩美俄还有很长的路要走。中国海军装备发展不平衡,海军军官素质有待提高。据俄罗斯之声电视台网站报道,中国海军主力舰仍比较陈旧,32艘驱逐舰中有16艘、45艘护卫舰中有33艘是20多年前制造的,性能远低于美俄同类舰船。除此之外,中国海军的软实力与美俄存在明显差距。在今后一段时期,我国海军面临着海上封锁、反舰作战、保护海上运输线、保卫海军基地等一系列发展任务。需要随着形势的发展不断提高官军素质,改进训练方法,增强战斗力。并加快大型战舰比例,推进新型先进武器装备更新换代,提升机动能力以及远距离预警及精准打击能力。同时利用现代科技的后发优势,在关键领域赶超海军强国,研制具有强劲威慑力的"撒手锏",有效威慑、打击敌人的侵略行为。

---

① 曹智,李宣良,《胡锦涛分别会见海军党代会和全军装备工作会议代表》,载《人民日报》,2012年12月7日,第001版。
② 浩钟,《中国海军护航五年在大洋犁下不可磨灭的"中国航迹"》,载《铁军》,2014年第21期,第34页。

参考文献

[美]阿尔弗雷德·塞耶·马汉.海权论[M],一兵译.北京:同心出版社,2012.

黑格尔.历史哲学[M].北京:三联书店,1956.

秦天,霍小勇.中华海权史论[M].北京:国防大学出版社,2000年7月第1版.

国家海洋局海洋发展战略研究课题组.中国海洋发展报告2012[M].北京:海洋出版社,2012.

[美]罗伯特·西格.马汉[M].刘学成等编译.北京:中国人民解放军出版社,1989.

[英]麦金德.历史的地理枢纽[M].林尔蔚等译,北京:商务印书馆,1985.

陈力.战略地理论[M].北京:解放军出版社,1990.

[意]杜黑.制空权[M].曹毅,华人杰译.北京:解放军出版社,1986.

盛叙功.西洋地理学史[M].重庆:西南师范大学出版社,1993.

[英]罗·迪金森.近代地理学创建人[M].葛以德等译.北京:商务印书馆,1980.

张文奎等编.政治地理学[M].南京:江苏教育出版社,1991.

[美]威廉·夏伊勒.第三帝国的兴亡[M].董乐山等译.北京:世界知识出版社,1979.

姜季辛编.现代德国政治外交史[M].上海:中华书局,1935.

[美]兹比格纽·布热津斯基.运筹帷幄[M].刘瑞祥,潘嘉玢译.南京:译林出版社,1989.

刘从德.地缘政治学导论[M].北京:中国人民大学出版社,2010.

刘跃进.国家安全学[M].北京:中国政法大学出版社,2004.

余潇枫,李佳.非传统安全:中国的认知与应对(1978—2008年)[J].世界经济与政治,2008,11:89-96.

刘跃进.国家安全体系中的社会安全问题[J].中央社会主义学院学报,2012,02:95-99.

陈彩云.蓝色国土的呼唤——当前我国维护海洋权益的必要性和意义分析[J].改革与开放,2009,10:147-148.

刘锦红.略论海洋权益对我国未来发展的重要意义[J].法制与社会,2013,33:170-171.

高新生.大海防战略促进新海洋秩序建立[N].中国社会科学报,2013-11-13B05.

季卫兵.对开展青少年海权意识教育的思考[J].教育探索,2014,07:104-105.

张胜旺.国防安全概念含义的演进及其启示[J].国防,1995,01:14.

胡东霞.海防安全新视点[N].解放军报,2008-11-04 006.

马向平,赵春.非传统安全视角下我国环境安全的主要威胁及对策建议[J].安全与环境工程,2010,03:111-116.

吕文强,车琥,王健.加速推进国家海防建设的几点思考[J].国防,2010,05:13-15.

孟晓旭.海疆危机与近代中国国家安全战略之调整[J].国际关系学院学报,2010,03:61-66.

杨振姣,姜自福.海洋生态安全的若干问题——兼论海洋生态安全的含义及其特征[J].太平洋学报,
　　2010,06:90-96.

冯毅.社会安全突发事件概念的界定[J].法制与社会,2010,25:279-280.

赵方舟.浅析专属经济区的国防安全利益[J].西安政治学院学报,2010,06:81-83.

潘正祥,杨迎会.全球化时代的科技安全和我国面临的挑战及对策[J].理论导刊,2007,04:81-84.

张剑.海上非传统威胁对海防安全的挑战与应对策略[J].国防,2007,10:58-60.

钟华.基于科学发展观视角下的国家科技安全战略[J].国防科技,2007,11:22-26.

林聪榕,李自力.关于国家科技安全战略管理的理论探讨[J].科学学与科学技术管理,2007,12:102-106.

张林,张瑞.建立海上防空识别区的法理依据及其对策[J].西安政治学院学报,2007,06:76-78.

林聪榕,李自力.关于科技安全问题的理论思考[J].科技管理研究,2007,12:68-70.

张剑,邓拥军.海上非传统威胁对海防安全的挑战与对策思考[A].2006年苏、浙、闽、沪航海学会学术研
　　讨论文集[C].2006:4.

刘昌龙,张晓林.新形势下我国亟待构建海防战略[J].太平洋学报,2012,05:80-90.

马向平,赵春.非传统安全视角下我国环境安全的主要威胁及对策建议[J].安全与环境工程,2010,03:
　　111-116.

谢有奎,陈灌春,李永青,谯华,敖漉.环境安全概念探讨[J].后勤工程学院学报,2006,02:76-78+83.

雷蕾,姚建,吴佼玲,唐静.环境安全及其评价指标体系初探[J].地质灾害与环境保护,2006,01:26-28.

张勇,叶文虎.国内外环境安全研究进展述评[J].中国人口.资源与环境,2006,03:130-134.

张珞平,洪华生,陈伟琪,刘泓,William C.Hart.海洋环境安全:一种可持续发展的观点[J].厦门大学学报
　　(自然科学版),2004,S1:254-257.

程舸,李冬梅.环境安全概念及重要性探讨[J].广州大学学报(自然科学版),2003,04:318-322.

陈开琦.论公民海洋环境安全权——由渤海湾漏油事故引发的思考[J].法律科学(西北政法大学学报),
　　2013,02:63-71.

朱坚真,刘汉斌.我国海洋经济安全监测指标体系研究[J].太平洋学报,2013,01:86-93.

涂永强.中国海洋经济安全的预警实证研究[J].海洋经济,2013,01:12-17.

李景光,阎季惠.美国《国家海洋政策实施计划》及其启示[J].海洋开发与管理,2013,10:16-20.

蔡守秋.论环境安全问题[J].安全与环境学报,2001,05:28-32.

赵万忠.南海海洋环境安全问题研究[J].河北渔业,2014,04:56-60.

殷克东,涂永强.海洋经济安全研究文献综述[J].中国渔业经济,2012,02:166-172.

刘明.我国海洋经济安全形势[J].海洋开发与管理,2008,12:9-14.

刘明.我国海洋经济安全形势解析[J].云南财经大学学报,2009,01:108-113.

刘明.我国海洋经济安全形势下的忧思[J].环境经济,2009,04:38-42.

张利英,郭建平.21世纪初世界科技走向及我国科技安全环境研究[J].科技进步与对策,2004,02:
　　14-16.

潘正祥,杨迎会.全球化时代的科技安全和我国面临的挑战及对策[J].理论导刊,2007,04:81-84.

钟华. 基于科学发展观视角下的国家科技安全战略[J]. 国防科技,2007,11:22-26.

林聪榕,李自力. 关于国家科技安全战略管理的理论探讨[J]. 科学学与科学技术管理,2007,12:102-106.

林聪榕,李自力. 关于科技安全问题的理论思考[J]. 科技管理研究,2007,12:68-70.

李英. 国防科技安全的法律保障[J]. 江南社会学院学报,2009,03:9-12.

翟京平. 关于我国科技安全问题的理论思考[J]. 宜春学院学报,2009,S1:22-23.

殷克东,涂永强. 海洋经济安全研究文献综述[J]. 中国渔业经济,2012,02:166-172.

连燕华,马维野. 科技安全:国家安全的新概念[J]. 科学学与科学技术管理,1998,11:20-22.

马维野. 科技安全:定义、内涵和外延[J]. 国际技术经济研究,1999,02:14-18.

马维野. 科技安全和我国面临的主要挑战与对策[J]. 中国软科学,2003,04:94-99.

张红. 科技全球化背景下的国家科技安全[J]. 理论界,2008,01:241-242.

杨名刚. 人民共和国几代领导人关于科技安全的对策与思考[J]. 韶关学院学报,2011,06:24-27.

杨名刚. 论国家科技安全诉求的现实困境与出路[J]. 学术交流,2011,09:95-98.

姜自福. 海洋突发环境事件应急管理多元主体参与模式研究[D]. 中国海洋大学,2012.

陈怀北,代元龙. 论加强我国海洋突发公共事件的管理[J]. 海洋开发与管理,2009,01:68-72.

黄旭东. 论中国文化产业发展与文化安全[J]. 求索,2009,06:75-77.

雷鸣. 社会安全监测预警系统研究[J]. 天津行政学院学报,2005,01:73-76.

李明明. 社会安全理论探析[J]. 欧洲研究,2006,05:37-51+158.

周建标. 我国文化安全面临的挑战与对策[J]. 华南理工大学学报(社会科学版),2010,02:57-62+87.

杨振姣,姜自福. 海洋生态安全的若干问题——兼论海洋生态安全的含义及其特征[J]. 太平洋学报,2010,06:90-96.

冯毅. 社会安全突发事件概念的界定[J]. 法制与社会,2010,25:279-280.

杨振姣,周孟. 国际视野下海洋生态安全及其对国家安全的影响[J]. 太平洋学报,2010,12:91-99.

杨振姣,唐莉敏,战琪. 国际海洋生态安全存在的问题及其原因分析[J]. 中国渔业经济,2010,05:119-125.

荣长海. 社会安全与社会管理[A]. 天津市社会科学界联合会.科学发展·惠及民生——天津市社会科学界第八届学术年会优秀论文集(中)[C].天津市社会科学界联合会,2012:4.

唐建业,郭倩. 省级海洋突发性事件应急预案的层级选择[J]. 上海海洋大学学报,2013,02:306-312.

苏纪兰. 海洋生态安全的重要性[J]. 科技导报,2013,16:3.

曾庆丽. 海洋生态安全治理的国际经验与启示[J]. 哈尔滨市委党校学报,2013,04:80-86.

付净,刘辉,包海峰. 突发安全事故个体——群体安全行为决策探究[J]. 工业安全与环保,2013,06:91-94.

杨振姣,曾庆丽. 我国海洋生态安全政策体系研究[J]. 海洋开发与管理,2014,06:69-77.

沙飞. 经济全球化与中国的文化安全[J]. 特区经济,2007,11:160-161.

魏明,王晟,龚耘. 新安全观下我国海洋文化安全的现状分析及应对原则[J]. 语文教学通讯·D刊(学术刊),2011,Z1:69-72.

马振超. 当前维护国家政治安全问题的思考[J]. 江南社会学院学报,2009,01:17－20.

杨宁. 论我国现代化进程中的国家政治安全及其维护[J]. 重庆社会主义学院学报,2012,01:81－83.

舒刚. 新安全观视域下政治安全的内涵分析及其体系构建[J]. 天津行政学院学报,2012,04:26－31.

金永明. 中国海洋安全战略研究[J]. 国际展望,2012,04:1－12.

杨振姣,王娟,王刚,范洪颖. 非传统安全体系中海洋生态安全的地位与意义[J]. 中国渔业经济,2012,04:143－149.

虞崇胜,张星. 政治安全研究的西方政治学资源[J]. 北京行政学院学报,2013,02:31－35.

曹群勇. 中国政治安全面临的主要威胁及对策——以综合安全观为视角[J]. 四川警察学院学报,2010,01:75－81.

帅梦宇. 中国的海洋安全环境和海洋战略探析[J]. 长沙铁道学院学报(社会科学版),2010,02:3－4.

吴慧,张丹. 当前我国海洋安全形势及建议[J]. 国际关系学院学报,2010,05:48－52.

冯梁. 打造国家海洋安全战略[J]. 世界知识,2014,08:52－53.

杨晓杰. 对新形势下确保我国海洋安全的几点思考[J]. 探求,2014,03:89－94＋120.

刘兰,徐质斌. 关于中国海洋安全的理论探讨[J]. 太平洋学报,2011,02:93－100.

顾德欣. 构建中国海洋安全战略需处理好六个关系[J]. 当代世界,2011,09:15－19.

于淑文. 关于加强海洋安全和海洋权益保护的思考[J]. 行政与法,2008,08:70－72.

冯建勇. 现当代中国海洋文化的重构历程[J]. 浙江学刊,2013(6):13－20.

顾良艳. 文化全球化背景下我国文化安全问题研究[D]. 南京:南京师范大学,2012.

李明亮. 论全球化背景下的中国文化安全[D]. 齐齐哈尔:齐齐哈尔大学,2013.

李明春. 海洋文化是建设海洋强国的思想动力[J]. 中国海洋报,2012,11(16).

[苏]斯比尔金. 哲学原理[M]. 北京:求实出版社,1990.

包仕国. 全球化进程中中国文化安全的衍进与重构[D]. 上海:华东师范大学,2007.

胡乔木. 中国大百科全书(哲学卷)[M]. 北京:中国大百科全书出版社,1987.

刘跃进. 国家安全学[M]. 北京:中国政法大学出版社,2004.

张守富,朱彦振. 经济全球化与中国三大安全[J]. 党政干部论坛,2000(12):7－9.

王公龙. 文化主权与文化安全[J]. 探索与争鸣,2001(9):37－39.

康金有. 在全球化背景下关于中国文化安全的思考[J]. 唐山师范学院学报,2002(1):28－36.

胡惠林. 中国国家文化安全论[M]. 上海:上海人民出版社,2005.

严兴文. 试论国家文化安全的内涵、特点和作用[J]. 韶关学院学报(社会科学),2007(2):138－141.

张开城. 海洋文化和海洋文化产业研究综述[J]. 全国商情(理论研究),2010(16):3－4.

魏明,王晟,龚耘. 新安全观下我国海洋文化安全的现状分析及应对原则[J]. 语文教学通讯,2011(7－8):69－72.

张开城. 海洋文化及其价值[J]. 中国海洋报,2008.4(4).

徐国联. 非物质文化遗产资源保护的信息化建设[J]. 信息与电脑(理论版),2012(4).

王云飞. 海洋文化对海上安全的影响[C]. 第五届中国国家安全论坛论文集,2008.9:109－117.

张习孔,田珏.中国历史大事记[J].北京:北京出版社,1987,11(1):685.

钱伟.和谐文化的哲学考量与理性建构[J].首都师范大学学报(社会科学版),2012(2):149 – 153.

李珠江,朱坚真.21 世纪中国海洋经济发展战略[M].北京:经济科学出版社,2007,9.

"水下海盗"盗掘南海文物[N].国际先驱导报,2011,10.24.

黄建中.非法盗捞海底文物损失难以估量[N].中国艺术报,2012,3.12.

孙键.从"南海一号"开始的二十年中国近海水下考古历程[J].中国文化遗产,2007(4).

UNESCO:the Convention on Underwater Cultural heritage,2001.

周志勇.论政府主导下的非物质文化遗产保护[D].长沙:湖南大学,2007.

贾全聚.舟山海洋非物质文化遗产保护与开发研究[D].舟山:浙江海洋学院,2013.

刘玲.宁波海洋非物质文化遗产的保护与开发利用[J].宁波经济(三江论坛),2012(8).

李昊.高校海洋学科发展要素探析[J].中国农业教育,2010(2).

肖继新等.论大学生海洋意识培养[J].文教资料,2012(1):204 – 205.

李锦辉.南海周边主要国家海底文化遗产保护政策分析及启示[J].太平洋学报,2011(12):72 – 84.

曲金良.海洋文化概论[M].青岛:青岛海洋大学出版社,1999(166).

叶向东.现代经济理论[M].北京:冶金工业出版社,2006(179).

长岛县 2010 年政府工作报告.

刘堃.海洋经济与海洋文化关系探讨——兼论我国海洋文化产业发展[J].中国海洋大学(社会科学版),
    2011(6):32 – 35.

韩兴勇,郭飞.发展海洋文化与培养国民海洋意识问题研究[J].太平洋学报,2007(6):84 – 87.

黄永林,谈国新.中国非物质文化遗产数字化保护与开发研究[J].华中师范大学学报(人文社会科学版),
    2012(2):49 – 55.

曲金良.中国文化研究(第 4 – 5 卷)[M].北京:海洋出版社,2005:25.

卜凡静,王茜.发展海洋高等教育,优化海洋人才结构[J].科技信息(学术研究),2007(12).

薛玉香.浙江海洋学科专业设置研究——基于战略性海洋新兴产业发展的视域[J].教育研究,2014(5):
    152 – 157.

何培英.高等海洋教育生态及其承载力研究[D].青岛:中国海洋大学,2010.

谭海鸥.大力开展产学合作教育积极探索应用型人才培养途径[J].中国高教研究,2012(7):57 – 58.

于宜法,王殿昌.中国海洋事业发展政策研究[M].青岛:中国海洋大学出版社,2008.

李彬,高艳.海洋产业人力资源的现状与开发研究[J].海洋湖沼通报,2011(1):165 – 173.

王赟.青岛海洋文化资源及其保护与利用研究[D].青岛:中国海洋大学,2013.

严易初.我们的海洋安全与权益[J].百科知识,2004,10:27 – 28.

李飞.维护海洋权益的战略意义[J].工会论坛(山东省工会管理干部学院学报),2012,05:152 – 155.

刘新华.西太平洋地区的海洋安全形势与中国的地区性海权[J].太平洋学报,2011,02:83 – 92.

Wasa Y,Hakoyama H,Nakamaru M,et al.Estimate of population extinction risk and its appljcation to ecological
    risk management. Population Ecology 2000,42:73 – 80.

李文华.可持续发展的生态学思考[J].四川师范学院学报(自然科学版),2000,21(3):215 – 220.

伊希成.生态安全:一种新的安全观[J].科技日报,1998,(2):27.

曲格平.关注生态安全之一:生态环境问题已经成为国家安全的热门话题[J].环境保护,2002,(5):3 – 5.

国家环保总局编著.全国生态环境保护纲要.2000 – 12 – 6.

彭少麟,郝艳茹,陆宏芳.生态安全的含义与尺度[J].中山大学学报(自然科学版),2004,43(6):28 – 31.

杨京平.生态安全的系统分析[M].北京:化学工业出版社,2000:55 – 57.

郭中伟,甘雅玲.关于生态系统服务功能的几个科学问题[J].生物多样性,2003,11(1):67.

陈国阶.论生态安全[J].重庆环境科学,2002,(2):73 – 75.

丁德文,徐惠民,丁永生等.关于"国家生态环境安全"问题的思考[J].太平洋学报,2005,(10):60 – 64.

张素君.海洋生态安全法律问题研究[D].青岛:中国海洋大学法政学院,2009:17 – 19.

张珞平,洪华生,陈伟琪等.海洋环境安全:一种可持续发展的观点[J]厦门大学学报(自然科学版),2004,(8):254 – 256.

杨家栋,秦兴方.农村城镇化与生态安全[D].北京:社会科学文献出版社,2005:54.

杨振姣,姜自福.海洋生态安全的若干问题——兼论海洋生态安全的含义及其特征[J].太平洋学报,2010,18(6):94.

黄宗国.中国海洋生物种类与分布(增订版)[M].北京:海洋出版社,2008:1 – 850.

中国天气网.研究称受热膨胀是海平面上升的主因[EB/OL]. http://www. weather. com. cn/static/html/article/20090421/30030. shtml,2009 – 04 – 21.

兰冬东,马明辉,梁斌,许妍,于春艳,鲍晨光.我国海洋生态环境安全面临的形势与对策研究[J].海洋开发与管理,2013,(2):61.

国家海洋局.2013 年中国海洋环境状况公报——主要入海污染源状况[EB/OL]. http://www. soa. gov. cn/zwgk/hygb/zghyhjzlgb/hyhjzlgbml/2013nzghyhjzkgb_2484/201403/t20140321_31054. html,2014 – 03 – 21.

国家海洋局.2013 年中国海洋环境状况公报——海洋环境灾害和突发事件[EB/OL]. http://www. soa. gov. cn/zwgk/hygb/zghyhjzlgb/hyhjzlgbml/2013nzghyhjzkgb _ 2484/201403/t20140324 _ 31063. html, 2014 – 03 – 24.

刘中民,张德民.海洋领域的非传统安全威胁及其对当代国际关系的影响[J].中国海洋大学学报(社会科学版),2004,(4):61.

武泽雷,裴永华,高荣,武胜来.保护土著水生物 维护湖泊水生态环境安全[J].河北渔业,2013,(8):61 – 62.

刘晨,伍丽萍.海平面上升对珠江三角洲水资源的影响[J]海洋环境科学,1996,15(2):51.

吴崇泽.海平面上升对海岸带环境的影响与危害及其防治对策[J].灾害学,1994,9(1):35.

李抒望.正确认识和把握生态文明建设[J].武汉学刊,2008(1):13.

邹曦.科学家发明十大怪招拯救海洋[J].今日科苑,2007(17):53 – 54.

方精云.全球生态学[D].北京:高等教育出版社,施普林格出版社,2000:52.

陈述尚.全球变化下的我国海洋生态安全建设初探[J].地理纵横,2014,(2):4.

刘中民,张德民.海洋领域的非传统安全威胁及其对当代国际关系的影响[J].中国海洋大学学报(社会科学版),2004,(4):61.

杨振姣,唐莉敏,战琪.国际海洋生态安全存在的问题及其原因分析[J].中国渔业经济,2010,28(5):122.

沈文周.中国近海空间地理[M].北京:海洋出版社,2006:375.

田其云.海洋生态法体系研究.[中国优秀博硕士论文数据库].

张素君.海洋生态安全法律问题研究[D].青岛:中国海洋大学,2009:48-65.

曾庆丽.海洋生态安全治理的国际经验与启示[J].哈尔滨市委党校学报,2013,(4):81.

倪国江.基于海洋可持续发展的中国海洋战略研究[D].青岛:中国海洋大学,2010:13.

王修林,王辉,范德江.中国海洋科学发展战略研究[M].北京:海洋出版社,2008:48.

谭映宇.海洋资源、生态和环境承载力研究及其在渤海湾的应用[D].山东:中国海洋大学,2010:2.

王其翔.黄海海洋生态系统服务评估[D].青岛:中国海洋大学,2009:18.

COSTANZA R, DARGE R, GROOTR D, et al The value of the wodds ecosystem services and natural capital [J]. Nature,1997, 387: 253-260.

沈国英,施并章.海洋生态学[M].北京:科学出版社,2002:212.

康旭,张华.近海海洋生态系统服务功能及其价值评价研究进展[J].海洋开发与管理,2010,27(5):61.

王其翔.海洋生态系统服务的内涵与分类[J].海洋环境科学,2010,29(1):132-133.

杨振姣,姜自福,罗玲云.海洋生态安全研究综述[J].海洋环境科学,2011,30(2):287-291.

邹景忠.21世纪中国海洋环境保护科学面临的问题和发展趋势[J].甘肃社会科学,2003,(3):146-147.

王峰.以需求为牵引 推动海洋防灾减灾体制机制建设[N].中国海洋报,2014年5月12日:A1.

蔡先凤,张式军.我国海洋生态安全法律保障体系的建构[J].宁波经济,2006,(3):40-41.

陈永胜.西北民族地区生态安全与水资源制度创新研究[M].甘肃:甘肃人民出版社,2009:15-17.

陈星,周成虎.生态安全:国内玩研究综述[J].地理科学进展,2005,24(6):9.

杨振姣,姜自福,罗玲云.海洋生态安全研究综述[J].海洋环境科学,2011,30(2):287.

刘家沂.生态文明和海洋生态安全的战略认识[J].太平洋学报,2009,(10):68.

方创琳,张小雷.干旱区生态重建与经济可持续发展研究进展[J].生态学报,2001,22(7):1163-1170.

Public Meeting-Science for ecological security[EB/OL]. http://www.cseindia.org.

邹长新.内陆河流域生态安全研究——以黑河为例[D].南京气象学院硕士论文.2003:5-6.

徐敬俊.海洋产业布局的基本理论研究暨实证分析[D].中国海洋大学,2010:36-50.

海洋发展战略研究所.海洋发展战略研究动态[J].海洋发展战略研究动态,2004(9):41.

柳时融.韩国的海洋产业和西海岸开发[J].海洋经济,1993,(2):17.

张莉.海洋经济概念界定一个综述[J].中国海洋大学学报(社会科学版),2008(1):25-26.

杨金森.中国海洋战略研究文集[M].北京:海洋出版社,2006:40-48.

刘明.我国海洋经济安全形势解析[J].云南财经大学学报,2009(1):108-112.

周沫.我国海洋经济安全监测预警研究[D].中国海洋大学,2012:16-30.

马一鸣.中国海洋经济安全评价体系初探[D].中国海洋大学,2012:21-35.

李佳营.海洋权益事件对我国海洋经济安全的影响:传导路径及传导效应研究[D].中国海洋大学,2013：22－34.

殷克东,涂永强.海洋经济安全研究文献综述[J].中国渔业经济,2012(2):168.

佚名.海洋局批准省级海洋经济监测与评估系统建设方案[EB/OL].中央政府门户网站, http://www. gov. cn/gzdt/2012－01/18/content_2047874. htm,2014－2－23.

徐丛春,董伟.海洋经济统计指标体系研究[J].海洋经济,2012(4):13－15.

宋维玲.海洋经济统计信息化建设构想[J].海洋经济,2011(5):26－27.

刘昆,吴珈慧等.国家安全视角下常态化海洋调查的机遇[J].海洋信息,2011(4):24－25.

张诗雨.海洋产业安全形势与应对思路[J].经济纵横,2012(1):73.

法丽娜.我国海洋产业生存与发展安全评价及政策选择[J].世界经济情况,2008(3):66－67.

Peter Mangold. National Security and International Relations[J]. London：Routledge, 1990(2):23.

刘跃进.国家安全学[M].北京:中国政法大学出版社,2004:45.

RICHARD ULLMAN. Redefining Security,International Security,Summer1983; Jessica Mathews, Redefining security,Foreign Af－fairs,Spring 1989. Redefining security,Foreign Af－fairs,Spring 1989.

BARRY BUZAN. People,States and Fear：An Agenda f or Interna－tional Security Studies in the Post－Cold War Era[M]. HemelHempstead：Harvesters－Wheat sheaf,1991.

United Nations Development Programme. Human Development Report［R］. New York：Oxford University Press,1993.

United Nations Development Programme. Human Development Report［R］. New York：Oxford University Press,1994.

By Karen DeYoung. Obama redefines national security strategy, looks beyond military might［N］. Washington Post , May 27, 2010.

伍夷祖译.希拉里发布美国"四年外交和发展工作评估报告"[J].参考资料,2010(12):50.

Vincent Cable, What is international economic security? International Affairs, Vol. 71, No. 2. 2005:306－308.

Muthiah Alagappa. Asian Security Practice：Material and Ideational Influences. Stanford：Stanford University Press,1998:19－20.

卢林.经济安全问题的性质、发展及影响[J].世界经济与政治,1990(7):12.

邹传锋.经济安全的范畴和内容[J].世界经济研究,1999(1):6.

魏浩,马野青.外商直接投资对我国经济安全的影响[J].中央财经大学学报,2005(03):66－70.

顾海兵等.中国经济安全分析:内涵与特征[J].中国人民大学学报,2007(2):8.

杨振姣,姜自福,罗玲云.海洋生态安全研究综述[J].海洋环境科学,2011(2):288.

刘中民.中国国际问题研究视域中的国际海洋政治研究述评[J].太平洋学报,2009(6):80.

张开城,马志荣主编.海洋社会学与海洋社会建设研究[M].北京:海洋出版社,2009:67.

王云飞.海洋文化对海上安全的影响.第五届中国国家安全论坛论文集[C].北京:时事出版社,2007：15－23.

张珞平,洪华生,陈伟琪等.海洋环境安全:一种可持续发展的观点[J].厦门大学学报(自然科学版),2004,8:254-256.

郑京平.电子政务与宏观经济监测[J].信息化建设,2011(4):20.

[美]马汉著.海权论[M].范利鸿译.陕西:陕西师范大学出版社,2007:10-20.

[美]兹·布热津斯基著.大棋局:美国的首要地位及其地缘战略[M].中国国际问题研究所译.上海:上海人民出版社,2007:58-60.

吴兵,母耕源,钟龙彪译.保障21世纪海权的合作战略[J].领导者,2008(19).

据新华社.美国计划裁军10万[N].拉萨晚报,2014-2-26:第09版.

KILDOW J T,COLGAN C S,SCORSE J. State of the U. S. ocean and coastal economies 2009. USA:National Ocean Economics Program, 2009.

http://www. whitehouse. gov/blog/2012/01/12/praise - national - ocean - policy - implementation - plan http://www. whitehouse. gov/sites/default/files/microsites/ceq/national_ocean_policy_draft_implementation_plan_01 - 12 - 12. pdf.

The Marine Science and Technology Plan Working Group1 Australiaps Marine Science and Technology Plan[R] 1999:61.

http://sdinfo. coi. gov. cn/analysis/management/australian. pdf. 国家海洋信息中心译,2014-2-12.

Web of Australian Institute of Marine Science,http://www. aims. gov. au/ ,2014-1-12.

姜旭朝等.美日欧最新海洋经济政策动向及其对中国的启示[J].中国渔业经济, 2009(2),27:23-24.

http://www. dhs. gov/xlibriary/assets/HSPD13_MaritimeSecurityStrstegy. pdf. The National Strategy for Maritime Security of the United States:3-9.

赵晶晶.澳大利亚海洋安全战略及其对中国的影响[D].中国海洋大学,2013:27-40.

郑励.印度的海洋安全战略与印美的合作与矛盾[D].四川大学,2006:13-19.

石家铸.海权与中国[D].复旦大学,2006:20-22.

章示平.中国海权[M].北京:人民日报出版社,1998 :350.

刘中民,薄国旗.试论邓小平的海洋政治战略思想[J].中国海洋大学学报(社会科学版)2005(5):12-13.

李昌新.海权与国家安全:东南亚海上冲突与合作研究[D].暨南大学,2006:11-18.

朱迪斯·戈尔茨坦,罗伯特·基欧汉主编.观念与外交政策:信念、制度与政治变迁[M].刘东国译.北京大学出版社,2005:6 .

王历荣.论邓小平的海权思想及其实践[J].中共浙江省委党校学报,2012(1):43-44.

陈滨.海洋经济史的纵深研究——《海洋世界与中国丛书》简介[J].中国经济史研究,2004(2):1.

殷克东.我国海洋经济的发展周期划分[J].统计与决策,2006(20):44-45.

何广顺.海洋经济中国海洋经济已进入阶段性调整期——解读《2011年中国海洋经济统计公报》[J].海洋经济,2012,2(2):1-2.

金永明.海洋问题专论[M].北京:海洋出版社, 2012:30-33.

杨建英.2010年中国国家安全概览[M].时事出版社,2011:265.

高子川.试析 21 世纪初的中国海洋安全[J].现代国际关系,2006(3):28 - 29.

廖生智.美日亚太海洋地缘扩张与中国海洋安全[J].湖北行政学院学报,2007(3):92.

张立,杨宁.建设海洋强国视域下的中国海洋安全及其维护[J].中共济南市委党校学报,2013(2):107 - 108.

杜肯堂等.区域经济管理学[M].北京:高等教育出版社,2004:59.

徐质斌.建设海洋经济强国方略[M].泰山:泰山出版社,2000:31.

叶卫平.论经济安全是转变经济发展方式的重要保障[J].马克思主义研究,2011(2):57 - 58.

杨省贵,杨治远.航权开放对区域经济安全的影响及对策研究[J].改革与战略,2010(11):118 - 120.

张耀光等.中国海洋经济省际空间差异与海洋经济强省建设[J].地理研究,2005,24(1):46 - 55.

韩增林,许旭.中国海洋经济地域差异及演化过程分析[J].地理研究,2008(3):615 - 616.

俞立平.我国区域海洋经济竞争力评价研究[J].科技与管理,2012(3):12 - 13.

狄乾斌等.中国海洋经济发展的时空差异及其动态变化研究[J].地理科学,2013(12):1415.

吴国庆.区域农业可持续发展的生态安全及其评价研究[J].自然资源学报,2001,16(3):227 - 233.

后　记

中国海洋安全体系问题,是近两年党中央、国务院和全社会十分关注的国家大事。海洋安全已成为当代国际社会关心的重要领域,海洋安全问题也就成为当前海洋管理研究与实际工作的重要内容。海洋安全体系是海洋发展战略理论中不可或缺的部分,它是海洋发展战略理论在应用层面的有益扩展。

广东海洋大学海洋经济与管理研究中心、经济管理学院在从事海洋经济管理研究与教学过程中,认识到在海洋经济与管理基础理论上进一步完善海洋应用型研究的必要。海洋安全体系问题,是近5年来广东海洋大学海洋经济与管理研究中心开展的重要工作之一。

在广东海洋大学经济与管理学院、广东省普通高校人文社会科学重点研究基地——广东海洋大学海洋经济与管理研究中心、中央支持地方财政基金、农林经济管理重点学科基金的资助下,《中国海洋安全体系研究》最终成果得以出版。需要补充说明的是,由于主持人行政事务、保密守则及出版规定等多种原因,前后历经4年多,终于整理成如此模样出版,请同行批评指正。

本书由广东海洋大学副校长、广东省人文社科重点研究基地——广东海洋大学海洋经济与管理研究中心主任朱坚真教授主持并拟定写作提纲。起初拟撰写十一章,初稿写作分工及作者如下:

第一章,海洋安全体系的基本概念及其构成:周映萍(广东仲凯农业工程技术学院讲师)、刘俊(南方报业传媒集团经济新闻部记者、挂任新疆图木舒克市党校宣传部副部长)。

第二章,海洋安全体系问题研究的背景与意义:杨锐(广东海洋大学经济管理学院研究生)。

第三章,海洋安全体系设计的理论基础、原则及框架:杨锐(广东海洋大学经济管理学院研究生),周珊珊(广东海洋大学经济管理学院博士)。

第四章,中国海洋经济安全:黄丹丽(广东医学院教师)。

第五章,中国海洋政治安全:杨珍奇(广东海洋大学讲师)。

第六章,中国海洋社会安全:岳鑫(广东海洋大学经济管理学院研究生)。

第七章,中国海洋文化安全:吕婷玉(广东海洋大学经济管理学院研究生)。

第八章,中国海洋生态安全:乔瑞琪(广东海洋大学经济管理学院研究生)。

第九章,中国海洋科技安全:马登值(广东海洋大学讲师)。

第十章,中国海洋国防安全:杨珍奇(广东海洋大学讲师)。

第十一章,海洋安全体系评价指标构建及其合理程度测定体系:尚图强(广东湛江市委党校讲师)。

初稿经写作组和有关专家讨论并经项目主持人决定,将第一、二章内容合并,第十一章内容删除,聘请孙鹏(海南大学经济管理学院博士、讲师),刘汉斌(广东海洋大学海洋经济与管理中心研究人员),朱大霖(中国人民大学环境学院研究生),刘雨慧(中国人民大学公共管理学院研究生)等对全部书稿材料进行修订、补充、完善,最后由朱坚真、孙鹏、刘汉斌完成汇审,最终定稿,整合成目前的九章内容。

各章作者如下:第一章:周映萍、刘俊、杨锐;第二章:杨锐、刘雨慧;第三章:黄丹丽;第四章:杨珍奇;第五章:岳鑫、刘汉斌;第六章:吕婷玉、朱大霖;第七章:乔瑞琪、周珊珊;第八章:马登值、孙鹏;第九章:杨珍奇、尚图强。

广东海洋大学继续教育学院索庆华院长、高级工程师,许国炯副院长,何国明副院长,培训部王继全主任,研究生管理处副处长周昌仕教授、博士,科技处副处长白福臣教授、博士,经济管理学院院长宁凌教授、博士,副院长居占杰教授等对本项工作给予了大力支持。中国海洋大学、中国海洋发展研究中心、国家海洋信息中心、上海海洋大学、大连海洋大学、浙江海洋学院等专家学者对本书部分章节提出了很好的修改意见。在写作过程中,我们参考了近几年同行出版的专著、论文和文献资料。出版社领导及本书责任编辑为本书出版付出了辛勤劳动,我们在此一并表示谢意!

中国海洋安全体系问题是一个新的研究领域,《中国海洋安全体系研究》理论的完善需要海洋管理实践来验证,本书中难免存在一些疏漏甚至错误之处,恳请专家与读者批评指正,以便为往后再版作进一步的修正。

《中国海洋安全体系研究》写作组
2015 年 5 月